《晋剧坤伶须生开宗泰斗丁果仙》之
《春秋》《影行》《品评》

并州七老草根编创组成员
杨秋实　张桂根　赵威龙　华　敏　阎玉庭　刘惠兰　段兴旺

顾问
曲润海　郭士星　张仁健

《春秋 》赵威龙 / 主笔　《影行 》华敏 / 主撰　《品评》阎玉庭 / 主编

丁果仙品评

晋剧坤伶须生开宗泰斗

并州七老草根编创组◎编著

山西出版传媒集团
北岳文艺出版社
BEIYUE LITERATURE & ART PUBLISHING HOUSE
·太原

图书在版编目（CIP）数据

晋剧坤伶须生开宗泰斗丁果仙·品评 / 并州七老草根编创组编著.
— 太原：北岳文艺出版社，2020.3
ISBN 978-7-5378-5881-6

Ⅰ.①晋… Ⅱ.①并… Ⅲ.①传记文学—中国—当代 Ⅳ.①I25

中国版本图书馆 CIP 数据核字（2019）第 056805 号

晋剧坤伶须生开宗泰斗丁果仙·品评

并州七老草根编创组 编著

//

/编撰策划/
杨秋实　张桂根　华敏

/出版策划/
续小强　陈洋

/项目负责/
谢放

/责任编辑/
陈洋　史晋鸿

/书名题写/
王东满

/书籍设计/
张永文

/印装监制/
郭勇

出版发行：山西出版传媒集团·北岳文艺出版社
地址：山西省太原市并州南路 57 号　邮编：030012
电话：0351-5628696（发行部）　0351-5628688（总编室）
传真：0351-5628680
网址：http://www.bywy.com　E-mail：bywycbs@163.com
经销商：新华书店
印刷装订：山西人民印刷有限责任公司

开本：787mm×1092mm　1/16
字数：479 千字　印张：25.25
版次：2020 年 3 月第 1 版
印次：2020 年 3 月山西第 1 次印刷
书号：ISBN 978-7-5378-5881-6
定价：80.00 元

谨 以 此 书 献 给 丁 果 仙 大 师

目录

序言

序一 《晋剧坤伶须生开宗泰斗丁果仙》之《春秋》《影行》《品评》三卷本的三种魅力 / 1
序二 贺《晋剧坤伶须生开宗泰斗丁果仙》三卷本问世 / 3
序三 中华才俊辈辈出　风骚各领代代传 / 5

第一章 评不完的果子红 / 1

记丁果仙 / 3
日浴秋实红 / 15
丁果仙艺术生涯评传 / 21
承前启后的一代宗师 / 48
愿果子愈结愈红 / 54
丁果仙散记 / 56
勤育桃李桃千树　日照果枝果更红 / 62
博采广收　成就大家 / 64
梅兰风韵　松竹品格 / 71
晋剧大师丁果仙 / 75
一张老照片勾起的思念 / 84
丁派艺术源远流长 / 88
魂牵梦绕“果子红” / 90
永恒的怀念 / 107

并垣访果子红记 / 112
“果子红”出名在文水 / 115
百年缘 / 118
霜打果子别样红 / 122
行于大道　艺从心出 / 134
时间：艺术的回音壁 / 148

第二章 品不够的果子艺 / 155

凄苦奋斗创新业（辑选） / 157
忆当年老丁二三事 / 168
文如其人　戏近其性 / 173
钻得深　摸得准　演得真 / 175
说不完的“果子红” / 180
《打金枝》与丁果仙 / 184
丁果仙在长影 / 192
丁派艺术　代有传人 / 194
“果子红”大度化解《闹宫》 / 196
忠实的继承者与大胆的革新家 / 200
丁果仙唱腔艺术浅析 / 207
从丁果仙看生行唱腔的继承与革新 / 215
丁派唱腔探究 / 218
红花绿叶两相扶　晋腔晋律夺先声 / 224
杰出的晋剧表演艺术家——丁果仙 / 226
探索晋剧须生丁派唱腔艺术的美学价值 / 230
哦！戏 / 239
她是一位卓越的表演艺术家 / 246
丁果仙大师的艺术天才 / 251
缅怀我们的校长、老师——丁果仙 / 255

第三章 赞不尽的果子情 / 259

舞台姐妹　患难知己 / 261
深切怀念丁果仙 / 264
品格高尚　身体力行 / 267
大师未了情 / 269
我与丁大师娘娘的不解之缘 / 273
技艺超群　品格高尚 / 276
名伶与母亲 / 288
德芳馨千古　艺彩昭后人 / 292
难以忘却的记忆 / 299
恩师丁果仙 / 302
悠悠情愫　亦师亦母 / 306
虚怀若谷　革故鼎新 / 311
丁老师永远活在我的心中 / 315
寄往天堂的一封信 / 318
印象·老师 / 321
师奶是伯乐 / 325
德艺双馨　和谒可亲 / 327
愿为继承和发扬丁派艺术奋斗终生 / 330
转益多师是吾师 / 333
果子陨落时 / 336

第四章 听不腻的果子戏 / 353

你休说三国那周郎年少 / 355
在大街我遇见两个刘流 / 355
猛想起在深山修真养性 / 356
正在堞楼观山景 / 357
孤坐江山非容易 / 358
年轻人一时火性起 / 359

田云山我怒冲冠 / 360
江夏县站在公堂上 / 360
此图名为日月图 / 361
事到头来悔不及 / 362
恨胡贼父子双双多强暴 / 363
访贤 / 364
走雪山 / 367
好一个聪明的千金体 / 370
自幼儿在学校曾读黄卷 / 372
老鸨儿在酒楼把我请 / 372
唐王爷有了道忠良才显 / 373
橘树本是好榜样 / 374
叫三娘莫恼你机房坐 / 374
鄜郧县在马上心神不定 / 375
上写田伦顿首拜 / 377
夫人她钢剑下自作了断 / 377

后记

后记 / 380
赘语 / 382

序一

《晋剧坤伶须生开宗泰斗丁果仙》之《春秋》《影行》《品评》三卷本的三种魅力

曲润海

丁果仙是晋剧史上一座前无古人的高峰，是晋剧须生行目前看到的最高峰。为这样一位晋剧大王、大师立传，是功德无量的盛事。如今，由七位老戏人（暂称七老吧）组成的编写组集体编写的《晋剧坤伶须生开宗泰斗丁果仙》之《春秋》卷、《影行》卷、《品评》卷就要问世了，我先睹为快，为三种魅力，激动不已。

首先是丁果仙的人格魅力。

无论是学艺、磨艺、展艺、传艺，丁果仙都展现出一种坚忍不拔的进取精神、从一而终的敬业精神、全心全意的奉献精神。她是在继承了前辈艺术家的创造，吸收了说书红、盖天红等艺术家的优长，成长发展起来的。学艺是很艰苦的，她不惧艰苦，她学成了。她初学青衣后改须生，一旦笃定，终生不渝。无论是演戏、授徒，她都恪尽职守、一丝不苟。

在她身上，有一种宽厚的亲和力、无形的凝聚力。无论在哪里，她绝不鹤立鸡群，而是让大家“群星闪耀”。这也正如同栋梁之材，是在茂密的森林中出类拔萃的。没有森林，难有栋梁。没有牛桂英、郭凤英、冀美莲、乔国瑞、丁巧云、乔玉仙、梁小云、刘俊英、花艳君、刘仙玲等群英扶持，她也独木难成擎天柱。在她的班子之外，还有程玉英、张宝魁、张美琴等，相得益彰，水涨船高。这固然有领导的扶持与协调之力，然而如果她缺乏凝聚力，也是扶持不起来的。

她有容人的雅量。无论在哪个戏班子，都不可能没有矛盾；但她能看得开，忍得住，融得成。“文革”中她受着奇耻大辱，甚至有她的学生被裹挟进去，她也没有计较。她是同辈人、晚辈学子高而直的标杆。这座标杆不是自立的，而是在她身体力行的过程中自然树立起来的。并非丁门弟子的七老，尚且把她当作做人做事的标杆，她的徒子徒孙们就更不用说了。

其次是丁果仙的艺术魅力。

丁果仙有她独有的天分和建树。丁派的精华在唱、念、做三方面。她的唱腔字正腔圆，炉火纯青，已经成为晋剧须生唱腔的典范，虽说“无生不丁”似有夸张，但起码是“十生九丁”。她的念白，在蒲白的基础上融进了京昆气韵，抑扬顿挫，铿锵有力，朗朗上口，句句可以入耳。听她念白绝对是一种享受。她的做派潇洒、自然、轻松、适度，不过不欠，不温不爆，创造出一种诗境，让人欣赏，让人陶醉。

丁果仙是一位与时俱进的艺术家，具有创新精神。她总是在不断地锤炼她的戏，精益求精。她又能创作演出与时代合拍的新戏，甚至现代戏。她博采众长，吸纳姐妹艺术的精华，融化为自己的精髓。

丁果仙演戏往往不拘成格，临场发挥，即兴创造。有时使配手难堪，使琴师鼓师措手不及，却显得鲜活、新奇，意想不到地受到观众欢迎，成了创新，成了新的定格。丁果仙一生中演过各类行当、数百剧目，一批剧目在她手上锤炼成了精品、非遗代表作，塑造出了一批家喻户晓的艺术形象。不仅应工的须生戏脍炙人口，就是那个丑角戏《表刘流》，也独一无二地让人惬意、提神。她的许多戏不但演员在学演，而且成了当代戏曲院校的教学剧目。

丁果仙的艺术魅力，使人凝聚，使人向往，也使外剧团、外剧种愿意与她交流，共同推动戏曲艺术的发展。因而，她不仅仅是晋剧的，也是全山西戏曲的。

第三个魅力是三卷本颇多看点。

全套书秉承追根溯源、广采博取的编写理念，使得全书处处充实平实公允，还历史以本来面目；而且十分注重艺术性，写得像戏一样有观赏趣味。这里不能不赞赏七位编写者的戏剧才华。书中围绕着丁果仙，涉及了许多人物，教戏的、唱戏的、迷戏的、恋戏的、评戏的、为戏曲奔波的、甘愿忍辱负重的、在“文革”中为丁果仙送终的，写得让人感动，让人唏嘘嗟叹。可以说，这是一部晋剧艺术群芳谱！

我期待着这部巨制出现在我的书柜中，像观赏家珍一样观赏之，像翻阅辞书一样翻阅之！

序二

贺《晋剧坤伶须生开宗泰斗丁果仙》三卷本问世

郭士星

《晋剧坤伶须生开宗泰斗丁果仙》之《春秋》《影行》《品评》三卷本，是分量很重的具有重要历史价值和文化艺术价值的巨制。此作品至少有以下四个特点。

其一，写出了丁果仙真实可信的生平历史和艺术经历。资料翔实，力忌虚构，纠正了以往各种不实传言，再现了一个符合历史真实的晋剧一代宗师丁果仙的完整形象。

其二，写出了丁果仙时代的历史背景和社会生活环境以及地域风土人情，记录了民国以来山西的一些重大历史事件，再现了当时的民风民俗，具有重要的史学和地域文化价值。

其三，作品对丁果仙周围的一些重要人物，如她的师傅、亲友、舞台搭档等，也做了必要的记述和描写，从一个侧面再现了山西中路梆子的部分发展历史，讲述了一些鲜为人知的故事，可谓一部难得的中路梆子断代简史。

其四，三卷本各具特色，以文传、图传、评论三种不同形式，全方位多侧面地展示了丁果仙的人生与艺术，极富可读性和吸引力。

作品从资料收集到文字撰写，历经五年时间。以杨秋实先生与张桂根先生为核心，以赵威龙、华敏、阎玉庭、刘惠兰、段兴旺为成员的七位老者，自发组成编写组，怀着对丁果仙大师的崇敬之情，不图名利，不计报酬，全力以赴，各尽所能，克服困难，废寝忘食，不辞劳苦，四处奔走，广集资料。段兴旺先生自掏腰包，跋山涉水，上包头，下平遥，远涉河北井陉、张家口，甚至背着背包赴宝岛台湾，历经千辛万苦，终于弄清了丁果仙大师的出生地，弄清了连丁大师自己直到临终都没有弄清的苦难身世和传奇家史。《春秋》卷主笔赵威龙先生更是忍着老伴病逝的悲痛，呕心沥血，伏案笔耕，度过了千百个艰辛的日日夜夜。可以说，这三卷本凝聚着许多人的心血和汗水，是许多丁果仙的崇拜者自觉自愿精诚合作、无私奉献的可喜成果，是献给丁大师的最好礼物。

丁果仙是晋剧史上具有划时代意义的里程碑式的大师级代表人物，为丁果仙立传是我们这一代文艺工作者义不容辞的职责。这对于晋剧艺术的承前启后、发展、宣传，具有难以估量的深远意义。我对这套书的问世表示热烈祝贺，并向为它的问世付出艰辛劳动的各位同仁和朋友表示诚挚的敬意！

但愿丁果仙大师在天有灵，也为此作品的问世感到欣慰！

序三

中华才俊辈辈出　风骚各领代代传

张仁健

此时此刻，当我临纸挥毫，为给近代晋剧史上开宗立派、独领风骚多半个世纪的旷代硕果丁果仙立传的三卷本作序时，我的心情，可谓是兴奋至极，欣慰至极，又惶愧至极！何以故？说来话长，但又必须从头概述缘由——

1961年，我由北京大学毕业，分配到山西。荷蒙时任省戏研室主任易风王老的垂青，不弃我右倾分子之身份，录用我在其麾下从事剧评与表演艺术研究。于是，我这个生长于长江东海之滨的“南人”，便有幸与山河襟带的黄土高原之上的北国“乱弹”——以晋剧为主的梆子腔地方戏曲结下了不期而遇的十年缘分。易老（王易风）与丁大师便是我倾心于晋剧的两位系红绳的“月老”。如果说，我在省戏研室见习的头年是出于对易老知遇图报之情而硬着头皮出入戏院投入晋剧怀抱的话，那么，次年亦即1962年的晋剧院青年团赴京返并的汇报演出，尤其是当年7月隆重举办的丁果仙舞台生活四十年的纪念演出，则是我兴味盎然接受晋剧艺术熏陶、心旌摇荡领略晋剧风骚的初始发轫。青年团赴京载誉归来演出的打磨多年的《打金枝》《小宴》《杀宫》《算粮》等精品传统剧，令我耳目一新地感受到传承与创新完美结合的那种当代戏曲表演艺术的情韵，一味高亢火爆鼓板震耳数里闻唱的乡野班社的氛围已适度淡化；欣赏了丁果仙和她的高足们连续数日的丁派经典剧目的震撼上演，聆听寒声、易老等专家的精彩讲评，翻阅了手头可寻的文字资料，我认识到丁大师原本是将近代晋剧的表演艺术做了去粗存精改造与唱、做、念、白兼佳的创新，从而成为独领舞台风骚的晋剧现代化表演艺术的奠基人之一。怀着对她的高度崇敬，年轻好强的我马上开始动笔，于当年9月在《戏剧报》发了由我执笔的《谈丁果仙演〈八件衣〉中的杨知县》一篇六千字的评论文章，之后，我便不测深浅地暗自将系统研究丁氏表演艺术作为自己的主攻课题。或许是心有灵犀不点自通的缘故吧，识见不凡、用人有方的易老便给我和与我同室而居的、也是经易老当年调入省戏研室的、由吉林大学历史系毕业的艾治国君委派了编写《丁果仙舞台生活四十年》专著的重任。在易老的亲自策划安排下，我俩历时半载，如同门私淑弟子一般在大师府上接受大师口传身教的授业，又历半年许，我俩按许姬传所著《梅兰芳舞台生活四十年》的基本格局，以第三人称口吻将丁氏口述身授的记录文字，分“艺术生平”与“代表作艺谈”两大篇章，加工整理，成形为初稿。据易老告知，中国戏剧出版社派来专人翻阅了已成形的初稿，签订了出版意向书。正当我们摩拳擦掌慎始慎终，力争一鼓作气圆满完成编写任务时，世事风云剧变，愈演愈烈的以阶级斗争为纲的社教运动与史无前例的“文革”接踵而至，灾连祸接延续十多年，先后将我们卷入汹涌大潮。待到幸免于灭顶之灾后，虽可再舞文墨，但物固不是，人亦全非，旧业难操。“文革”初期，“丁传”文稿先是被入室打砸抢的造反“好汉”洗劫而去，下落不明；继之是传主丁果仙被整被斗病骨支离含冤饮泣过早辞世；再继之是“文革”后期，我等先是下放后是错位回归，各自另展宏图。我由山野村夫摇身成为编书匠。改革开放初期，一头扎进我所创办的《名作欣赏》杂志的编事冗务中，不遑他顾；但稍有闲暇，依然魂牵梦绕丁大师，深感不在她的坟墓上奉献一瓣心香，实是有愧她的厚爱，有负她的厚望。于是，在她逝世十周年前后，利用零星的业余时间，挖掘记忆残存，杂拾报刊前已发表可资翻新的文墨，陆续在省内报刊上发表了一组《丁果仙艺术生涯谈片》的短文。大约在她逝世二十周年时，受原戏剧界同仁的敦促，应山西《戏友》杂志所约，勉为其难，化零为整，敷演铺陈为不足四万字的《丁果仙艺术生涯评传》专文，连载刊发，后经充实修订，于2006年纳入《山西历史文化丛书》第二十辑。2009年为纪念丁氏百年诞辰编印《晋韵流芳》一书时，拙著仍为篇幅最长传评相兼的专文忝列其中。

从1992年始，至2010年以后，拙著跨两个世纪，逾二十多年，以瘦骨伶仃、老态龙钟之相，支应了数次丁氏纪念性的学术研讨会，实属一大尴尬。特别是偶听外来与会专家谬赞拙著为丁氏身后唯一留存的遗响绝唱时，我这尚有自知之明的作者，真如芒刺在背，汗颜淋漓，无地自容。扪心自问，愧对丁氏有三：一，“文革”前，为在“四清”运动中有出色的表现，几乎将“丁传”的出版置诸脑后，未在“四清”运动每期参与的间隙中，发力冲刺出书；二，“文革”伊始，谋于自保，陷入派争，疏于妥存丁传文稿与原始记录，致使轻易丢失于集体宿舍中；三，改革开放后，改行作嫁，不惑之年，忙于在新领域中奋进求成，虽因陋就简，写成评传，但未抽暇及时广为走访，搜罗第一手资料，大幅度修订评传，使其厚重丰满，庶几可与丁氏的艺术成就相匹配。待到退居林下后，虽闲暇多有，但年老体弱，居无定址，不克再操旧业，只爱落拓江湖，游山玩水，行吟自怡。丁氏评传的“修葺”乃至“重建”，虽不时萦怀，但心有余力不足，便一再蹉跎延搁。五年前，有自费走遍北国，甚至跨海赴台，追踪破解丁氏身世之谜的老戏迷段兴旺君，身背一大书包的相关摄影图文资料，访余于寒舍，征询出版丁氏图传的意见。余为其志趣情操所动，热忱接待，倾心相告鄙见，并鼎力推崇他与我的同行同仁同事多年的华敏君合作。后华敏见告：她已加盟由老戏迷、工人作家张桂根倡议，并与太原市戏剧界原老领导杨秋实共同牵头，太原市老剧作家赵威龙、省戏研所原副所长阎玉庭、市实验晋剧团刘惠兰自发组成的草根编创组，组员平均年龄已是七十有余，后段兴旺也加入其中。他们决定争取在三四年内编写出一部纪实完善的、有文学性的丁果仙详传和一部珍贵影像与精炼文字璧合的丁果仙图传以及一部丁果仙表演艺术品评精选集，三本一套，名《晋剧坤伶须生开宗泰斗丁果仙》。

他们“老骥伏枥，志在千里”的壮怀壮举，深深感奋了我这个疏懒老汉的进取心。他们功德无量的作为，实际是代偿了我对丁大师的歉疚，圆了我多年的夙愿。我这个丁师简陋评传的始作俑者，虽不能重新入伍成为写新传组合中的一员，但绝不能坐等抛砖所引之玉从昆仑蹦出，而必须为其大作的催生竭尽绵薄之力。于是，在乙未年初春，我耗时月余逐字逐句拜读了赵威龙先生主笔的四十余万字的丁传（即《春秋》卷）初稿，并循老编辑的惯习，边读边校改全文，并不计当否，逐一将褒贬的一己之见和盘托出，以资斟酌。先睹为快的总体感受是：一部当今最完备最翔实的丁果仙传记，经诸君数年毫不懈怠的耕耘培育，终于枝繁叶茂，可望临风招展于三晋剧坛之上。继之，在秋后至岁末，又陆续阅读了由华敏君执笔编写的十余万字的丁氏图传（即《影行》卷）文稿、阎玉庭和华敏执编事的丁氏评论精选精编集（即《品评》卷）的选目与编辑方案。在对此三卷本的整体面目有了不算粗略的了解，对作品五年怀胎一朝分娩的艰辛与畅怀有了感同身受的切肤体验，方怀着上文开白所坦言的那种兴奋与惶愧、欣慰与赞叹交织杂陈的心情，不揣简陋，絮絮叨叨地做此序文。

关于这部作品的问世，从编创组七位挚爱三晋戏曲、崇敬丁氏德艺的老戏人、老戏迷满腔激情贡献余热的自发组合，到千里跋涉奔波、揭谜求真、破伪求证、拾遗求全的广采博取的资料搜集，到不舍昼夜、魂牵梦绕、苦思冥想、群策群力的谋划构架、设计蓝图，再到分工有序、各尽所能、通力合作、反复修改的执笔成书……凡此种种，只要稍有搦管舞文经历的人，对个中的艰辛劳累，寝食不安的烦愁是不难有深切体味的，何况，他们的主脑主笔人均为垂老之人；更何况，两位执笔操翰者赵威龙先生与华敏女士，当其时也，一位正遭丧妻之痛，一位独身寡居还得侍奉久病在床年逾九秩的高堂老母，若无丁果仙人格魅力的历久弥坚的感召、艺术光华永世不灭的辉耀、至伟至真至善至美的人文精神的鼓舞和编创组全体成员对传承这种精神文明的历史使命的自觉担当，此套书的编写是绝不会如此顺当。

丁果仙的横空出世、辉耀艺坛，说到底，是天时、地利、人和的“奉天承运”、时势使然、地灵所钟、人望所归；绝非仗权贵颐使、骚客吹捧、自我膨胀所能如恒岳般亘立于三晋大地的。

草根编创组富有传奇性的编创生涯，如同传主丁果仙的艺术生涯，令人坚信清代杰出诗论家赵翼所言“江山代有才人出，各领风骚数百年”是对中华五千年文明传承的正确断言。只不过文明史的演进车轮是与时俱进加快转动的，而今而后，独领风骚未必会有数百年之久。但独领风骚的历史人物在丹青史册中终会名垂千秋的。

关于这套鸿篇巨制的诸多特色优长与其面世后将在省内外梨园界可能产生的社会影响，先我作序的山西省文化厅原厅长曲润海校友、原副厅长郭士星文友均高屋建瓴、言简意赅地给予了充分的赞誉评价。他们二位均属职司戏剧教化多年的专家学者型的领导，二位切中肯綮的评价，我深表赞同，毋庸赘为置喙。现仅对我视之为三卷合一的丁果仙“大传”的编创设计的匠心略陈管见一二。

毫无疑问，现定名为《春秋》卷之丁果仙主传是三卷书的主干。此著严格以时间为序，将丁氏自 1909 年降世后的现已揭破谜团的苦难身世，学艺练艺从艺的艰苦卓绝的奋进，由勇登晋中城乡的闯关打擂式的台口竞技演出中脱颖成名，成名后的不懈奋进而誉满省内外的巅峰攀越；及至抗战内战中的自保求存领班求活的颠扑困顿；直至解放后重见天日的掀髯放歌，纵情献艺；最终在“文革”浩劫中在劫难逃不幸早逝等一连串时近一个花甲子的风生水起波翻浪涌的人生旅程与演艺生涯，无不以传记文学的妙笔，真实生动、形象鲜明地记述描摹刻画下来。丁果仙这位近代晋剧史上第一个应运而生的坤伶须生大王，第一个德艺双馨、唱做双绝的艺坛泰斗，第一个开宗立派、桃李芳菲的梨园巨擘，其传奇人生光辉业绩，其喜怒哀乐七情六欲，其举手投足音容笑貌，几乎都可从作者大关节目不失真确、人事细节合情虚拟的既亲切朴实且富乡土草根气息的出色叙写中呼之即出。运笔的生动、真切、细腻，非我等一味在书本中讨生活的墨客所能为也。尤为可贵的是编创组里几位老作者，对丁果仙时代前后的世事变迁及山西的历史风云、社会生活、风土民情无不了然在胸，尤其对丁氏演艺活动当时的名优艺事、班社始末、梨园史话、曲坛掌故更是厚贮胸臆，一触灵府，便难自已，随笔展示。资料之丰厚，运笔之精细，可谓前所未见，视其为民国以降的晋剧名优之“录鬼簿”、晋剧班社之“梨园谱”、晋剧发展之“断代史”亦未尝不可。但是，由于该传涉笔的文化层面过广，枝叶长势过茂，在某种程度上消减冲淡了丁氏主传的主脑主旨；另一方面，传记的运笔，长于描述，疏于综合论析，因此，对丁氏艺术整体之理性评价略显薄弱。对此瑕不掩瑜的缺憾，编创组亦有所察觉并早有预案安排，加以弥补。在主传基本形成后，立即着手编写了《影行》卷、编选了《品评》卷，此两书作为主传《春秋》卷的两翼，同时付梓推出。《影行》卷由戏曲创作和编辑工作都有佳绩的华敏女士为编写之执牛耳者。《影行》卷取影随人行之意，将丁氏的生平与艺术人生行状集纳分类为四个层面或曰四个专题，以主传为据，采戏即人生、人生为戏之意，匠心独具，用戏曲体式分幕分场，幕前用诸宫调曲词启幕，幕落以下场对子作结，且以情韵不俗、文质相兼的笔调写出每幕每场连贯性的简约文字说明，相关的珍贵照片配置在相应的文字结点，作为直观可视的行文佐证。其中“芬华艺苑”一幕为重头戏，共分四场，占全书场次的十分之四，成为丁氏艺术生涯的集中凸现，匹配的舞台剧照，既多且珍贵，图文并茂地具现了丁氏的艺术人生与演艺成就。此卷庶可作为《春秋》卷的精练浓缩版读之。同样，《品评》卷，亦以主传提供的素材为据，主旨明确地精选了历来评论、品味、鉴赏、追忆丁氏的高尚人品、高超演技、卓越成就、宝贵遗产的有一定存留价值的文章，有识见地将旧文分类编排，有分寸地将同类文章中的可取处剪裁集纳，有针对性地另组新作拾遗补阙，如此这般，此本《品评》卷便以客观的具有历史性的诸人诸种的纷纭品评取代了编创者的饶舌，成为丁氏晋韵流芳的文墨丰碑，矗立于《春秋》卷主传的另一侧与其交相辉映。此三卷本《晋剧坤伶须生开宗泰斗丁果仙》，其规模之大，其内涵之丰，其现实与历史意义之深远真可谓光前裕后的当前艺苑罕见的大制作。编创者们的壮志壮举昭示三晋戏剧的同仁：只要俺们不甘坐视三晋剧坛的式微，只要俺们能如七老一样同心同德迎难而上，山西戏曲大省的昔日辉煌，或可重现于俺们的有生之年！

第一章

评不完的果子红

难得的一代坤伶开宗须生丁果仙，20世纪20年代，在太原市泰山庙席棚，一出《拾金》唱红，她用自己执着的追求、不懈的努力和半个世纪的舞台实践，确立了晋剧须生丁派艺术，在京、津、冀、蒙、陕、豫享有盛名。在她离世近半个世纪的今天，丁派艺术代有传人，越发地红火起来。

整整一个世纪了，关注她、敬仰她、赞誉她、学习她、追随她、品评她、研究她的人难计其数；有关评述她的文章散落在、深藏在历史的角角落落，也难计其数。欲将百年来散落在各处的所有对她的记载搜罗起来，确非易事，所以《品评》卷所搜集编选到的六十余篇，可以说只是冰山一角。

囿于时间、地域跨度之大，在所辑选的文章中尚存有提法不一致处，甚至此文与彼文间相互矛盾也在所难免，权且视为争鸣吧，那都是历史的记载，或是作古者的评述。

让我们一起重温百年来对丁果仙及她创建的丁派晋剧须生艺术的诸多记忆吧！

记丁果仙

丁果仙，小名果果，唱戏成名后，群众特赠艺名曰：果子红（中路梆子称须生为红）。她是本剧种出类拔萃别开生面的演唱家，唱做俱佳，而对唱腔的贡献尤大。“丁果仙”三字，乃誉满三晋之雅号。

1949年太原解放之初，她在太原天地坛一处四合头的小院子里居住，房中挂着“须生大王”的镜框，还贴着寿阳某老先生书赠的条幅，上写“忽闻三晋马连良，竟尔登程到寿阳，……”等诗句，足见丁果仙在解放前就已在广大群众中形成“须生大王”之影响。全国解放以来，她演出过许多拿手戏，却未能有人及时地收集研究、整理记录她的艺术资料。直至60年代，才有人开始注意这方面的工作，曾收集过部分资料，又因极“左”思潮的干扰，继之以十年动乱，丁果仙惨遭折磨，彼此都在劫难逃，自顾不暇，只能将资料工作停了下来。

她是全国著名的表演艺术家，1952年全国第一次戏曲观摩演出大会中，荣获表演艺术一等奖。现在整理她的艺术生活，应对她的身世和成长过程、别具一格的艺术特色，进行全面的分析研究。她的成长和艺术创作道路，和整个中路梆子的繁荣发展分不开；其辛勤学艺的倔强性格，和她的出身历史有关；其表演艺术特色之形成，和全国解放以来思想觉悟的提高分不开。只惜过去记录下来的资料，十年动乱中全部散失，如此其人，竟遭终天之恨，令吾欲见无缘。时乎不能再来，只能从个人点滴记忆与向老者查访所得，来进行简略的探索。

一、丁果仙的身世

丁果仙的家世，极其可悲，问起她的生身父母是谁，不知道！其父母被穷困所逼，把她自小就卖给丁家，约从四岁上开始，再未享受严父慈母之爱。凭记忆只知是河北束鹿县人，何区？何乡？何街？何巷？一无所知。她的姓氏，只有姓钱的模糊印象，亦难肯定，卖给丁家，只能姓丁。据省晋剧院《院刊》1982年7月第一期所载《艺术巨匠丁果仙》一文中云："1909年，丁果仙生在河北省束鹿县一个姓钱的贫苦农家里，三岁上爸爸因病去世，四岁上妈妈为了全家活命，将她卖给山西太原丁凤章做养女，从此改名丁步云，小名果果……"这就是她的身世。从幼儿时起，就离开亲生父母，过着寄居生活，缺衣少食，啼饥号寒……

二、学戏与卖唱

约在光绪二十年（1894）前后，蒲籍著名老艺人红菊花，在清源县杜村创办的两期科班中，即有学员乳名毛旦者，晋中人，工须生，出科后起名孙竹林，长年在晋中、太原一带搭班唱戏。当丁氏姐妹长到七八岁时，孙竹林每当冬天散班后，接受丁凤章的邀请，到丁家居住，给丁氏姐妹教戏（义姐是丁巧云，亦为丁家收养的孤女），她们后来成为本剧种在山西的第一代女演员。果果学唱须生，巧云学唱青衣，她们的开蒙戏是《杀府》《赐环》《采桑》《走雪山》等。学过一冬之后，小姐妹能够清唱些戏。但是一过了年，孙竹林出去搭班，家里又无人教戏，也不能坚持练唱。此时为民国五年（1916），适有蒲籍生角老艺人名顺保者，在奶生堂开办了第一个女科班。丁凤章即送巧云、果果前去随班学习。当时政府禁止女娃子学戏，又因女科班在清源大常村唱过一台戏后，遇时瘟流行，死伤百余儿童，传言女戏班冲撞神灵，惹祸遭灾。从此女戏班卖不出台口，只好流落在泰山庙卖唱。按照丁凤章的意图，一则试探观众对她们是否欢迎；再则让她们向观众要点钱，养家糊口。当时巧云嗓子不太好，唱后收钱较少；果果嗓音很好，唱后还很能收点钱。每年一到冬天，老顺保和孙竹林即到丁家，教小姐妹们唱戏。小姐妹在泰山庙卖唱度日，共度过三个年头。

当时南方各剧种，已出了不少女演员，本剧种在张家口一带，也有大女子、二女子、大牛牛、二牛牛们登台露演，称为坤角，唱得很红，赚钱很多。丁凤章心想，如能在山西培养出两个坤角来，走班子能赚大钱，孩子们一辈子有办法生活，我二老晚年也有依靠。据丁果仙自己讲："我们在前院学戏，后院就是妓女院，老人要我们加紧练功（如唱功、顶功、腰功、腿功等），一早一晚必须狠狠地练；另一方面，还让我们加紧缠足。当时自己才十岁左右，也感到自己没有亲生父母，只得靠自己努力，寻找谋生之路。尽最大的努力，争取走唱戏这一条路，靠艺吃饭。但是也得从坏处着想，万一学戏不成，还得做当妓女的准备。"所以到后来是自觉地在练功上努最大的力。另外还继续缠足，足趾被缚，血脉不能流通，三九寒天，冰雪在地，破鞋烂袜，难以御寒。凌晨在野外练功，将足趾冻烂化脓，裹足布与脓血、皮肤与肌肉冻在一起，一步一疼地练功，从未停止。冬练三九，夏练三伏，每天早早地就到了海子边，练嗓子、拿大顶、下腰、压腿，从不间断。她见湖边青蛙鼓着大肚，有起有伏地高声叫喊，联想到自己在练唱中，也可以运用腹中之气，三回九转。经过若干次的试验，感到这样唱出来的腔调，音纯气足，别有韵味。她那别具一格的唱腔，就是从这里开始练出来的。腰腿功夫，也是在此时练出来的。她少年时期的生活，即在如此残酷痛苦中度过的。当时她并不热爱戏剧，而是为生活所逼，不得不加紧学戏。倔强的性格，坚定的学戏精神，是在困难环境中千锤百炼锻铸出来的。从和她的亲生母亲离别之日起，至她搭班子唱戏之日，这是丁果仙最艰苦最困难的时期，也是成长变化转折的关头。从家庭转移至泰山庙卖唱，多少人情冷暖、世态炎凉、说长道短、眉高眼低，数年来日有所见，耳有所闻，在幼小的心灵中，经过长时期的切身体会，对社会上的斗争生活，日积月累，转化成了相当丰富的戏剧生活素材。

她从学戏、练功、卖唱，经过艰苦的努力，把唱戏谋生之路打开了，对中路梆子的唱腔，初步掌握了要领，音色很好，音量较大，气度有法，节奏准确，即使清唱一段，也能受到广大群众的欢迎。同时学会了若干戏，练下了一身功夫，为搭班唱戏做好了思想意识和演出技巧上的准备。

三、在晋剧繁荣时期登台

小姐妹离开泰山庙，开始搭班唱戏时，是民国八年（1919），丁果仙才十一岁。此时正是晋剧发展史上相当繁荣的时期。政局相对稳定，商业颇为发达，当地的中路梆子名老艺人，成批地出现在戏曲舞台上，使剧种的特色更浓，声誉更高。有不少知识分子、教育界和工商界人士，亦参与了中路梆子的研究改革活动。每年冬天，祁、太等地有不少热爱戏曲的东家，邀请名艺人到家，管吃管用，研究戏曲艺术。这时期晋中各县成立的字号班较多，如太谷杨家创建多年的锦霓园、二锦霓园；名老艺人三盏灯（郭坤）承办的坤梨园；平遥田永富与徐沟陈钰承领的自成园与自诚园；太谷胡万义承办的万福园与小万福园，先后在晋中一带活动。此时蒲籍名老艺人如三盏灯、老十二红占魁师傅、二八黑（尚云峰）等都还健在，十七生董全福风华正茂；而晋中籍的名艺人，有老三儿生孟珍卿、盖天红王步云、十三红张锦云、说书红高文翰以及毛毛旦王云山、天贵旦王春元、十四红、桂儿红等，人才辈出，争芳竞艳。他们按照各自的条件，发扬独创精神，创造了不同的艺术流派。在中路梆子舞台上，呈现出史无前例的繁荣景象。丁果仙就是在这样一个繁荣时期开始搭班唱戏的，她跟上师傅住班子，能唱若干戏，观众感到新奇，初露头角就得到好评。到20年代中期，她跟了第一个丈夫冀午斋。冀午斋大号冀凤仪，平遥人，在晋中一带包税，亦有人说是税务局长，有钱有势，当地有一定声望。要从年龄上讲，与丁果仙相差三十余岁。据刘文才老艺人讲，冀午斋是将三儿生所承的字号班锦霓园收买过来，改称锦艺园，名角云集，声震三晋。此时三儿生师徒、说书红师徒、玉石娃娃（刘玉富）师徒、果子红姐妹，都在锦艺园班内。果子红在山西为第一代女演员，号称坤角，颇负盛名。她丈夫又是班主，班内名老艺人都吹捧她。她即以这种特殊地位，向各位名老艺人广泛学习，认真钻研，初步形成了自己的艺术特色，在中路梆子原有的唱腔、表演等艺术基础上，有了新的突破。

四、博采众长、融为一体

丁果仙的艺术才华和独具特色的天赋条件，使她成为中路梆子中很特殊的人物。她模仿性特强，钻研劲很大，无论唱腔或是表演，学谁像谁，惟妙惟肖。莫说在风华正茂的青年时期，接受能力特强；即使到晚年，一谈到×老前辈的表演和唱腔，不论是红、黑、生、旦、丑，说到就到，一学就像。在锦艺园唱戏时期，她创造性地演唱《花子拾金》，学的是毛毛旦姑姑、天贵旦娘娘、三儿生叔叔的《捡柴》，在老前辈的原唱腔基础上，狠抓声腔特色，并给以适当的艺术夸张，能使满场观众为之捧腹。在老观众中至今仍留有很深的印象。她在新化戏院曾反串过《二进宫》中的徐延昭（大花脸），老成持重，不苟言笑；也反串过《打金枝》剧中的金枝女，袅袅娜娜，娇气十足。她在现代戏《小女婿》剧中，却扮演了彩旦式的陈快腿，如此风骚的人物，放而不俗，戏中有节。在本剧种若干剧目中，她可扮演各行当角色，而且演得相当成功。

她的行当，是本剧种的正工须生，且有“大王”之称。她对前辈须生盖天红与十三红两种不同流派的唱腔，一一进行认真学习，在演出剧目中，根据人物性格发展的需要，创造出自己独特的唱腔。她从说书红的念白与表演中继承了许多优秀的艺术成果，如《详状》中大段说白与耍茶碗等表演技艺，把姚达这个人物，表演得很活，惟妙传神，极为感人。再如《卖画劈门》中的一段夹板唱段，《蝴蝶杯·训子》一折中的介板唱腔，《八件衣》行路中的流水唱腔，《走雪山》剧中的介板对唱等，都是她在继承前辈传统唱腔的基础上，大胆地进行了革新创造，并由自己设计出能够表达各种不同感情的唱腔。所以她在中路梆子的艺术发展道路上，既是忠实的继承者，又是革新创造的能手。我们在听唱中反复捉摸，感到她的一些唱腔，既像某某老艺人的唱腔，而又不完全相同；有的唱腔，明显地感到是她的革新创造，而又合乎本剧种的音乐旋律，成了更优美更好听的中路梆子唱腔。她的唱腔，推动了整个剧种声腔的发展提高，“出类拔萃的表演艺术家”这样的评价，从当前本剧种来说，只有丁果仙是当之无愧的。

客观地讲，丁果仙于20年代出现在中路梆子舞台上，可谓适逢其时。之前已有大批名老艺人，在继承革新传统艺术方面，取得巨大成就。丁果仙在此基础上，进行了集中概括、加工提炼，将本剧种的唱腔及整个表演艺术，提高到新的水平，起到了承前启后、继往开来的巨大作用。接着有大批女演员相继出世，使中路梆子艺术发展到现在的水平。任何天才的艺术家，只能在一定的时代，一定的客观形势下工作生活，方可起到不同凡响的具体作用，绝不会超脱自己所处的时代和客观现实而出人头地。我们应当承认前辈艺人遗留下来极其宝贵的艺术遗产，更要肯定丁果仙对本剧种继承革新的重大成果，她是百花丛中的一株更为鲜艳的花朵，推动了晋剧艺术的发展与提高。

五、初次灌制唱片

民国二十五年（1936），丁果仙二十八岁，首次灌制唱片。

其时，与丁新婚不久的任秀峰与上海百代公司联系之后，筹集经费，组成班子，护送丁果仙等人赴北京灌制唱片。当时中路梆子唱腔，还带有“哪咿呀哈”等虚字，作为拖腔中之装饰音，唱词中还带有其他虚字，影响效果。灌片前在北京演出若干场，煞戏后托人尾随观众，听取反映。得知当地观众对“哪咿呀哈”等虚字拖腔极不满意，她断然决定去掉虚字拖腔，用尾字原音拖腔，显得唱词清晰，别有韵味。这是丁果仙对中路梆子唱腔改革的良好开端，取得了较好的效果。此次丁果仙所灌的唱片，计有：《空城计》《芦花》《花子拾金》中“表刘流”等唱段。当时丁果仙精力充沛，血气方刚，唱腔优美，音响洪亮。这些唱片质量甚好，效果极佳。与丁同去之演员，如丁巧云、十三旦（任玉珍）、刘芝兰等，均灌制了一些唱片。之后在中路梆子活动区域内，机关与商号，纷纷购买这些唱片与“洋戏盒子”，当它在各地放唱片时，往往是里三层、外三层地围着听唱，当地呼之为唱洋戏。据内蒙古图书馆刘应元老同志讲：“晋剧传来东西两口之初，东口（即张家口）喜欢下路调（即中路梆子）；西口（即呼市、包头）流行上路调（即北路梆子），一度曾组织上下路联合演出。从丁果仙的唱片传到西口后，下路调（中路梆子）在广大观众中，赢得了阵地，占了优势。有不少原唱上路调之演员，纷纷改唱下路调中路梆子。”因此任秀峰等倡办，为丁果仙等灌制唱片一事，保留了丁果仙等年轻时候的一些唱腔，是件大好事。

六、为了再提高

30年代中期，丁果仙已有“须生大王”之称，当时在广大观众心目中，她是中路梆子同行中鹤立鸡群的人物。而丁果仙在此时，学习研究中路梆子的欲望更加强烈更为发奋。她想在现有程度上力求再突破。她的男人任秀峰，忻州人，原先是某某报社的记者，有相当的文化程度，也在帮助丁果仙寻找再提高的途径，议定了两条措施：一是于1935年某月，在太原清和元举行了一次盛大的拜师仪式，给说书红高文翰磕了头。初高文翰不敢以师自居，声言：“你如今是须生大王，我怎敢收你为徒？”丁提出具体意见，要求把她所演的戏，请高师傅重新鉴定一次，便于继续提高；并向高师傅认真地学了几个三国戏，以丰富自己的上演剧目。说书红的弟子程玉英等，原唤丁为姨娘，此后改唤丁为师姐。二是通过任秀峰，扩大社交活动，和文艺界、学术界、新闻界、教育界等方面的知名人士交往，每过一段时期，自己买票送人，请社会名流看戏提意见，逐步修改不准确的台词，不合适的表演手法，使其经常上演的重点剧目，逐步提高，渐入佳境。

七、老丁的拿手戏

老丁戏路很宽，底子较厚，解放后又排演了不少新编历史剧和现代戏。凡是团里分配给她的角色，不管主演或配角，总是刻苦钻研，认真塑造人物形象。以下列出的是她经常上演的拿手戏。

传统剧目中如：

《捉放曹》中的陈宫，《日月图》中的白茂林，《空城计》中的诸葛亮，《蝴蝶杯》中的田云山，《八件衣》中的杨知县，《法门寺》中的赵廉，《四进士》中的宋士杰，《醉写》中的李太白，《清风亭》中的张元秀，《走雪山》中的曹福，《渭水河》中的姬昌，《芦花》中的闵德仁，《打金枝》中的唐代宗，《取成都》中的刘璋，《双罗衫》中的姚达，《天水关》中的诸葛亮。

新编历史剧中有：

《将相和》中的蔺相如，《柳荫记》中的祝公远，《屈原》中的屈原。

现代戏中有：

《刘胡兰》中的张老四，《小女婿》中的陈快腿，《丰收之后》中的五保户王奶奶，《红旗下的花朵》中的女校长。

这是笔者所能记起来的剧目，并非老丁所有的拿手好戏。她戏路很宽，塑造人物形象的思路极为广阔，生活丰富，对各种人物的艺术创造，具有不同的风韵。解放后，在思想觉悟提高的基础上，她为塑造蔺相如、屈原等难度特大的人物形象而精进不懈。并为塑造现代戏中不同的人物形象而积极努力。从传统戏来讲，同样的官衣纱帽戏，杨知县与田知县大不相同。前者由于用人不当，审讯中逻辑混乱，以逼供信方式问案，铸成大错，一蹶不振。她在表演中，反映出杨知县神志恍惚，思绪混乱，遇事无独立见解，只听班头之言。一错再错，每况愈下，直至走向被告席，被撤职查办。而田知县却是少爷闯祸，老爷顶案，在特大的强权压力下，进行辩诉。她在表演中是善于察言观色，善于抓取武官不懂法律的弱点，据理力争，按律陈词，有礼有节，不卑不亢，塑造了一个精明强悍的县太爷。同样一种老生软衣子戏，宋士杰、姚达、白茂林、曹福四人的风度气质各具特点，《四进士》中她反映出宋士杰行侠仗义，有江湖义士抱打不平之气度；《日月图》中她表现出白茂林丹青画师身份，满腔义愤，必要时敢与胡贼拼命。姚达与曹福均为义仆，前者是随少爷身居按院，她表现出虽系老奴，尚不失为长者身份；后者是在满门犯劓中，忠心保姑娘逃出大同，她突出一个患难之中见忠义，与弱者生死与共。老丁对上述四个老生的刻画，都能狠抓人物个性，突出角色特点，有血有肉，栩栩如生。

她文化程度很低，却能扮演出《红旗下的花朵》中的女校长，颇有女教育家的风范，因她在社会交往中，所见所闻知识界人士很多，有相当的生活积累。她本是正工须生，却能反串扮演出相当成功的彩旦式的陈快腿，因她曾生活在社会下层妇女群落，积累了深厚的生活素材。陈快腿的一言一行、一举一动，富有生活气息，又是那样的幽默诙谐，令人捧腹。当然在剧本中，对每一角色的规定情境，已有明确的提示，但是经过她的再创造，从唱腔表演到内在情感的表达，系统地进行了新的构思，新的生活探索，从而成功地塑造出不同类型的人物形象来。

八、内心戏与传统程式的结合

凡是戏曲剧种，它们都按照自己的锣鼓经和当地人民的生活习惯，制定了自己的一整套表演程式。演员学练这套程式动作，就叫作练基本功。但是我们有时看到一些戏曲演员，表演动作还好，就是缺乏面部表情的配合，脸上不挂戏，不能激励观众。丁果仙的表演，尤其是老年演出的若干拿手好戏，使内心情感与表演程式紧密地结合在一起，水乳相融，形成相当完整的人物形象，能使观众“像忧亦忧，像喜亦喜”。她能把剧中人的喜、怒、哀、乐、悲、恐、惊，贯注在程式动作之中，并能利用程式动作，充分表达人物的内心世界。以她演的《八件衣》中杨知县为例，对绣鞋的程式，先是“三翻鹞”，继是“老八锤”，然后用三声小锣，一般演员虽然也是这样动作，但是空做于势，老丁是手到眼到，认真地查对赃证。当对上绣鞋，确凿无误，证明自己将案情判错时，一般演员是以“垂头子”手势坐了下来，而老丁却是二目发直，紧盯着绣鞋，在打“垂头子”手势时，以不自觉地软瘫落座，做戏如此逼真。再如《卖画劈门》，当甥儿到来打门，扮演白茂林的丁果仙，却将对胡家的满腔愤怒，转移到门外来人身上，当刀劈开门，正要与胡贼必死相拼时，门外却是外甥子到来，立即将厨刀遮掩于背后，原是一场误会。其中使用了一系列的传统程式，更准确地表达了角色的内心情感。把戏做得入情入理，尽善尽美。在内心戏与程式动作相结合的问题上，解放以来一般戏曲演员，都在向这方面努力，但是要与丁果仙相比，却有文雅之分，粗细之分，高低之分，快慢之分，总不像她那样得心应手，运用自如。

关于“进入角色”发掘“内心戏”的说法，似从话剧艺术、斯氏体系中来。而在戏曲艺术上，过去也讲“带戏上场”，与进入角色是一样的道理。戏曲界一般人注意的较差，丁果仙过去虽未听到进入角色的理论，但对带戏上场的传统说法，却是说到做到。解放后她新排演的不少历史剧和现代戏，在导演同志的启发下，更向这方面努力。《卖画劈门》与《蝴蝶杯》中《训子》一折，都是在解放后经过她自己的艺术加工，才成为丁氏的拿手好戏，作为单折戏来演出，在内心戏与程式动作相结合方面，下了很大的功夫，提高到了新的境地。

九、生活真实与艺术创作

老丁生前在介绍她观察生活的情况时曾说：“年轻时常到庙会上唱戏，我扮作男妆，身穿大褂，头戴礼帽，往往到骡马市上，赌博场里，饭馆门口，求神拜佛的地方，转来转去。每遇有人争吵，就站在一旁静听，看热闹。另外每到一地演出，都得去拜客，见过许多衣冠楚楚的大小官吏，肥头大耳的执事豪商，文质彬彬的文人学者，银髯秃顶的耆老乡绅，各种人物形象，在我脑子里留下深刻的印象。另外我从小在丁家，后来到冀家，走班串会，闯南荡北，看到多少贪财爱利、吵嘴打架的事儿，记得一清二楚。那时并不懂得生活二字，总觉得那些情况，也像唱戏，从而学扮人的说话和姿态，日久天长，就成了我在戏剧中表现人物的模特了。”根据老丁的介绍，研究她的身世经历，生活是相当丰富的，脑子里的人物形象很多很多，为她后半生所演的各种角色和各种情节，准备了相当丰富的生活基础。无怪乎她在《蝴蝶杯·训子》一场中，表演出老子打儿子，老伴来拉架，假戏真做，生活气息特浓。历史上的田云山究竟如何打儿子，有谁见过？但在这场表演中，活灵活现地表演了民间父子争吵的情景。父子间，母子间，以至老夫老妻之间的各种心理活动，表现得淋漓尽致。丁果仙、牛桂英、郭凤英三人合演的《训子》，生活气息那样浓郁，表演艺术又是那样高超，这就是生活基础的具体体现。

十、用念白唱腔来传情

唱腔与念白，是戏曲艺术相当重要的组成部分。剧中的人物性格、故事情节、思想内容等，主要靠这种艺术手段来表达。丁果仙的唱腔与念白，在中路梆子剧种中，尚未发现有出其右者。有的人说丁果仙天赋的嗓音条件特好，才能有不同的表达方法，收到不同的戏剧效果。这话也有一定的道理。但是老观众们都很熟悉，老丁在《详状》中扮演的姚达，是徐家的老家院，当不得不说出徐能得财伤主的杀人案件时，她一口气说了十多分钟的长念白，有声有色，有张有弛，喜怒哀乐，抑扬顿挫，引得全场观众屏气静听，拭目欣赏。这段念白与表演，不次于老评书艺人的说书表演，而且是说的比唱的还好听。再如《走雪山》中“姑娘请请请起，老奴我担待不起啦”这一句叫板，说近乎唱，有调有腔，语言恳切，情深意长，能使全场观众竖耳静听。这些念白与叫板，极具传情效果，但见亦有声大而不会传情者多矣。天赋嗓音诚然可贵，如果你不进入角色，不产生情感上的共鸣，即使嗓音再高，毫无感情，亦不会激励观众。演员的练声，作为一项基本功来对待，决不可等闲视之。但在练声中更为重要的是以声带情，“大而化之之谓圣”，才能使声情并茂，形神兼备，感人至深，刻骨铭心。老丁的这些念白与叫板，前者是向说书红连学带偷，再加苦练，功到自然成，成中再加上本人的创造发展，才达到引人入胜的境地。后者是向十三红、十四红等暗暗模仿，勤学苦练，再加上天赋的嗓音条件，才能渐入佳境。从唱戏这一行业来说，一般是记词容易，声色音韵、腔调气口特难。绝非单纯靠天赋嗓音，决定一切。勤学苦练，才能逐步升堂入室，如前所说念白和叫板，一般女演员的嗓音也能达到这样的高度和厚度，只惜在苦练方面尚欠功夫，未能从轻谈笑语中认真地表达角色的思想情感乃耳。

我们看老丁演出的《芦花》，同样一段“滚白”或“四股眼”乱弹，能使观众凄然泪下，实为情之所感，不得不然。《卖画劈门》中几句“夹板”乱弹，能使观众怒目圆睁，慨然概忿。她能在剧情的发展转化中，利用戏曲的演唱手段，加上自己的激情，准确地表达角色的思想情绪，从而使广大观众和剧中人同呼吸、共命运，报以同情的目光和思想情绪。

老丁的念白与唱腔，至今仍为中路梆子同行与广大观众念念不忘，赞叹不已。所以然者，首先应当承认她是戏曲艺术的忠实继承者，把前辈名家毕生的艺术创作成果，更大范围更深程度上“集大成”于一身，如十二红、盖天红、十三红等的各种唱腔，说书红等的念白技巧，大量地继承下来。她又按照自己的特殊条件，集中、概括、剪接，创造、发展、提高，所以她又是杰出的革新创造者。以一个粗通文字的女艺人，积累了中路梆子大量的宝贵遗产，在同龄人中，应该说她积累的活资料最多，家底最厚。后半生进入演唱技巧的自由王国，深入钻研，自由取舍，此戏此角，按需剪接，所以她又成了一位较高层次的戏曲研究员。当然中路梆子界的诸名家，均有不同程度的独创成果，而丁果仙却是出类拔萃的戏曲表演艺术家，这是本世纪广大观众与同行兄弟姐妹们所公认的。

十一、老来桃李芬芳

在全国解放前后，中路梆子同行中，由于有果子红——丁果仙的巨大影响，出现了小果子、白果子、×果子等不少名演员，有的是经过老丁的指点传授而成名，有的是自由模仿而得名。说实话这些果子要和丁果仙相比，差距颇大，但是可以说明这些人即使学到老丁的星星点点，也有与众不同之处。她们仍沿着戏曲界的旧规，大都以仙字取名，如马秋仙、武慧仙，当时年龄较小的还有巩继仙等，均为老丁前期的弟子。建国初期有：马玉楼，女、汾阳人，工须生，来时已能唱一些戏，拜在丁果仙门下为徒，在太原市新新剧团边学边演，获益颇多。戏路较宽，做戏认真，表演上颇有乃师风度，近年来一直在晋剧院演唱。白桂英，女，榆次人，初学生角，后改须生，解放后亦在新新剧团，与老丁同团就业，边学边演，受益较多，本人嗓音洪亮，台风潇洒大方，现在太原市实验晋剧团就业。刘汉银，男、盂县人，工须生，嗓音特好，亦善唱，60年代初期，调省青年晋剧团后，拜丁为师，自此男声亦继承了丁派唱腔。张鸣琴，女，孝义人，工须生，为晋中晋剧团主演，60年代初亦拜丁为师。牛学祯，女，清徐人，工须生，在河北张家口地区晋剧团从业，60年代拜丁为师。

建国之初，老丁对培养后继人才，非常重视。1954年，于所在之新新剧团，招收过三十余名学员，成立了戏剧培训班。次年即与人民剧团之培训班合并为太原市戏校，老丁亲去传艺，成才者较多。如省晋剧院之田桂兰、张友莲等，在市实验剧团的主要演员，如薛维艺、薛灵花、高翠英、郭彩萍、代占寿、武忠、阎慧贞、李月仙、许仁灿等六十余人，均受过丁的教益，其中不少人现已成为晋剧舞台上的佼佼者。至60年代初，丁果仙任省戏校校长，亦经常到校传艺，该校一二班同学都受过她的教益。她特别强调练功，冬练三九，夏练三伏，勤学苦练，功到自然成。因此老丁后期的学生，功底一般较好。她对唱腔方面的传授，着重讲寄情于声，托声传情，声情并茂，传情是宗。丁门中嗓音条件较好的弟子，唱腔上颇得丁派唱腔要领，为广大观众所赏识。

丁果仙同志于1972年“十年浩劫”中与世长辞，本剧种活动区域内之广大观众，念念不忘。丁门弟子及晋剧后继者，仍在竭力模仿她宛在的音容，出现了不少近似丁果仙唱腔的音韵。如阎慧贞所唱之《空城计》，学得惟妙惟肖，举止笑貌亦有其师风度。丁派之唱腔及其表演艺术，在其去世十数年后的今天，门下仍在继续模仿，大力发展。而且影响到一些学习中路梆子的青年演员，他们亦从唱片中学到她的唱腔，如浑源县晋剧团的孙岚岚，所唱之《空城计》，满腔满调纯像丁果仙之唱腔；阳曲县晋剧团一青年演员所唱《蝴蝶杯·训子》一折，亦与老丁之唱腔一般无二。影响之深远，能至于此。往昔红果香，歌声起晋阳，身去音尚在，桃李更芬芳。

丁果仙同志，于1972年离开我们，游魂依依地离丌中路梆子的戏曲艺术，而使我们在研究本剧种艺术中，遇到了不少困难。现在绝不可能再看她的演出，更不可能坐在一起相互交谈，只能使劲记忆她的演出，从宛在的音容中捉摸她的言谈举止。她本不应该早死，并未到死的时候，可是十年浩劫对她的残酷折磨，耗尽了她的心血，损折了她的寿命。今天我们对她的表演艺术，重新进行回忆整理，记录研究，草书至此，权当个人留念云云。

王易风

（原载《山右戏曲杂记》1991年11月）

附诗：

赞前辈须生大王丁果仙

梨园盛艳果仙香，
有口皆碑已称王。
驾鹤西游十数载，
空城一播绕庭梁。

卖画劈开门，
打子假似真。
继祖能详状，
全靠老院公。

日浴秋实红

近三四十年来，在晋剧舞台上丁果仙是最享盛名的一位艺人。群众喜爱她的艺术，送她个艺名叫“果子红”，她在晋剧舞台上已度过了四十个春秋。从她的漫长的艺术道路上，我们仔细探索一下，确实可以找到许多有益于青年人的东西。

丁果仙出身贫苦。她原姓钱，因早年丧父，生活无着卖给了丁家，学戏后起名丁步云，果仙是她的号。七岁入晋剧女科班，拜孙竹林学艺，专工须生，九岁出科，十三岁在交城二抱班“众梨园”正式登台，四十年间，她住过新旧班社十五个，演出过大小剧目百余个。除应工须生戏外，也串演过不少其他行当的戏。

晋剧出现丁果仙这样一位优秀演员，有没有它的历史原因呢？我认为是有的。山西梆子远在清朝乾隆年间，就已经相当盛行，不过，那时的山西梆子，并不分什么中路、南路（上党梆子待考）。直到清末才有晋北的北路梆子，晋中的中路梆子，晋南的蒲州梆子和晋东南的上党梆子之分，这对各路梆子的发展起到了极大的推动作用。因为山西晋中、晋北、晋南、晋东南各个地区的民情风俗、地方方言与各种民间艺术的差别很大，这就使各路梆子在艺术风格上有了自己的显著特色，得到了各个地区人民群众的热情支持。

清末民初，晋中籍艺人在中路梆子班社中占有了绝对多数，大批优秀的晋中籍演员，像三盏灯、盖天红、洒金红、张巨龙、十里麻、一声雷、八百黑、鸡毛丑、说书红等许多老前辈，都是这一时期的优秀艺人，形成了中路梆子历史上第一个黄金时代。

丁果仙学戏，正好承接了这样一个好时期。在这个时期出科，有两大好处：第一，名师多、戏路宽、艺术遗产丰富，容易学到好东西。第二，那时在艺术上的继承与革新，正经历着一个统一与发展时期，老师对自己的弟子要求特别严格，所以青年人学戏必须经历许多非常刻苦的磨炼，才能把前辈的艺术继承下来。

其次，丁果仙学戏在1916年，时间正是辛亥革命之后，五四运动之前，在当时的旧民主主义革命思想影响下，提倡男女平等，丁果仙学戏，赶上了中路梆子女学员的头一茬，得到了进步力量的支持与重视。

但是丁果仙成为中路梆子优秀的须生演员，还有主观上的原因，她的有利条件是：第一，歌喉素质非常好；第二，她聪慧锐敏，艺术接受能力很强。她的不利条件是：第一，她是女声，却要唱须生腔；第二，她是年轻姑娘，却要演中年男子；第三，她被缠过足，却要使脚跟站得像男人一样稳固、洒脱。

为了化不利因素为有利因素，丁果仙学艺十分刻苦，她早起晚睡，勤学苦练，一日三功。练乏了就放下个双叉去，头就枕着脚腕子睡觉，或是吊起一条腿来靠着膝盖骨休息。这样发奋努力，到九岁上就练出了虎跳、踺子、抢背、吊毛、小翻等毯子功。唱腔念白练得也很有成绩，人都说她嗓子好，音法好，喷口好，板眼拿得稳。

她谈到自己练基本功的经验时，有两点值得引起注意。一，她练唱功是和全部表演结合在一起练的，最初只不过是为霜晨御寒，久之就变成一种唱做合一的练功方法了，所以群众说她“唱起来全身是戏”；二，她为了克服妇女演男角在生理上的缺陷，找到了两处要点，克服了腿腕与臀部的扭摆。

丁果仙的成长，和老师的谆谆教导也是分不开的。她的老师孙竹林教丁果仙学戏，一开始就注意到了她嗓子好这个优越条件，所以他特别注意在“唱”和“白”方面对她的培养。孙自己本来是一位文武兼工的老生，但他给丁果仙开蒙乱弹，却选用了盖天红的唱法。盖天红的唱工特点是高亢清脆，音韵刚劲有力，有喷口，号称“童子音”。孙认为她这个女生学唱工，从盖派入手最得法。这种得体的因材施教的措施，不能不说是造就丁果仙的一大功劳。

巧工的基础打好以后，她又跟许多前辈优秀艺人学了很多戏。特别在十七八岁成名之后，更是走上了一段广学博采的道路。她不只学到了像《火攻计》《八件衣》《南天门》一类须生戏，还串演了一大批其他角色的戏。她演过《花田错》中的春兰（小旦），《麟骨床》中的文嫣（花旦），《狐狸缘》中的四姑姑（彩旦），《玉虎坠》中的钱郎（娃娃生），《辞朝》中的佘太君（老旦）。她在《天河配》一剧中串演过大哥宋守仁（须生）、牛郎守义（小生）、七仙女（小旦）、嫂嫂（彩旦）、舅父（丑角）等五个角色。

她能惟妙惟肖地模仿许多前辈艺人的唱腔与表演。比如除了最擅长学盖天红唱腔外，对十二红、十三红、说书红、三儿生、天贵旦、三盏灯、毛毛旦、十里麻等人的唱腔也都学得非常到家。甚至还能说北方四个省与晋中一带十八个县的地方方言。她还能学唱一些蒲剧、北路梆子、祁太秧歌和京剧、评剧、豫剧的唱腔，近几年来她又学会了几声越剧、吕剧的唱腔。这种才情横溢，确实是少见的。这一段时期，她对中路梆子艺术，做了许多忠实的模仿，因此对中路梆子的传统艺术，有较全面的认识，并体会到了一些重要的规律，这使她对于掌握这个剧种传统的艺术形式和发展中路梆子的艺术创造了良好的条件。

当然对于丁果仙的反串演出，过去曾有过争论，这是一个广与专的问题，戏剧界有“眼广能取宝，艺多不养人”之说。那么广，究竟对丁果仙的艺术发生了什么影响呢？我认为应该注意到丁果仙在广学博采时，她并没有舍弃自己主要的行当。相反，还在串演中得到了许多深切的体会，使她在艺术上开阔了眼界，在技巧上得到了锻炼，因而在艺术上也获得了更大的成就。

1936年，丁果仙应上海百代公司邀请灌制唱片和演出，她演出很卖力气，但却没想到事与愿违。观众看了之后颇有意见。一是“山西戏听不懂”，“太土，听来不舒服”；二是唱词中夹词、垫字太多，如“哪咿呀哈”等等。当时丁果仙为了适应观众的要求，就尽量想法“脱土”，将念白改为京韵道白，取消了“哪咿呀哈”等虚词、垫字。接着演出，果然收到了一定的效果。抗战前，她常赴京、津演出，与马连良、谭富英多有交流。她曾照京剧的样子生搬硬套地上演了《四进士》，可是山西观众看了之后大有意见，说“南腔北调”的不像山西梆子了。有的人对她说“鞋大鞋小不能走了样”，“本乡本土是一辈子靠山，不该在本地打了饭碗”。丁果仙终于在“保住饭碗”这一朴素思想的指导下，摸索着走上了一条较原始的创造发展中路梆子的道路——既尊重传统，又广泛吸收其他剧种所长，化而为自己所用。

丁果仙四十年的演剧生活经历，有这样一个特点：初经扎实苦练，稳奠根基；中间广求博学，百花俱发；最后胜境一收，重点回到少数几个久经考验的节目中来，进行精雕细琢。解放以后，她演出加工最大的是《打金枝》《卖画劈门》《蝴蝶杯》《详状》《走雪山》《捉放曹》《闹公堂》和新排的《屈原》《将相和》等节目。在这些节目中，她对角色的创作态度，显然与以前大不相同。比如她演《打金枝》中的唐代宗，以前只从娇惯女儿与息事宁人态度出发，现在则根据处理家庭女儿琐事与团结功臣，巩固自己的江山着眼，这样对人物刻画，也就比以前更深刻了。

丁果仙的艺术成就以唱腔部分最为突出，其唱功深厚洒脱，抑扬顿挫，运用自如。她在唱腔上的创造性很强，但不与传统脱节，虽博采众长，在运用上却不留痕迹。丁果仙所以能得到这样的成就，是和她正确地对待中路梆子的传统分不开的。

她在传统唱腔上打基础，从开始学戏那天起，到广求博采的模仿时期结束，大约用了二十年的功夫。正因为她非常了解中路梆子的传统，所以她能正确地继承、丰富和发展传统，敢于在传统艺术的基础上创立自己的表演艺术流派。这一点，确实是值得我们这一代青年演员们再三深思的。

寒 声

（原载《光明日报》1962年8月3日）

附诗：

励 君 吟

参加丁果仙同志舞台生活四十周年纪念，曾作题为《日浴秋实红》业务报告，归来后思绪绵绵，特作《励君吟》两首：

入世便入水火中，
蓓蕾零落羡哀鸿。
冷窟含辛觅生路，
艺坛茹苦攀高峰。
铁喉清歌图衣饭，
罗袂妙舞赚虚名。
幽林难逢真伯乐，
徒教魂魄陷囹圄。

春雷乍动扫阴霾，
骞旗凯歌从天来。
巨人救出三山底，
导师引向百花台。
歌场新韵创盛业，
艺林旧章重剪裁。
勉君尽瘁平生力，
东风桃李满园开。

（原载《山西省晋剧院院志》1994年4月）

附诗：

感　怀

在纪念晋剧表演艺术大师丁果仙诞辰九十七周年暨纪念碑揭幕仪式上，感触颇多，故现场拟诗一首，以抒胸臆。

名伶立丰碑，
千古第一回。
寄语后来人，
晋剧生光辉。

2006年3月31日

丁果仙艺术生涯评传

引　言

丁果仙以夺目的艺术光华辉耀于本世纪前半叶的晋剧艺坛，应当说是晋剧史上一个罕见的奇迹。这是因为：第一，她是第一个出现于晋剧舞台上的挂髯口的坤角。她必须在一无先例可循、二无成法可遵的情况下，突破与生俱来的女性生理特点所造成的艺术局限，在舞台上做一番由女变男（而且是中、老年男子）的“脱胎换骨”性的自我艺术改造，方能改变观众传统的欣赏习惯，欣然接受她那开拓性的艺术成果。丁果仙不仅成功地做到了这一点，而且成为独树一帜的丁派表演艺术的宗师，这在晋剧史上可谓史无前例。第二，丁果仙既非梨园世家的子弟，家学有源，又非某位艺坛臣擘的嫡传门人，习艺有宗，她是自幼被奴隶式的生活遭遇逼上舞台的。她习艺阶段所生活的那个社会，所寄身的那个家庭，从来也没有把她当作可造之才给她施以必要的阳光雨露。解放前，她所走的那条艺术上的成功之路，基本上是凭她的天才加勤奋在荆棘丛中一步一个脚印地探索、开拓出来的。像她那样以坚强的意志、刻苦的精神、超凡的悟性，博采众长，融会贯通，自励、自学、自创为一代立派开宗的表演艺术家，在晋剧史上也是不多见的。执此两端，我以为把丁果仙说成是近代晋剧史上的一个罕见的奇才，也许不是执妄无明的过甚之词吧？

丁果仙以艰苦卓绝的艺术劳动为我们留下了一座艺术的丰碑。遗憾的是，由于十年浩劫所造成的她的提前辞世和笔者参与记录整理的她的那些珍贵自述资料的丧失殆尽，使我们现在连给她写一个较为完备的传记也几乎无能为力。适值丁果仙诞辰九十七逝世三十四周年之际，在省内戏曲界同仁的热心敦促下，我只好凭现有的零星文字资料和头脑中残存的不精确的记忆，勉为其难地为她摭拾已发表过的文字写出这篇丁果仙艺术生涯评传。一来，算作是奉献于丁果仙在天之灵的一瓣心香，二来，权为振兴晋剧和光大山西文化的志士方家提供涓滴的艺术借鉴和研究资料。

丁果仙，艺名“果子红”。这个艺名，听起来别致异常，说清了本色当行。丁果仙小名叫果子，山西俗称戏曲中的胡子生为“红”，因此果子红的本意就是“唱胡子生的那个果子”。当年，丁果仙把观众对她的这个质朴而又亲切的称呼取为自己的艺名，并没有丝毫自吹自炫之意。但是，自从她以光彩照人的艺术丰姿出现于晋剧舞台以后，在广大观众的心目中，“红”便由山西戏曲行当的专门名称，转化为赞誉丁果仙艺术声名的形容词，果子红的艺名，无形中便成为丁果仙艺术成就的一个比喻性的象征。她那精湛的艺术造诣和卓越的艺术成就，使她名副其实地成为近代晋剧艺苑中的一颗稀世罕见的红艳艳的硕果。

其实，我们若把果子红的喻义再做一番合理的引申，这个艺名又何尝不是这位表演艺术家的身世和艺术生涯的一个恰当的形象化的概括呢！打根底上说，她本是黄连枝上结出的一个果子；学艺阶段，她是在苦水中煎熬的果子，投身艺海之后，她是傲寒斗雪方得红熟起来的果子；在旧社会的成名期间，她是外红里苦的果子；在新中国的阳光雨露下，她是苦尽甘来、秋实分外红艳的果子；如今，她是落地生根有待于世代传承的永远值得人们珍爱的果子……

一、黄连枝上结出的苦果

不明底细的人，兴许以为丁果仙本姓丁，是山西太原人氏吧？其实，她本姓钱，是河北人。她由河北到山西，由钱姓改为丁姓，其中便饱含着一腔血泪。

丁果仙于1909年诞生在河北省束鹿县不知何村的一个贫苦的农民家庭里，她的具体出生地和准确的诞辰已无从稽考。因为她是在四岁的时候就被卖给了原籍河北省束鹿县而侨居山西太原的丁氏，此后就永远和亲人割断了联系。凭着幼小心灵中残留下来的朦胧记忆和以后养祖父的一星半点的偶尔叙说，她对自己的家世和童年的遭遇，只能大体有一个轮廓性的勾勒。

她的父母共生下三个孩子。她是老二。姐姐比她大三四岁，弟弟比她小两三岁。弟弟出世不久，爸爸在苦日子的煎熬下，一病不起，扔下娘儿四口，离开了人世，从此抚儿育女的生活重担便完全落在了她妈妈的肩上。一个无依无靠、无房无地的寡妇，在饿殍载道的旧社会，要想让一家四口在死亡线上挣扎着活下去，只好携儿拉女，沿门乞讨。果子隐约记得，在她四岁那年初秋的一天，妈妈怀抱着弟弟，手拉着姐姐和她，到外村讨饭。那时，秋庄稼还未成熟，庄户人自己还饿着肚皮，哪有果腹之物施舍给乞食的孤儿寡母？纵使讨得半碗汤水，妈妈也只好首先哄住弟弟的饥肠。饿得头晕眼花的妈妈领着孩子们迷迷糊糊地走到一处四下无人的荒郊，突然电闪雷鸣，下起瓢泼大雨。妈妈怕浇着弟弟，把他搂在怀中，又怕两个女儿被暴雨淋坏，忙用破大褂的衣襟给女儿们遮雨。可是，衣襟又短又破，顾了这个就顾不上那个，眼看孩子们一个个淋得像落汤鸡，脸色铁青，浑身打战，妈妈心疼得像刀绞似的。她一把搂住三个孩子，一家人在荒郊野外，呼天号地地痛哭起来。哭声与雷声混成一片，泪水与雨水一齐流下面颊。过了好大一会儿，雨虽算停了，但妈妈几天没吃饭，又淋了一阵大雨，再加上伤心过度，一头栽倒在泥坑里。果子和姐姐见妈妈脸色苍白，两眼紧闭，跟死过去一样。弟弟趴在妈妈的身上，有气无力地拱着妈妈的胸脯，姐妹俩急得大哭大嚷，这才惊动了邻近村里的人，赶来在这可怜的一家人的身边围成一圈。这时从人群里走出一位善心的大娘，见这一家人的凄惨景象实在不忍，于是忙叫自己的儿子和村里的几个后生抬着妈妈，引着三个孩子到了她家的破草房里，费了好一把劲，才使妈妈活转过来。

大娘家也是穷苦人。她虽然救活了妈妈，给果子姐弟三个吃了点东西，却不能把这一家四口久留下来。要是这样把刚刚救活了的寡妇孤儿打发走，说不定不久照样会饿死在路边，于心深感不安。怎样才能给这母子四口找条活命之路呢？大娘和她儿子计议了半天，想来想去，唯一的办法是卖儿卖女！她儿子灵机一动，悄悄地对大娘说："听说从太原回来的丁老头想收养个孙女儿，要是实在没法，只好……"说到这里，他望了孤儿们一眼，底下的话再不忍心说下去了。大娘听了，为难地说："儿女是妈的心头肉，只怕不肯割舍吧！"他们的话说得很低，唯恐当妈妈的听了心里难受，可是偏就给果子妈听见了，她双目紧闭，沉默了半晌，突然睁开眼，一字一泪地说："要活命只好走这条路了。"说罢又晕了过去……

和丁老头洽谈人口买卖的交易，基本上是由大娘出面进行的。丁老头原先要买果子的姐姐，妈妈流着泪在枕头上叩着头说："大妞年岁大了些，留在俺身边还能帮我照护她弟，再说她已懂了些人事，长大了会恨我一辈子的，小妞果子还啥也不懂，你老买下她，也好收养……"丁老头把小果子从头到脚仔细打量了一番，说是眉眼长得不秀气，像个小子模样，长大了，相貌不出众，怕是个赔钱货。于是，故意推三阻四，不愿成交，经过大娘母子再三说合，讨价还价，丁老头才像大动恻隐之心似的，声称为了行善积德，救活一家四口，忍痛付出三十吊钱的代价，买回一个小叫花子当自己的孙女抚养。从此，小果子便永远离开了自己的亲娘和亲姐弟，跟着一个手持长烟杆的陌生老头，来到太原，在丁家的皮鞭下过着另一种痛苦的童年生活。

丁氏老汉老两口住在太原市小五台上头的斗鸡场附近。说是收养孙女，但果子入门之后，就从未见过养父养母，也许压根儿就不存在养父养母。丁老头把果子收养下来，并非是出于天伦之需，而是为谋生财之道。——用少女的青春、肉体和灵魂去换取金钱。具体说来，像丁老头这等以妇女为商品的人贩子，他为攫取不义之财而给“养女”“养孙女”们规定的生活道路只有两条：一是唱戏，二是当妓女。进不得戏院，便进妓院。反正会唱几句乱弹的妓女，毕竟增添了招徕顾客的一技之长。当年，丁家的同院内就住着一个开妓院的老板，只要一倒手，由此房到彼屋，就会让学艺不成的“养孙女”变成以艺增色的妓女。精于此种生财之道的丁老头，见小果子灵气有余而秀色不足，所以舍不得花较大的代价延请名师悉心教戏把她造就为未来的艺坛名优，只是廉价请来一位二流演员但戏路较宽名叫孙竹林的蒙师，打算把果子培训成会唱几出戏的艺妓。他哪里料到，性格倔强、天资聪颖的果子，由于自小便深切感受到妓女的火坑就近在咫尺，为了摆脱面临着的当妓女的可怕厄运，她横下一条心，定要学好戏而不沦为妓，通过刻苦学艺，为自己在苦海中搏击出一条生路！

有这样一件事，深深铭刻在果子幼小的心灵深处，使她终身难以忘怀。

那时，她刚学戏不久。有天晚上，养祖母让她靠门练“金鸡独立”。因超出一个七八岁儿童所能承担的沉重的家务劳动，早把果子折腾得疲惫不堪，再加上持续较长时间的“金鸡独立”，此刻，她已摇摇晃晃，再也支撑不住了。碰巧，养祖父从外面跨门进屋，一脚把她撞倒了。养祖父顺手举起烟袋锅子，在她头上狠狠打了几下，大声骂道：“真他妈的，这是练的哪门子功？滚出去给我烧茶，这样下去，干脆送去当窑姐儿算了！”

果子慌忙从地上爬起来，默默地坐在炉边，摸着头上隆起的一个大包，看着跳动的火苗，伤心地想：如今学戏，哪一天少了挨打受骂？练不好功，喊不好嗓，师傅用皮鞭打；稍有差错，养祖父用烟锅打；夜里睡下，养祖母算一天的总账，在被窝里狠拧死掐。看来，这学戏可真是难熬的苦事，实在熬不下去，将来大不过当窑姐。当窑姐打扮得体体面面的，成天站在街旁东瞅西瞧，有啥可怕的……她正在胡思乱想，忽听上房一声惨叫，只见一个大汉挟着个姑娘从屋里奔出来，定睛一看，被挟的姑娘原来是平素跟自己最亲热的小红姐姐。那大汉把小红摔在当院，一顿乱棍，打得她在地上翻来滚去。那一声声惨叫，好似锥子扎在果子的心上。小果子吓得面无人色，冲进屋里，情不自禁地嚷着：“爷爷，快去救救小红姐姐吧！”养祖父叼着长烟杆，冷笑一声说：“哼！当了窑姐不接客，还想偷跑，打死活该！你不好好学戏，眼前的小红，就是你日后的样子！”果子听了，一把抱住养祖父的腿，跪着哀告说：“爷爷，我一定好好学戏，当上角儿，给您挣大钱，您可千万别让我当窑姐儿呀！”此后，果子再没见到小红。后来听说，她果然被老板活活打死了。小红的惨剧，给果子上了一堂刻苦学艺的最好的启蒙课。从此以后，她便咬紧牙关，忍受苦水三番五次的煎熬，痛苦地经受着她那漫长的学艺生涯。只要稍一懈怠，小红的惨叫便在耳边回荡，小红的惨剧便在眼前浮现……

二、在苦海中煎熬、磨炼的果子

在旧中国的混沌世界里、艰难岁月中，艺海就是苦海。果子是七岁开始学艺的。也就是说，正当别的孩子在温暖的家庭中、父母的抚爱下，无忧无虑、天真烂漫地过着人生最美好的童年生活的时候，我们的果子却在苦海一般的艺海中经受煎熬，接受磨炼了。

六七十年前，位于太原纯阳宫北的一片水泊地，人们称之为海子边。那时的海子边就是今日儿童公园的所在地。但在当时，那里并没有成荫的绿树、荡漾的碧波、峥嵘的楼阁、玲珑的假山。那时的所谓“海”，无非是一汪久不疏浚、孑孓孳生的死水。水边有的只是荒烟蔓草、断壁颓垣。通常除了练武习艺之人看中此处的僻静，短不了足践斯地外，那就只有野狗孤兔之属时相出没了。

就在这样一个荒僻得令人心悸的所在，附近的有心人竟然发现，无论是酷暑还是严冬，不管是刮风还是下雨，每天总是从海子边传出一声声清脆而略带凄怆的练唱喊嗓的童音，惊破人们的美梦，报告着黎明的到来。如果好奇的人们循声而往，定能在苇塘边或是土丘山见到一个穿着破旧，精瘦利落的小女孩在引吭喊嗓、吊唱，或是在踢腿下腰练功。这个小女孩就是未来的“山西梆子须生大王果子红”。

我国戏曲有关唱做念打的一整套基本功，难度很大，要求极严。要当一个有出息的戏曲演员，必须在未成年时就系统地、严格地接受各项基本功的训练。而这种训练的艰苦性对于一个嫩如幼苗的儿童说来，未免是有些残酷的。所以通常只要有一线活路的人家，是不会轻易让自家的孩子去领略学戏的痛苦生涯的。自幼学戏的多半是生来就必须以唱戏谋生的所谓梨园世家的子弟。这些子弟，在亲生父母严格而悉心的训教指点下，虽难免磨炼的痛苦，但总不乏应得的抚爱与关怀。果子学艺时的处境和遭遇却比一般梨园世家的子弟糟糕得多。因为她既不是丁家的亲骨肉，又不是名副其实的义女。实质上，她只是丁家买过来略做加工而欲谋取厚利的商品而已。天伦泯灭、利欲熏心的丁氏老两口，花了钱请师傅给果子教戏，除了挥舞皮鞭加烟袋杆严加督责外，哪会出于慈爱而疼惜她的苦痛与辛酸呢？

为了尽快从果子身上生利，丁老头对果子实施的是速成培训法。这种速成培训法的基本原则是：不管一个七八岁的孩子体力和精力是否可以承受，靠着皮鞭与烟袋杆，强行让其接受最大限度的基本功的训练。果子日常的课程表规定：天亮前起床到海子边喊嗓、练功或带动作练唱；早饭后的整整一个上午，由师傅拉琴教唱；下午听师傅说戏，练功；晚上伺候养祖父、养祖母用完晚饭后继续练功。深夜上了炕还得把练功与睡觉结合起来，做到睡觉不误练功——睡时，扳起一条腿，以脚为枕，垫在头下。翻身时，换扳另一条腿。果子的养祖父和开蒙师傅，不仅给她安排了繁重的基本功训练课目，而且对一招一式、一腔一板的要求也极端严格、苛刻。例如：为了练好腿功和台步，不仅要踩着半尺来高的木跷，而且还得在小腿弯处捆扎尖锋朝上的竹签，为的是经过长久的踩跷跑台步的训练后，仍得以坚劲的腿力保持双腿的挺直。如果腿力不济，稍一打弯，那尖利的竹签就会扎进大腿的皮肉，钻心的疼痛所产生的条件反射，势必一直让两腿绝对地绷得直直的。果子从小缠过足，学戏时虽然放开了裹脚布，但仍是一双发育不正常的“解放脚”。让这双立足举步本来就不很稳当的“解放脚”接受如此高难度的腿功训练，幼小的果子所经受的煎熬与折磨，那是出乎常人想象之外的。但是，这个生性倔强的小姑娘终以超凡的毅力、刻苦的精神，咬紧牙关，忍受煎熬，在不长的时期内便练就了一身扎实的底功。她所以能如此，关键在于她稍明世事之时，就已产生了一种为改变自身命运而奋力拼搏的觉醒意识。小红姐姐的惨死在她幼小的心灵深处留下的印象是那样鲜明深刻，以至于只要她练功学戏的刻苦自励精神稍一怠惰，她便分明看到如同小红姐姐一样的窑姐儿的可怕命运正等待着吞噬她的青春。无情的现实生活把小果子的心灵催化得早熟起来，随着年龄的增长，一个越来越明晰的意识在有力地支配着她安身立命的行动，这就是：要摆脱妓院的威胁，必须在戏院中立脚；要想将来从艺时大有作为，必须现在学艺时苦熬苦练，精进不懈。

朴素的志气，既是生发力量的源泉，也是点燃智慧的火苗。为了练好功、学好戏，果子不仅有一股吃苦不皱眉的坚韧毅力，而且还有一种遇事爱动脑筋的劲儿。师傅教唱时，告她说要唱功到家，声亮音足，须学会运用丹田之气。但是，这位艺道并不十分高明的师傅，根本说不清什么叫“丹田”，丹田之气如何运用，更难做出运用丹田之气演唱的示范。果子初聆师傅的教诲，只能是丈二的金刚摸不着头脑。有一年夏天的大清早，她在海子边的一方大水塘的边上吊嗓，时间一久，声气不足，音量渐小。这时，水塘里一只只青蛙的“呱呱”噪鸣便压过了她的嗓音，在宁静的水面上震响。蛙声吸引了果子的注意力，她干脆停止了喊嗓，蹲在水边，望着爬在荷叶上的那只起劲鸣叫的青蛙，暗自琢磨着这样一个问题：青蛙比自己不知小多少，可它的声音却盖过了自己，“呱呱”地震人耳鼓。这是为什么呢？为了探索青蛙叫得响的奥秘，小果子对它鸣叫时的情态做了仔细地观察，发现青蛙高叫时，它的肚皮如同一个鼓鼓的气囊，一起一落地做收放运动。肚皮鼓得越大，叫出的声音越响。发现了青蛙鼓腹高鸣的秘密，果子立即悟出了唱戏要用丹田之气的道理，掌握了运用丹田之气的基本要领。她认识到所谓丹田，就是能随气息的吸放而开合的胸腹部位。发声时，注意调节、控制气息的收放，便像青蛙一样，能形成胸腹的起落；相反，胸腹的起落又造成了气息的吸放。声音随气息的吸放在体腔内震荡共鸣，便格外响亮；声音由体腔内鼓足的气息送出，便格外远扬，这就是唱戏要用丹田之气的简单道理。果子由青蛙鼓腹而鸣声震四方的现象，琢磨清楚和具体掌握了运用丹田之气三回九转在胸腹形成共鸣的演唱诀窍，足见她从小就具有勤于思考、敢于探索的可贵精神和善于辨析事理的领悟能力。

除此而外，果子自打学艺之后，还充分体现出她具备着一个出色演员所应具备的其他一些天赋资质。例如，她的启蒙师傅教唱不久，便发现这个徒弟具有很强的模仿力，教给她的一板唱腔，她练唱几遍便能按照教唱者的声腔韵味唱了出来。那时，《花子拾金》是师傅给她教唱的启蒙戏之一。在这出耍耍戏里，拾到黄金而兴高采烈的叫花子，自得其乐、自鸣得意、兴之所至地扮演各种角色，模拟许多不同行当不同风格的著名演员的唱腔。因此，用这出戏教唱，可以使学唱者初步掌握一些名演员的唱腔唱法。说实在的，果子的师傅模拟名演员的本领并不高超，唱得并不到家。倒是果子有机会到戏院去听戏时，却悄悄把一些名演员的唱腔惟妙惟肖地偷学了下来，使《花子拾金》成了她最早当众表演的拿手好戏之一。在这出戏里，她学《捡柴》中两个旦角的一段对唱，能把当时享有盛名的两位晋剧著名旦角毛毛旦和天贵旦的唱腔唱法模拟得和本人的演唱一模一样。

果子在学艺阶段就具备高超的模仿才能，这还可以从她从艺时期的一则梨园趣闻中得到逆向证实。

有一年盛夏的傍晚，在北京一个小旅馆的庭院里，正在纳凉闲谈的人们突然为一阵优美的动听的京剧清唱声所吸引，几个京剧爱好者循声而往，伫立在一间客房的窗下静听起来。他们越听越入神，越听越惊奇：是谁唱得如此地道的一口谭派唱腔？有位旅馆的服务员悄悄介绍说："那是唱山西梆子的果子红啊！"于是，听众中有人议论道："一个唱山西梆子的女演员能把谭老板的唱腔唱得这样韵味十足，真不容易，说不定是得到谭老板的真传呢！"其实呢，此时的丁果仙在艺术上还没有直接同谭富英发生交往。她只不过在前几天看了谭的几场演出，便将谭的一板唱腔默记于心，如今情不自禁地放声学唱起来，居然让京剧迷们听作"谭派正宗"的演唱。

对学艺者说来，艺术的模仿是一种必要的学习，必由的成功之途。对名家的模仿是一种师承的吸纳；博而精的模仿是一种取宝聚宝的财富积累；对“转益多师”模仿所得的融会贯通，是一种创新的能量裂变，是石破天惊、横空出世的前奏。

果子善于模仿的才能，固然与其天赋有关，但也并不完全取决于得天独厚的禀赋。“学谁像谁”的本领是和她那锲而不舍的苦学精神和善得要领的巧学方法分不开的。后来，她总结的一条“学唱要用眼”的宝贵经验，便是她自幼以来，在长期的艺术实践中琢磨出的学习模仿别人唱腔的一个重要诀窍。她在谈艺时曾说：“常言道‘耳听五音，目观五色’，声音与眼睛好像是两不相关的。因此，通常学唱，只是耳听口习，而我的学唱，却外加眼看。所谓眼看，就是用眼观察‘喉舌齿唇’的发音部位和‘开齐合撮’的发音方法，由此就可以抓住人家行腔吐字的生理特点，就能使一出即逝的无形之声变为有形的可以捉摸的东西。”仅此一端，足可看出，果子的天赋条件和艺术才能是凭靠勤学、苦学和巧学的精神才得以充分发挥的。

总之，天才加勤奋，使果子很快便显露了艺术上早熟的趋势。她的养祖父在她身上实施的速成培训法，费力不多，收效甚大。经过两年多的延师训蒙，果子已在基本功方面打下了较扎实的基础。学会的几出戏，无论是唱、做，都足可娱人视听。于是，急于从果子身上敛财的丁老头，便不想再花钱延师坐堂设教了。在果子年方九岁的时候，丁老头就迫不及待地把她撵进泰山庙的席棚之中和简陋的戏台之上去清唱卖艺和唱票演出了。谁知，丁老头的这种生财无道的做法，客观上却使果子较早地获得了在艺术实践中学习、磨炼和提高的可贵机会。

果子原学的是旦角。在泰山庙露面不久，她的养祖父发现，她唱《花子拾金》反串须生行当的角色，那柔中有刚的清亮童音，那堂堂正正的轩昂气度，往往引起观众的浓厚兴趣，比她唱应工行当的旦角更易博得掌声和彩钱。于是一个出奇制胜的大胆想法在丁老头的心中形成了：干脆让有股愣劲的假小子一般的果子学唱胡子生吧，将来光凭山西梆子自古以来的第一个坤角胡子生的招牌便可叫座卖钱哩！丁老头的如意算盘偏巧打在了果子的心坎上，果子刻苦学戏，不正是为了摆脱女人的不幸命运吗？在舞台上以须眉男子的面貌出现，虽不等于改变了自己的女性身份，但至少可以减少一些招蜂惹蝶的麻烦，更易清白安生一些。正是从这种纯朴稚气的想法出发，果子欣然决然地择定了当一名坤角胡子生的这条未经前人涉足的艺术道路。尽管这种大胆的抉择，在客观上顺应了解决晋剧演唱中男女声唱同一高调门的这个难题的需要，在主观上她也具备着一定的女演男的天赋条件。但是，不难设想，一个放开裹脚布不久的女孩，一个越来越接近豆蔻年华的少女，要在舞台上破天荒地以堂堂男子的身份立定脚跟，得到广大观众的认可，这不但需要巨大的勇气，而且更需要艰辛的磨炼。这种“自我改造”的磨炼是一种特殊的磨炼。我们的果子，当她还处于幼女与少女相交替的阶段时，便自觉地改变着自家的女儿心性，泯灭着自家的女儿意识。自此以后，不仅习以为常地在生活中潜心默察，认真模仿男人的声情举止，而且在自己少女的生理特征趋于显著的时期，硬是针锋相对地在生活中把自己变成十足的男人——她留短发、戴礼帽、着男装、学骑马，甘冒礼教之不韪，不怕路人的讪笑，经常大模大样地出现在太原城的长街之上。有时在路上见到一位感兴趣的男人，不是迎面而立，上下打量，便是尾随赶上，回眸凝视，因此往往遭人白眼与逗弄。在苦水深深的艺海中，果子就是这样煎熬着、磨炼着，不经受如此痛苦的煎熬，如此艰辛的磨炼，日后的晋剧艺海中怎能奇迹般地浮现出一颗光华灼灼的红艳硕果呢？

三、迅速红熟起来的果子

有志者事竟成，功夫不负有心人。丁果仙九岁开始在泰山庙清唱卖艺，十三岁正式登台演出。唱到十五六岁，人们越来越惊奇地感到晋剧艺苑中出现的这个“果子”，真是个不同凡响的“奇葩异果”！她的唱腔圆润清亮而又刚劲豪放，既发挥了女声高亢婉转的特色却又不带女腔女调；她的表演逼真，动作帅气，兼备着女性独有的细腻周致，但又不露女态女相。不明真相的观众，无论从她的唱腔上、扮相上，还是从她的表情动作、风度气质上，都难以想象：如此逼真地扮演着长髯飘胸的各种角色的演员，原来却是个妙龄少女！“女演男而不露女相”，“女演男而胜于男”，这的确是丁果仙一登晋剧舞台即令人瞩目的一大奇迹。正是这个奇迹，使丁果仙在30年代中期由上海法资百代公司灌制唱片时，即荣获“山西梆子须生大王”的称号而名传海内。

果子在艺术上成熟得早，除了基本功的根基扎得深外，主要是因为她善于广泛吸收和融化各种养料。丁果仙学艺阶段和从艺的前期，正是晋剧发展史上的一个鼎盛时期。“七七事变”之前，以晋中地区为中心的山西商业资本发展的势头尚未衰息。商贾们组建的班社与农民的自娱班分别活跃于城乡之中，特别是祁县、太谷、平遥一带的富商大贾，他们的经营原则与方式基本上是取财于外地，扎根于家乡。随着他们的足迹所至，既使山西梆子走出娘子关，传到河北、内蒙古、京津一带，也使其他剧种的剧目和表演艺术得以输入娘子关，促成双向的艺术交流。三晋商业文化的辉煌，孕育与催化出近代晋剧的辉煌。在此期间，不同流派、不同风格的艺人呈艺竞技于舞台之上，先后涌现了一批有独到艺术成就的著名演员。在须生、老生门中，既有唱做兼备，尤以唱工见长，嗓音高亢清脆、刚劲有力的盖天红王步云，又有唱腔柔和，善唱塌嗓，音韵婉转，长于抒情的十二红胜儿红；既有善于控制气息，演唱技巧高超，行腔有三回九转之妙的十三红张景云，又有嗓音欠佳，但行腔熨帖，咬字清晰，歌唱明白如话，表演真切感人的说书红高文翰等等。在抗战前，很多名优均被太谷大财东组建的“锦艺园”所罗致。已经名噪一时的果子红作为班主的如夫人与前辈艺人同台献艺，相互切磋的良机极多。著名前辈艺人的艺术造诣为丁果仙的艺术成长提供了丰富的养料。胸有大志而又虚怀若谷的丁果仙，凭着她那好学不倦的态度、苦钻深研的精神和高超的模仿吸收能力，成名前后就不专一师、不拘一格、不分行当、不究门宗地把许多前辈和同时代艺人的专长一点一滴，原原本本学到了手。

艺术贵在有所开拓，有所创新。丁果仙虽然早就显露了她具有学谁像谁的惊人的艺术模仿才能，但她并没有把追踵前人的步武作为自己登入艺术殿堂的捷径。作为一个有雄心、有作为的艺术家，丁果仙深知：学习是为了借鉴，但借鉴决不能代替创造。即使当其早年在舞台上成功地演出了《花子拾金》时，她也没有为观众对她的出色模仿才能所发出的叫好声而陶醉得忘乎所以。她清醒地知道：如果她一辈子在舞台上只做《花子拾金》式的演出，那么在艺术的王国里，她充其量也只是个“拾金”的“花子”，而成不了一个炼金的艺师；她一生虽然像“花子”那样不知餍足地摭拾别人的“黄金”，但目的不是为了原样展出以示自己的富有，而是为了给自己炽热的艺术熔炉内不断增添再创造的艺术“资源”。丁果仙之所以能早早地就戴上“山西梆子须生大王”的桂冠，以第一个“红”门女皇的身份雄踞于晋剧舞台，关键在于：她既善于“拾金”——吸收继承，更善于“炼金”——创造铸新。她能根据自己的特定条件，有比较、有选择地博采众长，融会贯通，发展创造，从而形成自己的独特艺术风格。以唱腔唱法为例，丁果仙早年从自己是个少女的特定生理条件出发，为了“以刚克柔”，“化女为男”，因而着意师法“盖天红”以刚劲为主的唱腔。随着年事的增长，嗓音由稚嫩到苍劲的变化，她意识到刚而又刚的唱腔，不仅不再能弥补自己嗓音欠刚的弱点，反倒压抑了自己嗓音可柔可婉的长处，而且一刚到底的火爆唱法，也不能很好地适应各种角色，表达各种感情的需要。此后，她便在保持一定程度的刚劲特色的基础上，有意识地借鉴了十二红的柔音唱法；掌握了十三红的气息运用技巧；吸收了说书红咬字清晰、音韵纯正的特长，甚至连毛毛旦和天贵旦唱腔中的颤音运用法，她都巧妙地“偷”将过来。就这样，丁果仙立足于自己的艺术再创造，将诸家之长集于一身、熔于一炉，逐步地形成了她那刚柔相济、声情并茂，发音坚实洪亮，共鸣区域宽广，咬字清晰纯正，气息运用自如的演唱特色和风格，并在长期的艺术实践中发展为独树一帜的对近代晋剧胡子生一门的演唱产生了划时代影响的丁派唱腔艺术。卓越的演唱艺术，高明的演唱技巧，是丁果仙整个表演艺术成就中的一个重要方面。她的唱，刚劲而不硬峭，华美而不俗艳，婉转而不柔弱。朴实大方中现绮丽，平易自然中出新奇，具有独特的艺术魅力。

“唱戏唱戏，唱不出情，就唱不成戏。”这是丁果仙从毕生艺术实践中总结出来的一句格言。晋剧声腔的高亢火爆，常使一些演员只顾放声高唱而不顾以声传情。丁果仙虽然生就一副高昂凝重、坚实洪亮的好嗓子，但她从来不是单靠卖嗓子来博取廉价掌声的。她认为：唱声不唱情，多好的声音充其量只能震人耳鼓，而不能动人心弦。只有寄情于声，托声传情，声情并茂，方可达演唱艺术的完美境界。她无论是对传统唱腔唱法的运用与发挥，还是对兄弟剧种唱法的吸收与融化，都明确体现了“唱情是遵”的原则。为了唱出情，亦即是为调动演唱手段完美地表现人物的思想感情，她对晋剧的传统唱腔唱法做了灵活的运用和创造性的发挥。在运用与发挥传统的演唱艺术仍不足以完美地达到唱情目的的情况下，她便大胆地对兄弟剧种的唱腔唱法进行了巧妙的吸收与融化。这样，以情驭腔，通过运用与发挥，吸收与融化，同时也就唱出了“新”——创造出富于感情表现力和艺术生命力的新腔新调，从而，把晋剧胡子生的演唱艺术发展到一个新的水平，开拓出一个新的局面。

丁果仙在演唱艺术方面的创造才华，集中地表现为她最善于灵活地、富有独创性地运用传统唱腔来刻画人物性格，表达人物感情。在《空城计》这出戏里，她饰演的诸葛亮在城楼上所唱的一段大板乱弹，便是灵活地运用各个不同的板腔完美地抒发人物特定感情的典范杰作。这段脍炙人口的传统唱腔，经过她独具匠心的艺术处理，腔行而情出，层次分明、活灵活现地表现了足智多谋的诸葛亮在兵临城下之际，利用对手司马懿生性多疑的弱点，明示空城，故设疑阵的那种临危不乱的特定心理和沉着潇洒的独特风范。同样，在《芦花》一剧中，闵德仁在其子闵子骞为继母求情时所唱的大板乱弹，由于丁果仙对其中最能动情处做了匠心独运的艺术处理，因而唱得声声动人心弦，句句感人肺腑。在唱第一句平板帽子的“儿跪倒”三字时，“倒”字后的拖腔突破了原格式，延续了八拍至十二拍，情调委婉、深沉、伤感，把闵员外悲愤交加、感慨万千的心情表达得淋漓尽致，真切感人。在唱到“李氏心太偏，你二老坐庭前，腊月数九天，雪花空中悬，为什么兄絮芦花弟絮蚕棉，不孝的闵子骞”时，丁果仙创造性地使用了晋剧中具有抒情色彩的“十三咳”，恰到好处地表达出闵德仁心灵深处难以明言的隐痛。

丁果仙不仅具有一气呵成地演唱大板乱弹来刻画人物内心世界的艺术功力，而且尤为擅长运用介板、流水、滚白等散板唱腔灵活多变地表现各种人物在特定情境中的各种不同的复杂感情。由于散板唱腔节奏比较自由，因而能充分施展丁果仙在出字、过腔、收韵以及气息运用方面的演唱技巧，特别是更能充分发挥她所独具的富于弹性的装饰性润腔收放音的特长。她在《蝴蝶杯》田云山打子时所唱的介板、《清风亭》张元秀所唱的滚白、《卖画劈门》白茂林在劈门时所唱的流水等，都是成功地表现人物的思想感情、闪耀着丁派演唱艺术光华的典型唱段。

特别值得提出的是，流水腔的紧打慢唱法，经过丁果仙创造性的艺术加工，已成为现代晋剧中面目一新的一种重要板式。这种唱腔，既热烈火爆，又舒展委婉，并与语言的表达结合得十分紧密，字字清晰，句句入耳，似唱非唱，平易近人，很适于在紧张热烈的戏剧气氛中，以内心独白的方式，抒发人物深沉复杂的情怀。《八件衣》中《行路》一折杨知县的一段流水板唱腔的“紧打慢唱”的处理，便是丁果仙演唱艺术的创造性结晶。这种板腔的定型化，是丁果仙对晋剧演唱艺术的一大贡献。

丁果仙对兄弟剧种的唱腔唱法的吸收与融化，同样表现了她那出色的创造才华。在长期的舞台实践中，丁果仙为了提高晋剧演唱的艺术表现力和增强声腔的艺术美，她大胆地突破了不同剧种的藩篱，巧妙地吸收了许多兄弟剧种的唱腔唱法，创造了观众喜闻乐听的新腔新调。在《法门寺》郿邬县所唱大板乱弹中对山西北路梆子唱腔的吸收、在《八件衣》杨知县所唱流水板中对山西上党梆子腔调的融化，以及在《日月图》白茂林所唱的解说日月图一段的尾句甩腔中对山东吕剧唱腔的巧用，都是丁果仙吸取外剧种演唱艺术的精华，对晋剧传统唱腔予以成功革新的范例。

丁果仙的前辈和同时代的著名胡子生演员，多半注重于演唱艺术，他们的艺术成就主要表现在唱功方面。除了说书红因嗓音欠佳而在表演上有特殊建树外，唱做兼绝的表演艺术家在胡子生门中并不多见。果子红在近代晋剧艺苑中之所以那样光彩夺目，正是因为她是一个不可多见的唱做兼优，独领一代风骚的杰出表演艺术家。可以这样说，晋剧发展到丁果仙时代，才较完备与成熟地体现出现代戏曲表演艺术的应有特色，才在人文荟萃的京津舞台领有了一席之位。

丁果仙孜孜不懈的艺术追求是：既要唱得好，又要演得妙。

事实证明，丁果仙卓越的艺术成就主要表现在她以出众的才华和辛勤的劳动，唱做并重、相得益彰地成功塑造了许多具有生命力的舞台艺术形象。

丁果仙功底厚、戏路宽。晋剧剧目中以须生、老生应功的各种类型的人物，她大多数能逼真地再现于舞台之上。在她塑造的舞台人物的画廊中，有雄才大略的唐太宗、雍容大度的唐代宗、狂放不羁的李白、足智多谋的诸葛亮、古道热肠的宋士杰、善良淳朴的曹福。总之，上自帝王将相，下至院公苍头，她都能让他们以各自的面目、各自的性格活现在舞台之上，给观众留下难忘的印象。不过，丁果仙由其独特的生活经历、生活体验、秉性气质和艺术素养诸方面的因素所决定，她最爱演也是演得最为成功的舞台形象，大体可归结为两类：一类是以旧时代被侮辱、被损害而富于正义感的苍头院公为主的白髯青衫角色；一类是以居官清正而仕途坎坷的七品县令为主的官衣纱帽角色。丁果仙塑造的《卖画劈门》中的白茂林、《详状》中的姚达、《走雪山》中的曹福和《八件衣》中的杨知县、《蝴蝶杯》中的田云山、《串龙珠》中的徐达，已成为凝聚着丁派表演艺术光彩和特色的代表作，分别被观众誉为晋剧白髯青衫角色和官衣纱帽两类角色中的“三绝”。所谓绝，不是简单地指她在表演上有一两手人所难及的绝招，而是说她由于对这些角色的内心底蕴钻得深、摸得准、演得真，因而使整个表演艺术水平臻于炉火纯青的绝妙境界，取得了观众拍手称绝的艺术效果。

既重视体验，又善于表现，这是丁果仙表演艺术的一个鲜明特色。她虽然自幼凭着勤学苦练，纯熟地掌握了丰富的戏曲表现程式，但是她的艺术表演，从来不是形式主义地按师傅的口传身授在舞台上把程式做机械的重复，而是力求深刻体验、准确把握角色的内心世界，并从自我体验出发，寓情理于形式，赋程式以生命，真实动人地表现出人物的思想感情，塑造出有血有肉的舞台艺术形象。

与丁果仙同台演出过的演员都知道她有个怪癖：上台前，脸子一打，戏装一着，便如痴似呆地静坐在一边，有天大的事别人也不敢去打扰，因为她已宣布进入“变人状态”。何谓“变人”？用丁果仙的话说就是：“把演员的我，变为戏中的人。”“台下是我，台上非我，我即角色，角色即我，我与角色融为一体，方能装龙像龙，装虎像虎。”而要“我”与角色融为一体，“我”则必须对角色有深刻的体验。只有了解角色，深入角色，才能把角色演真、演活。结合丁果仙表演艺术的经验之谈，看一看她在舞台上“装龙像龙、装虎像虎”的精彩表演，不难发现：艺术地处理了体验与表现的辩证关系，做到体验得深、表现得真，这是丁果仙成功地塑造了许多舞台艺术形象的基本奥秘。

为了深入理解所演传统剧目的内容、熟悉戏中所反映的社会生活、把握戏中人物的思想性格，文化水平不高的丁果仙，除了经常请人给她说古道今，讲述历史故事外，还十分重视体察现实生活，从生活中挖掘艺术创造的源泉，汲取艺术创造的原料。她认为，古今人事不同，但情理可通。对现实生活的深入体察，有助于舞台上对历史生活的真实表现。她在《蝴蝶杯》田云山打子一场戏的表演中，所以能把田云山对儿子田玉川又气又爱的矛盾心情表现得那样贴切，那样真实感人，原因就在于她把自己在现实生活中看到与亲历的责罚子女的感情体验在田云山的身上艺术地体现了出来。同样，她在《卖画劈门》中把穷画师白茂林对罪恶势力的反抗精神，所以表现得那样淋漓酣畅，感人至深，也是因为她把自己对旧社会的愤懑心情和不平之慨，倾注进了角色之中。

丁果仙既重视对人物的分析体验，又善于把唱做念、声情态等艺术手段有机地结合起来，灵活地运用表现程式，发挥程式的表现力，并适当地新创出传统程式规定以外的表演动作，准确真切地表达人物的感情，刻画人物的性格。她在《八件衣·闹公堂》一折戏中的表演，就是一个范例。《闹公堂》是《八件衣》中的重场戏。在这场戏中，居官廉正但因刚愎自用而错断了人命官司的杨知县，心理状态的变化异常复杂。由于丁果仙对这个人物的内心情态捉摸得十分确切，又善于创造性地运用表演程式，因而把杨知县的心理状态的变化轨迹表现得清晰可辨，耐人寻味。例如，戏一开始，窦氏父女击鼓鸣冤后，杨知县手捧纱帽上堂的动作，一般都是扫一眼窦氏父女，用手狠狠一指，连忙入座审问。这一程式动作，仅仅单一地表现了杨知县对窦氏父女坚持鸣冤的不满，毫无内疚、内省之意，而丁果仙在运用这一传统程式时却给它增添了新的内容。她的表演是：堂鼓一响，杨知县一手捧帽，一手撩袍，神色慌忙，气紧步促地匆匆上堂。来到堂口，一见喊冤人面带怒容，对自己瞪目而视，预感到来者不善，不由猛吃一惊，骤然刹住脚步。因为堂上用刑造成人命，已心怀鬼胎，所以对鸣冤人燃烧着怨愤之火的目光不敢久久对视，忙将眼光掉开，无意中接触到手中的纱帽，预感到窦氏父女的出现对自己的前程不利，于是眼光便在纱帽上凝定了，面部在刹那间出现痴呆的神色，然后右手指向窦氏父女，转眼看着左手中的纱帽，边指边看，且看且走，如是者二三，方急转身躯，入座审问。这段无声的表演，突出地表现了杨知县的心虚胆怯和怕丢官的心理状态，这样在戏的一开场，一下便将双方的矛盾关系引向一触即发的紧张状态，为下面的表演渲染了气氛。再如对绣鞋一段的表演，一般的程式动作是：当窦秀英将绣鞋扔上公案时，杨知县两手上举，抖索地跌坐下去，复又站起，拿上两只绣鞋向左右晃两下，再到中间晃晃，反复绕上两三次，再比量鞋的尺寸。丁果仙认真琢磨后，对这一系列目的性不够明确、表现力不强的程式，做了新的安排和创造性的运用，充实了动作的内涵。当绣鞋"啪"的一声扔上公案时，杨知县见窦秀英这个小小女子，竟敢在公堂上如此放肆，气得浑身直打哆嗦，站起身来，有心发作，但深恐一怒之下再铸大错，只得强压怒火，又羞又恼地坐下。继而一想，觉得绣鞋既是断案的关键之物，倒要查对明白，于是拿上绣鞋，站起来，先向窦秀英狠看一眼，意思是：倘若查对有误，再与你算账。然后怒容满面地开始查对绣鞋：先是反复地比较两只绣鞋的颜色与花纹，然后对在一起比较尺寸。随着这些动作的转换，面色由恼怒转为惊惧，由惊惧转为恐慌。手指的颤动由激动的微颤转为慌张的抖索。等到做完验证绣鞋的动作，证明两只鞋确是一对时，丁果仙的表情动作是：两眼向上翻看，应着两个“垂头子”的锣鼓点，两手一松，鞋“啪”的一声掉下来，身子也软瘫式地坐了下来。这段精彩的表演，由于丁果仙对传统程式做了推陈出新的艺术加工，因而使每个动作都明确地表达了角色的内在感情，化成了人物在特定情境中的必然行为，从而把人物真正演活了。

只要为刻画人物而有戏可做，哪怕是一个简单的下场动作，丁果仙也要一丝不苟地认真对待，画龙点睛地一挥妙笔，做出意味深长的新鲜文章。例如，《闹公堂》这折戏中杨知县的下场动作，一般是两手向后一撇，灰溜溜地拖着沉重的步伐，经由舞台的右前方走向后台。丁果仙却别出心裁地做了这样的处理：当杨知县下场时走到窦秀英的尸身前，突然停步，扭身一看，接着长叹一声，两手无可奈何地向前一摊，无意间触及腰间的玉带，脸上顿露惊悸痛苦的神色，仿佛触到身上的伤疤一般。然后看一看手里端着的玉带，望一望地上躺着的尸身，慢慢踱回后台。这一下场动作再度强调了杨知县对于未来遭遇的悲观预感，巧妙地与捧帽上场的动作前后呼应，使角色忧虑前程的绝望心情一线到底，贯串始终，从刻画人物性格的角度，保持了整场戏表演风格的完整统一。

同丁果仙在《八件衣》中饰演杨知县的艺术风范一样，她在《卖画劈门》中饰演的白茂林，尽管也是一个在尖锐激烈的戏剧冲突中激荡起内心世界轩然大波的人物，但是，丁果仙的表演，从未为了追求表面的热烈火爆的戏剧效果而模糊了这个角色的特定性格、冲刷了这个角色心理状态和意识流程的变化轨迹。白茂林是一个年轻时有过戎马生活经历，年老后靠出卖字画为生的一介寒儒。他饱经风霜，阅历丰富，生性耿介，疾恶如仇。这样的性格特征，丁果仙是把握和表现得十分准确和真切的。在《卖画》一段戏里，白茂林来到长街叫卖字画，以谋糊口之资，意想不到地遇到的“热心”买主却是胡提督府的掌家胡正。对于胡正涎着脸皮相请过府卖画的反常行为，丁果仙饰演的白茂林是以既厌恶而又不得不敷衍的神情动作虚与周旋的。进了胡府，当胡公子恭迎让座时，丁果仙一声拖长声调的“谢座”，再配以打量对方的睥视眼神和从容理须端然入座的动作，恰如其分地表现了白茂林穷而有志，不媚权豪的不卑不亢、矜持自重的儒生风度和身进豪门，外松内紧，百倍警觉的特定精神状态。而当胡公子借买画为由，厚颜无耻地提出娶白女儿为妻的要求时，丁果仙的表演是这样的：先是猛然一怔，继之以强抑内心愤慨的微颤语调据理抗辩。抗辩无效，便愤然而起，怒不可遏地对执意逼婚、仗势欺人的胡府主仆各击一记响亮的耳光，接着便以沉重踉跄的步履下场。这段表演，随着剧情的变化，把白茂林从进入胡府后，由周旋到震惊、由辩理到痛斥、由克制到激愤等一系列感情的急剧变化，表现得分寸得当，脉络分明。

“卖画”是“劈门”的起因，是矛盾冲突的展开，是白茂林反抗性格的初步显示；“劈门”是“卖画”的继续，是矛盾冲突的激化，是白茂林反抗性格的最终完成，因而是全剧的高潮。白茂林急匆匆回到家中，在正准备和女儿星夜外逃的紧急时刻，忽听有人敲门，白茂林顺理成章地以为是胡府派人前来抢亲，在万分危急之际，决心以死相拼。白茂林决定劈门杀贼，内心的激愤情绪已达到顶点，加上门外由虎口逃回的外甥汤子彦深恐有人追捕，接二连三地叫门，这更增加了剧情的紧张气氛。在这种规定情景和戏剧氛围下，有的演员，一味为索取热烈火爆的舞台效果，便在台上大肆吹胡子瞪眼睛，抖索不休，丁果仙的表演却摈弃了这些形式主义的表现手法。她认为，白茂林是一个具有反抗精神又经戎马生涯锻炼的儒生。从他的特定性格和身份出发，“劈门”表现的重点应当是他那临危不惧、以死相拼的精神，而不是那种惶悚无主、仓促应变的心理状态。因此，盲目地把吹胡子瞪眼睛、颤抖瑟缩的动作搬上舞台，只能把戏演歪而不能把角色演活。基于这样的认识，丁果仙在“劈门”中演的贯串情绪是胸有成竹而不是慌不由主。表演的基本手法是用“画龙点睛”的凝练动作配合富于表现力的唱腔，以一当十、出奇制胜地揭示人物的内心世界。当门外第一次传来叫门之声，丁果仙随着口吐一声缓慢低沉的“来了”，一甩胡须，轻轻地跌坐到椅上，面部的表情由突现的惊愕转为瞬息的沉思。随之，自语似的轻“哦”了一声，表示判断出是胡府抢亲来了，沉思的表情迅而转换为刚毅的神色。然后，目光一转，凝视着桌案上的一把钢刀，应着门外越发急切的叫门声，斩钉截铁地高叫一声“来了”，一把抓起钢刀，以愤怒而又略带轻蔑嘲讽的语调唱道：“我开柴门……找儿的头首！”“首”字刚一收韵，便向柴门猛劈一刀。但定睛一看，来人却是自己的外甥。这时，丁果仙饰演的白茂林的精神一下松弛了，手中之刀不由自主地掉落在地上，神态失常似的轻轻唱出“我的甥儿来到”。在“来到”的“来”字后边，用了一个小小的休止，表现了自恐老眼昏花将人认错的那种将信将疑的情绪。当汤子彦进门参见舅父之后，白茂林才完全消除了疑虑，十分激动地唱道：“甥舅们相逢在今朝，来得好来得妙，刚刚凑巧，来迟了舅父我就要远逃！”这几句唱腔，丁果仙采用紧打慢唱的唱法，将人物的感情表达得十分贴切。特别是第二句，音调明快、吐字清晰，“刚刚凑巧”四个字，一字一拍，一拍一音。平稳中显激越，突出地表现了白茂林与外甥意外相逢、绝路逢生的悲喜交加的激动心情。

晋剧的表演，素以热烈、紧张、火爆见长。情节的推进、人物的内心波澜，往往是以狂飙突进的速度推向顶峰的。传统的表演风格，如同绘画中的泼墨山水，很少有精雕细刻之笔。演员倘无极强的捕捉和表现角色内在感情的功力，往往会使人物瞬息即变的微妙心理淹没于紧张的情节演进、急遽的戏剧节奏和火爆的戏剧气氛之中。丁果仙表演艺术的别开生面之处，在于她把女性独有的细腻、精确的感情体验和表现，成功地带进了晋剧胡子生一门的表演领域中，在急速发展的戏剧旋律中，仍能精细入微地表现人物的精神状态，使晋剧的表演格调于粗犷中显出细腻，向表演艺术的现代化大大迈进了一步。

丁果仙的舞台艺术，是经过半个世纪的艺术实践才臻于至善至美的境界的。但是，从她二十来岁成名开始，人们便惊喜地发现，这个名角绝不是靠少数人捧起来的，也不是炫目于一时的昙花式的角色。她那罕见的艺术才华和充沛的艺术活力，预示了她必将成为辉耀于晋剧艺术王国中的一颗最明亮的星辰。

四、外红里苦的果子

在艺术的道路上，丁果仙是一个不知疲倦的跋涉者、不畏艰险的开拓者、不满现状的求索者！

历史上和生活中有过这样一些人：他们天赋不凡，资质过人，在成功之路的长途进军中，他们一开始也呈现出一副勇于进取者的那种意气风发、奋力前行的姿态，但当他们刚刚把成功之树上最近便也是不很成熟的小小果实摘到手时，便自以为达到成功的极致，从此便息肩中途，乘凉树下，自我品味着成功的滋味，陶醉于成功的欢乐，再不举步向前觅取更大更辉煌的成功。丁果仙可不是这种容易自满、容易怠惰，最后也容易落伍、容易为历史所淘汰的人。她成名虽早，但她并没有忘乎所以地以艺术的天才自诩，自以为是可以脚跟离地、飘然而起的艺术之国的摘星手。学艺的艰苦历程使她深知：没有自幼的勤学苦练，没有虚心好学的精神，如同海绵一样一滴一点地汲取他人的艺术养料，她这个果子顶多只能在泰山庙的卖艺摊上乞讨几文赏钱，绝不可能成为三晋驰名、众口交誉的果子红的。因此，她在成名之后，在一片喝彩声中，仍能始终保持着清醒的头脑。恪守着“艺无止境”“学海无涯”的信念，以更开阔的心胸、更虚心的态度、更精进的姿态，在本剧种和外剧种间，博学广取，深钻精研，向着更高的艺术境界苦苦求索！

30年代初期，由太谷商业资本家组建的“锦艺园”是当时晋剧界最负盛名的一个班社。老三儿生师徒、说书红师徒以及盖天红、毛毛旦等名角都曾被网罗班内，真可谓名优荟萃，盛极一时。年仅二十多岁的丁果仙，以日趋隆盛的艺术声誉，也被公认为这个班社内的挂牌著名演员。在“红”生一门中，同盖天红、说书红相比，年轻的果子应属晚辈之列，但她那卓越的艺术成就，实际上已使她这个晚辈在舞台上取得了与前辈名艺人平起平坐的资格。尽管她以往曾偷学过说书红、盖天红的戏，但因和他们没有师徒关系，因此，在日常的交往中可以凭艺术上的地位平等相待。调皮的“果子”，甚至还给说书红起了一个“老逊玷”的绰号。有一次，说书红的徒弟程玉英受到说书红的误责，比程玉英大十几岁的丁果仙，居然以大姐的身份，直呼“老逊玷”其名，对他数说了一番，而“老逊玷”果不卖“老”，却是“谦逊”地立去其“玷”，不仅完全接受果子的批评，事后还对别人说：“果子虽然年轻，为人处世可比我强。”

虽然前辈艺人对年轻的果子如此敬重，但果子在这些前辈艺人的艺术殿堂与艺术风范面前却一直抱着顶礼膜拜的虔敬态度。和说书红等前辈名角的同台演出，使果子越来越深切地感受到他们的高明艺术绝非静观默察所能曲尽其妙的。要得其精髓，非拜于门墙，亲聆真传。有一天（当然是个黄道吉日），果子毕恭毕敬地走进说书红的房间，郑重地说：“高老师，你收我做徒弟吧！”说书红听了哈哈一笑说：“如今你已是大名鼎鼎的角儿。我哪敢收你这样的徒弟！”果子急切地说；“不是和你说笑，我是一本正经地拜你为师呢！”说罢连连躬身作揖。说书红看她态度真诚，便也真诚地应许把自家的所长无保留地相传，但说什么也不答应以师徒相称。果子不管说书红在名分上是否接受师傅之称，反正在行动上却把他敬如蒙师，虚心学习和继承了他许多精湛的表演艺术。后来成为丁派代表作的《双罗衫》《清风亭》等剧，在演唱和表演方面的一些招数就是得自说书红的直接传授。

1936年，丁果仙的艺术已进入真正成熟的黄金时代。她的名气越来越大，不仅誉满三晋，而且名驰京津。盛名之下，丁果仙对自己的要求更严，越发是求教若渴。有一天，她在太原的清和元饭店摆下几桌丰盛的宴席宴请省城梨园的名流。这盛大的宴会，不是庆贺“山西梆子须生大王”的登基，而是出人意料地宣布这是公开补行拜说书红为师的正式仪式。丁果仙把说书红邀请到上首坐定当众倒身向他行了拜师大礼，请求高老师日后把她所演的戏，逐个重新严加鉴定一番，以便去芜存精、千锤百炼，使这些戏的表演更臻完美。后来，丁果仙还把说书红的几出拿手的“三国戏”原原本本地学了下来。

丁果仙在上海百代公司灌片，戴着“山西梆子须生大王”的桂冠荣登晋剧殿堂的宝座，真可谓功成名就，誉满长城内外、大江南北。但她盛名之下不自满自大，由私下向“说书红”恳切求教到公开拜“说书红”为师的故事，成为近代晋剧史上罕有甚匹的光辉事迹，也是晋剧界广为流传的一则佳话。

好学不倦、进取不息的丁果仙，岂止满足于在三晋艺苑中广取诸家之长？随着她有机会唱出娘子关，屡登京津台，她那如海星一样吸附能力极强的触须便频频伸向了艺术上更为完美的京剧，并与驰名全国的京剧须生表演艺术家马连良、谭富英等人广泛接触，交流艺术，切磋技艺，从而使自己的艺术视野更为开阔，表演手段更为丰富，表演艺术也因此取得了新的突破。通过京、晋两剧种的对比，她清楚地看到了彼此的所长所短，于是取人之长，补己之短，毅然“取缔”了晋剧演唱中经常出现的“哪咿呀哈”之类的虚词衬字和粗俗不文的唱词，把普通话的音韵和太原话的声调糅合进传统的蒲白中，形成流传至今的革新化了的现代晋剧念白。同时，她和马连良先生还交换移植了剧目，以《串龙珠》换移了马连良的《四进士》，使自己的艺术廊庑中增添了新的人物形象。

说起丁果仙与马连良先生的交往，有一段艺坛趣闻是常为人们津津乐道的。

“七七事变”前，丁果仙在一次赴京演出中把不久前向马连良学来的《四进士》列入了上演剧目之中。“外放”的《四进士》回京“述职”，自然会引起马连良先生的最大关注，于是，在某一天他便约请谭富英悄悄坐到剧场里兴味盎然地观赏丁果仙演出此戏。戏演到第十一场，丁果仙饰演的宋士杰为探询干女儿杨素贞冤案的审理情况，在大街上与办案的班头丁旦匆匆路遇，按剧本的规定台词，宋士杰应叫一声“丁旦”，然后向丁打听情况。但丁果仙一出场，亮相时无意中看到了台下的马连良，不由暗自一惊。心想：我今天在马先生的面前演宋士杰，这不是班门弄斧吗？心里一慌神，差错便出现了——她脱口而出，把“丁旦”叫成了戏中的另一角色“刘二混”！一声错叫，台上台下一片愕然。台上的“丁旦”傻了：我明明是丁旦，你叫我“刘二混”，我该如何应对？台下的观众愣了：出场的明明是丁旦，为什么宋士杰称他为“刘二混”？当然，在这一刹那，最为紧张的还是丁果仙。平生少有的舞台差错出现了，怎么办？在这紧要关头，她并没有继续慌神手足无措，而是急中生智，灵感突现。只见她从容不迫地走近了丁旦，揉了揉双眼，出人意料而又合乎情理地说出了这样一句即兴台词：“唷，老汉老眼昏花，走得匆忙，认人不真，原来是丁旦娃娃！”这样，一场危机安然度过了，戏顺利地演了下来。

演出结束后，马连良对丁果仙说：“宋士杰同丁旦路遇的那个‘关子’卖得好！既突出了宋士杰的年老，又符合宋士杰当时那种心中有事神思恍惚的情态。”丁果仙笑着说：“好我的老爷子，那是您把我吓出来的啊！”马连良弄清原委，捧腹大笑后，对此发表了精辟的见解。他认为，丁果仙的因错出巧，看似灵感之偶发，实有情理之必然。倘若不是她平素对宋士杰这个角色的年龄、身份和特定心理状态有细致入微的体察，那么，在那急速的舞台瞬间，就不会蹦出那样一句切合人物面貌、合乎剧情发展的巧妙台词来。经过马连良先生这样一番点拨，丁果仙不由想到，自己在舞台演出中，常有效果极好的即兴表演，可能就像这次的因错出巧一样，是平素潜心琢磨出的体会在舞台上的触机而发吧？为了感谢马连良先生对自己的教益，纪念与马连良先生的纯真友谊，丁果仙此后演出《四进士》时，便把因错而得的巧，巧妙地保留了下来。

在艺术的王国里，如果说丁果仙在创造艺术的同行们那里得到的是相濡以沫的关怀与帮助，在热爱艺术的观众那里得到的是爱护与支持的话，那么，在晦暗如夜的旧社会，在粗暴地占有艺术、无情地摧残艺术的强梁们的魔爪下，丁果仙得到的却是欺凌、损害与屈辱。这位一代名优，虽然早就名标艺苑，“红”极一时，但在时代风霜的无情侵袭下，“红”了的“果子”饱含的是一腔浓浓的苦汁。

回顾在旧社会的屈辱遭遇，丁果仙不胜感慨地说：“过去，我们与其说吃的是‘戏饭’，不如说吃的是‘气饭’！”

是的，在那风雨如磐、鬼蜮横行的岁月里，丁果仙像多数艺人一样，为了清白做人、认真唱戏，真是吃尽了苦，受尽了气！

她永远不会忘记：当她刚把《芦花》一剧唱出了名的时候，有一次到太谷演出，竟有六位财东、村长、土豪，为了显势逞财，各人都点唱《芦花》，而且要求一次比一次唱得精彩。一天到晚，反复演唱同一出戏，这不是有意拿人寻开心？但是人家拿钱买你的艺，你又不能不唱。唱着唱着，年轻的果子想起自己的悲惨身世，痛感世路的不平、命运的不公、人情的瘠薄，一股悲愤之情从心底升起，所以当她饰演的闵德仁在唱到“母在一子单，母去三子寒”时，便酸泪盈眶，滚滚而下。点戏的主子看得兴起，嗷嗷叫好。他们哪里知道，有气难泄、有苦难言的丁果仙，是借古人的酒杯浇自己胸中的块垒呢！

她还永远不会忘记：1936年，她戴着“山西梆子须生大王”的桂冠，被天津的北洋戏院请去演出。整整一个月，场场爆满。私囊赚得鼓鼓的戏院老板关兴泉，越赚贪欲越大，合同规定的日期已满，还死死抓住丁果仙这棵摇钱树不放。当时，丁果仙已和北京戏馆签订了端午节开始上演的合同，北京方面已差人来接，实在不能再在天津滞留。丁果仙再三好言相告，答应赴京演出后再回天津演出，但关兴泉仗恃行帮势力，软硬兼施地就是不让走。等到丁果仙一行临上火车时，关兴泉已在站台上布下了许多流氓打手，拦住去路，寻衅闹事，定要丁果仙拿出两千元赔偿所谓“损失”才能放行。丁果仙为了不失信于北京的观众，只好忍气吞声地拿出了用血汗挣来的一大笔钱作为“买路金”，才算离开了天津卫。在天津一个月的演出，除了赚得一腔苦水外，大家几乎是两手空空。谁知到了北京，气人的事更是接踵而来。丁果仙为革除过去山西艺人赴京演出时留下的陋习，登报声明，一不拜客（拜请富豪权贵捧场支持），二不送红票（实际上是变相推销戏票）。谁知这下可有伤了大人先生们的体面。以“广来云”颜料行大老板孔二爷为首的一批在京的山西豪绅富商，串通一气，一方面四处扬言，说是来京演出的果子红是冒牌角色，阻止观众买票看戏；另一方面又把头三场的前几排的票包了下来。一连三天，戏一开场，只见戏院内空空荡荡，头几排除了专被雇来喝倒彩的地痞外，许多空座上放置的竟是泥人木偶。试想，对于一个视艺术为生命的艺术家来说，这是何等难堪的嘲弄、侮辱啊！

丁果仙在旧社会二十多年的舞台生涯中，像这样备受凌辱的遭遇是说不完、道不尽的！

国家的动乱，更给丁果仙带来深重的灾难。日本帝国主义的侵华战争和相继而来的三年内战，结束了现代晋剧史上的一个相对繁荣的时期。在兵荒马乱的岁月中，前辈艺人们，死的死，流散的流散，梨园界一片寥落。老百姓流离失所无以聊生，哪有闲情逸致观赏戏剧？日寇阎匪，为寻欢作乐，竟能用刺刀把艺人押上舞台。具有民族意识和正义感的丁果仙，不甘卖艺事敌，所以当太原被日寇所沦陷时，她便匿居丈夫任秀峰家所在的忻州山村，长期不登舞台。但是，逃避终非长久之计。为了自己一家和那一伙患难与共的班社同仁们的生存，丁果仙却不得不在中止了一段舞台生活之后，复出组班，忍辱负重地以艺术换取果腹之资。漫漫长夜何时旦？沉浮于血泪艺海中的丁果仙，看不到光明的前途，身心交瘁，意冷心灰。原先在繁忙的演出中偶尔吸食用以提神的毒品，慢慢地已成为她不可或缺的精神麻醉剂。心强好胜的果子红，正当盛壮之年，理应在艺术世界中登峰造极时，却身不由己地走上了旧艺人常走那条慢性自杀的道路。到解放前夕，这一代晋剧名优的生命和艺术几乎濒于绝境。

五、分外红艳，但不幸早落的果子

那风雪漫漫，大地凝寒，万物萧疏，生机寂灭的严冬总算过去了！

那艳阳当空，好风和畅，百卉返青，生意昂勃的春天终于来临了！

大地重光，艺苑生辉。新中国的雨露阳光，使千千万万个艺人复苏了艺术生命，也使濒于干枯的果子重获活力，焕发出前所未有的灼灼光华！

太原刚一解放，那些身着灰军装，打着裹腿的来自解放区文艺界的领导和演员们，便像久别会亲人一样，络绎不绝地来到丁果仙的身边。他们问寒送暖，对她的生活、艺术表示了无微不至的关切。他们亲切地称她为“老丁”，告诉她说：根据地和解放区的乡亲早就巴望能听一听老丁唱的《空城计》，看一看老丁演的《走雪山》。现在好了，大家都生活在新中国的朗日晴天之下，老丁可以在舞台上同阔别多年的乡亲们见面了。

一次次亲人重逢似的暖人场面，一席席碰心投情的感人话语，不由使老丁的眼中浮现出日伪和阎伪时期自己常被长官的传令和大兵的刺刀逼上舞台的情景。两相对比，丁果仙感到世道真的变了，演员不再是让人取乐、受人玩弄和欺凌的戏子了！

从小就在苦水中泡大，在人世间饱经了风霜的果子同党和人民原本就存在着沟通心息的天然“灵犀”。凭着她那艺术家独有的丰富而敏锐的感情因子，用不着过多的理性启迪，她便认定后半辈要走的那条人民艺术家的道路。

这时，她刚满四十岁，正当艺术创造力最为旺盛的黄金时期。但是，由于自弃自戕所造成的吸毒嗜好，已把她的身体摧残得不成样子。离了那一撮白色粉末，她几乎无力在舞台上重现英姿。

戒毒成了丁果仙复苏肉体生命和艺术生命的关键。一般说来，嗜毒甚深的人要戒除吸毒可不那么容易，但丁果仙却一戒便根除了那可怕的嗜好。她的戒毒成功，不是靠秘方秘诀的功效，而是靠精神力量的支配。当初，她所以吸毒，并不是为了享受乐趣，而是想自戕身心，脱离苦海。如今，她既然看到了苦海已尽，乐土可登，领悟到艺术为人民、生存为艺术的道理，像她这样意志刚强、精神坚毅的人，何愁不能调动起生命的活力，克服暂时的肉体苦痛，彻底斩除缠绕在身的毒魔？

宝刀未老，雄风犹存。戒除了吸毒嗜好而健全了身心的丁果仙，重登舞台之后，很快便让广大观众看到了那个熟悉的果子红。

人民对她舞台艺术的热爱，激发了她要在人民的舞台上开拓一个艺术新局面的热望。

她热烈响应政府的号召，以自己的模范行动率领广大艺人参加民主改革运动，以她为首组织起太原市新新晋剧团。1950年和1951年，她两次折简相招在外地演唱的晋剧著名青衣牛桂英来并和她同台演出了《打金枝》《明公断》《卖画劈门》等戏，一时成为解放后太原舞台上的一大盛事。

1952年举办了全国首届戏曲观摩演出。晋剧《打金枝》是参加演出的剧目之一。丁果仙饰唐王。丁果仙演《打金枝》已有二十余年，演出了上千场次。但她并没有因轻车熟路而放弃了对艺术的更高追求。她认真参与了剧本的加工修改，对戏的矛盾冲突、主题思想和唐王的思想性格做了深入的琢磨。她进一步体会到，这出戏以幽默的喜剧手法，描写了一段封建社会贤明君主正确处理内部矛盾的宫廷生活，反映出古代劳动人民破除封建等级和伦理观念，追求夫妻生活平等自由的美好理想。戏中的唐王、皇后、公主、驸马，在某种程度上是浪漫主义化了的普通平民百姓，宫廷生活被赋予了家庭色彩和人性趣味。以往，把这出戏简单地看成一场宫廷中的内务纠葛，演戏中的唐代宗仍像一般演帝王那样讲究天子的气派和威风，那就没有把准戏的主题、风格和人物的特定情性，而准确地把握戏的内涵和人物的底蕴才是关键。丁果仙这次演《打金枝》中的唐王便达到一个新的艺术境界。唐王在处理公主与郭暖的夫妻纠纷时，突出地表现了他真真假假、虚虚实实、连哄带唬的那种富有喜剧趣味的情态，用一定程度的喜剧化表演手法，表现了唐王的豁达大度和睿哲贤明。在唱腔上，她也做了许多新的艺术处理。为了表现唐王在权衡国事、家务两者孰轻孰重的那种复杂的思想感情，她对唱法单调、不易表达人物在不同剧情中的不同感情的几处留板，大胆地做了革新。她在“越思越想越生气，上殿去将郭暖……”，“孤王我自有主意，休要再提”，“叫驸马与孤王一同回宫去”等处的留板唱腔中，分别吸取融化了蒲剧和北路梆子的唱腔，以别具韵味的唱法揭示了唐王的内在感情，赢得了观众的赞赏。

出色的表演使她荣获了这次观摩演出的演员一等奖。当周总理代表党和政府给她颁发奖状、奖品时，她激动得热泪盈眶，语不成声。这是她生平第一次获得的人民授予的最高奖赏。手捧一纸奖状，她感受到作为一个人民艺术家的光荣与幸福，同时也更为明确地意识到作为一个人民艺术家的使命和职责。据说，毛主席在怀仁堂看《打金枝》的演出时，笑了六次，对丁果仙的表演给予了精到的评价。

此后，由于她和同台的演员们精进不懈的努力，艺术上更臻完美的《打金枝》作为晋剧的优秀保留节目，于1955年由长春电影制片厂搬上了银幕。从此，《打金枝》便和丁果仙的名字连在一起，风靡全国。1953年她在赴朝慰问志愿军和1959年赴福建前线慰问解放军时，《打金枝》也成为来自全国四面八方的人民子弟兵们最爱看的好戏之一。

“果子红”的声誉越来越高，她对自己的要求也越来越严。她不以名演员自居，不讲价钱，不辞辛劳，勤勤恳恳地从事艰苦的艺术劳动，无私忘我地把一身技艺献给人民。在纪念关汉卿诞辰七百周年的演出活动中，丁果仙为及时把关汉卿的名剧《赵盼儿》《谭记儿》搬上晋剧舞台，连明彻夜地参加和指导排戏。在赶排《谭记儿》时，剧团正在太原郊区演出，白天晚上都有戏。丁果仙既要不误演出，又要赶排新戏，忙得不可开交。她经常是晚上演完戏后，从郊区赶回，接着赶紧排戏。在她的带动下，剧组圆满地完成了这次纪念演出任务，得到了省剧协的表扬。

有一次，她由长治演出回并，由于山路坎坷，薄暮行车，途中出现了险情，她的额上受伤，伤口草草地贴了一块胶布。车到太谷县，当地驻军不了解她有这个特殊情况，由首长出面请她到营房为广大指战员演出。按照正常情况来说，她长途劳顿，额上受伤，影响化妆，本来是不能演出的，但她想起到太谷的解放军很难有机会看到自己的演出，便毫不犹豫地答应了演出的请求。在化妆时，她精细地在胶布上着上油彩，不使露出痕迹；又对着镜子反复做表情试演，唯恐影响舞台效果。演出时，她忍受着由于胶布黏附、勒头紧绷给额上伤口所造成的剧烈疼痛，一丝不苟地演到终场。演出结束后，她再次忍受剧痛，剥掉胶布，在伤口上重新做了处置。丁果仙带伤演出的消息，为部队观众获悉后，大家纷纷向她慰问，表示敬意。这一佳话在文艺界传开后，谁不敬佩她那全心全意为工农兵服务的精神呢！

丁果仙在生活上从未沾染名演员那种摆阔气、讲排场、图享受的习气，始终保持了一个农家女儿的俭朴之风。她那与身份地位和经济条件很不相称的俭朴，甚至被人认为有些吝啬。不过她自奉节俭绝不是为了敛财。否则人们将无法解释她那与吝啬大相径庭的下列慷慨之举：

她曾两次主动请求降低自己的工资，第一次由底分两千降到七百，下降的幅度接近三分之二；第二次由四百七十元工资下降到三百二十元。

1959年，她入党后一次交党费一万元。

1964年，省里举行现代戏会演时，她再次交党费一万元。

在生活待遇上她从不斤斤计较，但在戏剧事业上她却是孜孜以求。

1956年昆曲《十五贯》在北京演出成功后，周总理指名邀请她到中南海参加了戏曲推陈出新的座谈会。她聆听了周总理关于戏曲和文艺问题的重要讲话，受到极大的鼓舞。毛主席在中南海接见了她并听她清唱了晋剧改编的《屈原》中的唱段，更使她终生难忘。自此以后，她便以巨大的政治热忱和严谨的艺术作风从事晋剧改革的舞台实践活动。除对晋剧传统剧目做了大量的推陈出新的工作外，还对现代戏的演出做了有益的尝试。在《血泪仇》里，她成功地扮演了苦大仇深的老贫农王仁厚；在《红旗下的花朵》中，她扮演的老教师博得观众的好评；在《小女婿》里，她创造性地借鉴了毛毛旦的唱腔唱法来反串丑旦角色的陈快腿，获得了成功；在《丰收之后》里，她一丝不苟地反串老旦角色，扮演了仅有八句唱词的五保户王奶奶。她这种全心全意为人民服务的精神和永不止步地向艺术的新境界奋进的态度，使她在后半辈子的舞台生涯中永葆了艺术的青春，焕发出了夺目的艺术光彩。“秋实更比春花艳”，这是对比丁果仙解放前后的舞台生活和艺术成就做出的形象化的准确描绘。

1962年7月，党和政府为了表彰丁果仙的艺术功勋，发扬光大丁派表演艺术的成就，省城文艺界为她隆重地举办了舞台生活四十周年的纪念活动。年过半百的丁果仙和她的艺术传人连续演出了丁派的代表作《太白醉写》《空城计》《卖画劈门》《八件衣》《走雪山》《详状》《蝴蝶杯》《打金枝》等戏。这是丁派表演艺术成就的一次规模空前的展览性的演出，也是丁果仙为腾出精力，总结艺术经验，致力艺术教育培养接班人的一次告别舞台的演出。

作为一位有长远眼光的表演艺术家，丁果仙早就关心和注重艺术接班人的培养。50年代初期，她自己出资购买房子，献出一副戏箱，招收了三十名学员，成立了我省第一所新型的戏剧学校——太原市戏校。她亲任校长，亲自执教，还拿出几匹白布给学员做床单，把自己练声用的风琴供学员使用。省戏曲学校成立后，她又兼任该校的校长，在她和牛桂英、郭凤英等人的悉心教育下，一批优秀学员茁壮成长起来。丁果仙一生正式收徒二十余人，成就较高的有马秋仙、白桂英、马玉楼、刘汉银、武忠、阎慧贞、张鸣琴、刘宝俊等。

由于健康的原因，60年代以后，丁果仙的精力不允许她采取收徒授艺的传统教学方式了。为了把她的宝贵艺术财富广泛而久远地流传下来，领导决定让她以书面的形式把自己所走的艺术道路和所取得的艺术经验总结出来。笔者有幸于1962年参与了《丁果仙舞台生活四十年》一书的记录整理工作。当时，笔者和担负此任的另一同仁艾治国都是才出大学校门对晋剧尚感陌生的外来学子，但丁果仙并不因我们是晋剧的门外汉而流露出任何不满和非难情绪。她像收徒授艺那样，在半年之内的每天下午，在她家中耐心地给我们讲述她的艺术经历，边唱边做边讲解她在四十年的舞台实践中所取得的宝贵经验和卓越造诣。出于对她的敬佩，我们也像艺徒学艺那样，尽可能忠实地记录了她的舞台业绩，尽可能准确地描述了她的舞台风貌。到1963年后，我们已着手对数十万字的原始记录做整理加工工作，并与戏剧出版社签订了出书合同。

但是，从1964年下半年开始的“四清”运动使我们从事的这一很有意义的工作停顿了下来。而继之于1966年掀起的那场政治劫难，竟使丁果仙辛辛苦苦口传身授而由我们辛辛苦苦笔录整理的那一份宝贵资料也成了“革命”的对象，被打砸抢的“革命”行动无情地扫进了历史的“垃圾堆”，至今下落不明。

另一个根本无法弥补的损失是：丁果仙，这颗晋剧艺苑中罕见的艺术硕果，当其正待传宗接代，繁衍出一串串新的红“果子”的时候，却被无情的政治风暴摧损于九泉之下，于1972年春节后溘然物化了，享年六十三岁。

据张焕同志回忆，丁果仙逝世前，他曾和她见了最后一面。她气喘不停，断断续续地说：“只要他老人家健在，我……我还要……我还能为人民服务！”

“我还要……我还能为人民服务！”这是丁果仙这位人民艺术家的临终遗愿。她哪会知道，无情的政治风暴不仅很快夺去了她的生命，带走了她毕生创造的精湛艺术，而且连记录她精湛艺术的文字资料也一并被洗劫去了。悲乎！倘若人亡而文存，凭着她留下的一笔有文字依据的艺术遗产，她倒还可以如愿以偿地世世代代为人民服务下去的。可是，如今呢……

如今，面临着振兴晋剧、继承光大三晋文化的历史使命，笔者只好凑合着草就这篇不像样的评传抛给我省的戏剧工作者与三晋文化的研究者们。万一有读者能从这挂一漏万的评传中汲取到来自丁果仙的点滴艺术营养，笔者便可万分荣幸地告慰丁果仙的在天之灵，她老人家“还要为人民服务”的遗愿总算实现了万分之一！

张仁健

（原载《山西历史文化丛书》2006年9月·第二十辑。收入本集时，由作者更改了标题并做了适当的文字修订）

附楹联：

题赞丁师

其一

一代开宗坤伶须生泰斗

百年仰止晋剧艺坛丰碑

其二

才颖罕匹旷世硕果何处觅

德艺双馨永久楷模心中留

承前启后的一代宗师

——纪念丁果仙诞辰一百周年

山西，中国戏曲的摇篮。大小剧种多达五十六个，居全国之首，其中以四大梆子为主体。四大梆子中以中路梆子为代表，故中路梆子又称山西梆子，简称晋剧。

晋剧的发展几乎与晋商的繁荣同步。晋剧诞生以来，随着晋商的足迹遍及晋、冀、陕、甘和内蒙古一带，并唱响京津。在晋剧发展的一百几十年的历史长河中，名家辈出，群星灿烂，从清末民初的名伶咸集，到20世纪30年代的"须生大王"、五六十年代进京演出的群英荟萃、新时期的"梅花"绽放，直到庆祝新中国成立六十周年"梅花版"《打金枝》的隆重推出，谱写了一段薪火相传、根脉不断的辉煌历史。在每一个历史阶段，晋剧都有自己的领军人物，但承前启后、创建流派，把晋剧推向一个历史新阶段的，毫无疑问是晋剧的第一代女伶——丁果仙。

在丁果仙诞辰百年之际，穿越时空隧道，揭开尘封记忆，再听大师的声音，重睹大师的风采，使我们从中有所感悟、启迪和教益，也许是对晋剧一代宗师的最好的纪念。

一

丁果仙，原名丁步云，艺名"果子红"，用她坎坷奇崛又辉煌夺目的经历谱写了她的艺术人生。丁果仙七岁学戏，进的是在太原奶生堂办的晋剧历史上第一个女子娃娃班。和她同学的有师姐丁巧云等。奶生堂就是后来省戏曲学校的所在地。有趣的是，山不转水转，几十年过去，丁果仙成了这座学校的校长；又几十年过去，在丁果仙担任校长的这所学校里诞生了国内第一部大型说唱剧《解放》，轰动了全国。

丁果仙靠着自己的表演天分和勤学苦练，忍受着他人难以忍受的痛苦，经过十几岁在泰山庙卖艺，在多个"字号班"搭班唱戏的磨炼，崭露头角，出类拔萃，成了晋剧历史上第一个坤角须生演员。她曾入“锦艺园”，与盖天红（王步云）、说书红（高文翰）、毛毛旦（王云山）、狮子黑（乔国瑞）、三儿生（孟珍卿）等同台演出。丁果仙嗓音甜美，做戏大胆，很有灵气。有一次演出，掌班的临时让她垫一出《拾金》，她以生动的表情和惟妙惟肖的表演塑造了一个经典的花子的形象。拾到金子以后，花子喜形于色，尽情地唱起来，一会儿学“天贵娘娘”（指王天贵），一会儿学“三儿生叔叔”，一会儿学“毛毛旦姑姑”，又是说书红，又是盖天红，张口就来，学谁像谁，活脱脱的一个“模仿秀”。

还有一次，挂牌演出《琥珀珠》一戏，刚巧与三儿生配戏的盖天红不在场，救场如救火，三儿生让丁果仙顶盖天红唱李智一角，他没想到小果子上台后不仅不怯场，而且唱得有板有眼，一招一式和自己配合得那么贴切。小果子一炮打响，来了个碰头彩，观众就编出了“男的不如女的，盖天红不如果子”的顺口溜。原来小果子这出戏全是她平时在上场门上悄悄地从盖天红那里“偷”来的。同行老师们高兴地说：“咱梨园行出了这么个娃娃，天不怕地不怕，真是祖师爷的造化。”

20世纪30年代，二十多岁的丁果仙已誉满三晋，驰名京津，她演的《空城计》《八件衣》《芦花》等已有相当的艺术造诣，上海百代公司为她灌制了唱片，被誉为“山西梆子须生大王”。解放后，丁果仙带班演戏，担任过太原市晋剧团团长、山西省晋剧院副院长；育人办学，担任过太原市戏剧学校和山西戏曲学校校长。1952年10月，晋剧《打金枝》参加第一届全国戏曲观摩汇演，获演出二等奖；饰唐代宗的丁果仙获演员一等奖。1954年冬，丁果仙又在第一届全省戏曲观摩汇演大会上获一等奖。丁果仙成为晋剧界的一位具代表性的表演艺术家。

二

丁果仙对晋剧最大的贡献，就是创建了丁派艺术，推动了晋剧须生表演艺术的发展。

丁果仙广投名师，笃志好学，吸收着前辈们丰富的艺术营养。盖天红的高亢脆亮、说书红的委婉流畅、十二红（杜福胜）的婉转抒情、十三红（张锦云）的宽厚雄浑，晋剧四大须生的演唱风格，对丁果仙形成独具一格的须生唱腔产生了很大的影响。她博采众长，融会贯通，匠心独运，改掉了多年传下来的陈旧的拖腔唱法，采用“以字行腔”“因情设腔”的唱法，寄情于声，声情并茂，灵活自如，明快流畅，形成了自己新颖别致、风靡剧坛的演唱风格。

丁果仙不仅向本剧种的前辈学习，同时还向京剧及河北梆子、北路梆子、蒲州梆子等其他地方戏曲学习，特别是吸收了晋中地区的曲艺、秧歌、民歌的音调、唱法，突出了中路梆子的地方特色。赴京演出时，她向京剧名家请教，以晋剧《串龙珠》与马连良交流移植了京剧《四进士》，并借鉴京剧行腔归韵的长处，革新了晋剧须生的唱腔和唱法。

丁果仙长年随剧团辗转于晋中、晋北、大同、张家口、北京、天津等地，在演出中向当地剧团学习，特别是与许多京剧名宿交往，切磋技艺，从中得到教益和启迪。有一年在北京各个剧场轮流演出，时间竟长达四五个月。丁果仙的精湛表演不仅倾倒北京的观众，而且博得京剧大师梅兰芳、马连良、程砚秋及剧作家翁偶虹的赏识。

丁果仙对晋剧的传承、发展持开放的态度。她不守门户之见，转益多师，广泛吸收；她重视艺术实践，长年在外演出，积累经验，走向成熟。在吸收众家之长的基础上，进行大胆创造，形成行腔圆润、舒展浑厚、刚柔相济、声情并茂的丁派唱腔艺术，并培养了马玉楼、武忠、阎慧贞、刘宝俊、刘汉银、张鸣琴等一批后起之秀，成为晋剧舞台的中坚。

三

丁果仙在塑造人物上，有自己的观点。她主张演员与角色的关系是“台下是我，台上非我，我即角色，角色即我，我与角色融为一体，方能装龙像龙、装虎像虎。”她是坤角须生，但是在表演中不露女相，是观众对她的一致评价。

丁果仙从她的角色观出发，在表演艺术上注重刻画人物性格，表现人物内心情感，在舞台上塑造了一系列栩栩如生的艺术形象。如《打金枝》中的唐代宗，《蝴蝶杯》中的田云山，《空城计》中的诸葛亮，《清风亭》中的张元秀，《日月图》中的白茂林，《走雪山》中的曹福，《将相和》中的蔺相如，《双罗衫》中的姚达，《八件衣》中的杨知县，《串龙珠》中的徐达，《捉放曹》中的陈宫，《芦花》中的闵德仁，《四进士》中的宋士杰，《太白醉写》中的李白，《屈原》中的屈原……

丁果仙不仅演传统戏和新编历史剧，还以高度的热情积极地演出现代戏，塑造了《丰收之后》中的五保户老大娘、《小女婿》中的陈快腿、《红旗下的花朵》中的老校长等艺术形象。这一系列艺术人物，特别是为官清廉、做事仗义的人物故事，都是观众耳熟能详，在田间地头、街头巷尾津津乐道的话题。

观众熟悉丁果仙所演的剧目，更喜欢丁果仙剧中体现出的丁派艺术特点的唱腔。丁果仙用唱腔来塑造人物，人物通过她的唱腔深入到观众的心中。《空城计》中丁果仙扮演的诸葛亮在城楼抚琴时稳健沉着的大段唱段，《卖画劈门》中白茂林义愤填膺的唱段，《芦花》中闵德仁痛心入骨的唱段，《走雪山》中丁果仙扮演的老生曹福与青衣曹玉莲感人心脾的对唱，或高亢激越，或清新委婉，无不传神动人，在观众中广为流传，成为久唱不衰的晋剧经典唱段。

四

丁果仙一生献给了晋剧事业。保护晋剧文化遗产，继承晋剧的优秀传统，发展晋剧的艺术事业，是丁果仙终生割不断的情结。

解放后，在“改人、改戏、改制”的戏曲改革方针指引下，一些流散多年的戏曲艺人纷纷返回家乡，组成新班，登台献艺，丁果仙就是其中之一。

在戏曲改革工作取得显著成绩的同时，轻视艺人劳动、轻视艺术生产规律、轻视优秀文化遗产的现象时有发生，如：认为一切戏曲都是封建戏，滥行禁演；认为一切表演程式和技术技巧都是“形式主义”，予以反对，在戏曲界造成了思想混乱。

1956年5月，毛主席和党中央提出了“百花齐放，百家争鸣”的方针，文艺界出现了新中国建立以来从未有过的思想活跃和解放。就是在这种形势下，1956年8月16日至26日，山西省文学艺术工作者第二次代表大会和太原市文学艺术工作者第一次代表大会同时在太原召开。副省长邓初民在讲话中要求坚持正确的文艺方向，提高文艺创作的质量，更好地为社会主义服务。他强调要克服创作题材狭窄的倾向，提倡表现方法的多样化，“‘百花齐放，百家争鸣’就是要会使枪的使枪，会弄棒的弄棒，只有这样才能百花齐放，而不是一花独放”。代表们听了都很受鼓舞。

作为代表的丁果仙在大会发言中，结合自己多年的艺术实践，畅所欲言地说出自己的困惑和意见。她说，这几年在舞台表演上受到了限制，演悲剧感情发展到激愤的时候，不敢哭出声来；演《焚绵山》从山坡上往下跳，不敢做“虎跳”；演《杀府》见了夫人的尸体不敢“放叉”；唱腔嘹子也不敢“拔”了……这些都怕被说成卖弄技术、讨好观众、“形式主义”，该艺术夸张的地方缩手缩脚，演出戏来感到没生气。她说：“我们老艺人有很多绝技，都清规戒律得不敢用了。”“不论哪个戏只要有些顾虑，精神一不集中，在表演上就要减质。如果这样下去，那还有什么艺术，都要演成死板无生气的戏了。”

对于晋剧的音乐改革问题，丁果仙有自己的观点。她说，不能为改而改，为增加乐器而增加乐器，“我不是不赞成增加乐器，但是加上乐器需要在原有的乐器上起到配合作用，而不能把原有的乐器压下去，使演员的唱腔没法掌握和运用”。她说：“中国的乐器很多，不加研究，偏偏要在地方戏里加大、小提琴哩。”丁果仙还提到文场同志的意见，演新戏拉曲牌加上好，唱乱弹的时候，连二胡拉得响了都要害事，大、小提琴就更不用说了。对于“定调”和“定谱”的问题，丁果仙也有自己的看法。她说：“我认为定调是对的，定不好调是没法演奏的。如果说要定谱的话，还需要好好研究。大家都知道唱腔是多种多样的，如果定谱的话，不但费事，武断地说一句话，限制了唱腔的发展。”丁果仙在会上说：“我这样说，也许是有严重的保守主义。”其实这哪里是“保守主义”，而是一位真正的艺术家的良知。这是从晋剧艺术的特点，从戏曲艺术的规律，从自己几十年艺术实践中总结出来的真知灼见，也反映了千万戏迷观众的欣赏习惯。丁果仙，这位大师五十多年前说的话，至今还会引起我们的思考，就是一位艺术家应该怎么对待自己的艺术，怎样遵循艺术规律发展艺术。

丁果仙的意见在会上引起强烈反响。与会的艺术家们都深有同感。蒲剧表演艺术家阎逢春说：前几年不许要“三子”——翅子、翎子、稍子，认为是“形式主义”，“是技术不是艺术，根本不能用”。阎逢春认为，帽翅可以传达人的思想感情，剧中人物的喜怒哀乐都可以通过帽翅表现出来。丰富的戏曲内容要依靠不同的表演形式去传达，不同的形式是表达剧情所离不了的东西。丁果仙对此亦有同感。她说：“看了阎逢春同志表演的《杀驿》，他在愁思和激愤没办法的过程中，结合每一个台步身段，把两根纱帽翅子颠动得那样美妙，那样灵活，想怎么用就怎么用，这都是在配合情感上表演出来的。这样的功夫没有十年八年的苦练、钻研，是不会那样灵活生动的。”

蒲剧表演艺术家王存才感慨自己过去学的一套表演技术，如踩跷、小走手、带彩的戏等，现在用不上了，没法传授给徒弟。他说：“我有心改一下，但自己又缺乏文化，改不了，所以希望领导帮助解决。”一代老艺人对传统艺术的热爱和自己的无奈，令人感佩和心酸。

晋剧表演艺术家花艳君说，有些剧本经过整理后，唱词没有了，我们不能唱。山西梆子重唱功，没有了唱词，是不是失掉了晋剧的特点？花艳君在发言中引了一位戏迷朋友的一段话：“艳君，我每天见你们不是开会，就是学习，非常紧张，但是看不到你们的成绩，这是什么缘故呢？你过去唱得很好，我们非常爱听你的唱腔，但是现在你所演的戏，唱得非常少，你为什么不唱呢？我们山西梆子多年以来就是以唱功为主，为什么现在的戏都唱得很少？在旧戏方面有许多戏几乎都是唱，它们多少年来受到广大观众的热爱，如《登殿》《教子》《芦花》等，可惜你们都不唱，使爱听唱的人都没法去看戏了。”丁果仙、花艳君等晋剧前辈，她们推崇和强调的是作为戏曲艺术的晋剧的特色。她们希望在继承和发扬优秀传统的基础上不断地把晋剧艺术推向新的高峰。这种守护晋剧艺术家园，继承、发扬、改革、创新晋剧艺术的精神，贯穿在丁果仙的一生中。

五

丁果仙重视培养新生力量，育人办学，几乎是她与演出并重的终生事业。1954年，她在太原新新晋剧团捐资建房、捐戏箱，办起了学员班，招收了三十余名学员。后来这个学员班与张宝魁办的戏剧训练班合并，于1956年7月正式成立了太原市戏剧学校，丁果仙担任校长。这座学校培养出郭彩萍、田桂兰、武忠、张友莲、张翠英、高翠英、马肇录、代占寿等艺术家。

培养年轻一代演员，发展晋剧事业，始终是丁果仙心里最放不下的事。1956年8月，她在省二次文代会上的发言中说："我们现在培养青少年演员，应该说是当务之急。”她对当时的青年演员培养问题忧心忡忡，考虑很多。她觉得现在用“速成教练方法”培养的演员，“学会一些戏，也不过是到前台能演戏，在质量上差得很远。可是他不愿意下苦功钻研艺术，更不愿意勤学苦练。专门计较要演上戏，演不上戏就闹情绪。”“你要给他排个戏，他会给你提意见，说你是旧一套，不满意你。”“老师感到没法教，稍微给点颜色看，就给老师提意见，叫老师态度好一些。这样教练，恐怕五七年内出不来好的演员。”丁果仙忧虑地说：“老艺人相继凋谢，不能再等了。青年演员已经会唱戏了，骄傲自满了。”她提出总得想出一个好的教练方法才行，关键是非严格不可。一代宗师早已远去，她对青年演员培养问题的关心，对艺术事业发展前景的担心，苦口婆心，言犹在耳，怎不令人感叹。

2009年11月8日

韩玉峰

（原载《晋韵流芳》）

愿果子愈结愈红

在为丁果仙舞台生活四十年而举行的纪念会上，丁果仙同志感动得流泪了。许多饱经沧桑的老艺人看见这种场面，也思潮起伏，热泪盈眶。笔者参加了这个会，身临其境，亲受感染，也不禁心弦一动，喉咙中有一种热乎乎的感觉。自然，这不是戏曲艺人们所受到的第一次激动，而且，随着党的百花齐放、百家争鸣方针的更深入贯彻，他们还会感受到更多的激动。激动一次，爱的波涛就高涨一次，由此而产生的艺术水平也必然会升高一次。

丁果仙同志早就赢得了“果子红”的光荣称号，然而我敢说，“果子”只有到了人民当权的时代，才真正红深熟透，达到了她在戏曲艺术事业上的全盛时代。艺术创造不能被人理解，被人接受，或者不能为真正应该接受的人所接受，这是艺术家的悲剧。在旧社会，在那些自称为文人雅士的上层分子中间，有谁能真正理解她的艺术？有谁能对她的艺术劳动做出应有估价？对于那班文人雅士来说，戏曲艺人只不过是他们茶余酒后聊助“雅兴”的歌舞伎罢了。有时他们“雅兴”一来，对戏曲艺术也会表现出一点懂的样子，然而那只有使戏曲艺术更加糟糕。鲁迅先生说：“士大夫是常要夺取民间的东西的，将竹枝词改为文言，将‘小家碧玉’作为姨太太，但一沾着他们的手，这东西也就跟着他们灭亡。他们将它从俗众中提出，罩上玻璃罩，做起紫檀架子来。”这不是更糟糕了吗？至于那些不学无术、昏庸荒淫的军阀政客，更是明目张胆地把艺术当作商品玩的。他们懂得什么“艺术”；对于“玩术”，他们倒是很内行的。还有一班子戏曲班头、戏院老板，只要能捞到很多的钱，就不惜捧你为“三晋驰名、须生泰斗，京津沪汉，独树一帜”。而这类庸俗捧场，是为真正的艺术家所不睬的。

在旧社会，艺术、艺术家，只会遭到这样的厄运，果子树哪谈得到什么适宜的土壤，只不过是一片不毛之地；“果子”哪谈得到什么“红”——从政治、艺术的遭遇上看，只不过是一枝备受冰雹摧残的残果罢了。解放前，丁果仙同志无论从健康状况和艺术生命上看，不都已濒于险境吗？！

在人民当权的时代，丁果仙同志的艺术才真正为人们所理解，才真正找到了更广泛的接受对象；丁果仙同志的艺术才能才找到了可以驰骋自如的广阔园地。作为一个独特的艺术流派——丁派须生艺术，得到了继承。抚今思昔，怎么不令人激动？

丁果仙同志今年五十三岁，正是大有作为之年。“五十而知天命”，丁果仙同志已经成为自觉地为社会主义艺术事业服务的艺术家，能够自觉地掌握自己创造的艺术经验的戏曲艺术家。我们祝她艺术青春永不凋谢，祝红果子愈结愈红！

韩钟昆

（原载《山西日报》1962年7月）

丁果仙散记

我认识丁果仙同志是1952年。那时，我十九岁，她已四十多岁了。她身体瘦弱，头发束髻，喜欢盘腿坐在床上，好像一位五十开外的长者。她说话声音很低，总是笑眯眯的，十分慈祥。不知道的人无论如何想不到，她就是那位享有盛名的晋剧表演艺术家呢！

一、丁果仙拜师

1929年。丁果仙二十岁，已是太谷“锦艺园”红极一时的主要演员。当时，名演员说书红也带着徒弟在这里搭班演戏。丁果仙对他十分敬重。由于她和说书红没有师承关系，故闲谈起来，说话是比较随便的。丁果仙给他送了个绰号——“老逊玷”。

这一年，十一岁的程玉英拜在说书红门下学戏。有天晚上散了戏赶台口，说书红和丁果仙分坐两辆轿车，说书红让程玉英坐在轿外的车辕边，并把一只小细绵狗交给她抱住。夜深人静，除了牲畜头上的吊铃叮当作响外，人们都在打盹。十一岁的小姑娘程玉英也逐渐进入梦乡！突然一个趔趄，几乎把她掉在车下，车把式把她拉住了，小狗却掉进车辙。铁车轮顺辙而过，小狗一声凄惨的尖叫惊醒了说书红。他跳下车看时，小狗已经不动弹了。他把程玉英拉下车后就打骂起来。丁果仙闻声赶来问明情由，拉住说书红责备地说：“你这个老逊玷，没把孩子轧着还不走运？你想把孩子也辗死？”事后，说书红一提起此事，就对别人说：“果子虽然年轻，为人处事可比我强。”

约在1932年，他们的班社回到太原。这时丁果仙在艺术上开始了新的探索。曾先后向盖天红、十四红等老艺人求教，但仍不满足。有一天，她慎重地来到说书红房间，对他说：“不敢叫你‘老逊玷’了，你收我做徒弟吧！”说书红哈哈一笑：“名角儿我敢收？”丁果仙笑着说：“看你这‘老逊玷’，我是正式拜师，不是和你说笑。”从此，丁果仙对说书红敬如蒙师，学习继承了他许多精湛的表演艺术。丁派名剧《四进士》《双罗衫》《清风亭》就是在说书红的指点下排练加工而成的。

二、果子红与狮子黑

1952年11月，山西省晋剧代表团参加全国第一届戏曲观摩汇演回来后，省城新闻界邀请代表团的主要演员联欢座谈。丁果仙、牛桂英、郭凤英、冀美莲、刘俊英、筱桂芬、刘仙玲等都出席了。年龄最大的是狮子黑（乔国瑞），他已年近七旬。

狮子黑老人从小投身梨园，专攻架子花脸。他歌喉洪亮，做工细腻，对晋剧净角的表演做出了可贵的贡献。他生有一男四女，在抗战开始后一男一婿都参加了党所领导的人民军队，为革命献出了宝贵生命。为此，阎匪把他抓进了特种警宪指挥处的监狱。年过六十的老人，身受重刑，生命垂危。

这件事使丁果仙心如刀绞。她四处奔波，花钱打点，从中搭救。后来，敌人又使出花招，要有铺保才行，她又求人托情，出面请客，以自己的性命担保，这才救出了老人。

狮子黑老人在座谈会上畅谈了进北京后，受到中央领导的关怀和照顾，衷心感谢党对戏曲艺人的关怀。并在控诉反动派的罪恶时，讲述了丁果仙在阎匪的淫威下，舍命救护自己的这件事。老人谈到这里，热泪盈眶，泣不成声。

丁果仙对狮子黑一向以长辈相待，生活上多方关照。同台演出总是谦虚地按老人的戏路认真配合。解放初期，他们同台演出的《捉放曹》，被广大观众誉为珠联璧合的杰作。

三、丁校长和太原戏曲学校

参加了全国第一届戏曲观摩会演回来后，老艺人们一致呼吁：要向兄弟剧种学习，大力培养戏曲事业接班人。1953年和1954年，太原市晋剧一、二团分别招收了一批热爱戏剧工作的孩子为随团学员。同志们为了把这一批幼苗更好地培养成人，在大濮府建创了太原市戏曲学校。把在各团学习的小演员集中起来，聘请有经验的教师，加以严格训练，使之成为我市第一座按戏曲规律要求，既学艺术又学文化的正规学校。当年在这座学校受教的孩子，现在有不少人成为省、市戏曲团体的骨干，如田桂兰、张友莲、武忠、郝富、马肇录、薛维艺等同志。

丁果仙作为这个学校的首任校长，她不仅亲自担任教学工作，还经常亲自为孩子们排戏，如《空城计》《打金枝》《蝴蝶杯》都是她亲自给学生们排的。有时还与学生同台演出。1958年，全省青年社会主义建设积极分子大会请戏校演出，同时希望丁果仙所在的太原市晋剧一团加演一场《空城计》。当学校把此事告知丁果仙后，她说："他们忙，我和孩子们一起去吧。"这天，丁果仙饰诸葛亮，她的学生郝富饰司马懿，两代同台，师生协力，精彩的演出不断得到观众热烈的掌声。这件事在省城梨园界传为佳话。

四、果子红演《合凤裙》

一提起丁果仙，人们首先想到的是她所塑造的一个个峨冠博带的文官，见义勇为的老仆形象——她是以须生行当初露头角并震惊艺坛的。但是，你能想到，就是这位创造过无数栩栩如生的老生形象的演员，在十几岁演出《合凤裙》时，曾扮演过一位花枝招展的二八姣娥，并获得观众的热烈喝彩吗？

有些人把《合凤裙》称作"耍耍戏"，其实这是以一出喜剧手法鞭挞封建礼教的讽刺戏。故事说：侍郎梁阆将未婚女婿梅廷接到府上攻书。七月十五洛阳灯节，梅生偕书童溜出观灯。梁府小姐兰英和妹妹凤英到花园玩耍。天真淘气的妹妹拉姐姐去看望姐夫，发现书房无人，妹妹穿了姐夫的巾袍戏耍，被父亲发现，引出一场误会，几乎酿出人命。

过去，晋剧没有演旦角的女演员，如著名晋剧老艺人三盏灯、毛毛旦、一点红、筱吉仙等都是男扮女角，他们演这出戏时，重点在发挥剧中玩笑气氛，以博得观众喝彩。但有的男演员不脱男相，艺术效果较差。在这种情况下，丁果仙和丁巧云打破男角统治晋剧班社的局面，扮演与演员年龄相仿的角色，当然就非常引人注目了。

丁果仙扮演妹妹凤英非常注重人物性格的刻画，她一会儿要藏书，一会儿要偷笔，一会儿念"白"字。把凤英活泼淘气的神态表现得活灵活现，而又不撒"野"以至有失闺体。到她穿上姐夫的顶巾道袍，反串小生时，则表演得飘逸潇洒，生腔韵味十足，俨然若"三儿生"再现，情真意切，使台下同声叫绝：

凤英〔唱〕头戴儒生巾乌云压鬓，身穿着绣花袍文质彬彬，走上前施

一礼有话谈论。（在唱“压鬓”一句时含娇不露）

兰英〔白〕你个丫头要说什么？

凤英〔唱〕尊一声兰英妻梁府千金，我为你离乡里把京来进，盼得是夺高魁早日成亲。（唱到这里，她又是一本正经）

兰英〔白〕死丫头真是胡说。

凤英〔唱〕叫小姐且莫要含羞带嗔，来、来、来，咱夫妻叙谈叙谈。（她将兰英轻轻一拍，妩媚一笑，确是个风流才子模样）

兰英〔唱〕见妹妹穿戴起来风流英俊，看起来真像个读书之人。

凤英〔白〕姐姐，看我像不像梅家姐夫？（她又撒娇了）

兰英〔白〕小丫头莫淘气还须谨慎。

这段含嗔带娇、嬉笑得体的表演，真是逼真过人，使观众如临其境，连声喝彩，为果子红出色的表演鼓掌。当时看惯男角的姑娘媳妇们，第一次看女角演小姐，耳目为之一新，传为佳话。“果”更红了。

五、丁果仙演《反徐州》

1947年，蒋家王朝在人民解放军的强大攻势下已濒临崩溃，对人民的统治更加横行暴戾。我省人民惨遭阎匪“兵农合一”的残酷统治，更加悲苦不堪。太原梨园界也不例外，艺人们经常被反动政府逼迫给阎匪军“义演”而分文不给，时时揭不开锅，稍有不慎，即有被扣上“伪装”帽子招来杀身之祸的危险。

丁果仙目睹阎匪给人民造成的灾难，心中愤恨无比，所以每当敌人要她和梨园同人义演“劳军戏”时，她就和演员们把表现元末人民不堪黑暗统治，奋起造反的剧目《反徐州》（又名《串龙珠》）搬上舞台，以抒发胸中的怨气。

《反徐州》的剧情是：元末，徐州王完颜图父子仗恃权势，残杀乡民。一日完颜氏围猎，践踏青苗，抢走花云妻所射鹏鸟，劫走宝弓，并剁其手臂；又将一民妇双眼剜去，摔死婴儿；并拘禁对其踏青苗不满的郭广庆；又因掠夺侯伯清的传家珍宝“串龙珠”将当珠人陷害……这一连串倒行逆施的案件都集中到徐州知府徐达衙中。在民众的强烈要求下，他刚想为民伸张正义就被撤职。最后，在民众的推动下，终于消除重重顾虑率民造反，消灭了完颜父子。

试想，在1947年那样的白色恐怖下，丁果仙反复上演这出名剧，是需要何等的胆略呀！

在演出时，丁果仙总是让著名青衣筱桂琴陪演那位被完颜氏残酷剜去眼睛的民妇。当她被人拉上公堂，正在急愤之中的知府徐达的扮演者丁果仙，已完全沉浸在剧中的怒火中了。她连拍堂木带念白，上身倾斜，向前俯视，几乎要扑出公案。这时筱桂琴被丁果仙震撼心灵的怒目惊呆了，她为丁果仙变成一个如此活生生的为民舍命的徐青天而感动；听到的好像是父亲见到意外受了重伤的孩子所表现的痛楚，心急如焚，急愤交加的念白震人心弦：

什么人杀死你夫？
是谁把你的眼睛剜了？
快快与我讲来！

激烈的鼓板和“呛呛呛”三声斩钉截铁的锣声，配合这段急促、刚健、苍劲、深沉的喷口，把气氛推到千钧一发的境地。

作为演员的筱桂琴和丁果仙演这出《反徐州》，本是一场熟戏。但此时，她完全被丁果仙这意外的创造所形成的真实感弄糊涂了。开始，她被丁果仙真实逼人的面部表情吓了一跳，随着又被她不同以往的全新动作和精彩表演所吸引，一时间竟忘了自己也是剧中人而变成一位专注的观众。由于乐队鼓板的快速催促，又把她的思绪拉了回来，以至猛然一惊，想到现在必须立即回答“知府大人”的问话，于是急忙接唱：

三月里清明节把西湖游玩……

这一急不要紧，竟把《断桥》的唱词搬进了《反徐州》。而这里的唱词应是：

三月里清明节把坟上，
过完颜府奶儿郎……

尽管唱错了几句，悲愤的剧情，逼真的表演，还是使台下看戏的阎军士兵感动得流下眼泪——这些被迫抛儿弃女抓来当兵的人们的情感和剧中受害者的处境何其相似呀！

这出戏在这样的观众面前上演，能起到什么样的作用，是可以想象到的。

六、果子红画兰

1956年9月，丁果仙在参加第二次全国政协会议时，受到毛泽东主席、周恩来总理等党和国家领导人的亲切接见，深深感到，党和人民对自己的高度信任，自己必须以更纯真的艺术献给党和人民。她迫切要求从姊妹艺术中汲取营养，以丰富自己。她和著名画家、书法家柯璜老先生熟悉后，受到柯老影响，选择了绘画，专攻兰草。1958年前后，梅兰芳、程砚秋、尚小云、荀慧生和周信芳等著名京剧表演艺术家来晋演出。在接待过程中，丁果仙得知他们都兼工书画，这更促进了她学习绘画的强烈兴趣。从此以后，她广泛地同美术、书法界的人士接触，以他们为师，学习绘画。《芥子园画谱》影印出版后，她爱不释手，临摹借鉴，十分用功。功夫不负有心人，经过勤学苦练，丁果仙画的兰千姿百态，出现在各种展览会上，向她求画者也大为增加。

薛　宓

（原载《太原日报》1979年12月28日）

勤育桃李桃千树　日照果枝果更红

——省城文艺界纪念丁果仙舞台生活四十年

本报太原17日讯　省城文化艺术界一千余人，今日上午在山西大剧院举行隆重集会，纪念晋剧中路梆子优秀表演艺术家丁果仙同志舞台生活四十年。

纪念会是由省文化局、中国戏剧家协会山西分会联合举办的。中共山西省委宣传部部长李琦，山西省副省长王中青，中共山西省委宣传部副部长江萍，中共太原市委书记处书记刘舒侠，以及省市文艺界的负责人均到会祝贺。前来祝贺的还有从八岁起就和丁果仙同志一起学戏的晋剧著名青衣、丁果仙的姐姐丁巧云，丁果仙的老搭档、二十四年以前就和她同过台的晋剧著名老生马兆麟，以及和她同台有二十至三十多年历史的著名晋剧演员牛桂英、郭凤英、冀美莲、任玉珍等。许多“小果子”——丁果仙同志的徒弟也都来参与盛会。大会还收到来自省内外的许多贺电、贺礼、贺词。

纪念会于九时半开始。中国戏剧家协会山西省分会主席贾克同志致开幕词。他概述了丁果仙同志在旧社会的一段悲惨生活史之后说：“丁果仙同志从饱受摧残被人歧视的女艺人成为全国政协委员、光荣的共产党员；从在泰山庙卖清唱的小票友到被广大观众所称赞、爱戴的独树一帜的丁派著名表演艺术家，这是多么大的变化啊！这个变化说明丁果仙是党和人民培养出来的，是晋剧前辈老艺人苦心哺育出来的，是在同辈师友帮助下成长起来的，也是她自己兢兢业业刻苦努力得来的。她是中路梆子中由女人唱胡生的第一个人；她是继承了中路梆子前辈艺人的宝贵遗产而加以发展的戏曲革新家；她是广泛学习，吸收各流派、各剧种的优秀唱腔，博采众长，独创一格的丁派唱腔的创始人。正是由于她这样忘我的劳动，山西省文化局、中国戏剧家协会山西分会共同为她举办这个纪念会和纪念演出，一方面鼓励她在舞台上四十年的辛勤劳动；另一方面让我们学习和总结她在晋剧艺术上的成就和经验，以便使我们山西的戏剧事业更加发展和提高，更好地为社会主义建设事业服务。”

接着，由山西省副省长王中青同志讲话。他首先代表山西省人民委员会向丁果仙同志舞台生活四十年表示热烈的祝贺！他说：“今天开这样的纪念会，对丁果仙同志的艺术劳动是个评价，对她的艺术经验是个总结，对她的艺术事业是个鼓舞，对其他艺术工作者是个榜样。我们要把她的艺术经验总结起来，以便于其他艺术工作者更好地向她学习，便于丁果仙同志更自觉地运用自己的艺术经验，为社会主义的文艺事业做出贡献。”

王副省长指出，全体艺术工作者应当向丁果仙同志学习，勇于生活、勇于接受真理的精神，学习她虚心继承遗产、大胆革新创造的精神，学习她向生活学习、不断从生活中吸取滋养、以丰富自己的艺术表演的精神。最后，他祝贺丁果仙同志在党的领导和群众的支持下，继续努力，带领整个中路梆子艺术向更高的水平前进！

会议中，省文化局副局长寒声做了丁果仙同志舞台艺术的专题报告。中共山西省委宣传部副部长江萍，省文联主席李束为，太原市文联副主席、市文化局副局长张焕以及丁果仙的徒弟、省晋剧青年演出团演员马玉楼都致了祝词。

在热烈的掌声中，在台上台下所投来的一股股温暖、爱抚、敬慕的目光中，丁果仙同志走向扩音机前。今天，丁果仙同志满面春风，丰采焕发。她虽然有着四十多年的临场经验，但从那微微抖动的面颊上可以看出，她心里是多么兴奋，多么激动，刚说了一声“首长们，同志们”，眼里便涌滚出欢乐的泪花。她激动得不知该说什么，不知从哪里说起，一部四十年的生活史，历历如在目前……瓢泼大雨中的行乞的寡妇弱女，辗转出卖的不幸命运，学徒生活中数不尽的挨打受骂，天津滩上剧院老板的勒索敲诈……而今，她不仅成为艺术家、共产党员、政协委员，而且为她开这样隆重的纪念会，她怎能不万分激动呢？她在致答词中，用饱满的感激心情，感谢共产党，感谢毛主席，她说：“在旧社会里，有许多戏曲界的老艺人，他们在艺术上的成就很高，也给人民唱了很多年戏，可是，他们只能受一辈子侮辱和压迫，还有的人，落个冻死饿死。只有在共产党领导的新社会里，艺人的劳动才被尊重，才能有这样的纪念会。我认为这是我们这一代老艺人的光荣，是咱们整个戏曲界的光荣。”接着，她叙述了自己解放前后的艺术生活变化和政治思想变化，介绍了自己怎样无时无刻地向生活、向传统戏剧遗产学习、向各兄弟剧种学习的经验。她边说、边唱、边做，绘形绘声地进行示范动作，博得了全场的热烈掌声。最后，她感谢各方面对她的支持和帮助，并表示：“要在党的领导下，继续学习，努力提高，把自己的全部精力，贡献给党与人民的戏剧事业。”

韩钟昆　王文绪

（原载《山西日报》1962年7月17日）

博采广收　成就大家

琼树仙枝果子红

丁果仙，艺名果子红。她七岁学戏，九岁唱票，十一岁登上舞台，三四年后就崭露头角，不到二十岁就誉满北方，成为晋剧中一颗又红又香的硕果。如今她已有四十年的舞台生活了。她具有天赋的好嗓子，嗓音宽亮淳厚，腔调刚健有力，唱腔奔放流畅，婉转动听，常常能使观众听得回肠荡气，感到淋漓痛快。晋剧中后起的演员唱须生者多宗法她的唱腔，有些嗓子好唱腔好的演员，观众给起了小果子的称号。丁果仙不仅在唱腔艺术上有素养，而且在表演艺术上也有深厚的功底，不仅以纱帽戏和苍头衰派老生见长，而且演靠甲戏也很拿手。她虽然以女扮男，但能脱胎女形，气魄雄伟，并不装模作样，扮谁像谁，这是很难得的。一般不熟悉晋剧演员的观众，往往在看戏后，还以为她是个男演员。她做戏精力充沛，表情逼真，刻画细致，演技纯熟精练，稳重洒脱，非常自然，并富有生活气息，善于歌唱，又善于表演，以上优点特长结合形成了丁果仙舞台艺术上的风格。

丁果仙的能戏甚多，她为我们创造了许多有血有肉、真实生动的艺术形象。在《打金枝》里，她表演出了一个智慧贤明、雍容大度而又风趣的帝王的精神面貌。从她出场后所流露的这个人物悠闲愉快、庄严稳重、自然洒脱的神态，表现了剧中人的气派风度。她对这个帝王的塑造从外形到内心十分和谐统一，完全合乎这个戏的主题思想与人物性格的规定，也符合观众的想象。据丁果仙说：《打金枝》的唐王她已扮演过千次以上了。经过参加全国第一届戏曲观摩会演和摄制舞台艺术片，她对唐王这一人物进行研究创造，形象更加丰富鲜明，增强了这一角色的生命。在《八件衣》中她生动地创造了杨知县主观断案，轻信物证，而又意气用事的一个主观主义者的官吏典型，然而并不是贪赃枉法、心术很坏的官吏。当杨知县打死张成玉，窦九成一家上堂，窦秀英自杀，至提牌调京，受斥罢官，不幸的急剧变化，引起杨知县极其复杂激烈的思想变化，丁果仙把这个人物表演得异常真实细致。在《南天门》中，她塑造了一个见义勇为、患难扶持、舍生忘死的老仆人曹福的感人形象，表现出了在曹福身上的人类崇高的道德品质和精神力量。《走雪山》一场，唱和走都令观众倾倒。在《双罗衫》中她又创造了另一个爱憎分明的老仆形象。在《日月图》中《卖画劈门》一场，表现了一个寒儒白茂林的坚强斗争性格。劈门的那一刀，如同泰山压顶和疾风骤雨一般，表现了剧中人不可名状的仇恨。当外甥与女儿定亲交换信物时，丁果仙背着身子回头一笑，只是这样一个表情，即把老人了却心愿感到满意的心情表现无遗。这种凝练传神的动作，是演员艺术上的精心杰作。她在《失空斩》《战北原》等剧中表现了诸葛亮胸有谋略，从容自如的形象。在《蝴蝶杯》里，她将田云山据理斗争，临危泰然的形象，表现得也恰到好处。此外她所扮演的《芦花记》中的闵德仁，《桑园会》中的秋胡，《春秋笔》中的吴承恩等，对人物的刻画与艺术创造都有很高的成就。

丁果仙在艺术上的成就不是偶然的。她年轻时在太原学戏，每天睡半夜、起五更，去海子边、杏花岭喊嗓练功，风里来，雨里去，坚持锻炼了十五年，这样就给自己打下了坚实的艺术基础。那时候她在班社里时刻注意向老前辈们学习，请求指教。虽然她是演须生的，但也学习吸收其他行当名老艺人的唱功和做工的优点，她不专一师，各取所长，兼容并收，融化创造，这是她学习的方法。

不仅如此，丁果仙给自己开拓了一条宽阔的艺术学习的道路，她不局限一隅，放宽视野，中年时候，曾数次演出于北京、天津，又曾到上海录音灌唱片，有机会接触到京剧名演员和观摩其他剧种的演出，增长了知识，开阔了眼界。她的思想并不保守，于是她尝试着对道白唱腔研究改进，如在道白上以地方语言为基础，吸收了京白、蒲白的成分，这样道白就更清楚真切。晋剧在唱腔上过去每句离不开“哪咿呀哈”，成为各地观众的笑谈，丁果仙首先在唱腔上减少了“哪咿呀哈”，需要的地方仍然保留。在表演上她对动作的精美粗俗也下过功夫，加以选择运用。

丁果仙又很懂得生活学习的重要性，她说过：“演古人到哪里去找古人，自然书本可以告诉一些，但戏剧主要是从生活中来的，演古人得到今人中去找。”她一向很留心观察和体验生活，她平时在城市街道上或在农村常留心各种人说话姿态动作，由外形想象到他们内心的情绪，作为自己演戏时的参考。观察了生活，还得实验，如她演《捉放曹》，陈宫深夜逃出店房拉取门闩的动作就曾实验了数十次。在舞台上往往会发生一点小事故，她见景生情，会把漏洞弥补起来，把割断的情感连续起来，这说明是她得到体验生活的成效与实惠。她说过这样的话：“一个演员，如果单凭师傅传授，自己不去观察体验生活，那么上台后多半是死的，演不出戏来。好把式们装谁像谁，死能演活，无能演有，悲叫人哭，乐叫人笑，满身是戏，这就是演员根据生活进行了艺术创造的结果。”她的这番话给青年演员们指出从生活出发，向生活学习来刻画人物、塑造形象的现实主义表演方法。

像全国其他著名演员一样，丁果仙不仅在艺术事业上有高度的成就，而且在政治上获得很大进步。近几年来她和所领导的剧团艺人曾到朝鲜慰问志愿军演出和不断慰问解放军及巡回到工地、厂、矿、农村为工人农民演出，得到普遍称赞，在响应党和政府号召参加各项政治运动、社会活动中，她都起到带头作用。丁果仙的事业心很强，她眼看到晋剧演员凋零，缺乏后继人才的景况，在1954年时就拿出个人全副戏箱和五千万元培养演员。在她的倡导下，剧团全体响应，每年从演出收入中抽出七八千元，招收了一批学生，进行训练。后与太原市晋剧二团合并，成立了太原市戏剧训练班，今年又改建成山西省太原市戏剧学校，她担任校长。她现在是全国政协委员，山西省人大代表、政协委员等。丁果仙回想到过去旧社会艺人的痛苦遭遇，再看到今天的艺术繁荣和幸福生活，她愈坚定了用艺术为社会主义建设事业服务的思想。这次出省巡回演出，在西安，她不顾身体疲劳，坚持每天与观众见面，只怕观众在烈日曝晒下排队买票仍难免客满看不上她的戏而失望。

丁果仙台上演出，向观众要好的心很强，因为她从不愿使观众看她演出后感到不满。如果因为嗓音失润和演出时出了岔子，把角色的任务没完成好，她是很痛苦的，这便是她的心灵，是一个演员对观众的责任心。她爱观众，在艺术欣赏上她和他们有一种共同的感情。如果有人称赞她的艺术，她总是微笑着说：我是观众培养起来的。

果子红献艺在京华

1952年的冬季，中华人民共和国文化部在北京举办了第一届全国戏曲观摩演出大会，全国各个剧种的两三千戏剧工作者云集京华，多位著名表演艺术家同堂献艺，各领风骚，是一次旷古未有的盛会，也是一次难得的观摩学习机会。

山西参加会演的晋剧剧目是《打金枝》《蝴蝶杯》《赠剑》《捉放曹》等，丁果仙扮演了唐代宗、田知县和陈宫。

令人难忘的是在怀仁堂的演出，那是文化部组织的一场晚会，坐在观众席的有毛泽东、周恩来、贺龙等国家领导人，在乐队奏起《打金枝》的序曲后，丁果仙饰唐王，牛桂英饰沈后上场了，演员内心虽然有些紧张，但是显得镇定从容，做戏浑然忘我。大会评她为演员一等奖，颁发给荣誉证书，鲜红的果子颜色又涂上了一层凝重的色彩。这是凝聚了她无数的心血而取得的成果。虽然在戏剧界她早已是大名鼎鼎的“丁老板”，但是在旧社会仍受到鄙视，今朝一跃而为革命的戏曲工作者，果子红备感共产党和人民政府的慈爱和温暖，言谈举止流露着自豪感、幸福感。

1954年五六月间，以丁果仙领衔的太原市新新晋剧团再次赴京演出，那时候在京的山西籍观众人数很多，尤其是在晋绥、晋察冀工作战斗过的干部很多，都愿欣赏果子红的表演艺术。某晚在苏联展览馆演出时，周总理也来观剧，演戏毕，总理上台接见，全体演员围拢过来，总理一一握手，详细询问大家演出和个人收入状况，这情景在以后丁果仙的记忆谈话中总是说：“总理真是人民的好总理。”

在京期间，中国剧协为晋剧团演出召开了座谈会，全国剧协主席田汉参加了会议并讲了话。大家受到鼓舞。在此时丁果仙还接文化部通知参加了欢迎红线女、马师曾由香港归来的座谈会，充分感受和理解了戏曲艺人的崇高社会地位，于是全心全意地投入戏曲改革之中，这以后连续排出许多新戏来。

1956年，新新晋剧团改建为太原市晋剧一团，由丁果仙、郭凤英、花艳君领衔第三次赴京演出，演出在广和、长安、民主等剧院进行。

在长安剧院演出了郭沫若的名剧《屈原》，请郭老观看指导。

剧本是由剧作家姜炳泰改编为秦腔移植到晋剧舞台上的，丁果仙饰屈原，牛桂英饰婵娟，郭凤英饰宋玉，马玉楼饰张仪，白桂英饰子兰，白翠云饰南后，堪称珠联璧合。丁果仙饰屈原，这是她继扮演《醉写》中李白之后的第二个大诗人，她把握住具有强烈爱国心及正义感的基调和上下求索“美人香草”的诗人气质，着实下了探索琢磨之功。当时强调戏曲改革推陈出新，对音乐唱腔舞美服装道具无不进行改革，白晋山司鼓，田九云拉晋胡。照郭老原词设计反复起奏伴唱的《橘颂》一曲，立意鲜明，韵味悠长，寄托深远，涤尘荡俗。令人难忘的是戏曲高潮《雷电颂》一场，丁果仙充分运用歌喉，满宫满调，气完神足，抒发了屈原激昂慷慨的浩然正气，大有穿云裂石之概，悲剧气氛至为浓烈，使观众无不感受到那种震撼心肺的艺术力量，谢幕后郭老上台与丁果仙及全体演员见面，并给予鼓励。

在音乐堂演出，丁果仙演出《卖画》，郭凤英、郭美英演出《别母》，彭真市长观看了演出；又在北京饭店为公安部演出了《卖水》《凤仪亭》和《杀惜》。

在京期间，丁果仙还访问了齐白石老人，随行前往的有花艳君、马玉楼、白桂英等，座谈之后合影留念。

丁果仙西行演出轶事

1

1957年6月中旬，以丁果仙、牛桂英、郭凤英领衔的太原市晋剧一团出省首次巡回演出，沿着同蒲线西行，在临汾和运城演出之后，7月1日抵达古都西安，演出于人民剧院，这个新建剧院雕梁画栋，金碧辉煌，场内设备完善，座位舒适，当地文化部门对接待工作十分重视，给予较高的礼遇。前三天的打炮戏是《打金枝》，戏票早已售完，每场在走道上都加满了座位，观众和西安市戏剧界的同行们都慕名而至，一睹“活唐王”果子红和牛桂英、郭凤英几位闻名遐迩演员的风采，与影片《打金枝》相对照，观众显然更感到逼真与满意。熟悉秦腔而不熟悉晋剧的晋南人，争相传告，都兴致勃勃地观看了家乡剧团的演出。丁果仙扮演唐代宗，那雍容豁达的气度，庄重娴熟的演技，奔放苍劲的歌喉，充满阳刚之气，使观众为之倾倒，大家竟不知她在台下是位瘦弱的中年妇女呢！

在西安一个月的时间，先后演出于人民剧院、五一剧院、长安剧院，除演《打金枝》十余场外，还演出了晋剧传统剧目《反徐州》《八件衣》和优秀折子戏《走雪山》《卖画劈门》，她扮演的徐达、杨知县、老曹福、白茂林，慷慨悲歌，情真意深，淋漓尽致令观众赞赏、叹服。初来西安第一个星期日加演日场，丁果仙演《卖画劈门》，良马也有失前蹄的时候，演出中有句唱腔与乐队演奏不齐，发生失误，老丁从来讲求严谨的艺术风格，一旦有失误，她会乱了方寸，而身心不安。那天适逢秦腔著名演员刘毓中前来观摩，刘老也擅演此剧，曾在全国第一届戏曲会演中获演员一等奖，老丁知道刘老在座，更感无限遗憾，招致与鼓师之间的龃龉，老丁情绪激动，满脸泪痕，提出个人要返太原，经劝慰和在西安友人于俊都、任廉如夫妇的宽解，老丁终以演出任务为重，逐渐理智平复。数日后，晋剧团与西安市戏剧界进行交流演出，丁果仙、牛桂英演出《走雪山》，二人配合默契，声情并茂，文武场也格外凑劲，达到最佳艺术效果，一时古都街谈巷议，到处竞说《走雪山》，使这位艺术家得到慰藉，恢复笑颜。像老丁这样忠实于艺术，尊重观众，严于律己的精神，令人颇受感动，在她身边学艺的青年就常听她说：“观众爱惜演员，演员得首先尊重观众，在台上要敬事。”

2

丁果仙在西安时，经常穿着灰色布料的连衣裙，对人笑眯眯的，讲话慢条斯理的，朴素高雅，大有学者的风度。她虽然在全国已享有盛名，但从来不恃才傲物，总是谦虚和蔼，到处访问，“嘤其鸣矣，求其友声”。她旁收博采，以广见闻。老丁说：“各剧种都有我的老师，要向他们学习！”在西安，与易俗社、三意社秦腔表演艺术家刘毓中、苏育民、孟遏云等多次接触，倾心交谈，切磋技艺。某日雨后，丁、牛、郭及笔者还有任秀峰等人，应邀与秦腔名家在南院门同吃羊肉泡馍，饭后又在大芳照相馆合影留念。在西安期间豫剧著名编导樊粹庭极其热情地款待了丁、牛、郭等人，老丁又特意登门访问了作家杜鹏程，原来他们在北京开人代会时已相识了。

在西安，晋剧团全体人员应邀观看了刘毓中主演的《祭灵》，苏育民主演的《打柴训弟》，王天民主演的《洞房》，宋上华、杨令俗演出的《龙门寺》，丁、牛、郭对秦腔这株老树红花与晋剧同出一源，各发一枝，相互辉映，感到十分亲切。

正在这时候，又与成都市川剧团喜相逢，观摩了该团李笑非、杨淑英主演的《谭记儿》，看完戏，老丁深有感慨地说：“川剧的改革走在了前头，这朵芙蓉花开得真鲜艳。”在她主张下，回到太原后，晋剧一团移植上演了《谭记儿》。

在西安难得的一次盛会是：西安市文化局邀请晋剧、川剧两团去骊山游览，老丁精神抖擞地爬上“捉蒋亭”，观赏了骊宫的遗址“贵妃池”，追念梨园祖师老郎神唐玄宗，但不同情他晚年失政、骄奢淫逸，不顾百姓遭难的劣迹。临潼一游，与川剧团相互交换纪念品，从此老丁等人与李笑非、杨淑英、林捷等结下情谊。

50年代丁果仙首次出省西行演出，增长了她对历史和中国革命的知识，开阔了自己的思想境界，开拓了艺术领域。

3

八一建军节，晋剧团应邀来到骊山脚下某航校演出，受到热情的接待，上午全体被引到机场参观飞机，尽兴返回招待所后，老丁感到身体累了，她独自一室，躺在床上休息，含着香烟，凝神思考着晚间的演出，朦胧入睡，竟把烟灰火星掉在了床铺上，此时航校领导人前来看望，老丁匆匆由室内出来到户外相见谈话，猛然大家嗅到一股烧布味，老丁警觉，急速进屋，床上正冒着一缕青烟，别人赶快由茶几上端起一把茶壶浇下水去，火熄灭了，但床单、褥子已烧成破洞。粗心呵！老丁十分内疚，感到不安，经航校领导一再安慰，让她宽心。晚间礼堂内观众坐得满满的，热烈的掌声才稍稍弥补了她不安的情绪。老丁后来说：“从此生活中我十分留意，防止发生任何小的纰漏。”

4

8月4日，赤日炎炎，西安市火车站内，老丁在站台上向众多戏剧界的朋友告别后，与全团同志们离开了古都西安，登上了东去的列车前往洛阳演出。大家都沉浸在西安演出美好的回忆中，车到了华县车站，停车的当儿，老丁和秀峰两口子步出车厢，走到月台上活动松散筋骨，开车信号发了，他们竟没看到，车启动了，他俩焦急地徒唤奈何，在车里剧团的同志们同样焦急。怎么办？站上的铁路员工告诉他俩，只有耐心等候下趟东行的车。此刻不到上午11时，须等到下午4时，一时老丁精神不爽，秀峰只能好言抚慰，劝她随遇而安，秀峰指点她抬头南望，正是雄伟的西岳华山，那逶迤起伏的峰峦，云蒸霞蔚的云海，多么壮观！返身遥望秦川，沃野无涯，在晴空下横着一道耀眼发光的河流，这不就是渭水吗？使老丁的胸襟为之开朗，联想到她熟知的众多古代人物，如姜子牙钓鱼，周文王访贤，诸葛亮六出祁山，战北原，丧五丈原，还有戏文中赵匡胤卖华山给陈抟、少华山洞房烤火的故事，不都是发生在这一带吗？一个多月来在西安演出，真够紧张疲累的了，此时一经与大自然接触，她轻松了，拿戏剧和历史地理来印证，她出神了。此时似乎悟出了一个道理：搞艺术的人，谁都得吸收山川河流的灵气呵！还要从生活中、从群众传说中来吸收，丰富艺术的想象。

误车留在华山脚下，权当是一次郊游，老丁的心情趋于平静。下趟列车终于进站，这两位不寻常的旅客匆匆登上车厢，熬了一个夜晚，第二天上午到达洛阳。一次旅途中的失误，却在艺术上得到了某种启示和补偿。

杨秋实

（本文分别载于《西安戏剧》1957年第15期，《艺术中国》2012年7月29日，新浪博客·爱戏者说）

梅兰风韵　松竹品格
——忆晋剧一代宗师丁果仙

如今的年轻人提起已故晋剧一代宗师丁果仙，恐怕知之者甚少，至多晓得那是位知名的晋剧演员，如今已经不在人世了。可许多上了年纪的戏迷观众一说起他们喜欢爱戴的“果子红”来，那简直是津津乐道，神采飞扬，无不在由衷地敬仰和赞赏中流露出深深的怀念和惋惜。因为这位以“梅兰风韵、松竹品格”著世的艺术大师，确曾以美轮美奂的丁派表演艺术给人们带来过赏心悦目的艺术享受，而且名传三晋，誉满京华，为山西人民赢得了无数的骄傲和自豪。

大师的艺术轨迹

丁果仙原名丁步云，小名果子，1909年出生在河北省束鹿县的一个贫苦人家。三岁父亲病故，四岁时被卖予太原一个叫丁凤章的老人，认作养孙女。七岁拜老艺人孙竹林为师学艺，在酱园巷“泰山庙”打地摊卖艺。十一岁离开泰山庙正式登台，出演《花子拾金》，扮演花子拾到黄金后的喜悦心情，一会儿学“毛毛旦姑姑”，一会儿学“三儿生叔叔”，一会儿学“天贵旦娘娘”，无拘无束，憨态可掬，博得观众喜爱：“这娃娃机灵可爱，天生是吃这碗饭的。”几年后，果子搭名班锦霓园，耳濡目染盖天红、三儿生等前辈的精湛艺术，虚心求教，日夜苦学，技艺大进。一日，“小生泰斗”三儿生出演《琥珀珠》，与他搭档的盖天红有事未能到场，果子毛遂自荐应急登场，扮演李智一角，一招一式配合得严丝合缝，观众深受感染，叫好不迭，遂留下了“男的不如女的，盖天红不如果子”的美谈。之后，果子又拜在了说书红门下，学会了《斩黄袍》《空城计》《战北原》等特色剧目，深钻细研，更加羽翼丰满，十六岁即在太原、晋中地区闻名遐迩，观众赠艺名“果子红”。为了开阔视野，经见世面，正当风华妙龄的果子北上闯荡东、西两口，多次涉足京、津等地，终以别具特色的《反徐州》《空城计》《走山》等剧蜚声京津，誉满长城内外，赢得山西梆子“须生大王”、晋剧“须生泰斗”的美称。“百代”公司为其录制了《空城计》《九件衣》《打金枝》《南天门》《捉放曹》等唱片多张。在此期间，丁果仙与京剧大师梅兰芳、马连良、程砚秋等，以及河北梆子、蒲州梆子、北路梆子的名家，进行了广泛的艺术交流，切磋技艺、交换剧目，结下了深厚情谊，并且把兄弟剧种的优秀表演艺术融进了自己的创作，极大地丰富和提高了晋剧的表演艺术。

全国解放后，丁果仙焕发了艺术青春，她积极参加“改人、改戏、改制”的戏剧改革，踊跃赴朝为“最可爱的人”演出，积极排演新戏，相继排演了许多脍炙人口的传统戏、历史剧和现代戏，如《屈原》《柳荫记》《反徐州》《双罗衫》《蝴蝶杯》《太白醉写》《空城计》《卖画劈门》《丰收之后》《小女婿》《红旗下的花朵》等等，塑造了屈原、徐达、李白、诸葛亮、田云山、白茂林等光彩熠熠的舞台形象。1952年，丁果仙参加了第一届全国戏曲观摩演出大会，以《打金枝》荣获演员一等奖，受到了毛主席和国家领导人的接见和鼓励，并且于1955年将《打金枝》搬上银幕，让全国观众开始认识了“晋剧”这个古老而新生的剧种。

丁派艺术的魅力

丁果仙一生献身晋剧事业，锲而不舍，精进不息，广采博蓄，大胆创新，呕心沥血五十年，创造了精彩绝伦、独树一帜的丁派表演艺术，塑造了几十个特点迥异、个性有别的艺术形象。如《打金枝》中雍容大度、高瞻远瞩的开明君主唐代宗，《空城计》中足智多谋、镇定自若的军师诸葛亮，《太白醉写》中才高八斗、狂傲不羁的李白，《蝴蝶杯》中刚毅正直、能言善辩的江夏县令田云山，《走山》中忠贞不渝、急公好义的老家人曹福，《卖画劈门》中疾恶如仇、耿介刚直的白茂林等人物形象，一个个精雕细琢，呼之欲出，都成为晋剧艺术画廊中永远不朽的艺术形象。即使她在现代戏《丰收之后》《红旗下的花朵》《小女婿》中所扮演的贫农老大娘、老校长和媒婆陈快腿等配角人物，也都活灵活现，入木三分。老年后，丁果仙反串《丰收之后》中仅有八句台词的贫农老大娘，短短八句唱腔“喜得我两行热泪洒胸前”如唱如诉，直抒胸臆，把观众听得如痴如醉，“好”声不绝，好多观众买票来看《丰收之后》，冲的就是丁果仙那几句沁人心脾的妙唱。

丁果仙在艺术上最大的贡献是：她大胆吸收借鉴，勇于改革创新，坚持艺术实践，创造了新颖、隽永的丁派表演艺术，她尊古而不泥古，创新又不离谱，在继承传统的基础上，结合自身条件，吸收了盖天红高亢挺拔、激越豪放，说书红苍劲委婉、如唱如说的演唱特点，融进了兄弟剧种、秧歌小戏的优美旋律，创造了刚柔兼济、喷口强劲、韵味浓郁、声情并茂的独特演唱风格；改掉了陈旧、呆板“哪咿呀哈咳”等衬字唱法，首创因剧情、人物和感情而设腔，做到了“以字行腔、以情带声、以声传情”。如她在《蝴蝶杯》“打子”中柔肠百转的介板演唱“田云山我怒冲冠”，《卖画劈门》中句句铿锵的“恨胡贼父子双双多强暴”，《空城计》中字斟句酌的“我正在城楼观山景”等等，无不融进丁果仙的创造和激情，既不失传统韵味，又觉得新鲜好听，唱出了人物特定感情，都成为传之不朽的绝唱，可以说，她把晋剧须生演唱艺术提高到了一个至善至美的境界。

丁果仙的表演更达到千锤百炼、炉火纯青的境地。尤其解放后，她自觉向新文艺工作者学习，逐步掌握了现实主义的表演技巧，通过对日常生活的观察、模仿和学习，深入人物内心世界，使所演人物格外生动，别具个性，使每个艺术形象都深深刻进观众心里。一个从旧社会过来、目不识丁的艺人，扮演唐代宗、诸葛亮、李白等帝王将相和文坛俊杰，能演得那么恢宏大气、文采斐然；而演曹福、白茂林、姚达等下层人物，又能演得那么纯朴善良、正气凛然、令人可敬，真正实践了她说的“装龙像龙，装虎像虎，不露女相”的艺术追求。据丁果仙的得意弟子刘汉银回忆：1961年剧团在北京演出，他曾随老师去拜访当时的文化部部长、戏剧大师田汉，田汉兴奋之余说了这样一句话：“我最喜欢的演员有两个，一个是京剧的梅兰芳，一个就是晋剧的丁果仙。”如此高的评价，三晋再无第二人。

三晋漫山果子红

丁果仙作为晋剧一代宗师，不仅以独特的艺术魅力感动了三晋父老和广大戏迷，为晋剧艺术树起了一座丰碑；她的思想、品行和艺德同样具有非凡的人格魅力，整整影响了晋剧几代人，至今仍被人们奉为“艺苑英杰，梨园楷模”。她一生爱党爱国，追求进步，正直无私，襟怀坦荡，尊师敬长，提携后辈，急公好义，德艺双馨，是优秀的中国共产党党员，广大群众真诚爱戴的人民艺术家。

她热爱祖国，对党和人民怀有深深的感情。1952年抗美援朝时，她个人捐献人民币五千万元（旧币），带头组织太原市各剧团联合义演，捐资支援前线，并亲自赴朝，在炮火连天中为志愿军演出，表达了一个爱国艺人的拳拳之心。她对培养、教诲她的恩师孙竹林、盖天红、说书红等关怀备至，竭尽忠诚。尤其对启蒙师父孙竹林几十年奉养照顾，直到老人逝去，尽了一个弟子的孝心。

1954年，为了给晋剧事业培养后继人才，丁果仙率先举办太原市新新剧团训练班，后又创办太原市戏剧学校，她亲任校长，不但身先士卒，言传身教，而且请来尚小云、阳友鹤、水上漂等京剧、川剧、晋剧名家传经授艺。还在学生毕业前夕，送几十名学生赴四川、湖南、云南、广西、广东、贵州等西南六省“实习”巡回演出，使学生们眼界大开。学生们归来时，丁校长亲临车站迎接，眼含热泪，逐个拥抱亲吻学生们：“俺娃们可回来了，长高了，长大了……”至今弟子们说起来依然热泪盈眶，唏嘘不已。这些弟子们日后果然个个成才。如：享誉三晋的亲传弟子马玉楼、刘汉银、武忠、刘宝俊、白桂英、阎慧贞、张鸣琴、温明轸以及田桂兰、郭彩萍、张友莲、马肇录、薛林花、代占寿等，都成为晋剧艺坛上独当一面的风云人物。这些弟子们如今又培养出了新一代丁派艺术传人。真个是：“喜看梨园多才俊，三晋漫山果子红”。

可惜这样一位绝才绝艺、“里程碑”式的艺术巨匠，却在“文革”动乱中受尽凌辱折磨，于1972年2月15日，含恨离开了人世！

巨星陨落，良可痛哉！

梁　枫　刘巨才

（原载《太原晚报》2006年4月9日）

晋剧大师丁果仙

在山西戏剧史上，恐怕没有一个人有晋剧表演艺术家丁果仙那样高的知名度，那样坎坷的生涯，那样深远的影响。

《山西人名大辞典》中对她是这样介绍的：

丁果仙（1909—1972），晋剧表演艺术家，河北束鹿人。女，艺名果子红。七岁从艺，工须生。曾被上海百代唱片公司誉为“晋剧须生大王”。善于向各剧种前辈名家学习借鉴。建国后，创办太原新新剧团训练班。1959年加入中国共产党。历任太原市戏剧学校校长，太原市晋剧团团长，山西省晋剧院副院长，山西戏剧学校校长。是中国戏剧家协会山西分会副主席，第二、三届全国政协委员，山西省第一、二、三届政协常委，山西省第一、二届人大代表。主要表演剧目有《空城计》《屈原》《捉放曹》，电影戏曲艺术片《打金枝》《蝴蝶杯》等。曾获1952年全国首届戏曲观摩演出表演一等奖。

出　山

解放后，丁果仙首次登场演出，第一次听到共产党人称她这个旧社会戏子为“晋剧表演艺术家”，感动不已，从此，她心中的艺术之窗大开了……

1949年4月24日，太原解放了。长期生活在蒋阎政权下的太原人民无不欢呼雀跃，人们打着腰鼓，扭起秧歌，欢迎人民子弟兵进城。

城东天地坛一个宅院，大门紧闭，门庭冷落。听见大街上的红火声，她的爱人任秀峰的心情难以平静，不时向躺在床上的妻子劝说：“果仙，咱们还是出去看看这个变化了的世道吧。”

此时，刚满四十二岁的丁果仙显得面容憔悴，神情萎靡。她已被烟毒严重损坏了身体，停止演戏已有多年了。面对丈夫的劝慰，她用悲凉的语调说："过去，阎锡山也罢，日伪政权也罢，有谁把我们戏子当人看呢？共产党又能把咱咋的。我看，乱世未定，咱们还是在家待着，免得惹是生非。"

第二天上午，丁果仙听到有轻轻的叩门声，随之传来低低的问话："家里有人吗？"

任秀峰在惊慌中开了门。

两位穿着灰布军装、打着裹腿的解放军面带笑容地问道："这是丁老师的家吗？我们是特意来看望丁老师的。"

任秀峰把来人迎进家里。丁果仙也从床上爬起来打招呼："二位长官请坐。"

"丁老师，我们可不是什么长官。我姓王，叫王易风，那位姓彭，以后就叫我们老王、老彭好了。"王易风面带微笑，亲切地拉起家常话："丁老师，咱们都是同行。进城之前我们是吕梁剧社的，也演唱山西梆子。我们这些年长期在山区，早就盼望能看到丁老师的戏。特别是我，更是你的戏迷，在山上常常学你的唱腔，就是学不好。"

没想到共产党的军队竟如此亲切、和蔼，就像一家人，句句话语好似春风拂过，暖在心里。她激动地表示："解放军呵，需要我丁果仙做些什么，敬请二位长官吩咐，我一定尽心尽力！"

"不，不！"王易风急忙摆手，"今日我们初登丁老师的门，纯属同行拜访，是作为您的忠实观众来看望你的。如今，全城人民群众都在欢呼太原解放，我希望丁老师也能出去走走、看看。如果有什么困难，可以去找军管会。"

当日下午，丁果仙与任秀峰从自己家院走出来。夫妻俩出了天地坛，沿着府东街、柳巷、钟楼街走了一大圈。看着那红红绿绿的标语，听着那此起彼落的锣鼓，丁果仙心里格外爽快："呵，太原人民确实盼来好日子了！"特别是看见那一队队身穿灰布制服、与老百姓点头微笑、问长问短的解放军，她对丈夫说："咱们再不能坐着观望了。"

1949年5月1日，在庆祝太原解放的联欢会上，丁果仙重振雄风，演出了她的拿手戏《空城计》。当这位名伶扮好装，站到二道幕旁准备上场时，听到主持晚会的报幕员在前台宣布："下面请著名晋剧表演艺术家丁果仙为我们演出《空城计》！"

"表演艺术家"？！舞台上苦度了几十个春秋的丁果仙，还是第一次听到这样的赞誉！顿时泪水盈满了眼眶："呵，只有共产党才这样器重我们艺人！"

当她怀着饱满的激情唱完了戏后，"表演艺术家"这几个字，一直萦绕在脑海中，令她久久不能平静。

1909年她诞生在一个贫苦的农民家庭。四岁那年，家乡闹水灾，父亲病故。母亲带着三个孩子四乡乞讨，为了讨条生路，母亲不得不把自己亲骨肉二妞卖给一户姓丁的有钱人家，从此，果仙就再也得不到亲生母亲的音讯，直到她带着深深的遗憾，走到人生的尽头。

在丁家，小果仙自小挨打受气，每天起五更、睡半夜，为丁家清扫院子，为丁太太捶背，吃的是窝窝头，睡的是柴草房，过着牛马不如的生活。

丁果仙七岁那年，丁家老爷把她送到戏班主刘喜子那儿学唱山西梆子，从此，她开始了漫长的从艺生涯。每当鸡叫头遍，丁老头便怒冲冲呼她起床练功。那个“练功”是很残酷的。刘喜子把一个高木跷捆在丁果仙脚上，再把两个尖利的竹签子拴在她的小腿弯处，每天命她跑一百个圆场。果仙一旦跑累了，摔倒了，竹签子就会把她大腿扎得鲜血直流，皮鞭也会恶狠狠抽在她身上：“懒货，还不快起来给我跑！”

后来，小果仙进入吊嗓子阶段，更是吃尽了苦头。唱得稍不如意，班主便打骂，或用“送去当窑姐”相威胁。

霜打梨花风摧叶。在血与泪的苦难生活中，小果仙受尽各种各样的折磨，也练出了一个好嗓子，一身戏台好功夫。记得她第一次在太原开化寺打摊卖唱那年，丁太太特意给她做了一身新旗袍。结果，一曲山西梆子《武家坡》的唱段一炮打响。围观人群中喝彩、赞叹、鼓掌声不断，铜钱掷了一地。

在学戏卖艺的岁月里，与果仙很要好的一个梨园小姐姐小红受虐待后自尽，这件事对她刺激很大，她决心一改戏路，在戏台上唱男腔，当一名英雄男儿，把天下坏人都杀尽。

当丁果仙跪倒在地，恳求丁财主让她唱胡子生时，这东家诧异之际，不禁又起一个生财的念头：如今女戏子少，而女唱男更是罕见，若一旦能唱出个样儿来，倒说不定是个赚钱的好买卖。想不到丁果仙练唱《打金枝》中唐代宗的一段唱腔，那甜润的童声悠扬而又韵味十足，动作表演上还颇有几分帝王的神采和气质。当丁果仙在泰山庙地摊上表演《花子拾金》时，受到了看客们的热烈欢迎。从此，奠定了丁果仙女唱男的戏路。

后来，丁财主不满足于丁果仙在地摊上混小钱的档次了，为了把她这个摇钱树推向搭班舞台，特聘请了当时山西梆子名伶孙竹林做丁果仙的恩师。在泰山庙，孙竹林教得认真，丁果仙学得刻苦，他们之间师生情谊越来越深厚。丁果仙后来细致入微的表演艺术和她那字正腔圆的演唱风采，就是在继承孙竹林舞台艺术的基础上发展而来的。

泰山庙，这是太原城旧时敬神演戏的地方，也是民众喜庆娱乐的场所。丁果仙就在这不算正式的班社里唱了几个春秋。不觉，她在卖艺生涯中长到了十三岁。一天，泰山庙中的旧戏台张灯结彩，鼓乐喧天，台口两侧张贴的戏报上，用很大楷书写着“晋中盛班在此献演，今日特邀请山西第一女须生丁果仙出演《打金枝》。”

舞台上，当丁果仙扮演唐王代宗出场，一句“有孤王坐江山休再提起”，慢板落下，台下即刻爆发出一阵阵喝彩声。从此，“果子红”的艺名逐渐在观众及梨园行传颂开来。十七岁的时候，丁果仙不仅成为名震三晋的名伶，而且出落成一个清秀、俏丽的漂亮姑娘。

丁果仙在清徐县徐沟镇演出时，正逢山西梆子须生泰斗盖天红王步云和说书红高文翰也到场观看。当丁果仙演完《蝴蝶杯》回到后台，正好与来到后台的两位大师相遇，从此，他们结为梨园挚友，常在一起切磋山西梆子艺术。后在两位前辈名家的提携举荐下，丁果仙从此出现在山西梆子名伶荟萃的山西大剧院舞台上献艺。她表演的《辕门斩子》多次博得了戏剧行家和观众的掌声和喝彩。

俗话说，福无双至，祸不单行。旧社会，黑网遍地，狼豺横行，是不允许一个戏子清清白白演戏的，尤其是像丁果仙这样的女伶人。正当她在舞台上大红大紫的时候，恶势力的魔爪多次向她袭来，竟使她左突右冲，在苦海中挣扎了半辈子，以至身心受损，元气大伤……

报　恩

丁果仙以极大的毅力戒掉毒瘾，她的表演艺术逐渐达至辉煌的巅峰。晋剧《打金枝》轰动京城，丁果仙荣获表演一等奖，先后受到周总理、毛主席的亲切接见。

为报党恩，丁果仙首次交纳党费一万元。

禁毒、禁赌、禁娼，这是太原解放后声势浩大的整顿社会秩序的运动。短短几个月时间，烟馆、赌场、妓院被一举取缔，旧时代的污泥浊水荡涤一净。然而，党和人民政府对丁果仙这样的旧社会染上毒瘾的艺术家，却采取了限量特供（毒品）、逐步改造的方针。

长期担任人民剧社的社长张焕，进城后又负责起太原市的文化工作。一天，张焕去看望丁果仙，语重心长地说道：“老丁啊，把毒戒了吧！那玩意儿不仅损害你的身体，还糟践你的艺术。戒毒过程中，如有什么困难，政府会帮忙的。”

一声“老丁”，情真意切，语重心长，共产党人的心同艺人丁果仙贴在了一起。她满眼含泪，感情深挚地表示：“共产党把我丁果仙当亲人看待，我能不戒吗？当初吸毒，只是出于苦闷烦恼，如今，共产党为人民打了天下，我丁果仙理应振作精神，恢复元气，为人民好好演戏！”

沐浴了新中国阳光的丁果仙，决心彻底根除毒瘾。她没有住院，没有接受药物治疗，决心靠毅力战胜不良嗜好。

丁果仙每次毒瘾发作都是相当难受的。她浑身发软，涕泪横流，真想要一点白面闻闻、舔舔。每次毒瘾发作，丁果仙就强制自己去练功，去吊嗓子，去唱一板“乱弹”，用汗水冲刷体内的病毒，唤起生命的活力，激发艺术的灵感。

丁果仙戒掉烟毒，身体复原后，她响应党的号召，积极投入到民主改革的运动中。她常说：“我要把过去的旧艺人，变成新中国的艺术家。”不久，以她为首的太原新新剧团成立了，丁果仙把自己的精湛艺术重新展现给了广大观众。

1952年9月25日清晨，风和日丽，秋高气爽。

太原火车站站台上鼓乐齐鸣。山西省和太原市的党政领导都兴高采烈地来到站台，为将要赴京参加第一届全国戏曲观摩演出大会的山西代表团送行。此时，丁果仙胸前挂着一朵大红花，走在队列的最前头，满脸笑容、英姿飒爽。山西省省长裴丽生热情地握住丁果仙的手，说道：“老丁啊，这次到了北京，可要给咱山西人民争光呀！见了毛主席和中央首长，代表咱山西人民问好！”

列车徐徐启动了，丁果仙的心也随着车轮声在跳动。旅途之中，她的心情一直处于兴奋状态。

在北京的观摩演出中，丁果仙抑扬顿挫的唱腔和气质非凡的做派，受到了全国戏曲专家的高度赞扬，荣获了政务院颁发的表演一等奖。当丁果仙走上领奖台，双手接过了周总理亲自为她颁发的奖状和奖品时，她哭了。这是她有生以来第一次获得国家和人民授予的最高奖赏啊！周总理说：“丁果仙同志，你的唐代宗演得很成功，有机会毛主席还要看呢！”

总理的话，使这位三晋名伶激动得一个劲流泪，不停地说：“我演得不好，不好……”

总理慈祥地微笑着：“嗳，好就是好，不好，我也不会说好，来了北京以后生活习惯吗？”

“好！好！大会对我们样样都安排得好。”她再次握住周总理的手，说：“总理，你身体好吧，山西人民问候您呢！”

不久，丁果仙接到通知，要她和剧团进中南海怀仁堂为毛主席和中央首长演出《打金枝》。那晚，她早早就化好了妆，躲在幕布旁东瞅西瞅，等着毛主席入场。演出中，她不时提醒自己：给毛主席演戏可不能走神，一定要集中精力。可她又难以克制自己，总想多瞅瞅毛主席。

演出结束后，中央首长接见演职人员，毛主席亲切地握住丁果仙的手，说："你把唐代宗演得很逼真。"

丁果仙此时的心情异常激动和兴奋，她没有像上次那样流泪，两眼紧紧盯住毛主席，不住地重复着："主席您好，主席您好！"

毛主席在演员卸妆后，对丁果仙说道："《打金枝》是很有意义的戏，你演的唐代宗很有气度，有风采。唐代宗这个人虽然治国无能，却懂得干部政策，他处理家庭矛盾是有办法的。"

从此以后，丁果仙对唐代宗这个人物倾注了更多的心血，无论唱腔与表演都有更高更新的突破，使《打金枝》成为晋剧艺术皇冠上的一颗明珠。1955年，长春电影制片厂将其搬上了银幕。

丁果仙在艺术上精益求精，在政治上也积极进取。1959年她光荣地加入了中国共产党，为了表达对党和人民政府的一片赤诚，她一次交纳党费一万元。1964年，她再次交党费一万元。她曾两次要求降低自己工资，以减轻国家负担，为国分忧。

1955年，周总理在北京主持一个戏曲推陈出新的座谈会，亲自点名要丁果仙参加，总理说："要听听各方面的意见。"开完座谈会回到太原后，丁果仙立即致力于现代戏的探索和创作，先后在《血泪仇》《红旗下的花朵》《小女婿》《丰收之后》等现代戏中塑造了各种人物形象，为晋剧的繁荣和发展做出了杰出的贡献。

困　惑

一夜间，丁果仙由艺术家变成了"牛鬼蛇神"。她想不通自己演的那些传统戏"毒"在什么地方！她在生命终结前发出悲怆的呐喊："不能让戏曲艺术灭亡！"

1966年，丁果仙已经是即将进入花甲的老人了，她长期患有肺气肿病，社会活动与舞台演出逐渐力不从心。当"文革"风暴无情袭来时，这位饱经风霜的老艺术家起初是怀着一种对党和毛主席极其虔诚的心情，忍着病痛积极到单位参加运动。然而时隔不久，她便成了这场"革命"的对象。

当"文革"中的文斗变成武斗时，丁果仙饱受了皮肉之苦。那一个个热血青年挥舞过来的拳头，带着愤怒和仇恨。丁果仙更为不解：怎么连这些小青年也如此仇恨我丁果仙呢？难道我真成了党和人民的敌人？有一回，一个戏校的学生对着年迈的丁果仙舞动拳脚，丁果仙心酸地看着这个十几岁的半大孩子："娃娃，我是你的丁老师呀！你怎么能忍心打一个手把手教过你艺术的老师呢？"

"你不是我的老师，你是牛鬼蛇神，是黑帮！"那个学生愤怒地吼着。"你过去教我们的全是放毒，我们要彻底批判你，要跟你划清界限！”

丁果仙困惑了。解放这些年来自己一个心眼跟着党走，培养了那么多艺术新苗，为何却落了这么个结果？……

没多久，丁果仙所受的迫害升级了。一天，烈日当头，省市文艺界造反派联合举行揪斗“黑帮”大游行。这些造反派们把丁果仙从家里揪出来，强行给她穿上戏装，拥到一辆大卡车上游街示众。

游行队伍走过了太原市的大街小巷，成千上万的群众跟在游行队伍后面。这些人是想趁此机会再看一看这位著名的晋剧表演艺术家。丁果仙那传奇般的人生与她精湛的丁派艺术，毕竟是深入人心的。

顶着7月的炎日，穿着厚厚的戏装，被押持在卡车上。六十来岁的老艺术家遭受着身体的折磨、人格的污辱，她大汗淋漓，力不可支。经过一天的游斗，回到单位又被关押到地下室。不久，丁果仙完全病倒了。

她躺在床上，忍受着肺病的折磨，思考着这场史无前例的“文化大革命”，回忆着她漫长的一生，等待着死神的降临。

丈夫任秀峰是丁果仙唯一的亲人，是在最困难的时候，唯一可以信赖，唯一能在她身边关怀她、照顾她的人。

看着妻子那憔悴无光的脸庞，骨瘦如柴的身躯，任秀峰满含热泪，心如刀绞，俩人数十年相依为命的难忘岁月又浮现在脑海中……

他们第一次相遇是1934年。当时，丁果仙栖身的戏班班主冀午斋刚刚去世，与冀午斋生前有隙的张老板等一帮商痞趁机找上门来滋事，别有用心地“邀请”丁果仙等姐妹为太谷商会唱一出堂戏。面对得罪不起的恶势力，为了让戏班姐妹躲过日后的不测，丁果仙说服了众姐妹，被迫去赴这个“鸿门宴”。

堂会上开了锣鼓，台下观众乱哄哄一片，张老板等人别有用心地两次点唱《芦花》，丁果仙和丁巧云唱完大汗淋漓，上气不接下气。谁知商会刘会长又三点《芦花》。面对这种把戏子当牛马的侮辱，一向忍气吞声的丁果仙忍无可忍，义正词严地怒斥道：“冀午斋生前身为税官，即便与诸位有仇有怨，也不该在我丁家姐妹身上发泄，合伙欺负我们柔弱女伶。今日既然你们暗藏祸心，我丁果仙就唱死在这里叫你们看个够！”

听了这话，台下鸦雀无声寂静了一会儿。少顷，人丛中又有人道：“既然丁老板愿意唱，就让她继续唱好了。”话音刚落，又有人起哄：“对，就让果子红继续唱！”

正当堂会前厅起乱之际，只见一个穿白色西服的青年站起来说：“敝人任秀峰，是晋阳日报社的记者。受贵县县长之邀，特来太谷采访，今晚顺便来看戏。丁老板乃晋剧界一代名流，我们不仅要看丁老板的艺术，更看重丁老板的人格。今夜堂会上连点两出《芦花》本已出格，若再继续点下去可就超出了演戏范围，其中说不定戏中有戏。本人首先带头反对，若诸位中有人不听劝告，一意孤行，敝人身为记者，有责任向公众揭露此等劣行！”闹事起哄的土商们被任秀峰的一席慷慨陈词唬住了。

堂会风波后，丁氏姐妹在太谷地界已难以立足，不得不向锦艺园的众弟兄辞行，登上开往太原的火车。车上，刚刚坐定的丁果仙惊喜地发现自己对面坐的，正是堂会上那个仗义执言的任秀峰，不禁喜出望外，拉起话来：

当任秀峰得知丁氏姐妹到太原准备租个旅馆，再做打算时，提议道：“如果二位老板不嫌弃，到太原后不妨先在我家安身，待你们有了着落再说如何？”

在任秀峰真诚与热情的邀请下，丁果仙姐妹到太原后，便住进了任秀峰那宁静典雅的家中。后经任记者牵线搭桥，丁果仙姐妹与梨园名流狮子黑乔国瑞老板联手组建了新华剧团，荟萃了不少艺界名伶。她们多次在太原开化寺新舞台献艺，演出盛况空前，观众踊跃观看。

荷叶含露，日久增情。一天，任秀峰邀请丁果仙进完夜宵，为丁果仙递上茶。他握住她的手，望着她那含情脉脉的眼睛，第一次吐露了自己的情怀：“果仙，你不觉得我多么爱你吗？你应当相信我是一个正派文人，我对你的爱是一片真情！”

作为名伶的丁果仙，不仅寻求到了幸福与爱情，而且在艺术上也找到了一个挚友和知音。任秀峰不仅在生活上关心她，而且在晋剧艺术上也常给她指点其不足，鼓励她博采梨园众家之长，补己之短。从此，丁果仙在晋剧艺术上师承前辈精华，不断创新锤炼艺术，终于跃上了新的境界和高峰。她把程式化的表演技艺与现实主义手法融为一体，在晋剧发展史上创立了一个崭新的流派。丁派艺术深深地吸引着广大观众，也孕育了一代又一代的艺术家。

俗话说，十年树木，百年树人。为了把晋剧发扬光大，步入中年之后的丁果仙十分注意对年轻一代的培养。50年代，当文艺界民主改革运动一结束，她就着手创办戏曲学校。

那时，新中国成立不久，国家经济还处在困难时期，为了早日实现自己的夙愿，丁果仙自己出资购买了一套房舍，献出了多少年积存的一副上好的戏箱和其他必用物品，招收了三十多个学员，成立了建国后山西省第一所戏曲学校——太原市戏校。她出任校长，并亲自执教。如今的晋剧台柱子马玉楼、刘汉银、武忠、阎慧贞、张鸣琴等，就是丁果仙当时的门生。

就在丁果仙身遭摧残的时候，人们没有忘记她这位为晋剧艺术不懈奋斗的艺术家。

一位热爱戏曲艺术的前省委领导在恢复工作后，专程到医院探望重病中的丁果仙，不禁一阵心酸，两眼湿润了：“老丁，要紧的是先把病治好，其他一切都不必去多想。要相信山西的广大群众热爱你，人民不会忘记你。”

丁果仙紧紧握住这位领导的手，神情异常平静地说道：“看来，我的身体确实不行了，活不了多久了。但请您转告组织，我丁果仙没有任何怨言，我对我的过去没有任何遗憾。我只有一句话，不知当讲不当讲……不应把我们祖宗留下来的戏曲艺术统统指责为毒草，那是我们民族的文化瑰宝啊！不能长期禁演，不能让戏曲艺术灭亡！”

1972年农历正月初二凌晨，正当人们沉浸在节日的欢乐之中时，丁果仙在山西医学院第二附属医院走完了人生的最后旅程，终年六十三岁。

一辆小平车将她的遗体拉回家里，大伙张罗着要给丁果仙做寿衣，任秀峰阻拦说：“就让她穿上1952年毛主席接见她时穿的那身衣服吧。”

后　记

1981年1月14日，在双塔寺烈士陵园，省城为丁果仙举行了隆重的骨灰安放仪式。与会的有：省委书记贾俊，省人大常委会副主任史纪言，副省长王中青，以及省委宣传部、省文联各协会的负责同志，省城各文艺团体代表和正在省城参加青年优秀演员评比演出的部分代表，包括丁果仙同志的家属近二百人。骨灰安放仪式由省剧协主席贾克主持。

省委宣传部副部长刘江致悼词时强调指出：“丁果仙同志是1972年被‘四人帮’迫害致死的。她前半生沉浮于旧社会的血泪艺海之中，后半生在党的教育培养下成长为一名杰出的人民艺术家。她博采众长，创造性地继承和发展了晋剧传统艺术，成为晋剧发展史上具有里程碑性质的丁派表演艺术的创始人。”

1992年12月，省城太原举行丁果仙诞辰八十五周年纪念演出活动。当年丁果仙的老搭档、弟子及一批晋剧后起之秀乔玉仙、牛桂英、刘宝俊、马玉楼、冀萍、刘汉银、温明轸、王爱爱、阎慧贞、武忠、张鸣琴等名角纷纷登台献艺，以表寸心。

1994年10月，由纪丁编剧，太原市实验晋剧团排演，反映丁果仙生平事迹的晋剧《丁果仙》在省城太原长风剧场上演，观众踊跃，票房告急。省委书记胡富国亲临观看。演出结束后，胡书记与编导和演员一一握手，亲切交谈，并挥毫写下条幅：“继承丁派艺术，发展晋剧事业。”

谷　峰　纪　丁

（原载《名人传记》1995年第6期）

一张老照片勾起的思念

偶翻影集，发现一张摄于五十年前的老照片，是名冠三晋的晋剧表演艺术大师丁果仙与我的合影。画面上丁老坐在小板凳上正神态自若地侃侃而谈，我坐在一旁宁神静气专心聆听。因为这是我第一次与丁老合影，心里很紧张，但又暗自庆幸。转眼五十多年过去了，没想到与丁老的这第一次合影，竟成了我俩的最后一次合影。望着照片上丁老可敬的身影，不由勾起了我对印象中丁老的许多思念。

我知道丁老是从“果子红”开始的。记得小时候，村里很多人都爱看戏。因为那时候农村文化娱乐活动很少，所以只要听说邻村唱戏，无论路有多远，男女老少总会忘掉一天的疲劳前去看热闹。看完戏后一些戏迷还会有模有样地学几句戏中名角唱的乱弹。后来我家的邻居不知什么时候弄来一台留声机，村里人却管它叫洋戏盒（匣）子，隔三岔五总要在院子里唱一阵子。不知道是他家爱听戏，还是就买了那几张戏曲唱片，反正每次播放总少不了戏曲。诸如毛毛旦的《捡柴》、果子红的《芦花》，就是放得最多的唱段。大人们爱听爱学，好奇的娃娃们也跟着瞎哼哼，当然我也不例外。至于毛毛旦、果子红是谁，我不知道，也没想去弄清楚。不过在玩耍时我总会有意无意地放开嗓子吼喊几句从唱片中学来的唱：“羞答答出门来将头低下，止不住泪珠儿点点如麻。”或者是“儿跪倒，哪呀哈哪咿呀哇……”，尽管唱得黄腔走调，却也乐在其中，每次唱罢心里总觉得美滋滋的。从那时起，毛毛旦、果子红就印在了我的脑子里。解放后，随着看戏机会的增多，我才知道“果子红”原来就是丁果仙。后来上大学了，不知什么原因我又鬼使神差地选择了戏剧专业，于是看戏几乎成了一门必修课。在我的记忆中，丁果仙的戏我看过《走山》《详状》《蝴蝶杯》《算粮》《捉放曹》以及新剧目《屈原》《红旗下的花朵》《丰收之后》等，至于拍成电影的《打金枝》，看的次数就更多了。在这些戏中，丁老无论装男还是扮女，个个演得活灵活现无可挑剔，说她刻画人物入木三分一点也不过分。看丁老的戏，我最大的感受是总会身不由己地被她扮演的人物牵着鼻子走，根本想不到你是在看她演戏。

记得上世纪50年代末，看丁老与郭凤英合演《详状》，两位表演艺术家凭着她们出众的才华，将一出只有两个人物上场，以念做工为重的戏，演得环环紧扣动人心脾，几乎达到了艺术的完美境界。剧中丁老扮家人姚达，郭凤英扮少主人徐继祖。当姚达觉察到状纸上的隐情随即显出异常的神态后，马上引起了徐继祖的疑惑，对他进行了再三追问。这时，心地善良的姚达不得不怀着惊恐的心情实话实说，战战兢兢地讲述起少主人的家世。这里有一段长达五六百字的道白，丁老说得绘声绘色缓急有致，很快就把观众带到了徐家那段为非作歹坑害良善的阴暗历史之中，并且顺理成章地知道了十六年前在大柳村大柳树下徐家收养了一个被遗弃的婴儿（即后来的徐继祖）。这段道白丁老说得干净利索声情并茂，观众顿时掌声雷动拍案叫绝。梨园界有句行话，叫作“千斤道白四两唱”，这段精彩的道白我觉得比一板优美的演唱毫不逊色，甚至有过之而无不及。为此，我打心眼里拜服丁老在念白上深厚的功力。这段往事虽然过去半个多世纪了，但现在想起来仍历历在目。这不正是丁老表演艺术魅力的最好证明吗！

我生亦晚，丁老的戏我看得不多，且时隔太久，多数精彩表演已记忆不准了，所以不敢侈谈她在艺术上的成就。但有一出戏至今难忘。那是1964年，山西省戏曲现代戏观摩演出在太原举行。已经离开舞台多年的丁老，竟然不顾体弱多病参加了省晋剧院新排的现代戏《丰收之后》的演出。她在剧中扮演的是一位五保户老人王奶奶，出场不多，台词很少，是剧中的次要角色。没想到她一出场整个剧场便沸腾了。当王奶奶接到党支书赵五婶（梁小云饰）从城里给她买来的鞋时，这位在旧社会饱经苦难的老人顿时激情难按，脱口唱出了“她五婶一番好意三冬暖，喜得我两行热泪洒胸前……”，短短的八句唱，句句声满气足情真意切催人泪下，赢得了观众一句一个“好”的强烈剧场效果。那个欢声雷动的热烈场面，实在难以言表。我知道，这里有“名家效应”的作用，但更是艺术家用精湛技艺、真情实感成功塑造人物的结果。看了那出戏，丁老在我心中的印象更深刻了。遗憾的是，自看了《丰收之后》，我就再也没有看到她在舞台上的身影。不过却意外得到了我与她老人家的一张使我终生难忘的合影。

那是1965年夏的一天，省戏曲学校表演二班的几位学生领我去丁老家玩。进了天地坛路北的一所四合院，我们见到了丁老。学生们向她介绍我：“这是我们的班主任李老师。”丁老笑着点了点头，好像第一次见到我似的。其实我认识丁老已两年多了。1962年我分配到省戏校工作不久，丁老也受命成了学校的校长，只是她不主持学校日常的工作。她虽然隔三岔五总要到学校转转，看看课堂和老师，有时也对须生组的学生做点业务上的指导，但其他事情很少过问。所以丁老并未留意过我，更不知道我是谁。不过我却认下了仰慕已久的丁老，觉得她不像我想象中的艺术家，也不像校长，倒像一位和蔼可亲的长者。这次去她家玩，是我第一次与丁老正面接触。学生们是她家的常客，几句话之后便各自活动去了，留下我坐在那里极不自然地品着丁老泡下的茶。丁老招呼罢学生，习惯性地整了整衣襟坐在我对面，和我进行了一段有趣的对话。

"你是甚时到咱学校的？"

"1962年。"我赶忙回答。

"我看你像个念书的人，好像也喜欢戏？"

"我上学时学的是戏剧专业。"没想到我这句平淡的回答引起了丁老的兴趣。

"好好好，生旦净末丑，狮子老虎狗，咱们戏剧行就缺你们这些有文化又懂戏的人。你看我，唱了大半辈子戏，就因大字不识几个吃尽了苦头，要是迟出生几十年就好了，说不定能和你一样多喝几瓶墨水，做个有文化的人。"她讲得很诚恳，使我深受感动。忙说："丁校长过奖了。我还得好好学习，特别是向你们这些前辈学习。"

"对，年轻人就得这样。可我们没啥好学的，除了在台上演几出戏，别的本事就没有了。"说到这里，她话题一转，问我："你师傅是谁？"

我说："是洛林。"

"洛林？哪个洛林？"她好奇地问我。

"就是咱们学校的洛林副校长，"

"哈哈！"她笑了："真是大水冲了龙王庙，一家人认不得一家人。我早就认识洛林，他能编会导很有学问，还给我讲过课、排过戏哩。"

我俩越说越近乎，丁老亲切质朴的话语使我轻松自然了许多。这时她突然对老伴说："秀峰，今天天气不赖，给我和李主任照张相吧。"听到"李主任"，我下意识地瞅了瞅周围，不知丁老说的是哪位。丁老很快看出了我的疑惑，笑着拉了我一把："走，咱们到院里照。"这时我才明白，丁老说的李主任是我。于是赶忙向她解释："丁校长，我是班主任，不是主任。"她看了我一眼，慢条斯理地说："怕甚哩，班主任也是主任嘛，有啥不一样。""不，不，不一样！"我还想再说点什么，早被她拉到了院里的花坛前。丁老见任秀峰先生已端着照相机在选择合适的拍摄点，便顺手找了两个小凳子放下，对我说："咱俩有缘，不站在这里照那呆板相。咱俩都坐下，相互交谈，照出来的相有神气。你看怎样？"这时我紧张的心情早放松了许多，一面赶忙点头称“是”，一面暗自庆幸能与丁老合影，心想说不定丁老还能讲些梨园界的趣闻轶事。说时迟那时快，我坐在小凳子上还在遐想，丁老便开讲了，用的是类似戏曲道白的语调：“咱们山西省昔阳县有座虎头山，山下有个大寨村，闻名全国。为啥闻名？因为村里有个好党支部……”这出乎意料的话头，让我一下蒙了。正在此时，只听得“咔嚓”一声，任秀峰先生按下了快门，我和丁老的“交谈”也就此结束。

说实话，当时我真有点不理解她老人家，为啥不拣她最熟悉的“戏”开讲，偏要讲大寨。直到今天翻看这张老照片我才恍然大悟：那年月正是“帝王将相”“才子佳人”被赶下戏剧舞台的时候，当时全国文艺界无不在“做革命人，演革命戏”，作为一名党员表演艺术家，丁老怎能落后呢？她这样做不正表明她紧跟时代脉搏与时俱进吗！我庆幸结识这位天才的表演艺术家，更为能与丁老合影自豪。望着这张退了色的老照片，我知道丁老离开我们已很久了，但留给我的却是不尽的思念。

李文虎

丁派艺术源远流长

山西省的地方戏曲丰富多彩，历史悠久。建国以来，在党的“双百方针”指引下，晋剧这枝古朴的艺术，萌发了新枝，果实累累。一个个特色鲜明，风味浓郁的艺术流派展现了各自的艺术风格，受到人民群众的赞赏。晋剧的音乐、唱腔、舞美等都有了很大的变化和发展。已故晋剧表演艺术家丁果仙就是以毕生精力，为晋剧事业做出卓越贡献的教育家、革新家。

丁果仙早在解放前就誉满三晋，堪称“晋剧大王”。她在五十多年的舞台实践中，以辛勤的劳动，塑造了众多不同年龄、不同身份、不同性格的艺术形象。在表演、唱腔、念白等方面，都有大胆的创造和革新，形成了行腔圆润，吐字传神，苍劲浑厚，刚柔兼备，又富有地方特色的丁派晋剧艺术。

丁果仙虽然过早地离开了我们，但有一批中年演员，曾受到丁老师的真传。丁果仙演出的《打金枝》《空城计》《卖画劈门》《蝴蝶杯》《芦花》《杀惜》《八件衣》《捉放曹》《详状》等一大批剧目，被后来人所继承和吸收，成为广大观众喜爱的优秀传统剧目。这批中青年演员年富力强，已成为广大观众所熟悉和爱戴的优秀演员。在庆祝建国三十五周年之际，我们编排了丁派艺术唱腔集锦，展播了丁果仙和她的弟子们演出的唱段。有马玉楼演唱的《八件衣》，刘汉银演唱的《算粮》，刘宝俊演唱的《教子》，武忠演唱的《卖画劈门》，阎慧贞演唱的《芦花》，白桂英演唱的《捉放曹》，张鸣琴演唱的《下河东》。丁果仙老师曾言传身教，为他们的表演和唱腔奠定了良好的基础。弟子们又在自己多年的舞台实践中，扬长避短，各显其能，各有所长。出落成广大戏曲爱好者所爱戴的一代名流。

还有一些年轻人，虽然他们没有直接受过丁果仙的施教，但他们不同程度地受过丁派弟子们的传授。不仅扎扎实实地排演了几出丁派剧目，而且受到过丁派艺术各方面的熏陶，像浑源县晋剧团的青年须生孙岚岚，曾受到刘宝俊、马玉楼的亲传，她演出的《空城计》，十分出色，丁派风韵浓郁，受到专家和广大晋剧观众的赞赏。阳曲县晋剧团的孙红丽，因为一开始就受到杨效璋的启蒙，又得到白桂英、阎慧贞等的再训练，进步很快。她演唱的《斩子》《空城计》深得人们喜爱。和顺晋剧团的青年须生王二庆，他把电台播出的“丁果仙唱腔欣赏”节目录了音，反复听，逐句练，并得到马玉楼的悉心指点，使他演出的《杀惜》，酷似乃师，深得观众青睐。这些青年演员在继承和学习丁派艺术上取得了较为突出的成绩，因而也成为丁派艺术的后继者。

还有的同志虽然在舞台上没多演戏，但在晋剧艺术教学上一直追随丁派艺术。像阳曲县戏校的杨效璋，晋中戏校的董有礼，他们都在潜心研究丁派剧目，使自己的教学很见丁派风韵。他们为丁派艺术的传播和繁衍都做出了自己的贡献。

太原实验晋剧团的白桂英，她的养母丁艳霞，是丁果仙的早期徒弟，专攻小生，因而白桂英也是初学小生。白桂英后随师奶丁果仙学须生，她们朝夕相处，得到了丁师奶的真传实教，自然也是丁派门生。

流派不是自封的。它是演员在艰苦卓绝的艺术实践中，经过创造性的劳动，演出一批有统一风格的优秀剧目，形成了自己的艺术个性和艺术特色，并得到广大群众的承认，从而在本剧种中广为流传，竞相学演，这样就形成了自己的流派。但是追随这一艺术流派的演员，不能单纯地模仿或刻板式地重复，仿制品不成其为艺术。不管他们的演出有多少改动和突破，但只要剧目的路子，创作指导思想，艺术风格，还保留丁派风韵，就应该承认是对这一艺术流派的丰富。作为某个演员，也许没有达到或超过老师本人的艺术造诣，但他们根据自身条件，或在唱腔上做了某些改动，或在表演上有所发挥，如武忠的《跑城》就是向蒲剧表演艺术家阎逢春学习演出的，既丰富了晋剧剧目，也丰富了丁派艺术。丁果仙创立的丁派艺术，在晋剧发展史上开辟了崭新途径，写下了辉煌的一页，产生了深远的影响，但从艺术总体上讲不应把丁派艺术视为晋剧须生的顶峰。更不是一点也碰不得、动不得的死规定。只有一辈接一辈人的努力和追求，在继承的基础上改进，在艺术实践中，勇于出新，勇于突破，才是艺术发展的必然规律，才是对丁派艺术的完善、补充和发展。丁派弟子们在他们的艺术实践中，仍在不断探索，不断改革和出新，对丁派艺术做出他们各自的贡献。使丁派艺术得以前进，源远流长。

我们真诚希望出现更多的“丁门”弟子。

李春芳

（原载《梨园新谱》）

魂牵梦绕“果子红”

——十看

一看《空城计》

小时候，常听爷爷说他在祁县城看果子红唱《芦花》《八件衣》。那激情奔放、扣人心弦、一板一眼的演唱，真像大热天吃西瓜——美煞啦！

然而，听说归听说，毕竟没有亲眼看过果子红唱戏，实在深感遗憾。转眼间，我长到十三岁，离开原籍老家来到太原一家鞋店当学徒。掌柜姓陈，河北束鹿人。据内掌柜讲，陈家和果子红的养祖父丁凤章有交往，因为老乡关系逢时逢节还相互馈赠礼品。

1945年的一天，吃过晚饭，我奉命领上掌柜的女儿小娣去她二姨家。冬天的夜幕，早早降临下来！满街黑乎乎，只有道路两旁的路灯还忽闪忽闪地亮着。我领着小娣到她二姨家办完事正要往回走时，听见对面戏院里传来悠扬的琴声和清脆的鼓板击打声。再一看，戏院对面南墙上醒目地贴着十四个大字：须生大王丁果仙今晚主演《空城计》。

这丁果仙是谁？是不是果子红呢？我猜不准。急忙问一个过路的老伯，我说：“大爷，这丁果仙是不是果子红呢？”“是，没错！丁果仙就是果子红，果子红就是丁果仙。”

“好！”我高兴地拍了拍手。对小娣说：

“小娣，你看过戏没有？”

“看过！”

“好看不？”

“好看，舞刀的耍枪的，红脸的白脸的，可有意思哩！”

“现在你想不想看戏？”

“不行！”小娣摇着头说：“看戏要买票，可咱俩没有钱呀！”

我说：“咱不买票，给戏院门口检票的叔叔说说好话，求他们放咱俩进去！”

“人家放吗？”小娣犹豫着。

“试试看！”

“对！咱试试看！”

于是我俩小孩，一个十三岁，一个八岁，平生第一次拉下脸来求人。我拉着小娣走向戏院，对门口检票的两个大汉说：“叔叔，俺俩想看看戏，但是没钱买票，叔叔行行好，放俺俩进去看看果子红。哪怕瞅一眼人听一句唱也行！”大个子检票人木然地站在那里没吭一声。小个子检票人却摆着手，横眉瞪眼地说：“不行！不行！小孩家看什么戏！走走走，离大门远点！”

当时已经晚上10点多，离散戏的时间不远了。我俩仍傻乎乎地立在戏院门口，在寒风中忍受着刺骨冷冻的折磨。又过了几分钟，只见那大个子检票人向小个子递个眼色示意道：“给他俩放行吧！怪可怜的，让他们看看尾巴戏！”“行！”小个子点点头朝我俩吆喝：“大哥说话了，进去吧！就站在最后一排看，不许乱跑动，不许高声说话！”

“记住了，记住了！”我俩高兴得眼泪快要跳出来了。走进剧场一看，这儿阔气极了！宽宽的、高高的，楼上楼下坐的满是人，有卖香烟瓜子的、有提着水壶为观众沏茶倒水的。往台上看：一个穿八卦衣，摇着羽毛扇的人在城楼上唱：“来米米，吃杯酒，司马懿，你听我给你抚抚琴音……”我一听，就乐得跳起来给小娣说：“看到了！看到了！我们看到果子红了！”小娣小，她才不管果子红不果子红，只是说：“别嚷了，听人家唱吧！”

又过了几分钟，戏唱完了。人们拥挤着往外走，我原地不动，好像还沉浸在果子红的唱腔中。小娣推了我一把说：“愣啥哩！人家不唱了，快回吧！”我缓过神儿，一边往外走一边说：“唉！冻了一个多时辰，进来还没看清楚果子红是啥模样儿……”

二看《蝴蝶杯》

1946年岁末，又一次看果子红唱戏的机会来了。

这天早晨店铺刚一开门，就进来三个穿着讲究的人。一个胖子穿着紫色长袍，留着背头，看来像个头头。另两个都穿着黄皮军衣，腰里还挎着手枪，像是跟从的狗腿子。

我一见来人不一般，便主动上前打招呼道："先生你们要买皮鞋吗？尺码多大？要紫色的还是黑色的？"胖子摆摆手："不买鞋，找你们掌柜有事！"我向后院喊了一声，陈掌柜走到前柜，笑脸相迎问："三位先生有啥事？"胖子拉了把椅子一坐，然后问："你是掌柜？"

"是，本人姓陈，这里的掌柜！"

"那好，陈掌柜。本弟兄们奉上司指令来这里给你说。省城要慰问伤残军人，决定搞四天义务会演，所有收入都补贴伤残军人。现分配你店三张义务戏票，每张六块大洋，三张十八块请拿钱吧！"陈掌柜接着票，退后两步说："现在买卖不景气，留下一张行吗？"一个瘦高个子的拍着柜台说："三张还多？隔壁同兴药房分配给他们五张，你若不要，那我们就走！"

不等陈掌柜分辩，那胖子就哼了一声，放大嗓门吼着："不要我们走！你这店就等着挨砸吧！"另一个瘦子接上话说："陈掌柜你到底是要不要？"掌柜寻思半天，唉了一声说："行！那就都留下。钱家里不够，我先到邻居朋友那里借些……"不一会掌柜拿着十几块大洋回来了，打发那几个凶神恶棍走了！我问掌柜："啥义务戏票，每张就要六块大洋，这真是……"陈掌柜扔给我三张票说："看吧，上面写着，今晚果子红在新化戏院主演《蝴蝶杯》。"我瞅了一眼后，劝掌柜说："别生气了，晚上和内掌柜、小娣去看吧，顺便散散心！"

掌柜无奈地苦笑着说："这不叫买票看戏，这叫要咱小本生意人的命！况且，山西梆子吱吱呀呀我这个河北人又听不懂。晚上，你们三人去，我在柜上守着！"一听他不去，我打心里高兴！上次鸣盛楼（二院）看《空城计》没看好，这次新化戏院看《蝴蝶杯》，可要早点去，从头到尾看个够，美美地过把戏瘾。

那天晚上我兴奋得连饭都不想吃！两只眼直看墙上的挂钟，心想：今天你咋就这么走得慢呢？八点开戏，七点半我们就坐进了新化戏院。一阵锣鼓声之后，戏开演了！最后一出大戏才是果子红主唱的《蝴蝶杯》。果子红一出场，顿时把我惊呆了！呀，台上的灯光为啥那么亮？亮得有点让人直乍眼！呀，打板拉胡胡的也换人了，这是咋的？演员出来穿的戏装，也一件比一件新。奇怪的是，入场门还专门站个端水壶的人，他是干嘛的呀？后来才清楚，那是专为果子红喝水安排的。

哎呀！果子红唱戏就这么"牛"，连喝水都有专人伺候。说起果子红唱戏唱得好，那真是万里挑一难啊！嗓子是嗓子，做派是做派，怒是怒，喜是喜，哪方面也无人可比。我当时想：怪不得果子红唱戏看的人多，不怕不识货，就怕货比货。小时在老家我也看过别人唱《蝴蝶杯》，同样一个人物江夏县，别人演就提不起精神来，而果子红演的江夏县从出场到戏终，只要果子红在台上，台下观众就不一样。

时而静寂无声，时而掌声雷动。

在看这出戏时，我才十四岁，对剧情、对人物、对果子红表演的特点，我真说不出门门道道，但我就认个死理儿，观众爱看爱听就是好戏。每当江夏县唱：“卢公子打死卖鱼汉，与你奴才何相干？”还有：“开言叫骂田玉川，”一连七八个你……，真让人回味无穷！那天一出《蝴蝶杯》，我数了数，观众为果子红鼓掌达十次之多。

当年一出《蝴蝶杯》，记在脑里永不退。不是看戏人太痴迷，是戏把人给陶醉……当然了，这出戏演得好，也不能光夸果子红一个人。其他演员如冀美莲、梁小云、任玉玲、狮子黑、梁文仁等也都很出彩！

三看《胡迪骂阎》

1947年夏的一天，戏班老朋友鼓师王庆魁在街上碰上我说：“果子红晚上在南仓巷戏院演出《胡迪骂阎》，我有票去看不？”我一听高兴极了！便说：“果子红唱还能不去？去！”

从王庆魁手里取上票，回到柜上给掌柜打了个招呼，晚上去看戏了。南仓巷戏院位于按司街、钟楼街南端；路西有清真饭店“清和元”；东边有开化市商业区及新化戏院。南仓巷戏院常年演晋剧，主要演员有：筱桂琴、武蕙仙、刘致和、李瑞珍、刘仙玲、工柱燕、王桂仙等。看家戏是《凤仪亭》《狐狸缘》。

那天的戏码，一是《狐狸缘》，二是《胡迪骂阎》。《狐狸缘》带点神化色彩，几个姑姑连环登台出彩，在嬉笑中不知不觉就结束了。挨到果子红登台时和往常一样，灯光特别明亮，鼓师、琴师主要演奏员一律换班。不同的是，以往看果子红唱总是笑声明朗，满脸喜悦。而今天看果子红唱则是满怀忧虑，烦心不断。

《胡迪骂阎》是一出唱功戏。她要把一腔怒火、世道的不公，通过骂阎一股脑儿地发泄出来。谁知戏刚唱了一半，台上果子红就声调突变，沙哑得再也唱不下去了。只见她掩面而泣，在向后台直摇手。后台承事见状，慌忙走向前台朝观众打躬说：“诸位谅解！诸位谅解！丁老板有头晕症，回后台喝几口水稍息片刻，即可再登台接着唱！”

说明病情后，台下的观众很谅解，也就不再喝倒彩吐槽骂脏话了。果然，三五分钟后，丁老板又登台了！她那声腔既亮丽又清脆，和过去是一模一样！台下观众顿时又活跃起来，“好！好！”的叫好声一波接一波！可观众万万没想到的事又发生了，丁老板一句一句唱得正起劲，台下左边突然站起两个军人，大声喊着：“骂什么阎王？分明是借古讽今，辱骂我们阎长官！”

这下捅娄子了，剧场顿时大乱！丁老板此时再也不敢往下唱了，戏班承事急喊：“文武场乐器停下来，换戏！换戏！”这时，果子红很迷茫，很不解地对台下观众说：“抱歉，抱歉！这事我承担！我承担！”然后她深深地给观众鞠了三躬，补唱了一出《坐楼杀惜》，她扮演宋江，王桂燕扮演阎惜姣。不管咋吧，坐楼杀惜总还算好，没杀出什么大乱子来。那天看果子红唱《胡迪骂阎》真是惊出一身冷汗！为什么唱的唱的就唱不下去了？为什么唱的唱的就有人站出来打闷棍……

事后，我和老朋友王庆魁说起果子红停唱及戏中有人打闷棍指责时，他说：“这些事不奇怪，是你不知底细，知了底细，你就习以为常不惊讶了。”他说：“果子红那两年唱戏，全凭抽大烟支撑，一天不抽不行，抽少了也不行，所以嗓子哑停唱那是发瘾了！回后台抽几口，精气神儿立马就复原了。”我听后一惊！我说：“果子红成名人了，不抽不行吗？”他说：“唱戏的越是名角儿越抽大烟，不敢说百分之百的都抽，但至少也有一半在抽大烟吸毒品。”我又问王庆魁：“果子红唱《胡迪骂阎》为什么还有人喊说是借古讽今骂阎长官？”他说：“那是有人神经过敏瞎操心。戏文本是阎王胡作为惹恼胡迪，奸臣秦桧害死忠臣岳飞不惩治，而是光惩治平民百姓！于是在明末清初产生了《胡迪骂阎》一剧。借此，抒发人民群众对世道的不满！”

四看《小女婿》

解放了，天亮了！老百姓都笑了！街上锣鼓咚咚敲，满城天空彩旗飘！

1949年4月25日太原解放后的第二天，两个穿军装的解放军进入天地坛二巷果子红家。问寒问暖，左一个向老艺人问好，右一个向丁老师学习，使果子红紧张的心情逐渐缓解，脸上开始露出了笑容。

随着一个庆祝太原解放的大型演出活动，在杏花岭体育场隆重举行！此时，从旧社会走过来的艺人果子红，第一次应邀参加为工农兵大众十万人演出。她是多么开眼界，多么的自豪！

通过上述两件事，果子红心中逐渐温暖起来，她感到：解放后新政府爱护艺人，一点儿也不低看唱戏的！随后她组建新新剧团，捎书传信把老搭档牛桂英从北京请回来。

解放初，排演现代戏蔚然成风。南仓巷戏院最早上演《血泪仇》《刘胡兰》

《小二黑结婚》。其他戏院、剧团也坐不住了，争着找剧本，找导演排新戏唱新曲。这时候，果子红和牛桂英及导演们正商量排新戏《小女婿》。

牛说："《小女婿》是个青衣小旦戏，排它唱须生的人就难挑大梁。"

丁说："我不上，打点杂活有点事做就行。"

牛说："团长、果子红没个角色演成何体统！"

丁说："你把香草演好就行，宣传婚姻法，政治上我们不落后就好！"

议来议去，还是该剧当导演的几个人有主意，让老丁团长演陈快腿！陈快腿是个啥角色？她是油腔滑调，两腿不闲的农村说媒人。这时有人担心，老丁女演男扮须生惯了，会不会举手抬脚演出来不像"陈快腿"哩！

果子红就是果子红，她向领导、导演保证说："我是女的还能学会演男人，难道女的扮女的就演不好媒婆陈快腿？"从此，老丁把观察生活这一招搬出来！马路上、百货店、公园里到处学着三十多岁妇女走动的姿态。全团奋斗一个月后，《小女婿》正式在和平剧院上演了，一炮打响，连演一月有余，场场爆满。

那时候我正在印刷厂当装订工，周围都是女同志，她们喊着叫着要我为她们买票，看牛桂英演香草，看果子红演陈快腿。最后，由我推荐厂里出钱，包了一场《小女婿》，全厂一千二百人都看了一次《小女婿》。观看后他们说："牛桂英漂亮唱得好，嗓音缠绵甜美；果子红老道精怪，把陈快腿演得活灵活现！在戏院看果子红演媒婆，没别的，就是个捂着肚子笑！"

从此，果子红演现代戏开了先河，以后她还演了《丰收之后》的五保户王奶奶，唱词不多八句词，却引来掌声连连！人们问果子红，你演陈快腿、王奶奶为什么会演得那么像？她说："只有小人物，没有小角色，只要你忠于生活，观察生活，小角色同样也能演得有灵气有彩头！"丁团长、丁老师、果子红、一代名流。于1972年农历正月初二病故，此时她才六十三岁！

但千千万万的观众没有忘记她，是她带给广大观众无限的快乐，留下了精湛的晋剧艺术表演；是她为晋剧树起了一座丰碑，昭示着未来！使晋剧艺术的发展永不停步！

五看《法门寺》

1956年秋的一个晚上，在和平剧院门口有一个叫玉兰的姑娘，手里捏着几元零钱，焦急地在喊："谁退票，谁退票？"半天也没有人回应。之后，那姑娘不停地自言自语："好憋气，今晚果子红唱的《法门寺》看不成了！"

这时，我拿着票，急速向剧院门口走去。那姑娘瞅了我一眼说：“小哥，你有剩余票没有？我实在想看果子红唱的《法门寺》……”我把手中的票一晃说：“没有！我就买到这一张。”那姑娘跨前一步，凑近我说：“戏快开了，小哥你行行好，把票让给我吧！我从孝义来就是为了看果子红。”

左一个小哥，右一个小哥，再加上她是从远地孝义来，我一时很纠结，想了想，把票还是让给她好。因为咱住太原，看果子红演出的机会多。她呢，从孝义来一趟太原很不容易。就这样，我把票让给了她。我呢，呆呆地立在剧院门口张望，心想，或许还有人来退票。

没过几分钟，剧院门口出现了一个五十多岁的老头，他走近我说：“戏唱开了，还不进去？等人吗？”我摇了摇头说：“不等人，是没有票。想看也看不成了！”那老头说：“是没有买到票吧？”我把让票的事儿说了一遍，老头拍着我的肩膀笑道：“好人到处有，好人到处有！”不一会，那老头手捏一张戏票向我跑来：“快进去！快进去！帽儿戏刚开，这票就是座位不好。”我拿着票还没付钱，那老头就又跑进剧场了。我急喊：“给钱，给钱……”

后来听剧场门口检票人说，那老头不是别人，正是这剧院的王经理。

进入剧场找见座位，在楼下左边28排32号。我刚坐下，一张熟悉的面孔就从我眼前穿过。定神一看，她不就是门口等退票的孝义姑娘吗？她也许没有看到我，所以才匆匆忙忙闪过。帽儿戏《七星庙》唱完了，我正准备离开座位去卫生间。突然那姑娘又出现在我眼前，她微微一笑说：“小哥，刚才我去厕所就看见你在这里，我没惊动你怕影响你看戏，现在剧场休息，我来和你换座位。”

“换啥座位？”我刚出口，她又开口了：“你让给我的票是前面8排12号，坐在哪里看得清听得真，可你坐在这里太委屈！”我说：“年轻人视力好耳不聋，坐在哪里都一样。”她不听我说，一股劲儿在说：“你快到前面坐去吧！压轴戏《法门寺》快开了！”我再三解释不去的理由，而她就不听，直急得“咚”一下，坐在我的怀里眼里浸着泪花。

无奈之下，我双手推开姑娘向前面8排12号走去。瞬间，果子红主演的大戏《法门寺》开演了！观众情绪激昂，直视台上演员！随着剧情的推移，观众看到了一个真正晋剧须生大王。她的一个眼神，她的一个手势，她的一个台步，她的一句念白，她的一句唱腔，都表现得淋漓尽致震撼人心！多次赢得台下观众雷鸣般的掌声。

戏散了，我在拥挤中走出剧场。正要推上自行车走时，发现那孝义姑娘又紧紧跟随在我身后。她问我：“小哥，你家住哪里？往哪个方向去？”我说：“我没有家，在工厂集体宿舍住。往大北门方向走！”她笑了：“好！那我们就相跟着走吧！”我说：“上车吧！我把你捎上！”她摇摇头：“不用骑车了，咱们慢慢走，路上说说戏文。”

就这样，我俩结伴一路前行。从《法门寺》戏文一直谈到果子红的表演。又谈到她考上十中在太原上学。最后她还向我要了住址的门牌号码。在月光的映照下，我俩轻盈漫步，随着北去的方向，我把她送回她姐姐家。临别时，她向我招招手说：“记住，我住的地方是上肖墙18号，我叫尚玉兰。”从此，我俩就交上了朋友。一来二往不觉两年过去了。她高中毕业进工厂上了班。我呢，因爱好写作，从车间调到工会搞宣传工作。

1958年3月6日，正逢假日我俩结婚了！在结婚仪式上，工友众多、亲朋满座！孝义姑娘尚玉兰以清脆的嗓音，学着果子红的唱腔，来了一段《法门寺》清唱：“郿鄔县在马上心神不定……”这一唱震惊了众位来宾！他们都说我张某有眼力，通过看戏，找了位好媳妇。既精干潇洒又会唱戏！这真是：

戏迷找戏迷，生活多乐趣！
快乐度终生，富贵也难比！

六看《火烧绵山》

奶奶最后一次在太原看戏，那是1959年的春天吧！记得早晨起床她对我说：“孙儿，奶奶我不住了。两三天后我要回老家文水。住你们这儿挺不自由，不如村里眼宽。”奶奶所说的眼宽，是指接触人的多少。

之后，我问奶奶还想做些甚，买些甚？她想了想说：“吃的喝的穿的都不用了，最想做的一件事，就是想看果子红唱戏。”一听她要看果子红唱戏，我就发愣了！戏是能看，单要看果子红唱，那就难啊！因为果子红不是一般演员，她身为晋剧一团团长工作特忙，再加上年岁大，偶尔登台演戏，票也是很难买。

我说：“奶奶，果子红不天天唱，咱要多等几天，也许明天或是后天。”奶奶说：“等就等几天，反正回家之前要看看果子红。”看来她打定主意了！看不上果子红定是不回家。于是我那两天，办的第一件事就是跑和平剧院，打听果子红登台不登台。说来运气还好，和平剧院门口戏牌上大字写着：近期本院由丁果仙主演《火烧绵山》，只演两场请注意售票时间。戏牌上同时还写明，不售团体票，只满足零散观众。我一看，就知道票难买，等到卖票的那天，还不把卖票口挤爆！

从剧院回来，我给奶奶讲了果子红要唱《火烧绵山》时，奶奶兴奋极了，她坐在床上拍着膝盖，喃喃地说：“《火烧绵山》是好戏！好戏！”说完好戏后，她又给我说先不回家了，等多少天，也要看果子红唱《火烧绵山》！否则就继续在太原住下去！奶奶的渴望，奶奶的决心，使我很茫然！我问她：“奶奶，你一听果子红唱《火烧绵山》就特别激动，你了解剧情吗？”她说，年轻时她和爷爷坐马车去过介休绵山，听那里的老乡说过火烧绵山的故事。说到这里，她想了想又说：“是什么介子推背着老母跑，后边官兵追赶抓他们抓不到，就点燃森林逼他们出来！”说到这里我又问：“后来抓到了没有？”奶奶说：“没抓到，母子二人都被烧死了！”

看看，奶奶懂的故事真不少，连介子推割股炖汤救主，后拒封，遭晋文公重耳火烧绵山的历史她也能说上一二。就这一点，奶奶比我们知识广多了。是我们年轻人学习的榜样！我夸了几句奶奶后，她催着我说：“多跑几趟戏院，别误了买票。”为了不误奶奶看戏，我一连三天跑和平剧院。结果总还算好，甲票买不到，只买到了两张楼上的乙票。

这天晚上七点半，和平剧院门口人山人海！人们都吆喊着买退票，可见这一张戏票多珍贵！我扶着奶奶一步一挪地走进剧场。奶奶仰起头四周看了看说：“和平剧院好，这里尽唱果子红的戏！连这一次，我已经在这儿看过三次果子红的戏了！”

《火烧绵山》这出戏，就连果子红也不常演。因为这戏唱做并重，对演员要求太高了！从出场到戏终两个小时，扮介子推的老生演员很少休息。出来进去，进去出来，负担着超常的重压！我1945年到太原至今有十四五年了，果子红在太原唱《火烧绵山》还是头一回！据史料记载：抗日战争时期，她在口外呼和浩特、张家口等地演过几场，以后就再也没演出过。

“咣、咣、咣”几声锣响，《火烧绵山》正式拉开帷幕了！奶奶个子矮，看得有点吃力，就唠叨：“这么低的座位，人还得站着看。”我急中生计，把怕冷带的两件棉衣给她塞在屁股下，她高兴了，连说：“这就好！这就好！垫高就看清了！”那天晚上奶奶看得很专注，两眼盯在台上，两耳听着演员唱，一句戏词、一个动作都不放过，看后她总在唠叨着：“果子红五十岁的人了，还唱得这么卖力！果子红就是果子红。”

《火烧绵山》的演出进入“高潮”，只见幕布的影片上，森林在熊熊燃烧！在漫延！在逼近介子推母子！在生死千钧一发之际，介子推身背老母，沉重地挪动想着逃离火场！在观众睁大眼睛看着大火时，焦急的介子推背母一个“虎跳翻滚”，把观众惊呆了！台上会不会出事？演员没有损伤吧？再下来，介子推急扶起倒下的老母，他俩挣扎着前行！这时台下所有观众，都发出尖叫声：好！好！好！

奶奶这时也坐不住了。她用一双带茧的老手，使劲拍！使劲拍！她用沙哑的声音喊出：“果子红！果子红！你演的《火烧绵山》真好！把我这个老婆子也感动得哭了！”

以后的多少年，我就再也没见过果子红唱《火烧绵山》！说起那次的“虎跳翻滚”，著名晋剧须生演员白桂英老师说：“那次丁老师不是做的规定动作，是她临场救急采取的措施。实际是：她背着南玉英老师急奔逃命，南老师一斜身闪落在地！怎么扶起老母呢？丁老师急中生计，随着来了个‘虎跳翻滚’，这样既救场，也显示了儿子护母的孝心！”

这出《火烧绵山》是千古绝唱！是晋剧史上的一座丰碑！因为我从我奶奶的眼神里看到，看到果子红神奇的演出，看到晋剧须生大王超强的魅力！

七看《芦花》

继母没来过太原，玉兰生下大儿子过满月时她来了。沉甸甸提着一篮子鸡蛋，还给刚满月的小孙孙缝制了一身娃娃衣。进门见媳妇便说：“玉兰啦！妈早想来看你，可赶上收秋，庄稼活儿多离不开身！所以你住院生娃的时候妈没来。唉！真对不起……”

玉兰把儿子递给她说：“快让奶奶抱抱，她专门跑来看你的。”继母接过娃亲了一口说：“张家有后了！这又是一辈人。”继母这次来太原住了五天。我领着她去了趟动物园。还逛了逛开化市、钟楼街。

第三天她开口了：“大儿，我来太原有三天啦！听你说玉兰产假期满，娃娃已经安排下人看！那我就要回去了。”我说：“老妈，你着急甚？多住几天，再跑跑、再看看。”她说：“大城市就这样，楼高、道宽、电灯亮。其他和农村差不了什么！”

继母一定要回，我就不再挽留了。可她临回家的前一天，悄悄咬着耳朵对我说：“大儿，妈听你奶奶说，果子红唱戏唱得实在好，妈也真想看一次。”继母从来没向我提出过什么要求。看场果子红的戏还能拒绝吗？于是我说：“老妈，这戏我一定领你去看！”随后，我请了半天假，在和平剧院排队买了两张票。

戏票买到手了。戏是丁果仙主演的《四进士》。奇怪的是晚上我领着老妈走到剧院看戏时，戏码变了，由《四进士》改演《芦花》。这下我愣住了，哪有前房儿子领着继母看《芦花》这一说？然后我对老妈说："妈，今天这戏咱不看了，以后再说吧！"

老妈她瞅了瞅我，轻声地问："咋不看啦？你不舒服？还是有要紧事？"我很不爽快说："买的票是唱《四进士》，可人家改演《芦花》了。您说咱能看吗？"老妈一笑说："哎！你这脑袋瓜比我还死板，管它什么戏码，只要是果子红唱咱就看！"我又说："戏是《芦花》！那是专门指责后继母李氏偏心眼儿的！"

老妈嘿嘿笑了。她指了指我说："你这参加了工作的人，比我这农村妇女还不开窍！李氏是李氏，我是我，她作孽坑害前房儿子，我坑害过你吗？"我急回应："妈您多心了，您……没有！""没有就好。那咱就进去看戏吧！人常说，不做亏心事，哪怕半夜鬼叫门！"无奈，只好领着老妈走进剧场。帽子戏是《游花园》，接场戏是《调寇》，压轴戏才是丁果仙唱《芦花》。看前两出戏时，老妈看得很轻松。

挨到丁果仙唱《芦花》时，老妈的神情一下子变了，变得脸部一点点笑容也不见了。两眼睁着直盯台上果子红。嘴里还不停地叨叨着。我见这架势不对。心想，她是不是对戏里闵德仁写休书，怒斥李氏听得不顺耳？我灵机一动，得赶快把她的情绪扭过来，要不还有更难听的！我凑近她说："老妈，您累了吧，我给您买瓶汽水喝，到休息室歇歇。"她好像没听到，相反，脸色变得更严峻；我寻思，这出《芦花》可看砸啦！老妈一定特生气。怕出现的问题终于出现了！台上闵子骞凄惨悲切地跪着唱道："宁叫母在一子寒，不叫母去三子单……"

这时候，《芦花》这出悲剧推向了高潮。台上含泪仰面，台下观众眼泪簌簌。紧接着闵德仁怒斥李氏唱道："儿子不孝你害儿方才有可，儿孝道你害儿于理何容？"唱到这儿，老妈朝台上站立的李氏骂了一句"活该！"然后扭头对我说："大儿，这戏咱……咱不看啦！走，回家去！"我问："老妈，戏还没演完呀？""没完也不看了！李氏做人的良心叫狗吃啦……"

出了剧场回到家，老妈躺在床上，一连问了我三次："大儿，你说实话，妈自从进到张家对你好不好？"这突然的发问，使我真有点难招架！我说："妈，您别在意今天的事儿，戏是人编的，那是假的！""不！我问啥你答啥，我是不是李氏那样的人？"

我媳妇在一旁插话："妈，我替您大儿回答吧！您虽然是个继母，可比亲妈还亲前房儿子。您想，如果您是《芦花》里的李氏，对他不好！他能写信叫你来看小孙孙吗？但有一点，今天实在不该领您去看《芦花》……"

我急忙应道："是！戏今天看得实在不开心！都怨我……"老妈嘿嘿地笑了！她说："不怨你！今天这出《芦花》不但唱得好，戏文更好！李氏是妈的一面镜子！照了照，看妈脸上有没有黑……"

八看《打金枝》

1959年的国庆节，我们家来了一位陌生的亲人。说他陌生，是十多年我们两家不来往。说是亲人，他是老爸的五弟，我们的五叔。五叔为啥和我们家不来往？没什么大事，就是因为我爸多占了两亩地，多住了一间房。

中午，我刚端起碗来吃饭，一个陌生人推门进来了。他往地下一站便说："侄儿，我收拾了一下，准备回老家，临走来看你一下。认我，咱就说说话。不认，我扭头就走！"

我一看是五叔，就急忙打招呼说："叔父登门我怎能不认？"接着我就吩咐玉兰沏茶做饭。五叔坐下缓了缓气，他说："咱父子俩可没红过脸吧？"我说："没有，这中间咱俩还有过深交！"

1945年秋，家乡文峪河咆哮发怒，一夜洗刷了十几个村，大片成熟的庄稼被淹，眼看到口的米粮被夺走，农民无奈只能哭天吼地饿肚子。

记得那年十月间，五叔带我上太原，路上走了整整两天。太原活牛市有一家铜铺，五叔和铜铺掌柜是乡友。他说："友兰兄，我又给你添麻烦了！给我侄儿找个事做吧！村里水淹生活没指望。"经友兰叔联系，我到了桥头街一家鞋店学徒。还有一次是1946年春，店里生意不景气，掌柜紧缩开支，徒工们受到饥饿的威胁！一日，有一师兄喊我："小张快看去，门口有个卖水果的汉子给你送来五个饼子！"我一看是五叔，顿时，眼泪夺眶而出："天呀！我可看见一个亲人啦！"

五叔坐下，他一边吃饭一边给我唠叨。他说："今天我来，一是想告诉你，我要回文水种地参加农业社，以后再不出外当游商卖水果了。二是听说你结婚了，想见见侄儿媳妇，了个心愿。"说罢，他从身上掏出五元钱，交给玉兰说钱不多，这是一点心意！随后他就要走。我急拦住说："五叔，你不能走，在我这里住一夜，明天走行吗？"五叔说："你这一间小屋哪能住得下？"我说："地下临时支个铺能睡下！"他不走了！洗了洗手脸，然后说："住就住下，时间还早才七点，咱父子俩看场电影去！"

五叔是个热闹人，红红火火过了半辈子多，村里的庄稼活儿他经营不了，就会推着小车卖水果、花生、红枣一类的吃食。不过他最乐于做的事，就是闹票儿唱戏。为此，爷爷常训斥他："唱戏看戏都行！可不能地不种家不管。就知道嘻嘻哈哈混日子！"

趁着夜色，我俩往电影院走去，一路上他喜笑颜开。他说："人活一辈子咋过也行。哭也行，乐也行，一年三百六十天，安安全全打发过去就好！但有一条要记住，就是不能抢人偷人干些没皮没脸的事！"说话间电影院到了，一看广告牌写着：今晚八点上映晋剧《打金枝》。五叔这时分外高兴！他拉我一把说"看来我们运气正好，今晚又能听听果子红、牛桂英唱了！"随着他哼起来了："为王我打坐在龙位里，是谁在殿角喊冤屈……"

我拉了一下他的衣襟说："五叔，回家再唱吧！电影院不让高声喧哗！"他不听，唱了唐代宗的戏词，又唱沈后的戏词！当时弄得我哭笑不得！看完电影回家后，他又大声道："《打金枝》《满床笏》我看二十多次了。盖天红、说书红、十二红、十四红、鹿儿红……他们唱的我都看过，不过听得过瘾的还是果子红。唱得好！看人家嗓子是嗓子，念白是念白，一招一式，样样严丝合缝！"我问："五叔，盖天红唱你看过，和果子红比较他俩谁更胜一筹？"五叔讲："唱功上俩人都强！声音洪亮能镇住人的是盖天红！但在腔调的运转上，果子红唱得更有韵味！"说到这里，五叔伸了两下大拇指，又说："盖天红是20年代的须生大王！果子红是30年代的须生大王！一前一后双泰斗，震惊全国！"

那一夜，五叔就没怎么合眼，他翻过来翻过去，一直和我拉话。我问他："五叔，人家唐代宗坐天下日理万机，还会处理家事缓解矛盾。那你咋和俺老爸结的疙瘩就永解不开？"五叔笑了，他说："解疙瘩得双方解。没有郭子仪主动绑子上殿请罪，唐代宗会那样宽容吗？"说到这儿，他提醒我说："再回老家见到你老子要给他提个醒，让他也宽容宽容我这个五弟！"

后来证实，我老爸与五叔家的疙瘩解开了！两家十多年的恩怨得到消失。从此，"和为贵"的名言，融入了我们两家人的心间……

注：我老爸多占的二亩地，一间房，是分给我四叔的。四叔在川工作。来信说，他在外不享受家产，定要给他，产业就交给我老爸经管。

九看《花子拾金》

世上有些事情，你想弄个明白，但怎么也弄不清。说实话，我看果子红唱戏，从1945年第一次接触，到1962年终止，一共有十八个年头。但在这十八个年头中，一次也没有在台上台下，近距离看过果子红唱《花子拾金》。

是她没有唱过，还是我没有抓住机遇，这就很难说了。最早听果子红在唱片中唱《花子拾金》，是1938年秋在我姥爷康老二家。那是一台手摇式电唱机，姥爷一边摇，一边说，快听！这是果子红唱的表“刘流！”我那时七八岁，不明白果子红是谁，也不知道她是男还是女，只知道她唱得好听。印象中有句唱词是：“大刘流赶的一群牛，二刘流他担的两篓香油……”

第二次听人说《花子拾金》唱得好，那是1946年过春节的正月初二。我大师兄增虎领着我逛泰山庙，走到泰山庙时，在一个小剧场门前停住了。他说他十几年前在这儿看过果子红唱《花子拾金》。果子红那时才十二三岁，唱得可好哩！学毛毛旦唱《捡柴》，一句一个好。有人说，果子红学毛毛旦，比毛毛旦真人唱还好听！大师兄说到这儿，他还伸了伸脖子，来了两句：“羞答答出门来将头低下，止不住泪珠儿点点如麻……”我打断他的唱，问道：“那现在果子红还在这里唱不唱？”大师兄说：“早就不在这儿唱了。人家红了，跑到祁县、太谷去唱了。搭的是大戏班，有毛毛旦、三儿生、盖天红、奴子生等。”大师兄还告诉我，果子红扮男唱须生，走红的时候，还是个十五六岁的小姑娘！

解放前我在二院、三院、西北俱乐部、复兴大舞台，前后看过七八次山西梆子。就是没面对面地看过一次果子红唱《花子拾金》。后来想起来实在是遗憾！解放后，看戏的机会更多了，不敢说一个月看几次，最少也是每周看一次戏。初解放那几年，果子红在和平剧院唱得最多。因为那里是她的“老本营”。我那时，赚钱不多，但光棍一个没负担，开了支总要留一部分看戏用。因为咱骨子里就爱看戏。从太原解放到1962年，我看果子红演出最少也有三十多次！但还是遗憾，没有看过她亲自唱的《花子拾金》。

1960年以后，果子红从市里调到省里了，这时候她的主要精力不是唱戏，而是指导弟子们。或是跟随剧团到各地巡回慰问演出。由于她当校长，身兼多职，亲自登台那就更少了！不用说看《花子拾金》，就连《回龙阁》《牧羊卷》《法门寺》这一类戏，也看不上了！我一生看过三个人学唱果子红的《花子拾金》，解放前在老家，看过秧歌艺人圪抿壶学唱《花子拾金》；解放后不久，看过东山劳改矿剧团眉毛丑学唱《花子拾金》；再后来，就是省晋剧院姬荣生学唱《花子拾金》。其他票友学唱《花子拾金》的那就更多了！总之，不管谁学唱《花子拾金》，套路都是一致的，都离不开果子红在泰山庙唱的那个模式！

一生想看果子红唱《花子拾金》没看上，心里实在是纠结憋屈。另还有一件事窝在心里，那就是《花子拾金》这出戏，流传至今上百年，果子红是跟哪个师傅学的？是何年何月哪个师傅教的？至今弄不下个结果。我想，根据果子红的文化程度，和十几岁的社会经历，她绝不可能是自己创作演出的吧！

资料显示，果子红的启蒙教师有三个。一是乞丐艺人刘喜则，二是奶生堂娃娃班老顺保，三是正宗教师孙竹林。按年龄判断，果子红八至十六岁期间，再没有接触过其他教师，一定是这三个人中的一个。好多专家说，刘喜则、老顺保都是短暂施教，不可能教果子红唱好《花子拾金》。这言外之意，那就肯定是孙竹林恩师了。但孙竹林，在相随果子红的十几年中，也没向外界透露过一句，《花子拾金》是他教的。果子红也未在任何场合说过，《花子拾金》是孙师傅教的。至今，包括领导、专家，还有果子红的老搭档们，都拿不出一点可信资料，认定《花子拾金》剧本是从哪来的？戏是谁教果子红唱会的！

看来，这个谜团还得延续下去……

十看《走雪山》

人生像爬山。凡爬山的人，都想爬到山的顶峰。可不然，有些人还未爬，就打消念头了。他们认为，爬不爬山人照样生存，何必受那些苦累？还有人，刚爬山时有信心，爬了一节又一节。但爬到半山腰时，手一松滑下来了！落了个半途而废。也有些人，一路充满信心，克服了千难万险，最终爬上了山的顶峰，看到了大千世界！

唱戏的丁果仙，就是爬山爬到顶峰的人。这不，请你记住1962年7月17日这一天。你看丁果仙大师多豪爽，满面红光迎接着省市各位首长，这边握手，那边打招呼，刚送走领导，一伙唱戏的老姐妹、不少戏迷又跑过来了，这个喊丁大姐，那个喊二姨妈，更多的在喊丁老师、老团长。一阵忙碌后，在欢快的音乐声中，大会主持人宣布：丁果仙舞台生活四十年纪念活动演出开始！

这天，参加纪念活动的有一千余人。剧场前十排正中，无疑坐着的都是有身份、有地位的人。一般参加者，能有张票也就很不容易了。我和爱人玉兰还不错，坐在十排左边28号、30号。我对玉兰说，排数还行，就是靠了点边。她说，这也得感谢李大哥关照，不是他托人送票，你我还能进来？我俩正说着，台上的演出开始了。前两个节目是丁派弟子献演。最后一个节目才是丁果仙、牛桂英合演的《走雪山》。一老一少，一少一老，在锣鼓的伴奏声中，曹玉莲、老曹福登场了！一样的剧目，一样的剧情，可今天的观众却不一样了。那注视的目光，那响亮的掌声，是我从未见过的狂热与爆发！

在戏未演出之前，人们就在剧场外议论，有人说，应该是丁牛合演《走雪山》，可还有人在传言：牛桂英还在医院躺着，今天能否出场还是个未知数。也有的说，她俩老搭档，牛一定会给丁这个面子。这个长，那个短，说法不一，人们在猜测！可丁牛一露脸，台下的观众就发狂似的鼓掌！这掌声，是给丁果仙大师舞台生活四十年最珍贵的礼物！这掌声，是给牛桂英老师带病前来助演的一份巨大力量！那天的《走雪山》，是我一生中看到的《走雪山》最精彩的一次！在紧急的奔跑中，老曹福唱道："虎口里逃出我这两、两、两只羊……"曹玉莲唱道："你保姑娘奔大同，我纵死不忘你的恩……"这时，观众眼里的泪花在滴答！台上台下融入共鸣！都为剧中人物的命运在担忧！

《走雪山》演出之后，有一年夏天我听牛桂英老师说："我患病住医院，领导上有意让我配合老丁演出《走雪山》，我不顾病痛就愉快答应下来了！可怎么也没有想到，我俩合演晋剧上百场，这竟是走到头的最后一次演出！"牛桂英老师说起她和丁果仙大师的友情来，她说："这次俺俩合演《走雪山》后，老丁和我的日子就不好过了。先是'四清'，后是'破四旧'，接着就是'文革'开始。在各阶段的运动中我挨批挨斗不多，老丁她就惨了！人挨斗，家被抄，还穿上戏装，挂上牌子，站在大卡车上游大街。这些事儿我知道后，经常是以泪洗面思念她。老丁她一辈子为人耿直，没坑害过谁！没做过对不起党、对不起人民的事，怎会遭到如此的摧残！"在谈到1972年春节老丁死时，牛桂英老师又说："老丁与我同时被接纳为中共党员，'文革'中，她精神上受了那么多痛苦！但她坚信党的领导，一句怨言也没有！她把补发的一万元工资交了党费，这是多么高尚！可死后，一辆小平车拉回家，躺在床板上，连声张都不敢声张！想想这是多么凄惨的情景……"

听了牛桂英老师的叙述后，我心痛得都落泪了！一个从小被卖学戏的苦孩子！一个坤伶须生大王，一个誉满全国的晋剧泰斗！一个为人民唱了一辈子戏的著名表演艺术家！一个培养了数十位优秀晋剧演员的导师！一个公而忘私，优秀的共产党员，为什么会有如此下场！

此时，我联想起《走雪山》的一段剧情背景：相传明代天启年间，熹宗朱由校当政。宦官魏忠贤专权乱朝，遭到天官曹进龙反对！魏即怀恨在心，诬奏朝廷，熹宗昏庸不察，降旨抄杀曹家满门。曹女曹玉莲，在老家人曹福保护下，星夜逃出京城，顶风冒雪，日夜兼程，投奔公爹大同总兵李德政府上避难。玉莲为途中方便，拜曹福为义父。孰料行至临近大同的广华山，曹福不胜饥寒劳累，死于风雪之中！

听了《走雪山》剧情故事后，我爱人玉兰深沉地说：咱们是果子红老姐的戏迷，我们要继承她的事业！发扬戏曲的正能量！用正义击溃邪恶！把晋剧艺术传承下去！让晋腔晋韵像汾河水那样永远流淌不息……

张桂根

（“十看”分别载于《山西老年》2006年第5期、第6期，《太原日报》2006年8月27日、2005年4月19日，《山西日报》2006年7月12日和《老太原拾趣》）

永恒的怀念

——忆丁果仙老师的二三事

1956年以丁果仙老师为团长的太原市新新晋剧训练班，和以张宝魁老师为团长的太原市人民晋剧团训练班合并，在此基础上建立了太原市戏剧学校。丁果仙任校长，张宝魁任副校长。

那时我等皆翩翩少年，不谙事故，稚气未脱。见了丁校长如仰望星斗而近不得。相处久了，感觉丁校长既是严师，又像一位慈祥的妈妈。有点怕她，有时又圪圪蹭蹭想亲近她。后来觉得丁老师喜怒皆形于色，快人快语，毫不矫饰，学生们反倒以童心对耿直，更贴近更融洽了。

同学中有几位农村来的孤儿孤女，无父无母，逢年过节放几天假，大部分同学都要回家和父母团聚，此时，这几位孤儿孤女最是没着落时，在院中徘徊，望着人家父母领着子女欢欢喜喜回家团聚，不禁悲楚，潸然泪下。每到中秋、春节，丁老师便将这几个无家可归的同学拉到身边说些体贴安慰的话，手挽手，领着他们从大濮府北行，径直回到天地坛她的宅院。孩子们撒欢地洒扫庭院，嬉戏打闹，他们天真无邪的童趣也感染了丁老师，她挽起袖子和孩子们一起剁肉、切菜、包饺子，其乐融融，悉心呵护，宛如亲生骨肉。

收假归来，这几位同学个个炫耀地说，在丁老师家里不仅吃了这喝了那，还学唱腔练道白……我们的假期反倒过得有滋有味。

当时，每到月末季终，学校都要组织汇报，或彩排某戏，或组织汇报基本功。练功房丁老师坐在居中的位置，其他师长在侧相陪，大家的眼神都在关注着丁老师的表情，她时而露出赞许的微笑，时而又略皱眉头，汇报完毕，丁老师侧身向身后的老伴任秀峰窃窃私语：

秀峰，孩子们进步了，快买些好吃的去。

任问：花多少钱？

丁老师说：看你这个人，这还用问，看着办吧。

于是，任秀峰老师便匆匆上街雇一辆三轮车，买回几筐梨、苹果、花生、糖蛋蛋之类，同学们便排起长队十分高兴地举起小手，等待奖赏。丁校长就是这样为了晋剧艺术后继有人，每每慷慨解囊，大公无私。

有时汇报中间，丁老师便紧皱眉头，喃喃欲语，分明是不满意了。汇报毕，丁老师抽身站起，眼含热泪道声：

“你们……怎么这么不争气！”

说罢，甩手扬长而去。领导、师生尽皆肃然，揣摩着丁老师生气的原因。第二天，丁老师又笑容可掬地来了，首先向大家道歉，不该生气，接着将大家在唱、做、念、打中表现出的不足一一述评，谁唱的凉调了；谁的道白没喷口没底气；最不能容忍处是某个配角不严肃不认真。谈着说着便起身逐个示范，示范旦角动作时，竟然那般婀娜多姿，媚态玲珑；示范花脸动作时又那样气势轩昂，声若洪钟。我们看惯了听惯了丁老师在舞台上演的《太白醉写》那醉眼矇胧、飘逸洒脱的身段；《芦花》那荡气回肠的唱腔，在《小女婿》中她扮演的陈快腿令人捧腹不止，《艺海深仇》里她扮演一位小角色——卖冰糖葫芦汉，那传神绝妙的表演，即使是小角色也能博得满堂喝彩。今天又看到她花脸的阳刚、旦角的指法步法，那回眸一笑的眼神，一位多姿多彩的艺术家，无论演什么角色，她都不会白演。她耀眼的艺术光芒，无论角色的大小总会在舞台上光彩照人，令人叹服。

不知怎的，多少年来一种意念萦绕心头，始终未能解惑。丁老师生在河北，家中贫困，流落山西栖身梨园。想来她从未上学读书，但她排戏、演戏，待人接物，言谈举止，总是那般卓尔不群，透着一种文质与儒雅。或许是人们所说的天造地就吧。

50年代，在南肖墙和平剧院看丁老师和牛桂英老师演出的《走雪山》，和老路子有了很大不同，若按老传统，曹玉莲介板上场后，前扑后蹲，然后道白：

曹玉莲　哎呀老哥哥，你我主仆逃出门来，不辨东西南北，这该逃向哪里？

曹　福　姑娘哪，前面黑压压、雾沉沉，不是村庄便是寺院，你我主仆去到那里，问明路径再走。

于是主仆二人一边唱流水，一边如履平地似的走八字跑圆场展示给观众的是演员脚底的圆场功夫。

如今丁、牛二位老师演出《走雪山》增加了滑步、挡风、遮雪、互相搀扶的舞蹈动作，既合乎情理，又丰富了戏曲舞蹈的美感。她们觉得，曹玉莲是大家闺秀、千金小姐，老曹福是年迈的老仆，大雪纷飞，山势陡峭，主仆二人不可能如履平地去走八字跑圆场。

50年代丁、牛二位老师演出《走雪山》已经出新了、改革了，可我们今天有些中青年演员还是老路子演，老戏老演，老演老戏，振兴戏曲，何日可待？

1957年，太原市晋剧一团，上演了新编历史剧《屈原》，丁果仙老师扮演屈原、牛桂英老师扮演婵娟、郭凤英老师扮演宋玉、白桂英老师扮演公子子兰、白翠英老师扮演郑袖、刘致和老师扮演楚怀王，这个戏的导演是民主人士杨明葆先生。他是一位博学多才的知识分子，改革创新意识很强，排《屈原》，他的追求在当时来说是一种全新的模式，人物的服装造型完全不用传统服饰而要另行设计制作；演员不戴髯口而要粘五缕须，腰中没有玉带，袖口没有水袖，从前演员习惯了捋须、甩水袖、端玉带，此时手连个抓挠处也没有。道白没有上场对子下场诗，连锣鼓点也没法垫，这对演员将是一场严峻的考验。

丁老师早已名冠三晋，誉满京华，连马连良老先生还向她讨教《反徐州》呢。她放着轻车熟路的传统戏不演，反而要演一出自己从未涉猎过的新编改革戏，这是需要多大的勇气啊！

丁老师本来文化程度就不高，更没有读过艰涩难懂的楚辞。但这时在她周围已经交往了几位文人。他们深入浅出地给她讲解屈原的身世，讲解楚辞。并且绘声绘色地给她朗诵《离骚》《天问》《山鬼》《九歌》等。于是丁老师机敏聪慧的形象思维快速地运转起来，别人讲的平面抽象的东西，在她的脑子里已经活起来了，已经形象化了。

别人讲的楚辞、屈原，丁老师大概只能理解二三分，但经过她捉摸和形象思维，很快捕捉到屈原人物性格的基调，加上她丰富的表现手段和社会阅历，展现在舞台上的屈原就不是二三分了，而是十分生动、准确、传神地把人物的思想性格刻画得入木三分，栩栩如生。

我依稀记得那一场演出，当屈原被楚怀王放逐，颜色憔悴、形容枯槁，行吟泽畔那一场，丁老师扮演的屈原从高台上款款走过。她峨冠博带，披头散发，左手背后，右手捋须，仰天长啸：

路漫漫其修远兮，
吾将上下而求索。

东皇太乙庙那一场戏，婵娟已经被害死，屈原悲愤欲绝，在霹雳闪电中，丁老师张开双手伸向茫茫的夜空，在呐喊，在呼号，在天问……她艺术的感染力、震撼力，使得观众如醉如痴，连鼓掌也忘了，静了几秒钟才回过神来，突然爆出雷鸣般的掌声。

《屈原》演出的成功，给省城戏曲界吹来一股清新别样的春风，省城各个剧团相继上演的《张羽煮海》《相思树》《春香传》等，都在改革创新方面迈出了很大一步。

丁老师因故未能生育一男半女，她将浓浓的母爱完全倾注到学生身上，她的严厉是一种恨铁不成钢的斥责，她的慈爱是一种发自母性本能的爱抚。

有一年，丁老师从北京开文代会回来，下车伊始，直奔大濮府戏剧学校，师生们列方队鼓掌欢迎从北京归来的丁老师。丁老师一进校门便满面春风，喜形于色。然后含着眼泪和师生员工们一一握手，她的手显得很有劲，还着意摇几下，然后她站在院中间，高高举起双手道：同学们，我为什么要和你们挨个儿握手呀？因为我的这双手，是在北京和毛主席握过的。毛主席和我握了手，我又和你们握了手，你们就有了神气了，对不对呀？

于是全校沸腾了，欢呼雀跃，沉浸在幸福之中。

1960年，将要毕业的大班学生奉市委、市政府指示，集体赴四川实习巡演，学习川剧三小门的特技和身段组合，要求我们“负笈远游，满载而归”。我们先后在成都、重庆边学习边演出，此行受到南下老干部和山西籍观众的热烈欢迎。两个月后，奉上级指示，我们南下学习任务变成赴云南慰问部队演出。我们匆匆告别四川的老师学友，乘火车到重庆，解放军的几辆大轿车已候在那里，一路经娄山关、大渡河畔的安顺场、遵义，在贵阳稍息一晚，驱车直达昆明。在云南的主要任务就是慰问部队，和解放军接触中往往能听到乡音，碰到老乡，老乡见老乡，两眼泪汪汪，那个热情劲自不必说了，我们先后在昆明、大理、开远、思茅、景洪等地演出，仅在云南就历时七个月。

当时，云南省军区有个国防文工团，云南的各级领导有意让我们在云南入伍，编入国防文工团。一则因为我们当时只有十八九岁，风华正茂，又都没有结婚，没有拖儿带女；二则这是一批解放后培养的年轻人，政治可靠，简化政审。还每人发了一件没有领章帽徽的军装。

消息传回山西，这可急坏了丁老师，她不会骑自行车，每天步行找市里的领导麻贵书、刘舒侠、胡亦仁，找省里领导王谦，说我们辛辛苦苦培养了八年，眼看就毕业了，我实在舍不得，赶快让娃娃们回来，演上几年戏，再去云南行不行？当时晋滇两省领导就此事，电话、电报往来协商是少不了的。

恰逢周总理率代表团访问缅甸归来，在昆明稍做停留。在一次欢迎晚会上周总理亲切地问道："将你们留在云南入伍，愿意不愿意呀？"同学们机敏地回答："服从领导分配。"据说云南领导就此事请示过周总理，总理道："人家山西用八年时间培养出来的学生，你们想一下端过来，这不合适呀，山西的同志会有意见的。"这样留在云南入伍的事就此作罢。

离开云南后，一路经贵州、广东、广西、湖南、湖北，边学习边演出，历时十三个月，终于返回太原了。车过榆次，同学们早已坐不住了，大家贪婪地望着车窗外北方的故土，火车进入太原站，远远望去一群穿毛蓝布衣服的小同学们手拿鲜花在欢呼雀跃，火车停稳，打开车门，门口就站着丁老师，下来一个学生，不分男女，丁老师总要抱住在脸上亲一下，她流着眼泪，喃喃地说道："俺娃娃们可回来了。"大家围着丁老师抱成一团，哭着，笑着，那种感人的场面，多少年来始终萦绕在我的记忆中。

马肇录

（原载《晋韵流芳》）

并垣访果子红记

——山西梆子中的余叔岩近况

此次因公务到了一趟太原，在太原又访问了有“山西余叔岩”之称的果子红。果子红，姓丁，名果仙，适任秀峰，任是山西太原一位财主。当初与果子红相识时，正在求学时期，青年英俊，遂为丁赏识，乃以身事之。

前三年的时节，果子红曾经率领一班，在北京广德出演，很受北京山西同乡的狂热捧场，返晋后，因病迄未出演，今年始病愈，因配角纷纷死亡或外出，故隐居家中，不作出演之念，除当地大义务戏外，轻不一演。

不想大同方面，现在有人来约她去演唱，一切已经定局，即将由太原出发，在大同演毕，决定顺道来北京一游，大约旧历四月中，便可到京。

笔者在太原访问她的那一天，事前不知道她的住址，临时从一位车夫口中，才知道她是住在天地坛二巷14号，找到她的门前，原来是个整齐严洁的小黑门，门人通报后，首先迎出来的便是她的丈夫任秀峰，延入正房内，她正盛装待发，原来她是打算去看朋友。阔别三载，双方自是一番寒暄，她的容颜，比三年前显消瘦多了，似乎大病之后，尚未完全恢复元气的样子，她丈夫倒是精神勃勃，一如三年前的健谈。

她的住室，是在套间内，室内陈设显讲究，是一色的硬木器具，古色古香，写字台上，放着一台收音机，是她夫妇唯一的消遣工具，每天没事时，她总要收听北京中央电台的节目，以及每晚北京放的旧剧，她虽然在北京住的日子不多，可是北京已经给她一个深刻印象，永远怀念着北京。

他两个人和我畅谈片刻后，知道我次日即返北京，所以诚意地留我晚间便酌。但是她家的厨子，已经遣散了，用了一个老妈子，是只能做些面食，菜是一样也做不了，幸亏她夫妇俩平时对烹饪极有心得，于是任秀峰马上脱去长衣，亲自入厨，炒了几样素菜，给我温了一壶晋北真正净熘的高粱白酒，另外在一个小碟中倒上一些真正山西老陈醋，蘸着凉拌的菠菜，一边喝，一边吃，吃了一个爽快。旅晋十日中，每天总吃不好饭，这一天算是在山西第一次的“酒足饭饱”，在筵前的款谈中，才知道她夫妇是长年吃素的，这对她夫妇的健康，有很大的关系。

和她谈起山西梆子的前途，她夫妇两人都是非常慨叹地说：“山西梆子在现在，是比皮黄的危机还要大，如果照现在的情形延长下去，恐怕几年后，山西梆子的精华，便消失净尽了。至于山西梆子为何如此衰落，其原因有数点，第一，因山西梆子始终无人成立科班，全都是子弟传授，这是一个很大的原因。第二，山西梆子角色，老角多为男性，迨皆死亡，现有各名角，多为女性，女子无一生不嫁者，何况坤角更为社会人士追逐对象，故一旦成名，便立有人捧她，如果双方同意，便立即嫁他，一出嫁，便无机会出演了，其艺术便也随之淹没。第三，山西梆子无明人指导改良，精华不知保存，芜陋者亦不知自己改善，于是流至今日，精华几全丧失，有此三大原因，于是危机大矣。假使再不设法整理，其前途诚不堪设想了。”

我听她这番议论，的确很对。听她说，现在山西梆子名角，几全部退隐或死亡，她想在太原组织一个整齐的班子，都很难成功。请想一个光杆的牡丹，怎能演唱呢！

在笔者和她谈话时候，又有三四个女子找她来了，她并不认识她们，而她们却说是当年的旧伴，曾经在某某地同台出演过，现在困在太原，请帮帮忙吧！她立刻便拿出五十元来，交给她们了，事后据她说，这种告帮的事，在她家是常有的事儿，每次总是五十元、一百元不等，不但唱山西梆子的来找，便是在北京相识的皮黄班的底包而困在太原的，也是时常来找，她这种救济贫苦同业的善行，已为当地各级人士称赞。

她在太原的名气，的确很大，洋车夫都知道她的住址，其名气正如三年前的北京余叔岩一样，所往来的朋友，也都是社会知名之士，所以她的名誉，还是一天比一天地高起来，偶一出演便疯狂了整个太原。

她除去演戏外，在太原还开一个油盐店，制造山西老醋，她的丈夫不但是一位学识充足的青年，并且是一位经商能手。她由十八岁起，在太原出演，每次总是演大轴，这并非是故意造作而是非她不能压台，日前太原有一场义务戏，共演三天，一位京角坤伶老生，非要演大轴，果子红现在对于争名这心早无，所以允许某坤伶演大轴，结果头一天果子红演压轴，演毕观众纷纷起堂，第二天，某坤伶便放弃了大轴欲，而由果子红演大轴了，她曾对我说：“我（果子红）在十七八岁的时候，在太原演唱，总是大轴，无人敢和我争，现在我对这事毫不在意，只要派我的戏，在开场唱，我也愿意，绝无虚名欲了。”由她的谈话中，知道她现在已具禅心，这也是年龄和环境的关系。

我在月色皎皎之中，离开了她的家。

注：资料提供苏宏伟，文字整理王培宾。

老　张

（原载《新民声》1944年第一卷第七期）

“果子红”出名在文水

——说说上河头村的“两台戏”

前几年，由山西电视台播放的电视连续剧《丁果仙》中有这样一段情节：青年丁果仙走向社会初露头角时，在平遥县城由当地名人显贵们组织过一次“两台戏”，所谓“两台戏”就是有两个戏班子同台竞演。也称对台戏。那个时代的山西梆子剧种发展时间不长，也没有现代的音响设备，完全凭演员的真功夫。台上唱没有音箱扩大，后场人也是听的声音很真。当时看到电视剧编成是在平遥，人们理解成因为平遥是有名古城，把两台戏情节安排在平遥，也能理解。因为文艺作品本身有的情节也可虚构，但实实在在说，在丁果仙一生演艺生涯中，特别是十九岁初出茅庐时的两台戏，是在文水县上河头村。

公元1928年（民国十七年），当时上河头村村长叫刘笃忠。由于其父辈属村中望族，有钱供孩子上学，刘笃忠系山西大学毕业。据说当时国民政府委派其去晋北浑源县当县长，他不去，自愿回到文水，由政府安排成文水县水利局局长，兼在上河头村当村长。这样的背景，在当时也可谓显赫一时。上河头这个村，历史上就是戏曲之村，每年唱大戏。本村就有“票儿班”，到现在还是马锣一挂，梆子就响，文武场面齐备，演员阵容齐全。在当今社会梆子戏不景气的情况下，每年唱戏仍然是满场人看戏。

这年农历四月十五，上河头村西头新建观音寺落成开光，刘村长计划请一台戏以示庆祝。他在外边社会上结交的名流较多，想法一出，人们纷纷推荐戏班子。当时在晋中比较出名的是由祁县人办的榆次双聚梨园，这时有朋友介绍太谷的锦艺园，而双聚梨园的领衔十三红（张景云）正在晋中红极一时。

刘村长正赶上青年有为，见识也广，就决定两台戏都来唱。以往村里唱戏都在村中二神庙院内的古戏台上——说起上河头的古戏台，在周边村也是数一数二的，可惜在上世纪80年代拆掉了——当时村里考虑到唱“两台戏”名气大，二神庙院内场地小，肯定容纳不下看戏的人，就决定在新建的观音寺附近另搭戏台。

那时候，上河头村西头护村堰里有一块空旷场地，戏台就搭在现在新戏台正东一百米处，坐北朝南。戏场的西侧还搭了一溜看台，供社会关系名流显贵们看戏。

马锣挂起，梆子敲起，上河头唱两台戏，果然成了当时震动全县乃至周边县的大事。戏开以后，周边村万人空巷。男女老少全来看戏，祁县、汾阳、交城等周边县有钱的人坐着轿车（马拉），普通人跑上几十里地也来看戏，据说农历四月十五本县西旧城赶庙会还给拉的没人赶会了。据老人们说，全村家家待客，村公所杀猪设宴招待社会关系，全村背街小巷屎尿横流。因为两台戏是白天黑夜唱个不停，两家班子你上场来我下场，一换马锣就换班，外村外县的人看得累了也不回去，一出村就睡到麦地里，当年割小麦可费事了。

丁果仙本是河北省人，三岁时被卖到太原丁家，自幼学戏，开始唱青衣，后改唱须生，直到唱成了“须生泰斗”。锦艺园来上河头时丁果仙正值十九岁，按行话说，正是当红之时。不过在老百姓当中，确实还不知其名，人们只知道十三红。轮到锦艺园出场，点了一出折子戏《拾金》，丁果仙在戏中扮演叫花子。演到花子拾到金子以后的激动复杂心情，以生、旦、净、丑各种行当的演技，演啥像啥，唱啥啥行，加以本身天资，声音独特。在那个年代，老百姓看惯了唱戏的大多是男的唱，突然看一个小姑娘唱，而且唱老生就是老生嗓，唱丑儿就是丑儿相，就一出《拾金》，唱得丁果仙就下不了台，台下叫好声雷动，要求唱完再唱。双聚梨园十三红也插到台下观众中间看丁果仙唱，中间由衷地说了句：“唉，真是男的不如女的，十三红不如果子红。”周围观众大呼叫好：“好！果子红！”

我在上世纪70年代，经常到周边县份出差，有时与当地长者交谈。他们问起我是哪里人氏，我一说文水上河头，对方就说：“哎呀好村子，我们在你村看过两台戏，果子红是在你村出的名。”

一个戏曲名角的出名，特别是在旧中国时代，不像现代传媒出名来得快，但这一次上河头两台戏的声势之大，范围之广，给果子红的出名起了重要作用。上河头这个戏曲之乡历史上与山西梆子确有缘分。1962年刚从戏剧学校毕业的晋剧表演艺术家郭彩萍第一次也是在上河头唱的。当时农村还是人民公社食堂化时代，由于下雨就下了半个月，这个戏班子在村里一住半个月，整个戏班与村里人相处得很熟，雨点一住就唱，唱中间又下雨就停。我记得郭彩萍也是十七八岁，当时一出《小宴》，郭彩萍的翎子功已经是炉火纯青了。近年来上河头又出了个李国萍，拜在晋剧名家谢涛名下为弟子，直接成了果子红的艺术传人。

因为刘村长是有文化的人，当时唱两台戏，中间请了照相的人，把整个舞台、看台以及戏场的壮观情景拍摄下两张照片，留下了珍贵的历史文物。拍下的照片给当时的村干部每家一份。现在上河头文化活动中心室内悬挂的两张放大照片就是老干部李鸿吉献出来的。

关于这两张历史照片，还有一个轶闻。上河头村有个李鸣山，已去世两年了，他的老人也是两台戏时的村干部，据说他家的那份照片前几年被平遥收古董的两千元买走了，尔后这份照片又流落在平遥博物馆。这就是本文开头说到的电视剧《丁果仙》为什么编在平遥唱的一点疑因。

王吉安

（原载《乡音》总第12期）

百年缘

——上河头与丁果仙

什么是缘分？辞典中关于缘分的词条是这样写的：泛指人与人或人与事物之间发生联系的可能性。要我说相遇、相识就是缘分。

发生在八十七年前上河头村请两个戏班唱对台戏的事，就创造了上河头村与丁果仙之间发生联系的可能性，这就是上河头村与丁果仙的缘分。

结　缘

上河头村位于文水县城东南八公里处，全村面积三平方公里有余，土地有四千多亩，是个不小的村庄。

提起上河头，文水人全知道，这是个崇尚戏曲的村庄，男男女女老老少少，哪个人出来不会唱几段山西梆子，哼几句祁太秧歌？在田头，在坊间，在家里，在路上，扯着嗓子吼的有之，低声吟唱的有之，学名家，唱名戏，甚而即兴，抑或自编，那真是有板有眼，自得其乐，好不悠闲自在。

早在民国初年，这里的票儿班就热闹非凡，单就刘家二少爷，即当时村长刘笃忠的二叔父刘丙高就曾领过二三十个皮影戏班。可想而知，那时的上河头村一定是随处板腔声，时有乱弹音了！

如今村里的票儿班仍很活跃，村委会为票儿班提供了固定的活动场所，三十多人的队伍样样齐备，文场四人，武场五人，红、黑、生、旦行当齐全，能戏很多，除了丁果仙的《打金枝》，张鸣琴的《下河东》，牛桂英的《算粮》《走雪山》，王万梅的《教子》等名家戏外，还有《杀庙》《见皇姑》《二进宫》《楼台会》《交印》《金水桥》《见太娘》等等，只要马锣一响，梆子一敲，一台戏就像模像样地开场了。

文水县本来就是山西梆子兴盛地之一，素有“戏窝子”的雅称。这里曾经班社更迭，名角辈出，老一辈的奴子生（温兆林）、一点红（王有福）、冀美莲、马兆麟、武巧英、二奴奴等都是文水人；如今，单就太原市来说，就有名角李月仙、郭彩萍、阎慧贞、武忠、赵吉祥等。所以，在文水县的村村镇镇找几个票友真不是什么难事，但是像上河头村这样完备，能唱数十出戏的票儿班还真是凤毛麟角。与上河头相邻的村镇票儿班活动时，上河头村票儿班总会伸出相援之手，助演、参演，同娱同乐，这已是约定俗成的习惯。

上河头村有很多与戏曲有关的故事，抑或传说，甚或自诩。比如马锣的故事，这里凡上了些年纪的人都说：“俺们村早年间票儿班的马锣是独一无二的，响声洪亮音色好，远近闻名，全文水县没有比得了的第二只马锣。不知何时，村中不屑之人把马锣偷偷卖给太原二院。解放后，这只马锣辗转到太原市实验晋剧团，现在还用着呢。”言语中不免带几分神秘的狡黠。此说法是真是假，无须追究。但有一点说明村人寄情于这一独特的马锣，正是村人对戏曲盛景的无限怀念，是对中国传统戏曲的无限热爱，其情之深，其意之切，代代相传，延绵不绝。其传代之威力确也不可小觑啊！

另有一则故事，绝非讹传，实乃真真切切于民国十七年（1928）发生在上河头村的故事。

这一年，上河头新盖了观音寺，落成开光选在四月十五，要唱开光对台戏。于是写就了两个戏班，一是锦艺园，一是双聚梨园。所谓唱对台，形式多种多样，有的搭两个戏台甚至三个戏台，由两个戏班或三个戏班同时演出；还有的只搭一个戏台，一班唱一出，另一班唱一出，轮番上演，这一班演完了，摘马锣下台，另一班上台挂马锣开戏。上河头就是一个戏台两戏班轮番上演的。

为这次开光对台戏，上河头村专门找了一处开阔空地搭了戏台和看台。隆重！气派！

四月十三起唱。天未黑，对台戏就开场了。锦艺园的头牌须生果子红在《花子拾金》中亮相了，而且出人所料地唱了个满堂彩。观众热情高涨，喝彩叫好不迭，果子红更是有求必应，叫唱戏就来戏，叫唱秧歌就来秧歌，唱完这个唱那个，简直就下不了场，几乎成果子红的专场了！无须赘言，这出开场戏，锦艺园已经盖过了双聚梨园，果子红已经迷倒了观众，深入人心。

第三天四月十五的戏是《斩子》。果子红饰杨六郎，盖天红饰八千岁，更是绝配，果子红和盖天红那是锦艺园当时的双台柱，谁能比得了？双聚梨园纵有名噪一时的十三红（张锦云）撑台，也无力扭转这惨败局面。

从此，果子红的声誉在上河头村扎了根，这场对台戏也成为上河头村的遗风余韵。近百年过去了，上河头村人们仍会津津乐道，赞不绝口。但凡说丁果仙必提唱对台戏，只要提唱对台戏必赞丁果仙。那赞誉，那回味，那骄傲溢于言表，“七邻八村来看戏的人们那个多哟，都是背着铺盖来的”，“看完戏就睡在麦地里”，“村周围的麦地都卧倒了”！“村里的水井都加了盖，有专人守护”，“怕井水糟践了不够喝”……那是上河头村值得回忆甚至夸耀的盛景，那是丁果仙给上河头村人留下的绕梁余音。

可以这样说，那年的四月十五唱对台戏，让上河头村与丁果仙结下了不解之缘。

续　缘

天涯地角有穷时，绕梁余音无绝期。

近百年前的果子红，离世已四十多个春秋的丁果仙，至今仍是上河头村人的最爱。他们说起丁果仙的戏如数家珍，甚至信口哼唱“正在堞楼观山景”“下殿来将皇兄急忙搀起”“孤坐江山非容易”等等。这里的人们几乎会异口同声地说果子红是从我们上河头村唱对台戏红起来的。近百年前的顺口溜“果子红盖过十三红”“男的不如女的”“盖天红不如果子红”等，仍是今日村人念念不忘的顺口溜。足见那场对台戏和丁果仙在村人心里的分量。

爱屋及乌是人之常情，这里的人把丁果仙的徒弟也视若珍宝。记得1962年夏，太原市戏剧学校的第一班学生刚刚毕业组建太原市实验晋剧团，上河头村就写了这班娃娃戏，就因为太原市戏剧学校的校长是丁果仙。然天公不作美，阴雨连绵竟半月有余，既无法演出，又因道路泥泞无法返城，只得住在村里。村里人都知道这是丁果仙校长的学生，是丁校长垂爱的娃娃们，因此倍加关爱。须知，那是物资特殊匮乏的20世纪60年代初啊！但村人没有让娃娃们受一点制，管吃管住管开销。娃娃们也和村人交往甚密，不能唱大戏，就在下处闹票儿，高兴得人们不亦乐乎。至今不少村人还能叫出阎慧贞、武忠、郭彩萍、薛维艺的名字，那份亲切，那份垂念，叫人感喟不已。

如今的上河头村，村民生活提高了，家家起房盖屋住新宅，电视音响DVD谁家也不缺，看过的晚会，见过的演出多了去了，真不稀罕。可逢年过节赶庙会，咱啥也不看，还就是要看咱老醯儿的山西梆子，而且必须是丁果仙大师徒子徒孙们的戏！

这些年丁果仙大师的亲传弟子们一个个负重致远，为传承丁派艺术竭尽全力，成绩卓著。他们的弟子中不乏出类拔萃者。

拜白桂英、刘宝俊、马玉楼、杨效璋、李月仙为师的孙红丽，还有自称丁果仙私淑弟子的谢涛等，他们广采博收，勤奋好学，在吐字行腔、表演做派上做足功课，大有丁果仙大师风范，专家、媒体、戏迷以“小丁果仙”称道。

有“小丁果仙”声誉的便成了上河头的常客。从2007年起，四月庙会一定是请孙红丽剧团来演出的。今年四月孙红丽剧团因故无法安排，上河头村就请小红丽剧团来演出。“小红丽”程改萍是孙红丽的入室弟子，如今也是红遍三晋的国家一级演员，属80后中学习继承丁派艺术的佼佼者。

上河头村人对丁果仙的深情不能不叫人感佩交并。

丁果仙的传人们，不管是亲传弟子，还是弟子们的弟子，都苦心传承着丁派艺术，更传承着丁果仙的大爱之道。

今年四月十五孙红丽剧团没能来上河头演出，但就在小红丽剧团演出间，孙红丽还在百忙中抽暇赶到上河头演出现场，为上河头村人演唱，此情此景想来感天动地吧！

如今上河头村出了一位丁派传人李国萍，在太原市实验晋剧院工作，是谢涛的徒弟。上河头村人颇为此骄傲。真乃天从人愿啊！

上河头村人爱丁果仙，丁果仙的传人们更爱丁果仙。这就是爱，这就是缘分。上河头村人与丁果仙的缘分后继有人了。

幸哉！幸哉！

华　敏　段兴旺

霜打果子别样红

——丁果仙艺术人生浅谈

20世纪初年，山西晋剧发展史上所呈现的最突出变化，是以丁果仙为代表的坤角表演人才正式登上晋剧演出舞台，这一创举，结束了之前晋剧历史上所有角色行当均由男性扮演的历史，不但开创了旦角艺术由女性饰演本色行当的先河，为女性人物角色平添了几分妩媚婀娜的成分；更显著的变化，是创造了女演员反串男性角色的成功典范，这就是“晋剧须生大王”丁果仙在近代晋剧史上的横空出世。基于此，无论是站在晋剧艺术发展的角度来看待，还是从丁派艺术所独具的艺术魅力来思考，抑或是纵观丁派艺术在民众中的深远影响力，终将无法忽略丁果仙在晋剧史上的卓越成就和显赫地位，因而可以说，丁果仙对于山西晋剧，始终是无法绕开的三个字。

令人无限惋惜的是，1972年的冬季，刚刚度过花甲之年的丁果仙，在经历了多次被揪斗、身心遭受极度摧残之后，仍然胸怀着“……我还要，我还能为人民服务！”的满腔热情，带着对那场轰轰烈烈“大革命”的诸多疑惑，杳然西去，抱憾诀别了她一生钟爱并矢志不渝的晋剧艺术舞台……

四十多年过去了，时至今日，丁果仙其人其艺，并没有随着时间的推移而淡出人们的视野。人们一直铭记着这位为晋剧艺术事业做出了巨大贡献的卓越艺术家，铭记着这位晋剧历史上里程碑式的人物。于是在2009年、适值丁果仙诞辰一百周年之际，省城太原举行了大型的纪念活动，并编辑出版了名为《晋韵流芳》的纪念文集。再度引发了山西戏曲界和广大丁派戏迷的广泛关注，并使得这位昔日叱咤晋剧舞台的艺术家和她传奇的艺术人生，重新回到人们的视野，再次验证了精湛的丁派艺术依然真实地活在人们的心中。文集卷首，收录了丁果仙大师自新中国成立以来，直到她去世前数十年间的十四篇文稿，这些文稿有她在国家级、省级重大艺术交流活动中的讲话，也有她在艺术演出、艺术教育和艺术传承领域的心得体会。

这些文字，辞藻虽不华丽，但却是老艺术家从艺术人生实践中所获得真情实感的凝练，字字珠玑，篇篇中肯，毫无半点虚言。文集中同时集录的，还有与丁果仙同时代、志同道合的艺术家们撰写的回忆文章，以及无数追寻丁派艺术、现已成为卓有成就晋剧艺术表演大家的丁门弟子们对恩师的追忆……这一系列回忆性的文章，从不同的角度如实记录了丁果仙的艺术人生，归纳总结了丁派艺术形成发展的历程，剖析了丁果仙唱腔和表演艺术特色，突出反映了丁果仙在戏曲教育、戏曲人才培养方面所做出的卓越贡献，从而真实地还原了少年丁果仙忍受苦难、刻苦学艺的艰辛岁月；成年丁果仙潜心艺术实践、艺术创新和艺术改革的人生历程；以及老年丁果仙忍受屈辱，始终不渝忠于党、追求艺术的坚定信念。从中我们不难发现，丁果仙坎坷而短暂的一生，一直都在与命运抗争的同时，不断学习、不断提高自己的艺术修养，她将百家之所长，合理借鉴而来，择其优良成分，熔铸成独家之技艺，锤炼成深厚的艺术造诣，创造了独具神韵的晋剧丁派艺术。

一

岁月更迭，光阴如梭，尽管丁果仙已离世多年，但透过历史的时空，我们依然不能忘怀的，是丁果仙那名不虚传的精湛艺术，也更加看清了透过她超凡脱俗艺术倩影表层背后的无悔人生。我们不禁再往深处探究丁果仙大师的人生轨迹，从中可以发现，她的不朽，绝非只是令常人惊羡的天然姿态，而是从浸透着苦水的生命中，逐渐升华而成的卓越魅力，是一位看似平凡戏曲人所演绎的一种不平凡的戏曲人生。童年时期，残酷的命运将幼小的她推至深渊，但身躯的羸弱并没能掩盖一颗追求美好生活的倔强和刚强之心，她以超人的勇气，积极的姿态，愤然从黑暗的夹缝中挣扎着寻求光明。尤其难能可贵的是，在她半世生涯遭受无数创伤之后，面对新中国带给她的尊重和荣誉，她毅然勇敢地直面旧时代留给她身心的深刻烙印，以刮骨疗伤的勇气，对遗留在她身体和心灵之上的种种陋习决然地给予革除，她这种堪称“坤厚载物，德合无疆”的优良品德和从未易节的“上善若水”，使她真正无愧于“晋剧须生大王”的美誉，无愧于人民艺术家的光荣称号。

曾记得1929年诺贝尔文学奖获得者、德国著名小说家、散文家托马斯·曼说过：“痛苦难道是白白忍受的吗？”用这句名言反观丁果仙的艺术人生，感觉是那样的贴切。当人世间最大的不幸降落到丁果仙的头上，年幼的她虽不懂得如何改变命运，但生性的倔强，促使她不只是一味地“白白忍受”命运带给她的苦难，而是以行动将自己浸透苦难的人生付诸行动中，把那种对生活的深切情感体验，升华为在一定程度上对苦难的思考，再度转化成追求艺术的不懈动力。两三岁时，原本正是每一个孩童在父母膝下承欢的快乐时光，她却遭遇到了人世间最惨痛的生离死别：父亲抱病撒手人寰，孤立无助的母亲，无奈之下忍痛将她出卖。从此，她从河北辗转来到了山西，并自此与母亲姐弟众位亲人天涯相隔，一生都无缘再相聚首。寄人篱下的生活，每天要面对的是挨打挨饿的难挨日月，甚至随时面临被卖进妓院遭人凌辱的威胁……人世间的酸甜苦辣各种滋味，在她尚处幼年时就已开始品尝。生活的苦难和重担，身心和肉体的磨难，过早地让她稚嫩的肩上来承担。孤独和悲愤、抑郁和绝望之中，养祖父母给了两条出路让她选择：要么学唱戏，要么去当妓女，倔强的丁果仙尽管在最初并不十分喜欢戏曲，但为了不重蹈妓女小红的悲惨命运，她毅然选择了前者。从此，她将那种对至亲的深切思念和寄人篱下所遭受的一切痛苦，都默默地压抑在心底，咬紧牙关忍受煎熬，全身心地在苦练戏曲基本功的过程中寻求生的出路。

丁果仙从艺，天赋佳，起点高，七岁开始学艺，九岁即在泰山庙卖艺谋生，在《花子拾金》一剧中，她饰演的花子对毛毛旦、天贵旦等当红名家惟妙惟肖的模仿，深得众人喜爱。出道伊始，既已崭露头角，成为受人瞩目和追捧的少年英才。年仅十三岁，她就开始在晋中、太原一带搭班演出，有缘与一声雷、毛毛旦、天贵旦、盖天红、一点红、两点红、自来香等名家同台演出，她天资聪慧并善于细心观察，不但用心演好自己的角色，还不放过一切机会，观摩生旦净丑各行当名老艺人的演出，细心揣摩，多方继承，广泛吸收，融会贯通，在继承的基础上发展自己，从而使她的艺术日渐成熟，很快就跃居盖天红之上，以至于在民间赢得了“男的不如女的，盖天红不如果子”的赞誉，并获得“山西梆子须生大王”称号。

中国传统戏曲，自宋元诞生到明清时期，一直处于漫长的封建社会发展阶段，尽管戏曲一直作为契合不同阶层艺术欣赏需求而存在于社会当中，成为上至达官贵人，下至黎民百姓不可或缺的重要娱乐方式。但在封建社会晦暗如夜的旧制度下，戏曲却一直被统治者视为供人玩乐的工具，戏曲艺术的真正价值，始终未能得到认同，因而在历朝历代，戏曲行业总是不能够被社会所接纳，从事戏曲的群体也被视为社会的边缘人和行走于江湖的另类。长期以来整个社会对戏曲艺术的偏颇认识，以至于戏曲艺人自身，都无法正面确认自己表演的价值，甚至对于自我评价、艺人人格都产生了扭曲。人世间的极不平等，艺人社会地位的低下，即使是像丁果仙这样拥有着精湛的艺术、看似受人追捧、在艺术上已如日中天的知名艺人，也终究难逃遭受凌辱的厄运，达官贵人们往往是一边赏识你的艺术，一边却在玩弄艺术和随意践踏艺人的人格。1934年，太谷商会的堂会上，丁果仙就遭遇到当地商痞的恶意刁难，被逼无奈三唱《芦花》，遭受玩弄受尽凌辱。1936年，丁果仙带团到天津、北京演出，先是在天津演出月余，即将要转程北京之时，天津北洋戏院老板看到戴着“晋剧须生大王”桂冠的丁果仙以精湛的艺术为他带来的是数不尽的黄金白银，因而在演出合同已满之时，他仍要强行扣留丁果仙一行继续为他敛财，并雇用了流氓打手强行阻拦。为保全演出团同仁的安全和能够如期赶往北京，被逼无奈之下，丁果仙只得将大笔的血汗钱交给那些无赖才得以脱身。到达北京后，耿直的丁果仙因不愿主动拜谒在京的山西籍富豪权贵，再次受到百般刁难……类似这样的遭遇，在丁果仙的艺术人生中已是屡见不鲜。

1937年，日本侵华战争的爆发，更是把中华民族推到了苦难的深渊。社会的动荡，个体的无助，使丁果仙深感生活的艰辛。在苦闷压抑的情绪无处宣泄、内心的痛苦无法化解、身心极度疲惫的状态下，她开始借助于鸦片麻醉自己脆弱的神经和饱受折磨的身心。她虽深知，这终究不是治愈伤痛的良药，而且过度的吸食，将给她的身体和艺术带来巨大的伤害，但她却如同行走在黑暗旷野中的独行者，茫然无助，只能在忍受苦痛中砥砺前行。

1949年太原解放，丁果仙终于从黑暗之中看到了光明。这位昔日遭人蹂躏践踏的“戏子”，在获得党和政府所授予她的“人民艺术家”称号，观众给予她和她的艺术充分的尊重之时，她深深感动于新中国带给她的一切变化和荣誉，感动于在此之前从未有过的做人尊严，为不辜负这一厚望，她以常人无法想象的坚韧毅力，以超负荷大强度的练功来对抗毒瘾在身体里的肆虐发作，生生戒掉了曾吸食了多年的大烟，胸怀着对党无限的感激之情，以崭新的姿态，焕发出新的创作激情，毫无保留地将自己和艺术交付于舞台，奉献给观众，为民族艺术的传承不遗余力。即使在“文化大革命”中遭受到不公正待遇、生命即将走到尽头之时，她依然毫不动摇对党的忠诚和追求艺术的崇高信念，心系艺术，心系舞台，心系广大喜爱她的观众。

丁果仙六十二年的短暂人生，完全可以说是一个生命个体与民族艺术的完美凝合体，她的生命虽然短暂，但她清世独立、凝雅素净，她的人生经历如同一个时代的浓缩，涵盖了芸芸众生很多无法体验的东西，幼芽萌生之初，就遭遇到烈日酷暑和严寒风霜的考验，承受着重岩叠嶂的重压，不屈地挣扎抗争努力向上。旧社会的黑暗制度，把人变成了鬼；新社会的温暖阳光，使她涅槃重生；十年动乱鬼蜮横行之时，她含冤负重抱憾离开人世……在她跌宕起伏的人生中，虽然苦多于甜，但也磨炼了她坚强的意志，夯实了她坚忍顽强的信念。她无论身处何种境遇，都能够始终不改、无怨无悔于这一生选择了晋剧艺术，她视艺术为她的全部，即使到她生命的最后一刻，她心心念念的依然是她一生钟爱的晋剧。她所塑造的每一个人物形象，都是她在感受人间百态和生命体验过程中创造出来的。她苦难的童年以及她成名后数十年所经历的一切不幸，让她对于生活有着极其深刻的体验和理解，她将这些生活积累应用于角色创造当中，从而使她对于角色有了更准确的把握和情感表达，也促使她真切地体会出艺术家与角色之间的关系，应当是既有差别，又要相通，因而她从艺术实践当中得出了这样的结论："台下是我，台上非我，我即角色，角色即我，我与角色融为一体，方能装龙像龙，装虎像虎。"——如此朴实的语言中蕴含着深奥的哲理。尽管她一生中遭遇过那么多的郁愤和遗憾，尽管她一生没留下一儿半女，但她的艺术追随者无数。丁果仙的一生，宛如她所饰演的艺术角色和她不朽的唱腔艺术，不仅醇香如酒，甘洌醉人，更让人肃然起敬，进而凝结成震撼心灵的感动。所以说，她的一生是值得的，历史永远会铭记她这位开创晋剧女角之先河的艺术大师，铭记晋剧史上这位成就卓然、声名显赫的女须生大王。而更为可贵的是，在多数观众的内心，丁果仙已不单纯是一位艺术家，更是一个充满魅力的人，一个让人心生敬意的人，一个执着于艺术、充满丰富而复杂情感的人。这绝不是那些追奇逐怪而自命不凡者所能企及的。所有的这一切，都源于一点，那就是：苦难，造就了不平凡的丁果仙。

二

反观中国戏曲史上的很多艺人，有一个很明显的特点，就是许多的从艺者往往都出自梨园世家，自小耳濡目染与戏结缘，子（女）承父（母）业从事这一行业。除此之外，即便是非戏曲世家，因家境困难而学戏的孩子，也多是有父母亲人给予关心疼爱的，这种情形之下，即使在学艺过程中遇到困难，受到委屈，但至少也能从父母家人那里得到些许精神上的抚慰，而如丁果仙这样的"孤儿"，却是无论遇到任何快乐之事或烦恼之事，一概是既没有亲人分享，也不会有亲人安抚，一切都无所依靠，事事只能独自承受，完全凭着一种自觉。所幸的是，苦水中挣扎的丁果仙自打她与戏曲结缘的那天开始，她就将戏曲当作了她的唯一的精神支柱，她珍惜与戏曲的那份情缘，凭着一种执着的信念支撑，不管遇到任何情况，她始终都把戏当作她生命的唯一和全部寄托，把艺术看得比任何事物都重都大，正是有了这种超境界的认识，使她身处逆境之中，努力、勤奋、博学、善学，一步步攀登，不断地进取，艺术水准节节提高。

新中国的成立，国家和政府对传统戏曲艺术的充分肯定，逐步带动和影响着整个社会对戏曲表演艺术精神价值与意义有了崭新的认识，人们开始从正面看待演艺行业，从内心深处认识到表演艺术家是推动社会文化发展的积极力量，是社会上一批值得人们尊敬的人。这种社会观感和社会价值观念的变化，反过来也影响着艺术家本身，他们深感社会地位的变化，社会价值的提升，也逐步认识到自己所从事的戏曲演出已不再是受人玩弄、被人下看的职业，而是光荣并值得自豪的崇高职业，自身也绝不再是昔日被视作“下九流”的戏曲艺人，已真正成为社会发展积极力量的一个重要阶层。丁果仙这位前半生浸泡在苦水之中、处于旧中国最底层、饱受豪强势力倾轧和凌辱的晋剧艺人，终于能够在不惑之年，赢得了来自人民政府授予的最高奖励，并赢得了全国政协委员和人大代表的政治荣誉；与此同时，随着城市商业化演剧的出现，广大戏曲从业者的经济地位也得到了极大提高，尤其是像丁果仙这样的名艺人，经济收入也在不断增加。有着特殊经历的丁果仙对这种来自各方面的变化，更是有着深刻的体会和感动，她沐浴在党的温暖阳光下，更加忘我地努力工作，在一边致力于对传统剧目的推陈出新，继续完善她的代表作《打金枝》《空城计》《卖画劈门》《蝴蝶杯》《太白醉写》《走雪山》《详状》等经典剧目的同时，还先后与同仁艺术家一道完成了《打金枝》艺术片的拍摄，改编排演了关汉卿名剧《赵盼儿》《谭记儿》，并于五六十年代编演现代戏期间，积极尝试，打破传统程式，跨行当塑造了《血泪仇》《红旗下的花朵》《小女婿》《丰收之后》等现代戏人物角色，丰富、拓展和完善了她的艺术创作领域，为晋剧艺术画廊增添了崭新的艺术形象。

苦出身的丁果仙不但有着令人惊羡的艺术，还拥有着感恩仁爱的胸怀、谦逊可贵的道德人品，以及思想观念上始终不渝的进取之心，她为人善良，不忘本不奢求，作为一位有成就的艺术家，她从不以名家自居，总是以一颗平常心去做一个平常人，她对每一位与她配戏的艺术家的劳动都非常尊重，对老少同事也不分高低一视同仁。她从不居功自傲，凡事总是身体力行，言传身教，感恩国家社会给予她的优厚待遇，主动请求降低工资标准，几次向党组织缴纳高额党费。这些体现在她身上的善言善行，恰恰印证了中国传统儒家文化的中正之道，也因此成就了她真正无愧于“德艺双馨”艺术家的称号，使她能够永远矗立于艺术、生活和历史制高点，成为受人尊敬的一代艺术宗师。

三

丁果仙不仅严于律己，艺术精湛，还致力于对艺术人才的培养，传道授业培育后辈，堪称教育大家，她对于山西乃至全国地方戏曲教学、戏曲人才培养所做出的贡献，可谓彪炳千秋卓然史上。新中国成立之初，她体恤国家尚处于百废待兴的经济困难状况，为传承民族艺术，毅然自己出资购买了房子，创立了山西省第一所新型戏曲学校，即“太原市戏曲学校”，共招收了三十名学员，由她担任校长并亲自授课，她将自己珍藏的一副戏箱和风琴，慷慨捐献出来，提供给学校做教学所用，又出资为学生宿舍购买床单和生活用品。之后，她又担任山西省戏曲学校校长职务，与牛桂英、郭凤英等名师一道，为培养晋剧后辈人才不遗余力尽心传艺。丁果仙可谓桃李满天下，直接或间接受到她艺术荫庇、栽培和传授技艺的后辈人才不计其数，其中著名的如马玉楼、马秋仙、刘汉银、白桂英、张鸣琴、武忠、阎慧贞、刘宝俊等等，都已成为享誉山西戏曲艺术领域的知名艺术家。从这些丁门弟子以及其后的丁派追随者谢涛、孙红丽、武凌云、王二庆等在《纪念文集》中对恩师终身不忘的追忆怀念，耳提面命，我们可以感受到山西晋剧界尊师重教的优良传统，也深感由丁果仙创立的丁派艺术，在晋剧艺术教育中传艺、传神、传德的典范作用。

一直以来，我们都强调艺术实践要汇聚百家之长，但到底该吸收什么剔除什么，很多从艺者往往目的不明确。针对这些，丁果仙从自己的实践中总结出“艺术不能平地起高楼，它必须在前辈传统的基础上求得发展”，“一个戏曲演员首先应该多学戏，多继承”。对于艺术借鉴，她强调不能盲目照搬，一定要有目的性，要“为发展本剧种、本行当的艺术打基础”，而不是“这个一星儿，那个一点儿，一齐完事”。她提出在学习的过程中，要“结合自己的条件，结合剧情和人物略加改造，再糅合到一起，不显露自己的痕迹，成为另一种完整的新唱腔……”她将自己在艺术继承方面的经验和体会毫无保留地介绍出来，“提供给青年演员们做参考”。她教育后辈“辛勤地劳动，刻苦地钻研，充分地学习和继承传统，广泛地吸收各姐妹剧种的长处以及其他有益的营养，再加上用于革新的精神，才能在原来的基础上有所发展”。尤其是继承前辈艺术的同时，不能不加取舍地全部承袭，而应当根据自己的条件，避人之短，扬己之长地巧学巧吸收。她列举了自己在向盖天红学习盖派唱腔时，根据自身的生理条件，规避了盖天红演唱时，因太多开口音所导致的唱词不清的弊端，去除了盖派唱腔中过多使用的、令观众无法听清唱词的“哇哇腔”，仅将盖派唱腔中有益的成分承袭下来。在她师从说书红时，她从学艺实践中发现说书红之所以形成那种特殊的演唱技法，缘于说书红自身嗓音沙哑，因而才借助于丹田运气发声，而具体到她自己拥有着嘹亮高亢的嗓音条件，不存在说书红的那种状况，所以完全不必效仿他那样演唱，熟识了这些后，丁果仙就使用真嗓来演唱，仅汲取了说书红咬字清晰、吐字准确的优势，从而形成自己独特的演唱技法。不仅如此，在人物创造方面，丁果仙也善于将来自于前辈艺术家的不同唱腔技法巧妙地借来运用，如在《空城计》中，她借用小十二红（杜福胜）演唱时浓重的鼻音，以突出诸葛亮对生性多疑的司马懿的嘲笑；她还将北路梆子占鳌子（三生旦）的拖音，巧妙地借用于晋剧老生的唱腔中，将月儿红唱腔中的颤音，柔和运用于悲剧人物，以增强角色因衰老、身体欠佳或伤心悲痛等情形下的情绪状态，真实恰当地塑造了老生形象。

丁果仙从她坎坷的从艺经历中深深体会到，做一个演员容易，但要做一个受观众喜爱的好演员不易；做一个传艺的师傅容易，但要做一个因材施教、对徒弟负责的好老师却是不易。她将自身在漫长艺术生涯中所遇到的成败得失以及所积累的艺术经验，全盘传授给青年演员，以期使他们在做人和艺术发展等多方面都能够少走弯路，早日成才。尤其是在她艺术上卓有建树之后，在繁忙的演出中，她牺牲自己休息的时间，抓紧一切机会不遗余力地为戏校教学，为青年演员教授示范，积极传承戏曲艺术，培养接班人，并将自己多年来在艺术实践中得到的经验体会，撰写成文字教导学生。从她的多篇具有代表意义的文稿中，我们可以看到她在戏曲教育工作方面的突出成就。1956年8月由她撰写的《我演〈打金枝〉里的唐王》、1959年8月撰写的《苦工出巧匠》、1960年12月撰写的《谈谈我的道白》、1964年10月撰写的《我演王奶奶的体会》，以及《谈谈我的唱腔》等等文稿，多角度、多方位地介绍了自己多年的艺术创作经验，把自己在艺术实践中的点点滴滴心得体会都毫无保留地传授给同行和后继者。她的这种循循善诱的教学风范，早已构成了丁派艺术不可分割的组成部分，呈现出永不凋谢的艺术生命活力。

时隔几十年后的今天，再次拜读丁果仙的文稿，仍然会让人感到如沐春风，从中依然可以清晰地感受到丁果仙当年为创造那些精美绝伦舞台形象所付出的艰辛努力，可以领略到大师美轮美奂的舞台英姿，同时也能够看到她在舞台之外的另一种名师形象。在她留给后人的这一篇篇文稿中，她都细致入微地分析了自己所饰演角色的心路历程，文中的许多名言警句，对于今天的从艺者，依然不乏振聋发聩的警示作用。

四

丁果仙堪称是积多元素养和善于汲取多元养分付诸艺术创作的实践者。在她一生中，参演的剧目不计其数，饰演过的角色更是众多，她对所饰演的每一部戏，每一个角色都不断地总结丰富和精益求精。即便是已演出过上百遍的代表作《打金枝》，她也总是一次又一次打破一切荣誉从零开始，对剧目和人物角色做着不断的重新总结、重新认识和重新创作，赋予剧作和人物以更新的内涵。她对晋剧艺术的热爱、提倡和学习，以及对晋剧声腔的改革，对剧目角色的创作和准确把握，这些经历无不体现出一位艺术大家在艺术探索中的呕心沥血。纵观丁果仙艺术人生和艺术创作成就，令大家产生共识的，首先源自她至善至纯的本性。自小坎坷的命运，将她“逼”上了学艺之路，在时间的百般历练中，她以率真和执着的本性，由最初的被迫而为到遭受切肤之痛后笃定全身心投入晋剧艺术，凭借着她坚韧的毅力和永不言败的执着信念，承受着生命中的诸多不幸，将艺术融注于她的生命之中，从而奠定了晋剧艺术一个划时代的基座，造就出晋剧历史上一代艺术巨擘；尽管她的文化程度不高，底蕴不厚，但她是一个有心人，为创造角色，她总是不耻下问，“……为了知道戏中人的历史，请别人给讲三国、列国、杨家将和武侠小说”，为塑造角色，她善于积累，勤于体察，从现实生活中挖掘积累艺术创造的素材，她常常利用“到各地演出的机会，尽量参观古代名人遗迹”。正是这些在别人视为多余的戏外功夫，使得她塑造的众多人物各个性格鲜明栩栩如生。无论是《打金枝》《渭水河》中九五之尊的唐王和文王、《空城计》中足智多谋、沉着稳重的诸葛丞相，抑或是《八件衣》《法门寺》中的七品县令、《芦花》中的员外闵德仁，还是《卖画劈门》中的儒生白茂林、《走雪山》中善良淳朴的曹福等等角色，无一不是从符合这些人物的身份、年龄、性格角度出发，赋予了人物角色以特定的表现手段，使多个人物形象各有千秋毫不雷同，每一个人物身上都呈现出一种积极向上的人格魅力和巨大的道德力量，渗透着一种隐忍凝重的气质。其次，丁果仙之所以能够成为晋剧艺术史上空前绝后的一代宗师，更重要的在于她在艺术上一直秉承并致力于创新、借鉴与改革的原则。在她撰写的《光荣属于党》一文中，通过自身实践和思考，对艺术创作中的继承和创新问题，给出了极为通俗且恰当生动的解析：“丰富多彩的晋剧，好比一杯香茶，香茶虽然好，放久了，也会被风吹干，所以必须不断革新。房子住久了要粉刷，家具用久了要修配，社会不断更新，戏曲也要不断发展……”丁果仙一生专工须生行当，但在角色的创造中，她从不拘于行当和角色，更注重于艺术上的横向和纵向的继承学习，甚至是跨行当、跨剧种的借鉴，汲取多元养分，应用于她所从事的须生艺术创作之中。她曾巧妙地把青衣和小旦行当声腔中细腻优美的成分加以改造运用，甚至大胆地将河北梆子唱腔也巧妙合理地借鉴过来，不露痕迹、不见棱角地糅入晋剧须生的唱腔之中，以增强音质的美感，丰富晋剧的原有唱腔。她曾以虚怀若谷的姿态与著名京剧大师马连良切磋技艺，在艺术表演和剧目创作领域相互借鉴交流，共同完善中国戏曲须生行当表演艺术。她善于从生活中汲取营养，处处留心生活中男性人物的举止神态，即便被人误解嘲笑也不改初衷。更为难能可贵的是，她不拘泥传统故步自封，也不卖弄技巧哗众取宠。她懂得：艺术要想具有长久的生命力，就必须让听者感到赏心悦目、悦耳动听，因而她不但善于听取专业人士的建议和设想，甚至还把自己置身于观众之中，以一位普通观众的眼光来看待艺术，听取观众的不同意见。尤其是在听到南方观众对晋剧过于火爆的唱腔难以适应，以及对晋剧尾音中过多运用“哪咿呀哈嗨”等虚字产生反感情绪之时，她就从晋剧唱腔自身查找其不受欢迎的因素所在，大胆地加以改造和取舍，给铿锵豪放的晋剧唱腔增添了许多柔媚细腻的成分，使观众便于听懂唱词，理解剧情，极大地丰富了晋剧艺术表现力。她这种一贯秉承并付诸实践的探索和勇于创新的理念，即使对于当今艺术的传承和创新，仍然具有很多的借鉴和互动意义，仍然可作为未来艺术发展的标准和法则，恰如同鲁迅先生在《人之历史》中所言：“……迄今日学人犹奉为圭臬。”

结　语

从丁果仙的成长经历和由她独创的戏曲教学理念来反观当今戏曲中出现的种种问题，我以为有以下思考：

古老的中华戏曲，历经数百年的发展，形成了独具特色的一整套表演程式和声腔系统，创造了独特的写意和抽象属性，奠基下深厚的群众基础，成为传承和表现中华民族优秀传统文化的重要载体，被公认为中华文化的瑰宝，中华民族的文化基因和民族遗传密码。中国戏曲规范化的表演技巧，不仅是历代艺人艺术才情、聪颖智慧、生活经验和思维形象的深厚积淀，更是一代代艺术家在长期的艺术实践中，意、气、神、色等多种因素共同积累所达到的韵致、境界的真实体现，在艺术的传承过程中，老一辈艺术家通过口传心授的特殊教育模式，手把手教授一招一式、传授唱词声腔，使学生在濡染、熏陶、入化的过程中，逐渐地完成从技巧之形向技巧之神的吸收消化和艺术转移，进而锤炼提升艺术灵性，完成艺术创造。这样一种不仅要形似还要神似的艺术传承过程，绝对是批量化生产培育手段所无法做到的。因而说，戏曲的这种独特属性决定了它与其他艺术门类有着迥然的发展道路，那就是戏曲的发展命脉依赖的是名家的传戏，正是这种一直存在于中国传统戏曲历史上并沿袭至今的师带徒教育模式，才使得戏曲艺术得以一代代承袭、创新和发展。

但近年来，古老的戏曲艺术与时代快速发展的步伐，出现了节奏上的脱节，其原因十分复杂。但窃以为主要还在于以下几点：首先，从客观上来讲，一方面是来自于电视、电影、互联网等娱乐方式的普及，人们选择娱乐的方式更加多样化，传统戏曲已不再是农耕生活状态下的一枝独秀；另一方面，农村城镇化进程的加快，使整个社会现代生活的重心逐渐由乡村向城市转移，先前一直作为戏曲观摩主力的农村人口，原有的生活区域被打破，基层文化阵地也渐趋瓦解，戏曲观众人数减少，演出市场萎缩自在情理之中。再者，近几十年来，看似丰盈的物质生活背后，国人精神生活的内在断裂现象严重，这其中很大程度上缘于媒体舆论导向对传统民族文化宣传的弱化，致使低俗文化占据上风，民族传统艺术被一日日边缘化。其次，从主观方面来说，由上述客观因素所引发的戏曲不景气，使得艺术演出院团的生存陷入困境，许多专业剧团焦虑而无良策，为生计所迫，整日忙于奔波，无暇也无力于对戏曲人才的培养和对戏曲艺术的传承保护。与此同时，许多地方性戏曲教育机构，也因戏曲的处境不佳，将原本以培养地方戏曲人才为主打专业的“戏曲学校”改为综合性的艺术学校，开设了许许多多的庞杂专业。此种情况，势必使戏曲表演人才的培养力度被削弱。另外，进入市场经济发展阶段以来，新中国成立之初一直推行着的戏曲学校学生学杂费由国家负担的制度被取消，使得即使有心想学戏的贫困子弟，面对高昂的学费，也只能望而却步，从而导致戏曲表演专业招生越发艰难。

为扭转近年来出现在整个戏曲艺术界的危机现状，也为了遏制和改变作为民族文化象征的传统戏曲艺术继续恶化的生存状态，2015年7月11日，国务院出台了《关于戏曲传承发展的若干政策》，政策围绕戏曲创作、戏曲保护传承、院团发展和戏曲人才培养等现实问题，提出了具体要求和切实可行的战略目标任务。尤其是针对戏曲后继人才培养所提出的“实施名家传戏、戏曲名家收徒传艺计划”，可以说是从根本上抓住了在戏曲这种活态艺术中，人才在其中的至关重要性，找准了新时期以来戏曲艺术教育中人才培养方面所存在的问题。

纵观晋剧艺术的发展历史，一直以来所仰仗的，就是一代代杰出表演人才的优良传承。从清代咸丰、同治伊始，山西中部的祁县、太谷等地各大商家就开始出资兴创戏剧班社，以扶持戏班和演员，以至于在当时的上、下聚梨园，锦霓园，二锦霓园，万福园，小万福园等著名戏班里，活跃着诸如孟珍卿（三儿生）、乔国瑞（狮子黑）、王云山（毛毛旦）、高文翰（说书红）等名角。20世纪初，丁果仙、丁巧云、冀兰香、筱字辈师姐妹及以后的牛桂英、郭凤英、冀美莲等女演员的相继加入，使中路梆子的唱腔日益丰富，艺术形式更加完美，达到了晋剧艺术的鼎盛时期。之后，丁果仙、王步云、高文翰、乔国瑞等艺人京津献艺，使晋剧名噪华北，也从此奠定了丁果仙“山西梆子须生大王”的美誉。新中国成立初期，由丁果仙、牛桂英、郭凤英、冀萍等饰演主角的晋剧戏曲艺术片《打金枝》的拍摄成功，再度使晋剧艺术声名远播，也由此奠定了《打金枝》不仅成为晋剧经典剧目，而且被全国多家地方戏剧种移植演出。上世纪60年代，《打金枝》又经过王爱爱、田桂兰、马玉楼、王宝钗等年轻一代艺术家的成功搬演与继承中创新，新世纪以来，以山西梅花奖获得者史佳花、谢涛、苗洁、武凌云、胡嫦娥、成凤英等梅花奖获得者共同演绎的“梅花版”《打金枝》的再度问世……山西一代一代表演人才的优势在全国戏曲界频频展示，“开创了中国戏剧舞台表演艺术的先河”（郭汉城语）。

由此可见，正是有前辈盖天红、说书红、三儿生、狮子黑、毛毛旦等名角在继承创新艺术方面取得的巨大成就，才助推了以天才艺术家丁果仙为代表女演员的相继登台，之后，她们的后继者代代辈出，在承继前辈艺术传统的基础之上，不拘泥保守，大胆地对本剧种予以创新改革，提炼加工，从而创造出一个个享誉菊坛的艺术流派，将晋剧艺术推向了更高的艺术境界。这足以说明，任何一位成功的艺术家，任何一部经典作品，都是在一定客观环境和机遇条件下，通过一代代演员在表演过程中不断增饰、不断积累，代代传承，才成为保留剧目。当前，以国家的名义来颁布戏曲传承发展政策，加大对传统戏曲艺术的扶持力度，这对于一直以来处于困顿状态下的传统戏曲艺术来说，无疑是一个千载难逢的绝好机会，在这样一个优越的客观环境下，在如此良好的发展机遇面前，当代戏曲教育机构、戏曲教育工作者、戏曲演出院团，都理应静下心来，克服近年来由社会和自身原因带来的现实焦虑，不失时机地把握好机遇，认真思考戏曲艺术遗产急遽遗失的原因，研究并充分利用丁果仙等老一辈艺术家从艺术实践中总结出的戏曲教育理念，培养更多戏曲后辈人才，更好地保护、传承和发展戏曲艺术。与此同时，每一位戏曲人，也都应明确自己肩负责任的重大，那就是如何在迅疾更替的现实语境下，利用山西表演人才优势，把丁果仙等前辈艺术家的教育理念更好地运用于当今戏曲教育，推动当下和未来的戏曲教育事业。丁派艺术，理应成为山西戏曲界一个有重要价值的研究课题来关注，研究丁派、传承丁派，以培养更多的丁派艺术传承者，唯有如此，才能够更好地传承戏曲艺术，弘扬民族文化，真正留住我们民族的文化基因和遗传密码。

徐秉梅

行于大道　艺从心出

——众家姐妹忆当年

乔玉仙：宛如风中的记忆

1

有一回，乔金仙（金仙是我妹妹，唱青衣）同丁果仙合演《走雪山》时，丁果仙唱着唱着就停住忘词了。此时打板的师傅也停了下来，不知道该如何是好，直愣愣地望着她。哪知台上的丁果仙不慌不忙，嘴巴里嘟嘟囔囔地“哦，这个，怎么……”，好像剧中人物唱着唱着由于年纪大记忆力不好给忘词了，正在想。实际上是丁果仙自己真的给忘词了。随后，她又“哦、哦”地张罗着唱开了。事情就这样被她巧妙地掩饰过去了，而台下的观众还被她演的人物所吸引，浑然不知。

关于丁果仙这样的小插曲还有一些，早年丁果仙上北平演出时，马连良提出以他的拿手好戏《四进士》换丁果仙的《反徐州》。后来丁果仙再次去北平演出时，她扮演的《四进士》中的宋士杰刚一上场，就看见了台下坐着的马连良，愣神间她把迎面走来的丁旦叫成了刘二混。台下观众哗然，要起倒彩，扮演丁旦的演员也瞪了眼。哪知台上的丁果仙却不慌不忙，用衣袖擦擦眼睛，走上前仔细打量着说道：“原来是丁旦娃娃，你看老汉我老眼昏花，走得慌忙，连娃娃都认你不出。”不但将失误挽回，而且还加得恰到好处，得到马连良先生的赞赏。

舞台演出中类似情况的发生，其实也很正常。关键在于演员在台上能否做到沉稳、及时而不露痕迹地将戏继续演下去，这就确实需要一定的功力与内在修养了。

2

在戏曲的舞台上，反串是一个非常有意思的话题。京剧四大名旦“梅、程、荀、尚”均为男儿身，却以扮演婀娜妩媚之女子而受到世人的追捧。然而，当有朝一日，他们以阳刚之气出现在舞台上时，却被称之为反串了。

这样的趣事自然也会发生在丁果仙身上。丁果仙以女儿之身饰演须眉，称雄于梨园，被誉为“须生大王”。看惯了唐代宗的皇家气度、诸葛孔明的神机妙算，听惯了八王爷的运腔运调、姚达的字字珠玉的戏迷们，很难想象，身着华丽服饰、手扯龙衣、刁顽撒娇的昇平公主，在台上会是一番什么景象。

上世纪50年代，在太原市的大中剧场，丁果仙就上演了一出反串的《打金枝》，而且演出中还出现了令人啼笑皆非的事情。丁果仙扮演金枝女昇平公主，须生反串小旦；乔玉仙扮演皇后，须生反串青衣；牛桂英扮演郭子仪，青衣反串花脸；冀萍扮演郭暧，小旦反串小生。因丁果仙小时缠过脚，虽然后来放开了，但脚还是小。她演金枝女，穿的是牛桂英的绣花鞋。牛桂英的脚比丁果仙的大，鞋自然就不合适。演出中，丁果仙扮演的公主一会东一会西地在父母面前来来回回，又说谎、又撒娇的，不想鞋掉了，台下观众不知情，可台上的却看得清楚。只见丁果仙在台上趿拉着绣花鞋继续唱着、扭着、撒着娇，做着各种动作和表情，很是逗人，引得台上的姐妹们暗暗发笑。

3

丁果仙年轻时的嗓子特别的亮，音色有特点，又善于运用，因而擅唱高音。如她在《斩子》中扮演八千岁，在处理“你休说三国里周郎年少”这句唱时，就注重了发挥嗓子的优势，高腔上挑，拖得很长却又亮而不飘，既唱出了八千岁的皇家气势、王者风范，又使台下观众听得过瘾、看得舒心。那个年代大都在农村的野台子上唱戏，演员凭的是真本领、金嗓子。后来，随着年岁的增长，到了上世纪50年代，丁果仙已不再这样唱了。这也主要与她身体渐弱，有肺气肿病有关。以前的腔调太高昂了，气够不上，所以也就放弃了那种唱法，改为了今天我们所听到的平缓低沉、厚重味醇的唱腔了。娓娓道来间，同样把八千岁既讲理、又决不让步的韧性与霸气表露无遗。

有意思的一个现象是，今天年轻的演员们，学的全部都是丁果仙后来的这种唱腔，而先前的唱腔却早已无人提及少人问津了。

其实大可不必。齐白石老人就曾经说过：“学我者生，像我者死。”丁果仙因自我身体状况调整唱腔，她是因人而宜，因她而宜。希望年轻的后学者们，也能因己而宜，活学活用。只有这样，戏曲的传承、发展才会焕发出新的生机与活力。

乔玉仙/述　赵黛明/文

刘俊英：一生难忘的选择

1

记得1937年，我十三岁的时候，说书红师傅带着弟子们一行来太原搭丁果仙的戏班“锦艺园”。该戏班在当时是数一数二的好戏班，当时也称“字号班”。锦艺园戏班那时已有丁果仙、三儿生（孟珍卿）、丁巧云、狮子黑（乔国瑞）这些主要的名家骨干，此次又有师傅带程玉英、刘桂英这二位已能独当一面的师姐加入，自是“如虎添翼”更加强盛。可这一年偏偏遇到了日本帝国主义的野蛮入侵，不久就攻占了太原、太谷、平遥一带，使民间戏班演出也陷入“危机”。这一次与丁果仙在一起搭班演出的时间虽然不长，但是，让我第一次目睹了丁果仙的演唱和表演。按说书红师傅的话说就是表演活灵活现，“装龙像龙，扮虎像虎”。演唱上嗓音清亮，韵调委婉，“拔嘹”处气吞山河，忽而峰回路转，蜿蜒飘然，可谓是声情并茂、美轮美奂，雅俗共赏。还有一件事更让我钦佩不已。那就是丁果仙在太原城“清和元”设宴，当众拜说书红做过门弟子。在外人眼里已功成名就的丁果仙，此时却毅然拜师为徒。她虚心向说书红师傅学习十本大戏，进一步拓宽了自己的戏路并丰富了自己的表演风格，着实让人钦佩。这件事在当时戏曲界曾轰动一时并传为佳话。

后来由于太原、晋中一带被日本人占领，没有演出市场，师傅又带弟子们搭了王金奎的戏班。日月如梭、星移斗转，刘桂英、程玉英师姐相继师满离开师傅。我也按约定学艺出师后又为报答师傅多随师傅演出满一年了，因母亲去绥远把我接回了太原。自从上次随师傅与丁果仙相识之后，我心中对丁果仙和她的戏班“锦艺园”向往已久，所以，这次我自己做出了坚定的选择——找丁果仙。与果子姐见面后，说明来意，果子姐对我热情地说：留下吧，先试演几场，让别的师傅、师姐妹也看看。当时我刚出师，还无钱购买行头服装，果子姐就向别人为我借，并亲自和我配戏，首场在鸣盛楼（亦称二院，即长风剧场旧址）联袂演出了《清风亭》。丁果仙扮演张元秀，我扮演周桂美。演出中在丁果仙扮演的张元秀出神入化的带动下，我的情绪也渐入佳境，完全融入了角色。她的演唱和表演赢得了观众的掌声。丁果仙可不是普通人，是个塑造舞台人物角色的奇才，和她配戏如同老骥伏枥，前方的路自知。就这样演了两三场后，果子姐对我说：俊英妹子，看得出你跟高师傅学戏时下了很大工夫，你若愿意留就留下来，但眼前的情况不比以往，梨园兄弟姐妹和国难当头的老百姓一样，得双手抱拳共渡难关，你需要和家里人商量，做出选择。

2

在省城太原沦陷，日寇肆虐的日子里，戏曲艺术遭到了严重的摧残。街市上白色恐怖，商业萎缩，百姓们逃亡的逃亡，留下的也惶惶不可终日。剧场门可罗雀，艺人们的生计面临严重的困难和挑战。就在这样的情况下，丁果仙和刘文才任掌班、狮子黑（乔国瑞）任承事，大家共同协商，决定强强联合。将郭凤英（十一生）、冀美莲、任玉珍（十三旦）、董翠红和董翠兰姐妹及许多苦难艺人都团结在一起演出，经济上实行“打破锣”。也就是大家演出的收入先顾吃饭，然后按照剩余情况分配，剩多分多、剩少分少，人人有份。我毅然选择了留下来。理由很简单：第一，自己的生活吃饭没有了顾虑；第二，果子姐这里群英荟萃，高手如云，是自己多看多学、拓宽戏路、快速提高的千载难逢的好机会。可是，此时我面临一个最大的难题，即父母没钱，暂时买不起演出服装。这时，果子姐又伸出了援助之手，让大家能凑的凑点内衣、鞋子，她又把钱给了我父亲，托人去北京购置了几件舞台上急需穿的戏装。在困难当头，戏班收入微薄，每个艺人都经济拮据的状况下，丁果仙的无私资助，令我全家万分感激，更让我终生难忘。在“打破锣”这段时期的演出中，我俩除《清风亭》外，还同台合作演出了《蝴蝶杯》《三疑计》《桑园会》《走山》《四郎探母》《八件衣》《九件衣》等剧目。我们俩的配戏演出对我的提高自然不必多说，同时也结下了深厚的情谊。

刘俊英/述　张俊海　张文峰/文

梁小云：丁果仙对我的帮助和启示

“师娘”丁果仙离开我们已经整整十年了。每当回忆起她在艺术上提携同行的事情来，老丁的形象便出现在我的脑海之中，心情久久不能平静，总想说出自己的感受来。

我过去跟师傅学唱戏，一没“戏”，二不“细”。在塑造人物性格和内在情感上，师傅没有教过，我根本不懂得，光以为唱出来不难听就可以了，不料在舞台实践中却碰了不少钉子，在这方面，老丁便是我的严师。

我从1940年参加丁果仙剧团开始，到1952年参加第一届全国戏曲会演（当时丁果仙和我合演《蝴蝶杯》，她获演员一等奖，我获演员三等奖），再到1953年赴朝慰问演出，直至同调省晋剧院，先后四次和丁果仙合作。我称老丁“师娘”，老丁叫我“猴鬼”，在感情上一直是很融洽的。但是，在舞台演出合作中，却经常因为我在配戏中不合标准而受到她的严格要求，甚至训斥。

老丁演戏有激情，很善于即兴抒发。所以她特别注重配角同她在感情上的交流，而我却存在着重唱不重情的缺点。因此在情感上、做戏上，往往造成脱节。比如：《蝴蝶杯·打子》一场戏，田云山看到闯祸的儿子返回家中，又急又气，怒不可遏，因此，他一边责骂玉川的过失，一边追扑着打他。田夫人此时在情感上应该是嗔、爱、喜、忧的复杂心情，由此，则应体现出劝、阻、护、责的舞台动作，这样三个人才能形成极富家庭生活气息的打子场面。而我，由于不理解此时此刻田夫人的内心活动，对田云山打子却表现了无动于衷的神态，说不阻拦吧，也上去阻拦了两下；说阻拦吧，又没阻拦到点子上，结果弄得老丁无法做戏，十分尴尬。戏演下来好一顿训呵。过后，老丁又耐心地把田夫人的心理活动仔细地给我做了分析，连说带示范地教了一遍，这才使我知道了演员之间情感交流的重要。还有我和老丁演《芦花》，当闵德仁听到长子闵损言罢“母在一子单，母去三子寒”时，深受感动，于是开口叫了声“李氏”，想唤过她来训话。我饰演李氏，听到闵德仁的呼唤，信步走去，毫无自愧之意地喊了声“员外”，老丁就为这“员外”二字的语气、声调、情感不对头，嫌我脸上毫无愧色，神态不内疚，无情无理，又训了一顿。她又急又气地说：“猴鬼，你好好想一想，你这个当后娘的做了这种伤天害理的事，还能粗声大气地叫一声‘员外’？做下甚有理的啦？”后来，每当我琢磨角色性格的时候，老丁的这些话就响在我耳边，不由得要动脑筋思考人物内在的情感，以便从表情、动作、语气、声调诸方面去寻找恰当表现人物性格的途径。在和老丁的配戏中，可以说我是学下了不少东西。

老丁的唱腔谁都说好，那真是千变万化，丰富多彩。我和她相处那么多年，真正学到了人家的好东西还是有限的一点儿。这里边关键是要有虚心的精神，求实的态度。尤其是稍有点小名气的演员更要如此，就像茶杯里装水，满了就再装不进去了。艺术这玩意儿在同行身上取之不尽；视同行为仇人，那等于在艺术上采取了绝食的态度。

1982年7月

梁小云

花艳君：怀念敬爱的二姨妈

从我踏进梨园，就随大舅邱德才、二舅邱树山、养母邱凤英跟着丁果仙所在的晋剧班社锦艺园一起生活。一位唱青衣的王少仙，排行老大，须生丁果仙排行老二，我母亲邱凤英是短打武生，排行老三。她们三位是磕头姐妹，所以从记事起，我就称丁果仙二姨妈。

1936年我七岁，我随二姨妈曾去上海百代公司灌制晋剧唱片。那时年，青衣乔金仙、老十三红闫贵锁、盖天红王步云、狮子黑乔国瑞、小生刘文才、二花脸吃瓜黑、三花脸王福义（艺名“茭叶丑”）都是锦艺园的艺术骨干，还有鼓师万金师傅，晋胡占元师傅。不但艺术力量雄厚，而且这些名角都十分注重外表，都是戴礼帽，穿袍褂，很文明，也很有气质，小孩子们都叫他们大爷。在《芦花》《教子》《三疑记》等戏中，我都扮演娃娃生。我每天有七两米的饭份，有时候在县里演出，有钱人给了赏钱，二姨妈也要分给参加演出的人，我也分过银元，回来交给奶奶。

旧社会的戏剧班社，每年阴历十月初十封箱。老艺人投亲靠友各奔东西。我随大人去榆次郝村，住在一个叫“二当家”的场院里。二姨妈跟上吴立恒的奶奶去太谷南席村度饥荒。到腊月就订下一年的班子，合同三个月，先付一个半月的工钱。唱得好了再续订，合作不好的走人。组织班子的是班主，有戏箱的也是班主，所以叫双班主。掌班的是剧务，承事就是艺术总监，有文化，能拿得起放得下，业务能力较强，众人才能服。二姨妈不是班主，也非承事，但她说话很有分量，大人小孩都很尊重她。

日伪统治时期，刘文才、狮子黑组织了新华茶园，张宝魁组织了新民戏院，二姨妈哪个团也不固定，演一场一百元现大洋，谁请也去，先付钱后登台，真是姜太公钓鱼，愿者上钩。时局再乱，艺人总得过日子，戏还得演。日本人投降后，艺人们陆续回了太原。大水巷是一院，京剧班；鸣盛楼是二院，张宝魁领班，我成了主要青衣；狮子黑、冀美莲、梁小云是新化剧院，为三院。我便常为二姨妈配戏，像《芦花》《南天门》《北天门》《清风亭》《席棚会》（即《舍饭》的本戏）等。

1949年4月24日太原解放，28日二姨妈随我们到太原三营盘慰问解放军伤病员。受伤的解放军见女同志到病房，主动盖严被子，二姨妈悄悄地跟我说：“解放军和二战区的勾子军就是不一样。”车上还指点我在《舍饭》中赵锦棠眼神的运用……我在解放军野战医院生了我大儿子，住了一周回到家里，二姨妈看了我三趟。

抗美援朝时期，二姨妈主动捐出了自己的戏箱；入党时交纳党费一万元。解放初期二姨妈工资每月一千二百元，我九百元，老人主动降自己的工资每月到五百元，我二百四十元。

1956年1月21日，二姨妈的团要去北京、天津等地演出，牛桂英大姐因生了孩子坐月子，不能参加演出，就抽我为二姨妈配演青衣戏。《打金枝》《南天门》《清风亭》都是新整理的剧本，我生完孩子十四天就阅读剧本，然后随二姨妈去天津演出十五天，北京演出一个多月。二姨妈让她丈夫任秀峰住单位，她和我住宾馆。还带着《芦花》《舍饭》等，到天津中国大剧院、天津音乐学院、北京长安剧院、中国话剧院、苏联展览馆、中央高级党校等地演出。北京、天津演完又去保定、石家庄、井陉、平定、阳泉等地，整整演出半年。无论是对艺术的责任感，还是对晚辈的关爱，还是处事做人的品德，二姨妈影响了我的一生。几十年过去了，二姨妈比母亲还亲，比爱人还爱，都给我留下刻骨铭心的记忆。至今深深怀念敬爱的二姨妈。

“文化大革命”中，二姨妈成了“死老虎”，我是“活老虎”。冠以混进党内的走资派、反动学术权威、牛鬼蛇神，我们都自顾不暇了。二姨妈病重期间，我还没解放，不能侍汤奉药，十分内疚。1972年正月初一，大儿子给老姨送去饺子，她只吃了两口饺子皮，深夜就不行了，还是我大儿子姚润生和二姨妈的儿子任继亮用平车从山大二院慢慢拉她回家的。二姨妈受过毛泽东主席接见，她把接见时穿的衣裤、围巾、鞋袜，都珍藏完好。留下话，过世后就穿这些，因为这是她一生中最大的荣誉。让人欣慰的是山西省委曾为二姨妈成立了治丧领导小组，王大任为组长。二姨妈遗体上盖着党旗，也算有个结局。2005年，有关部门为二姨妈批了墓地，举行了隆重的骨灰安葬仪式。一位为晋剧事业奋斗终生，并做出卓越贡献的艺术家，还是受到后人的无限敬仰。丁果仙的名字将永留青史，永垂不朽！

花艳君/述　李春芳/文

冀萍：和蔼仁慈的艺术前辈

在我很小的时候，大约八九岁的样子，就经常听说丁果仙这位大名鼎鼎的艺术家了，那时我还是个正在学戏的小孩子。记得丁老师过三十岁生日时，当时太原新化剧院所有的坤角都去给她庆贺，场面非常热闹，还拍了照片留纪念，丁老师坐在正中间，周围分别坐着、站着十多位风姿绰约的名坤角，我是小字辈，坐在丁老师脚下。七十多年过去了，现在再看这张照片，真是感慨万千，当年的艺术家们正是风华正茂，丁老师端庄大方、仪态怡人；我穿着小旗袍，稚嫩的脸上洋溢着灿烂的笑容。睹物思情，不禁让我想起了丁老师的艺术表演风采和与她合作演出《打金枝》的情景。

1953年我们参加了第三届赴朝鲜慰问团，到朝鲜慰问最可爱的中国人民志愿军。在我们这个慰问团中，最受战士们喜欢的人就是丁老师和刘胡兰的母亲。当时演出的剧目主要有《打金枝》《游龟山》和《打渔杀家》等，我在《空城计》中演二琴童。我之所以演琴童，是因为我们当时赴朝慰问演出时一个团分成两个演出队活动，人员格外紧张，有些志愿军战士甚至还参加我们的演出，因此，我在演完《打渔杀家》中的肖桂英后，下来还要演二琴童。丁老师饰演诸葛亮，她真是把诸葛亮演活了，把一个足智多谋、运筹帷幄的军师刻画得极其生动，志愿军战士们欢迎的掌声就不断，特别热烈。我在台上也被丁老师的表演给迷住了，两个眼睛盯住她不放，结果被丁老师发现了，她下台后问我："你是在演戏呢，还是在看戏呢，还是在学戏呢？"我说："看戏看得发了呆啦，入了迷啦，忘记了我在演戏啦。对不起！对不起！"

丁老师不但艺术高，思想更进步。在朝鲜都是一天演两场戏，而且都是她的重头戏，如《打金枝》《空城计》《游龟山》等，除了演出，她还要参加慰问和清唱，可是丁老师任劳任怨，从来也没有发过任何怨言。

1955年，我有幸参加了电影《打金枝》的拍摄，饰演昇平公主。说到这儿，我还想多说几句，按艺术档次和年龄来说，我是一个小字辈，和人家这些艺术家不在一个档次上。原本这个昇平公主是我母亲冀美莲演的，因为要拍电影，电影导演看了我演的公主后，就提议让我演，因为当时我母亲体形已经发胖，领导考虑到我年轻，更适合这个角色，决定让我去拍电影，母亲也很高兴。当时拍电影时，我的心里是既高兴又害怕。能在电影荧幕上看到自己的形象是件多么高兴的事情啊！但也有顾虑，因为饰演唐代宗的丁果仙老师、饰演沈后的牛桂英老师和饰演郭暖的郭凤英老师都是在山西挂了"派"的人物，特别是丁老师，她是晋剧大王，艺术大师，而我自己呢，仅仅是个青年演员，和这么多艺术前辈合作拍电影，怎么能没有顾虑呢？然而出乎我的意料，老师们对青年演员特别关心、扶持和爱护，尤其是丁老师，经常帮助我，就像对待自己的亲闺女似的。丁老师说："同爱（我的小名），把丁老师的宝石戒指戴上吧，你演公主，你戴上比我合适。"在长春拍摄的四个多月中，通过和丁老师合作，我深深体会到，丁老师在艺术上不是凡人，她虽然不懂简谱，文化也不高，可是她把晋剧给唱活了，比如，她唱到"叫驸马一同回宫去”，晋剧中的老唱法是一带而过，丁老师却根据人物的心情，创造了这句唱的甩腔，由于唱得好听，所以一直沿唱到今天，现在所有演唱《打金枝》的都用的是这句唱腔。

再一个体会是，和艺术造诣高的人在一起演戏，受益就高。我和丁老师合作演戏，即使没戏她也能把你带得有了戏，例如，剧中金枝女告诉父亲，“我与侍儿在宫中……”，丁老师马上用一种肯定的眼神看着我、身体微微向前倾并用扇子指着我、带上戏说：“噢，拜寿去来？”丁老师的表演带动了我的情绪，我（指金枝女）一愣，看着父亲不知说什么好，低下头去不好意思地说：“玩耍来！”这些细节的表演，丁老师都感染着我，使我受益终生，多年来即使和别人合作演出，也都会想到丁老师当时的眼神。

1959年，山西组团赴福建慰问演出，我又幸运地和丁老师同台演出了四十多天的《打金枝》，每场戏演出完，我就请教丁老师。记得有一次演出完请教丁老师时，她说你手指高了，于是第二天我再低一点，但演下来她又觉得不对。后来，我发现，丁老师演戏不是死演，她每场戏都在创作，比如，她今天的捋胡子的动作高了，明天又低了，你得和她配合，而且必须要跟得上她。这一点，我认为是丁老师之所以成为艺术大师的最大不同之处，她能将传统戏的规定程式动作演得不同于别人，也能将唱腔唱得不同于别人，甚至不同于她自己，不重复自己。可以这样说，丁老师对自己的艺术永不满足，她的表演永远都在不断地创新之中。

丁老师做戏非常到位，非常符合人物的身份。剧中当金枝女回到宫中跟父亲搬弄是非“驸马说江山是他家挣下的”，丁老师（饰唐代宗）一下子脸色就变了，因为这是从谈家事上升到国家的政事了，“按大理本该申法纪”，但转念又一想，郭家为他的江山南征北战，“又诚恐得罪了老臣郭子仪”。这一系列的思想活动，丁老师演得层次分明，简直把高瞻远瞩的唐代宗给演活了。我就在想，“为啥丁老师演啥像啥？为啥她塑造了那么多好的人物？”原来，丁老师除了具有艺术天赋外，她还特别善于观察生活。

记得有一次在北京演出完后中央首长请吃饭，别人都动筷子了，唯有她不动，问她，她说：“我在看李庶民（时任山西省文化局局长）呢。”原来她在观察领导人是如何抬手动脚的，他们的一举一动有什么特点，与老百姓有什么不同之处。丁老师善于观察，留意生活，所以，她饰演的角色常常是生活中的典型人物，比如，她在现代戏《丰收之后》演一个五保户，戏虽然不多，唱腔也只有八句，但却博得了观众热烈的掌声，给观众留下了深刻的印象。我认为，她的表演风格是现实主义的，不是形式主义的。人们常说，艺术来源于生活，生活又创造出艺术，丁老师就是这样特别善于观察生活的人，所以，她演的人物都很生动。

说到丁老师演啥像啥，我想起一件事，那是大约在1950年，丁老师反串过一次金枝女，我演郭暖，好像是乔玉仙老师演皇后，孙福娥老师演郭子仪。丁老师化上旦妆可漂亮呢，圆圆的脸，唱到“侍儿们将红灯高高挂起”时，她进门时把腿这么一撩，哈，满场子轰动。她真是演什么像什么。可惜在“文化大革命”时，她生病住在晋剧院三楼的一间南房，阴面不向阳，身体不太好，我曾熬上稀饭让儿子给她送去。后来她回了家以后，我听郑忠贤说，他去看过丁老师，丁老师对“样板戏”很关心，向郑忠贤建议道：“你演李玉和，应该在花脸唱法的基础上，吸收须生的唱法。”

我和丁老师虽然有过几次艺术合作，但当时和她不在一个剧团，她当时在市里，直到1959年才从市里调到省里。丁老师是艺术大师，我是小字辈，既不是同龄人，也不是师徒，仅仅是在一起演出《打金枝》接触多一些而已。但是，我认为，我们晋剧界出了这样一位艺术大师，无人能比，这是戏剧界的骄傲！

冀　萍/述　王　越/文

王爱爱：大师风范

或许是由于我奶奶筱桂花曾经和丁果仙老师在一起合作演过戏有关，我很早就听说丁果仙这个响亮的名字了，但我和丁老师最早的接触是在1960年，那时省里决定成立一个青年团，把我和刘惠生从晋中调来，从那时候起认识了“丁牛郭冀”等艺术前辈。

我在晋中的时候，就知道唱戏，每天就是下乡演戏，看到的和听到的都十分有限。调到省里以后，觉得眼界变宽了，世界变大了，懂得了什么才是艺术，内心充满了对艺术的热爱。我们每天除了唱戏，还学习文化课，练基本功，参加各种艺术活动；不但能看到“丁牛郭冀”等艺术前辈们的演出，还能得到她们的具体指导，在艺术修养和素质上都有了显著提高。当时王谦等省领导同志都非常重视对青年团演员的培养，领导把我们这些青年演员按行当进行了划分，不同行当有不同的艺术前辈辅导：唱须生的归丁果仙老师，唱青衣的归牛桂英老师，唱小生的归郭凤英老师，唱小旦的归冀美莲老师。耳濡目染，我们在艺术表演和唱腔上进步很快。那时每天的一切活动，包括吃、住、练功、学习、演戏等都集中在南宫（太原工人文化宫），生活忙碌又紧张，非常充实。我是唱青衣的，跟牛桂英老师学习，所以和丁老师的接触并不多，但丁老师却给我留下了深刻的印象。

我们这些青年演员来自省里的四面八方，当时的基本功都不扎实，为了提高我们的艺术表演水平，领导特意请来著名京剧表演艺术家尚小云先生收徒授艺。记得当时尚小云先生给我们上课，讲身段和表演，比如，讲兰花指的运用，并示范怎样使用兰花指看起来才更美。按说尚小云先生讲的是旦角的表演内容，与须生的表演关系并不大，但是，丁老师却坐在那里非常认真地倾听。当时丁老师已经是艺术大师了，却还那么勤奋认真、孜孜不倦地学习，给我留下了难忘的印象。

我看丁老师的第一出戏就是《卖画劈门》，那时我二十岁。过去我们这个年龄的演员，不像现在十八九岁的青年演员，什么都懂，毕竟时代向前发展了。记得当时我们看了丁老师的《卖画劈门》后十分感慨，觉得丁老师演得真好，一个女同志，完全脱了女相，把人物能演得这么好！好在哪？绝在哪？精在哪？尽管我们一群年轻人很想把丁老师之所以演得这么好的原因给分析总结出来，可是大家只是光会发感慨，就是说不出来，就会说："哎呀，就是好！"

现在回想起当年丁老师的表演，认识自然就更加深刻。丁老师那的确是在演人物。剧中她饰演的白茂林这个人物很难演，白茂林是个有才华但又不愿攀高结贵的卖画人，所以气质上自有一种傲骨，但又表现得不卑不亢，丁老师对这些把握得非常准确，仅仅"卖画来，卖画来！"三个字的道白，就让观众直叫好呢！丁老师的表演非常细腻，当白茂林听到敲门声，以为是胡林来抢亲时，丁老师在音乐中表现人物的着急慌乱，情急中突然发现"桌案上明晃晃一把菜刀，我这里取菜刀开柴门……"边唱边表演，将菜刀往腋下一夹，拉开门闩，一刀猛劈下去……表演得层次分明，刚劲有力，人物心理刻画得清晰细腻，观众又是叫好。待到白茂林弄明白眼前站的这个人竟是他的甥儿时，如同大旱适逢及时雨，霎时激动地唱道："来得好！来得妙！刚刚凑巧！"这一句唱腔观众又是喝彩声一片，丁老师演得真是精彩到位。手眼身法步，融合完美，让人看了觉得特别舒服顺畅，那真是艺术达到了一定高度的体现，人物的感情脉搏和观众的脉搏是同时跳动的。

白茂林的性格和《空城计》中诸葛亮是完全不同的两种性格和人物，但丁老师演啥像啥，都刻画得那么生动。当时不知道丁老师怎么就能将人物体会得这么深，现在想来，丁老师真是艺术天赋极高，艺术悟性极好。丁老师的眼睛特别有神，演《空城计》诸葛亮时，有时闭着眼睛演唱以示军师的胸有成竹，一睁眼，眼光如炬，炯炯有神！她在《蝴蝶杯》中和牛桂英、郭凤英老师的配戏也非常默契，比如，田夫人（牛桂英老师饰演）对儿子田玉川（郭凤英老师饰演）的埋怨、儿子依母亲的庇护表现出的少年轻慢以及田云山（丁果仙老师饰演）内心的悲喜交加，都是无声配戏，三位前辈将不同的人物情绪刻画得十分细腻感人。

丁老师不愧为晋剧界的泰斗，她个子不高，一出场却能把台压得稳稳的；她文化不高，但对艺术精益求精。有一年在北京演出了四十多天，毛主席周总理还看过演出。每场演出丁老师对服装化妆认真仔细，演出绝不马虎。丁老师的所作所为，就像电影《舞台姐妹》上面人物说的“认认真真的演戏才对得起观众”。丁老师演戏非常认真，不管观众是多还是少，是领导还是老百姓，她都一样认真对待，可以说，“丁牛郭冀”这“四大名牌”，给我们晋剧界留下了优良的传统。

丁老师对青年团的年轻人非常关心爱护。当年我们每天6点就起床练功，60年代正值国家经济十分紧张的时期，我们吃的那点早饭本来就没什么营养，还要练基本功，坚持不到中午12点就饿了。我从晋中来到太原，特别想家，丁老师就给我们贴补一些吃的，就像亲生母亲一样，让我们觉得特别温暖。

丁老师无论对谁都很仁慈宽容，没有架子。记得当时省里给丁老师派了一部上海牌的小车，我们就和丁老师说：“丁老师，我们就没有坐过小汽车，我们可想坐坐呢！”丁老师说：“没坐过？好，那你们就上去坐坐。”她叫剧院的司机常有忠开车，把我们一堆年轻人都给“撴”了进去，在剧院的大院子里转呀转，我们在里面笑成一堆，她在外面笑成一团。这些欢喜的情景至今回想起来似乎都历历在目。有了丁老师这样的前辈对我们的关心和照顾，我们暗下决心，好好用功！好好演戏！一心一意要把青年团打造好。

丁老师完全可以称得上是一位名副其实的德艺双馨的艺术家。她常常教育我们：“红花还得绿叶配呢。可不敢横行霸道，要不，你就是干枝梅。”丁老师在现代戏《丰收之后》里甘当配角，虽然戏不多，但却至今让人们难忘，观众评价说：“一本戏都让丁老太太唱了。”“一台戏都让她给夺了。”可见丁老师的艺术是多么的感染观众。我没有看过丁老师演的《芦花》和《渭水河》，但听戏迷们说非常好。丁老师演戏，演的是剧中人物而不是丁果仙本人。

遗憾的是，丁老师走得太仓促了，她演了那么多的好戏，塑造了那么多的优秀人物，保留传下来的影像资料却并不多，只有电影《打金枝》。有很多人都在学习丁派艺术，但也只能说是模仿，要想真正掌握丁派表演艺术的精髓是非常不容易的。丁老师把好多宝贵的东西都带走了，人走不能再回来，她的去世，对晋剧艺术是很大的损失，不是一般的损失。今天我们隆重纪念丁老师诞辰一百周年，是应该的，这实际上也是对后人的安慰，希望这个纪念活动能搞得红火热闹一些，毕竟丁老师是一位晋剧大师，举办这样的纪念活动是非常值得的！

目前戏曲不景气，这不是我们一个剧种存在的问题，而是全国普遍的现象。但我相信随着时代的发展，戏迷的需要，晋剧会更好地发展起来的。祝愿晋剧的未来如雨后彩虹，绚丽多彩！

王爱爱/述　王　越/文

田桂兰：不是师傅胜似师傅

如果说我在晋剧表演艺术上还有所建树，有些许成绩的话，首先要归功于党的培养。是我幸运地赶上了新中国的好时光。荣幸地成为党培养起来的第一代新型文艺工作者。更重要的是在我从艺的道路上，遇到了好几位德高望重，名冠艺坛的名家大师，使我有幸成为他们的学生，如我的启蒙老师郭双喜（水仙花）、刘仙玲、花艳君、张宝魁（筱吉仙），以及川剧大师阳友鹤、京剧艺术大师尚小云等老一辈艺术家，是他们的严格执教、精心栽培，才有了我在舞台上的一招一式。然而，在我的艺术生涯中，对我影响、教导、帮助最大的是晋剧一代宗师——丁果仙。她后来是我在太原戏剧学校的首任校长。她虽然不是我的师傅却胜似师傅。

1955年我刚刚考入“太原市人民晋剧团”学员班一年多，就喜出望外地被选上，跟着晋剧须生泰斗丁果仙赴长春电影制片厂拍摄戏曲片《打金枝》。更没想到的是到长春后，为了让我方便服侍照顾丁老师，叫我和她一起住在长影院里的小平房。其他人都住在厂外的电影学校。拍电影很忙很累。但是，丁老师不管头一天排戏累到多晚，第二天清晨五点多必须起来练功。盯着我喊嗓子，接着拿顶、下腰。练功的地方就是在长影院子里的草坪上。拿顶（倒立）时我的脚无墙根可靠。丁老师就用手扶着我的脚练功。想想是，我一个刚刚离开农村的黄毛丫头，就由艺术大师亲手扶着脚练功。这是多大荣幸。我的艺术生涯就是从丁果仙艺术大师的手心里开始的。

她老人家教发声、道白、台步、身段、唱腔……一举一动地传授，一点一滴地启发。使我高起点学艺，终身受益。丁老师的徒弟很多，真是桃李满天下。但是，没有哪一个徒弟能得到像对我这样细心的教导。

丁老师对我的关怀对我的爱，真是放在心坎上，捧在手心里一样，她不光关心我的业务进步，也关心我的生活，吃喝穿戴样样想着我。有一次，丁老师去北京开政协会时，突然往晋剧院寄回个邮包。邮包放在办公室、邮包上写着“田桂兰”

收。可我从来没见过邮包，所以始终不敢去取。直到丁老师从北京回来，她才又亲手把邮包交给我：“傻丫头，寄给你的东西还不敢拿！”原来包裹里是两件带道的毛衣。真没想到她在北京开会那么忙，还想着给我买东西。丁老师说：“这两件毛衣，是让你好好练功，好好演戏。”这两件毛衣温暖了我一辈子。

我更有幸与丁老同台演出《卖画劈门》《打金枝》等戏。在演出中亲身感受到大师的艺术感染和熏陶。从而极大地提高着自己的艺术表现力，力求与大师准确交流，声情共鸣。

当然，一开始和丁老师同台演出难免紧张。尤其是在北京“怀仁堂”给中央首长演出《打金枝》那场。由于我太紧张生怕出错，所以我和丁老师约好，我要等她捋胡须（髯口），我再开始叫她“父王”。可是，到了场上，她一直没有捋胡子，我只得自己叫了“父王”。演出虽然很顺利。但我演完后还是在问丁老师：“为什么没见你捋胡子，给我打暗号？”丁老师一听笑了：“哈哈哈哈，我忘他娘了。光想着唐代宗的戏，早就忘了暗号了。”不过她又接着说：“上了台就只能想角色，不能有其他杂念。”这句话也让我铭记了一辈子。

田桂兰

时间：艺术的回音壁

——有感于丁果仙给我的艺术营养

有幸从张桂根兄处看到一本前些年出版的书：《晋韵流芳——丁果仙百年诞辰纪念文集》，才知道晋剧表演艺术家丁果仙已经离世多年了。

我渴望这本书，是我需要了解这位晋剧艺术大师坎坷、光辉、悲惨的人生。因为我除了熟悉她舞台上的艺术形象，连她本人也没见过，更别说有什么交往。我怀念她，是因为我在她浑厚、舒展、优美的唱腔和她表演的艺术形象中获得了营养，使我有了点音乐细胞，并在“文革”中逃过了一场劫难。可以说，她是我未曾谋面的恩人。

不知是天性，还是因为生在一个管教很严的农村家庭，我从小就腼腆、木讷，从不敢在众人前表达自己，更不要说有什么歌声，这使我以后有了许多故事。我四五岁的时候，吃饭时总是端着碗坐在街门的石墩上，一位屠夫邻居经过我家门口时，总会亲切地唤我的乳名，问我吃了几碗饭，我不知是不识数，还是想很快结束与人交流的恐慌，每次回答总是“五碗”，致使“五碗”成了我在街坊邻居们心目中木讷、憨厚的象征。

我从学龄前至今没有在人前唱过歌，因为唱歌使我产生过巨大精神压力；记得我在太原上小学五年级的时候，忘记全校是搞什么活动，因为我是班里少先队小队长，被列入必须独唱一支歌的人选，这使我非常紧张，无奈哀求老师放我一马。老师见我这样窝囊，说话又是方言，终于准许我只参演集体节目《拔萝卜》。在排练时，我又选了一个不露面的“萝卜”角色：即让同学用红布把自己包裹起来，不发声，也不露面。

后来我有了点“音乐细胞”，正是得益于晋剧，特别是丁果仙那富有魅力的唱腔。

这点音乐细胞是一个逐渐生成的过程。由于我小时候能接触到的唯一剧种就是晋剧，开始时，对它的唱腔还谈不到喜爱，只是适应；真正喜欢的，则是它真善美的故事和生动的剧情，觉得它比“小人书”（小时候常看的一种袖珍连环画）还好，因为面对的是真人，好像这些故事情节就发生在眼前一样，更能强烈地撞击自己的心灵。那些生动的人生故事，使我不能不思考自己的人生。晋剧的故事情节很美，很吸引我，但对它们认识，同样也是一个由于更深化而更热爱的过程。比如小时候看《打金枝》，只是神往自己将来也能像郭暧一样有能耐、有主见、有尊严，也有一个像金枝女一样美丽、天真又爱自己的妻子和像唐代宗、沈后一样通情达理的岳父岳母。后来才认识到，它的意义远不是这样，甚至蕴涵了最先进的现代思想，且又集中体现在起主导作用的唐王身上。它有君臣平等、夫妻平等的思想；郭暧说唐王的江山是他郭家父子打下的，唐王也不计较，只是批评了郭暧不该喝醉酒打妻子……这不正符合当今世界的人生来平等、言论自由、尊重人权的文明潮流吗？人们喜欢它，就是因为它捕捉的是封建专制制度下的真善美；作者颂扬它，就是在呼唤一个更能体现民主、自由、平等，更能充分尊重人权的社会。当然，更多的故事情节是表现人的高尚人格、善良品德和聪明才智的。如《明公断》中铁面无私的包文正，《四进士》中古道热肠的宋士杰，《走雪山》中善良淳朴的曹福，《芦花》中以德报怨的闵子骞，《空城计》中足智多谋的诸葛亮……对这些内容的喜欢，也使我喜欢上了晋剧，特别是欣赏到丁果仙那浑厚、舒展、优美且富有情感的唱腔后，竟然不觉暗暗用鼻音模仿起来。我至今记着十四五岁时在邻村夜晚看完丁果仙所唱的须生戏《空城计》后，披着月光随村里人回家的情景，因为那迷人的旋律总在脑海里萦绕，总觉得那晚的月亮比哪天都明。实际上，我看丁果仙的戏很少，欣赏她的唱腔除了电影《打金枝》，主要是在广播里和一些音像资料中。可能是因为她的唱腔作为一种艺术形式最适合表现晋剧的内容，它成了我生活中的一种愉悦，常常在自己完成一首诗或一篇较为满意的文章创作时，不觉就会模仿丁果仙的唱腔自娱自乐。我在这方面最“辉煌”的一次，是在梦中模仿丁果仙的唱腔时，竟然把熟睡的妻子惊醒，使得我在全家出了名：平时像哑巴一样，想不到竟是满腔满调的“果子红”。

我也在丁果仙饰演的艺术形象中获得营养。特别是她在《空城计》中创造的临危不惧的诸葛亮形象，成了我暗暗学习的榜样，从而进一步改变了我木讷、腼腆的性格。给我印象最深的，是诸葛亮在司马懿兵临城下的危急时刻，在城楼上笑容可掬的神态和那激越、粗犷、圆润、余音回荡的唱腔，由于和诸葛亮明示空城并鼓动对手进城的唱词如珠联璧合，更给对手一种底气十足、必是计谋的感觉，这就使得愈鼓动对手进城对手愈不敢进，愈实说城内空虚对手愈认为有埋伏更趋合乎情理，司马懿最终撤退也就成为一种必然。正是在这种扣人心弦的危急环境中高矗于我心中的诸葛亮形象，给我以力量和智慧，使我在“文革”中逃过了一场劫难。

那是1966年八九月间，正是红卫兵“破四旧”锋芒毕露的时候。一天上午，我正准备离开办公室到车间参加劳动，一个红卫兵头头推门进来，表情很严肃地说要和我谈件事情。他其实是五年前和我一起分配到这个厂的同班同学，那时大家都是为革命六亲不认。我知道不会有好事，暗暗鼓励自己，无论是什么事，一定要像《空城计》中的诸葛亮那样沉着应对。他反客为主让我坐下，说：“咱们是同学，有个问题你要老实交代，据我们掌握的可靠消息，你那里有你父亲给你的一箱金银财宝。希望你能带头破‘四旧’，主动把它交出来。”听了他的话，我的心咚咚跳，因为在我住处的床底下确实放着父亲交给我保存的东西，不过那不是“一箱”，只是一个长不足一尺、高和宽不足半尺的小木匣，那是一年前我结婚后父亲让我保存的。它没有上锁，只是贴着封条，里面有什么父亲没有告我，我只是意识到一定有重要东西。那时母亲已逝，父亲是半身不遂，单独住在哥嫂家附近，由哥嫂照料。让我吃惊的是，这件事除父亲及我和妻子知道，哥哥、嫂子、姐姐、弟弟及所有侄儿侄女都不知道，怎么也想不到红卫兵会知道。我打定主意，即使被抄家抄去，给我的脖子也挂上什么牌子，我也不能主动交出来，背叛我一生辛劳、勤俭的父亲。于是，我也学诸葛亮在城楼上笑容可掬的模样，尽量让脸上有点笑纹：“我父亲不是地主，也不是富农，只是一个普遍农民，怎么会有一箱金银财宝！你相信？”

“怎么不相信！不是和你说过，我们是有可靠消息。希望你认清形势，端正态度，老老实实交出来，这样对你好。”他反而提高了调门。

“你不要以这种对待阶级敌人的语气和我说话。我是搞共青团工作的，政策方面的知识不见得比你少多少，如果我真有你说的那些东西，当然知道交出来对我好；可我是真没有呀，你让我交什么！”我怕我的笑容误以为是有求于他，也对他不客气了。

“老同学呀，你可要知道你这样不配合的结果，那可是要抄家的，到时候我想保护你也保护不了。”他反而变了语气在“关心”我了。我想到诸葛亮愈鼓动司马懿进城，他愈不敢进的故事，就也鼓动他：“抄吧，我还盼着抄呢，这样也能给我个清白！”

谈话再也进行不下去了，他只好说：“就这样吧。你不要走，先在这里等等，我们商量一下，一会儿告你结果。”

大约半小时后他来了说：“不去抄你的家了，我们相信你，因为你是党的培养对象。”说完就走了。我觉他们这是在自找台阶下。其实“文革”初期红卫兵“破四旧”（旧思想、旧文化、旧风俗、旧习惯）的内容是很广泛的，还包括揪斗学者、文学家、艺术家等“反动学术权威”，冲击寺院、古迹，查抄、焚烧藏书、名人字画，烧戏装、道具，从城市赶走有地、富、反、坏、右背景和发现新的政治问题的“牛鬼蛇神”……查抄、没收金银财宝、器皿、饰物很普遍，但关键是要有准确信息。抄阶级敌人的家，即使没抄出什么东西，也是“革命行动”；但我不是阶级敌人，是一年前全厂近千名工人中刚提拔的唯一一名以工代干的“接班人”。他们没有去抄家，主要是我破釜沉舟的决心和临危不惧的表现，使他们对自己的“准确消息”产生了怀疑，怕万一抄家抄不出东西来自己被动。

这里顺便交代一下。一年后父亲去世，我把这个小木匣拿回老家和全家人一起打开，原来里面是：各一百元的存款单三张，五枚金戒指，一个玉镯和几个银镯子银项链。父亲只写着存款单和戒指是我和两个弟弟各一张（个），其余怎么处理无文字。父亲是脑溢血去世的，其余东西无法按他的真实意愿去处理，我让兄弟姐妹们谁觉得自己该拿什么就拿什么，因为在那个政治环境中，有工作的人拿了它还怕惹麻烦，就顺利处理完了。至于这些东西红卫兵是怎么知道的，我在偶然的机会中翻阅“四清”运动的“黑材料”时发现了有关它的纪录，是一名有党委委员身份的车间女工向“四清”工作队反映的。她和婆婆就住在我嫂子的对门。她的丈夫是现役军人，平时就和婆婆一起生活；她婆婆和我嫂子都是家庭妇女且走得很近，常互相串门、聊天；我嫂子天天侍奉父亲，嫁到我家的时间几乎和我的年龄一样长，不可能不掌握家里的一切情况。这条线虽然是由这名女工连接到“四清”工作队、红卫兵那里的，但我与她并无恩怨，相信她只是出于一种政治觉悟而已。

艺术，作为人的一种精神营养，它对人的思想、情感、性格、行为的影响是潜移默化的。我虽然从丁果仙表演艺术中获益如此之大，自己却并不知情。这就像我每天早晨在学府公园锻炼身体时，看到一些人揣着录音机，边走路边听丁果仙的唱腔，他们同样也不会想到丁果仙对他们有过什么帮助，这就像这公园里沁着花香的新鲜空气，谁都在受益，但谁都不会过问这些芳香是来自哪些花。

这让我更觉得，晋剧一代宗师丁果仙表演艺术的社会价值和意义，虽然是无形的，却又是巨大的、无法估量的。

丁果仙的艺术成就当然与她先天素质有关，比如嗓子好，悟性也好。但我认为，其决定因素，主要是她那令人感动的人品和对艺术孜孜以求的勤奋。这是因为，一切艺术都是表现真善美的，只有首先是真善美的人，才能通过自己的感受和体验，更好地表现真善美的艺术形象；即使要演好反面人物，也必须有对真善美的爱，才能更好地创造假恶丑的艺术形象，激发观众对它的恨，以此呼唤美。我甚至认为，在艺术家必须具有的高尚人品和孜孜不倦的勤奋之间，也是人品在起统帅作用，因为人品的涵盖面是很广的，除善良、无私、正直等美德，还有崇高的艺术理想和追求。如丁果仙的戏路由女腔改男腔，她也是为“当一名英雄男儿，把天下坏人都除尽”。这正是她勤奋的源泉。

她在人品方面最让我感动的事例，是在她对她的乞丐艺人刘喜则的态度。她为学习乞丐艺人刘喜则的《花子拾金》，曾拜刘为启蒙老师。不想此后丁果仙由于对艺术的执着追求，名声越来越大时，她的这个师傅却自己堕落了，竟因抽大烟欠了人家一大笔钱，一天推一天还不起，被人家痛打，他只好笑着承诺：“钱一定能还，我还不起，还有我徒弟丁果仙！”人家几个人就押着他找正在演《空城计》的丁果仙。丁果仙演完戏被告知这一情况后急问：“俺师傅刘喜则在哪？”来人就把骨瘦如柴，面色灰暗，身披一张麻袋片，脚穿一双露脚趾头的烂布鞋的刘喜则拖到她面前。后台掌事见他这副模样，急忙为丁果仙解围斥刘喜则道：“你快滚出去，丁老板哪有你这等师傅！”丁果仙却急忙上前扶刘喜则：“起来！起来！怎么混成这样。先说欠他们多少钱。”刘喜则低着头没敢开口。来人道：“先后总共欠三十四块大洋！”因为这些钱起码相当于现在的六千元以上，丁果仙问：“师傅，有这么多吗？”刘喜则吞吞吐吐地说：“有！去了烟馆十几次，就欠了这么多。”丁果仙对来人说：“现时身上没带钱，明天晚上开戏前你来找我，所有欠款一律还清！”来人走后，丁果仙不仅给刘吃了饭，又让他洗了澡换上新衣服，还收留他落脚在自己身边，过上正常人的生活。让我闻所未闻的这一生动事例，蕴含着丁果仙多少可贵的人品！不仅是善良、对弱者的同情和滴水之恩能以涌泉相报的品德，那一声“俺师傅刘喜则在哪”的急切中，更有在自己富贵后，仍保持着对一个处在低贱地位者的关爱和人格的尊重。再就是她对名利的淡泊，“文革”前她两次主动降低自己的工资；两次各交一万元党费，也是这一襟怀的补充。而著名演员程玉英的经历，则凸现了丁果仙另一方面的人品。那是她的师傅说书红（高文翰）为“避恶祛邪，出入平安”，买了一只全身乌黑的小狗。一天夜间他与程玉英同坐一辆马车到外地演出，他瞌睡了，就把怀里的小狗交给程玉英，说他要睡，并嘱她别把狗滚落在车下，程玉英还说：“师傅我记住了，你就放心睡吧。”后来不知不觉中她竟也睡着了，是滚落在车轮下狗的惨叫声把她和师傅同时惊醒，师傅急忙手提马灯往车下一照，小狗已是腰断两截，横死车下。师傅怒火中烧，一把将程玉英推到车下，还狠狠地训斥。丁果仙在后面的车上看到后，并不因说书红是师傅而沉默，而是忙上前劝解说：“高师傅，玉英子还是个小孩子，你不能这样对待她，那小狗毕竟是动物，可玉英子是一条人命呀！”她的正直，很快化解了这场矛盾。

丁果仙是年幼时被从河北卖到太原的，她连自己的家乡在哪里、父母是谁都不知道。这样卑微的出身，如果没有高尚的人品，怎么能演好那些有追求、有修养、有学识、有度量、有傲骨、有正义感的英雄豪杰、伟人圣人？所以毛主席看过她演的《打金枝》后对她说：“《打金枝》是很有意义的戏，你演的唐代宗很有气度，有风采。”这也是对丁果仙人品最好的评价。

她的追求艺术的道路，也与众不同。如前所说，她是年幼时就被卖到太原丁家学戏的，面对苛刻甚至是被折磨的“培养”，她不是我通常所知的躲避、偷懒或反抗，而是默默地忍耐、承受，直到转变为自觉自愿的勤奋。如她在七八岁练“金鸡独立”时，因为时间太长支撑不住了，摇摇晃晃，被养祖父看见，狠狠地踢了她一脚，顺手举起烟袋锅子，在她头上敲了几下，骂道：“真他妈的，这是练的哪门子功？滚出去给我烧茶。这样下去，干脆送去你当窑姐儿算了！”她摸着头上隆起的大包，因为更恐惧当妓女，选择了向养祖父悔过，“一定要好好学戏，当上角儿，给您挣大钱。”从此，她忍受了更严酷的艰辛……深夜睡觉时还得和练功结合起来，睡时扳起一条腿以脚为枕，翻身时扳起另一条腿的脚为枕。更有在练腿功和台步时，不仅要踩着半尺高的木跷，还得在腿弯处捆扎尖锋朝上的竹签，如果腿力不济，稍一打弯，竹签就会扎到大腿的皮肉……

她开始在独立思考中自觉学习了：如，一次她在水塘边吊嗓，时间一久，声气不足，音量渐小，她发现荷叶上小小的青蛙，“呱呱”的鸣叫声竟然压过自己的嗓音，于是她蹲在塘边看青蛙鸣叫，悟出并学会发声用丹田之气的道理和方法……

她在博采众长中追求“我”的唱腔了：在演出时，她唱完自己的戏后为了学习人家的唱功，顾不上卸妆就蹲到幕后，悄悄听人家唱；甚至坐在拉胡胡者的桌子下，看人家又演又唱；她学唱秧歌、小调儿、河北梆子、落子、坠子，从它们的音调中吸收营养；甚至也学雀鸟、老鹳、青蛙的叫声；听到“叫花的”“磨剪子”吆喝声的音调好，也要跟着学一程……

她有了自己的表演经验了；那是坚持以人定腔，那是突出以腔传情，那是她台前如痴似呆静坐的“变人状态”，让演员的自己真正进入即将演出的角色……

这一切，正是她成为晋剧表演艺术大师的必然路径。

让我总是难以释怀的，是在这本书中才知道的这位晋剧表演艺术大师的结局：原来她在“文革”开始就被抄家，并一直被批判、揪斗、游街……是因为身心受到严重摧残，于1972年2月16日，含恨离世的，终年六十三岁，我不知道这位曾被毛主席握着手，赞扬她表演的“《打金枝》是很有意义的戏”的大师，在离世时是什么心境。她取得艺术成就的那些晋剧，不想却又因其内容都是“帝王将相、才子佳人”禁演了，时间的回音壁上再也传不出她的声音。我相信，这样的痛苦一定胜过她被穿上戏装、按下头来，还被辱为“牛鬼蛇神”。

这使我不能不联想到我自己，在改革开放前，在丁果仙受辱受苦受难的日子里，我却因为搞语言艺术——写诗，正在创造自己的“辉煌”。

我是1962年开始发表诗作的，那时正强调人品对艺术的重要作用，不过与丁果仙学戏时“要演好戏先做好人”不同，是“要写革命文，先当革命人”。我正是这样以诗“紧跟”：紧跟党的方针政策，紧跟无产阶级革命路线，紧跟毛主席的伟大战略部署……为无产阶级政治服务。我觉得这种诗比表达自己生活感受的诗要难写得多，因为是表达一种既定的思想，必须为它虚构生活中没有的场景，还要新颖、感人、有艺术构思。为此，在我睡下后，因为有了“灵感”，常常半夜起来进行写作。我对诗艺的追求和在这方面付出的辛勤，虽然不能与丁果仙艺术大师的付出相提并论，但也有许多“故事”至今记忆犹新。这期间，我发表的不少被人称赞的诗，如以《钢城的钢》为组诗的《工字钢》《不锈钢》《合金钢》，歌颂工人阶级顶天立地的形象和造反派进入领导班子拒腐蚀的表现，以及“三结合”领导班子的无比坚强；又如组诗《春色满园》，分别以《春雨》《青松》《牡丹》《荷花》《葵花》《红柳》《喇叭花》，分别象征学毛著的热潮、“三结合”的领导班子、革命样板戏、赤脚医生、知识青年上山下乡、“五七”干校、工农兵登上讲台，那个时期时间的回音壁上，总是不断传出它们的声音。

真是“三十年河东，三十年河西”。今天，在我写这篇纪念丁果仙的文章时，让我感慨万端的是：丁果仙虽然死了，她的表演艺术却又活了，时间的回音壁上又传出它们的声音；我虽然还活着，却又看到我的那些诗死了，时间的回音壁上再也传不出它们的声音。

为什么丁果仙和我都会遭遇不幸？都是因为“阶级斗争”和“文化大革命”让“文艺从属于政治”，使她的表演艺术不该死而死，使我的“语言艺术”不该生而生。

我觉得，后人纪念丁果仙大师，也可以说是在纪念改革开放的成就，是改革开放带来了思想解放、社会进步，使艺术在时间的回音壁上让该有声的有声、该无声的无声。

俄国文学批评家别林斯基说：“在所有批评中，最伟大、最正确、最天才的是时间。”在我因白白浪费十五年光阴而痛苦时，也要感谢时间，让九泉之下的晋剧表演艺术大师丁果仙等来了公正。

2015年12月

马晋乾

第二章

品不够的果子艺

丁派艺术是丁果仙创立的，是晋剧须生行当中首先形成且影响极其深远的流派。丁果仙将晋剧须生的唱、念、做、舞，乃至音乐、服装、扮相等各方面进行不断创新和发展，使晋剧须生的唱腔表演艺术提高到了一个全新的水平，达到完美的境界。

任何一个流派的形成，都是多种因素的融合。诸如特定历史时期的社会思潮，哲学观念，人的本体观、戏剧观以及戏剧的表现方式等等，特别是在以演员为中心的中国戏曲领域，流派又与特定的观众群相对应，特定的戏剧流派在特定的观众群中养成并加固一种欣赏习惯，而这种欣赏习惯又反过来扶持戏剧流派的存在和发展。丁派艺术的形成离不开这个窠臼。

丁派艺术无疑是晋剧艺术的骄傲，但是丁派艺术如何发展才是当下的亟须！

期待着对丁派艺术做更全面更深入的研究！期待着传承者们，在全方位的认识与实践中让丁派艺术更加辉煌！

凄苦奋斗创新业（辑选）

盼到了新生

人言："大难未死，应有厚福。"1949年4月24日，解放军以攻坚战攻克太原。城破之日全市硝烟弥漫，见有不少破壁残垣，解放军生恐丢失民众财产，持枪守护，扫雷中之爆炸声与冷枪声，时有所闻，但丁果仙在天地坛之小四合院内，安然无恙，一家人闭门不出，全天平安。时为旭日东升，桃李盛开之时，祝捷大会上，她和她所在之民众剧团，演出其拿手好戏《空城计》，由各地进城之党政军民，从未见其演出，此次幸能目睹须生大王之风采，实为高层次之艺术享受。丁果仙对解放区之明朗大地，素有所闻，但尤切身体会，在某种程度上，持有一定观望态度。但视其对工商业之保护，与对戏曲界之友好往来，新文艺工作者，时有造府拜访者，语言和善，相互交谈业务情况，帮其排演新戏，同为戏曲事业奋斗。不久市面稳定，商店开门，剧院正常营业演出，市民以及戏曲艺人之生活，全部得到保证。

丁果仙与其所在之民众剧团，初次排演了新编历史剧《廉颇蔺相如》，此剧乃抗大总校文工团之创作演出本，即京剧之《将相和》，主题思想鲜明，含义相当深刻。丁果仙扮演蔺相如，气质不凡，感情充沛，殿前与秦昭襄王之斗争，怒发冲冠，英气勃勃，舌战秦廷君臣，如入无人之境。第二次在殿前之斗争，据理力争，义正词严，喷口有力，针针见血，秦王哑口无言，终能完璧归赵。而在朝中大将军廉颇为权位之争，数次凌辱相如，他忍辱负重，治国安邦，宛似老黄牛遭鞭打而无声，受侮辱而退让，忠心报国，不记私怨，对此历史人物，塑造得栩栩如生。此剧在排演中，由团内诸君相互研究而合成，能理解剧情，亦能塑造人物形象。之后组成新新剧团，排演现代戏《刘胡兰》，她扮演剧中之张老四，虽系女扮男，但在人物造型、道具运用诸方面，相当得体，言谈举止，亦很讲究，腰带上插着小旱烟袋，与吸旱烟之动作极似晋中平川老农民之形象，充分说明她对平川老农生活之深入熟悉异乎寻常。

1952年秋，全国第一次戏曲观摩演出大会在京举行，她以山西代表团之主演身份莅会。在《蝴蝶杯》剧中扮演田云山，唇枪舌剑，敢于在诸位大人会审中进行辩解，权法之争在千斤压力下，不卑不亢，驳斥其非法言行。《打金枝》剧中，她扮演唐代宗，在殿上显示出远见卓识，宽宏大量，在处理家庭纠纷中，重视老臣郭子仪之丰功伟绩，在谈笑风生中齐家治国。《捉放曹》剧中她扮演陈宫，当听到曹操“宁教我负天下人，不教天下人负我”时，途中适遇吕伯奢沽酒归来，顶头相见，他欲言又止，欲止又不得不言，表现出他坚守正义，而又不敢直言相告，情深意切，在马上回首忠言相告，诚于衷而形于外，极其真挚深刻。在会中她所演之剧中人，为全国戏曲界诸名家所称赏，掌声不绝于耳。且在此次大会中，看过全国兄弟剧种诸名家之精彩演出，也参加过全国戏曲界高层次的座谈会，对戏曲艺术之提高问题，启发极大；除对京剧界诸名家早已相识外，又结识了兄弟剧种不少朋友，相互鼓励，相互研讨，获益匪浅；且对戏曲改革中之若干问题，由感性认识到理性认识。之后她能在若干剧目中塑造出若干活生生的人物形象，实有赖于此。且在此极其紧张的会演中，她也曾专访过若干名家，进行艺术交流。其间光荣地进过中南海国务院礼堂演出《打金枝》，伟大领袖毛主席与中央首长观摩了演出，谢幕时见到了毛主席与其他中央首长，此次幸福的演出，令丁果仙终生难忘。此次观摩演出大会，普遍进行过评奖，丁果仙荣获表演艺术一等奖，授予金牌与奖状，载誉归来。

治艺与自治

全国戏曲会演对戏曲界演职员鼓舞很大，对诸名家启发鼓励更大，丁果仙载誉归来，精神振奋，意气风发，立志要为戏曲艺术的发展提高而努力。当然艺术之提高，不能操之过急，应循序渐进，会演看到秦腔名家刘毓中先生之《卖画劈门》，颇受启发，往昔晋剧演本戏《日月图》，不演《卖画劈门》折戏之惯例，她经过深思熟虑，进行艺术构思，具体地加工排练，使“卖画”展开矛盾，“劈门”推向高潮，“恨胡贼”一板乱弹，把满腔怒火，注入于字里行间，声声是泪，句句是恨，后已成为传世之作，在晋剧界流行开来。当甥儿到来，出现少许误会。“来得好来得妙”几句介板，行腔婉转，饱含愤怒之情，绝非凡响。她从面部表情到行腔设计，一招一式，一举一动，形成浑然一体之艺术风格，感人肺腑，动人心弦，是丁派代表作之一。此时她对剧目内容十分注意，决心要排演郭沫若先生所著之

《屈原》，先将剧情和人物性格，研究过多次，有些句词较深，则向学者请教。然后动员全团共同努力，进行排练。对音乐唱腔，进行了新的设计，布景服饰亦进行过仔细研究，从念词到响排，前后将近一月，通力合成彩排。上演后广大观众认为未入校门之老丁，扮演古代爱国诗人之形象，诚然来之不易。屈原为祖国犯颜进谏而遭贬，为祖国沦亡而悲伤，为弟子丧命而痴癫困惑，时而挺立台中一语不发，时而面向大地狂叫捶胸，目睹祖国之沦亡大声哭叫，痛楚王之昏庸无道，恨奸谗之里通外邦，俨然一位爱国诗人形象，屹立于舞台之上。50年代中期，为配合牛桂英扮演《小女婿》中之香草（现代戏），她跨越行当，扮演彩旦陈快腿，为使将香草嫁与小女婿而背其男朋友诱惑她，设计了若干流里流气之唱腔、妖里妖气之步法与动作，使戏的前半部，快腿成为相当活跃之人物，满台飞舞，卖弄风流，可谓集古今彩旦之大成，处处是戏，引出满堂彩声。充分说明老丁之艺术才华，在传统戏诸行当中她有戏可演，观众有戏可看。当时凡看过《小女婿》之观众，每谈及老丁所演之陈快腿，在其数十年舞台生活中堪称一绝。

她认为本剧种在近十余年来，兵荒马乱，民不聊生，从未办过科班，而随师学艺之年轻一代，未经严格教练，唱做念打，样样欠佳，演唱极不认真，即使自己所带之学生亦然，每况愈下，青黄不接现象严重。于是市新新剧团，在她的带动下，于1954年招收了薛维艺、高翠英、白庭芳、岳钟香、薛林花、李增录等三十余名学员，办起戏剧培训班，团内抽出老艺人管理练功，进行业务教育，她与牛桂美、郭凤英等亦亲自讲课。此班于两年后与人民剧团之培训班合并为太原市戏校，任命她为校长，经过数年之严格教育，大部分同学，均已成材。至60年代初，不少同学已成为本剧种之佼佼者，本省青年晋剧团之田桂兰、张友莲等，即市戏校培养之学生。现太原市实验晋剧团，即由市戏校转化而来。

在相当紧张之工作中，她自感身体欠佳，精力不足，悔悟在敌伪时期，染上鸦片嗜好，毁自身以保节，至今隐患未平，意欲做好工作而力不能胜，所以决心在工作中戒毒。即在此时，市文化局长张焕与市公安局局长一同造访交谈，劝其戒毒，早日恢复健康。之后自将鸦片制为饮料，日减少许，但是她一到工作中，精神抖擞，注意力集中，排练场反复走动，课堂上滔滔不绝，而一到家中则疲惫不堪，仰卧在床。此间余等亦闻其自动戒毒，亦曾前去探望，她忿而言曰：“原守本分，憎恨烟毒，即在日伪时期，为保节而自毁本身，吸食鸦片；今也，生逢盛世，决心自觉戒毒，还我健康之身，以便为人民服务。”余等善言抚慰，赞其“壮心不已，猛志常在，戒毒胜利在望，健康即可恢复。”她强人也，为保节而吸食鸦片，似为不得不然，为革命工作而决意戒毒，亦能坚持下去。在1953年赴朝慰问演出期间隐患已除，当即将吸鸦片之灯具烟枪，上交公安部门保存。古人云："有志者事竟成"诚哉斯言也。

1955年夏，受长春电影制片厂之约，前去拍摄电影《打金枝》戏曲艺术片，此为晋剧发展史上第一部影片，其剧目唱腔及表演艺术，均有浓郁的地方特色。平生只拍过此片，她扮演之唐代宗人物形象，永久留在人间。

排戏与育人

50年代中期，是其受鼓舞教育之大好年月，1956年光荣地参加了全国政治协商会议，经周总理引见和伟大领袖毛主席握手，紧握毛主席的手，嘴里在喊毛主席万岁！主席问她是什么行当？她以手示意为唱须生者，并说："毛主席健康长寿，是我们的幸福。"这是她有生以来最幸福的时刻。之后她带团至首都演出，敬爱的周总理又一次看了她演出《打金枝》，谢幕后总理上台接见全体演职员，当总理问到剧团的演出收入与演职员生活时，她答曰："我团为民营公助，收入可以，生活很好，总理放心。"此时昆剧《十五贯》之剧团，亦在首都演出，周总理在紫光阁召开《十五贯》座谈会，特邀果仙参加会议，听了兄弟剧团诸名家之介绍，并听过总理讲话，对自己启发教育很大。心想旧社会担惊受怕，遭受过多少苦难，而今在党的领导下，一切都好，深感党的温暖，决心搞好戏曲艺术，以报党恩。此时她身体健康，精神矍铄，英雄有用武之地，能在戏曲事业上多做贡献，何乐而不为。

是年她率领剧团，为配合纪念古代著名剧作家关汉卿之活动，排演了《谢瑶环》，并为参加省三届会演，排出新编历史剧《柳荫记》，她饰演之祝公远，在唱腔与人物造型上，进行过认真的探讨。过去她扮演过若干古代人物，从未研究其封建思想意识，而祝公远在女儿婚姻问题上，既要求门当户对，又强调父母之命媒妁之言，认为是天经地义，神圣不可侵犯。任凭女儿如何申诉，如何反对，他却一意孤行，任何人拗之不过。在此戏中充分表现了祝公远其人的封建思想和固执，塑造成为封建礼教之代表者，不惜葬送亲生女儿，致成终生遗憾。此亦为其平生唯一表现封建礼教之人物形象。

此时她除在本团进行排练演出外，把全部心血投放在戏校学生身上，她平生无儿无女，以戏校学生为自己之精神寄托，非此即彼，马不停蹄。到戏校集体课堂给同学上课，讲解剧情与唱做念打要领，或进行个别辅导，一招一式具体指点，虽无高深之理论可讲，却有实践经验可谈，一讲到戏，她侃侃而言，言中施教，久之，学生对她已非师生关系，视若慈母，随意请教。她诲人不倦，视学生如掌上明珠，讲多少话不觉口渴，示范多少次动作，毫无疲累之感。她将无限爱心奉献于戏校学生。在戏校有位学生叫李守艺，学唱须生，日间在校上课，课余即至老丁处求教，并帮校长家做劳务活，此同学天赋聪明，形象宜人，丁甚爱之，亲自传授过若干戏，上演后得到观众好评。老丁对其信心十足，视之为己之接班人，不仅以艺相传，且衣之食之。不意此生至二十多岁时，竟精神失常，渐成不治之症，与世永别，老丁放声恸哭曰："天丧欤！天丧欤！"若干时日，寝食俱废，时焉命焉，能如之何。过一时期后，情绪渐转，积极工作如初，戏仍得排，后继人才，仍需努力培植，为事业之发展而努力奋斗。

除戏校学生外，老丁之传艺，来者不拒，成名演员登门求教者，她边念锣鼓经，边示范动作，一招一式，一点一滴，传艺不惜三次五次，念戏示范，有求必应，有问必答，贤愚同等相待，到饭时即在家同桌就餐，天晚则在家就宿，名曰须生大王，实为慈母般对待学生，此即老丁之为人也。

在"大跃进"时期，曾提过"以现代戏为纲"之方针，全国戏曲剧团，均在为排演现代戏而努力。剧团自编自演《红旗下的花朵》现代戏，内容是写中等学校之教学改革，她扮演一位老校长，患病而住院治疗。该校教导主任，携带学生研制成功的半导体收音机，到医院向校长汇报工作，言谈中甚赞同学的聪明智慧，后生可畏，前途无限。她年老稳健之素质，举止笑貌，似有相当文化修养，扮演之老校长惟妙惟肖。当然她数十年之戏剧艺术活动中，曾见过不少老成持重之中学教师，在学演若干传统戏中，有古典文学中之语言，多次向老师请教。而在此现代戏中，都以某老师为模特，塑造出如此这般之人物形象。在50年代后期，她从《蝴蝶杯》之实践演出中，提炼出《训子》亦称《打子》之折子戏，她饰演田云山，牛桂英饰演田夫人，郭凤英扮演田玉川。其内容是儿子在龟山闯祸，父亲到公堂上顶案，恨其子不在家读书，却外出生事打架，此时一见其子归来，当即训斥责打，夫人在一旁拉架。此一小折戏，论唱腔仅仅是若干句介板，并无其他板式花腔，她怒气冲冲，举止动作与唱白运用，充分发挥了内心情感，宛似民间老父打子之镜头。相比之下，《红楼梦》电视剧中贾政为宝玉不认真读书，亦有责打宝玉之戏，远不如她以戏曲演唱的火爆精彩。这是从演出实践中发展创造而来，是丁果仙、牛桂英、郭凤英三人在50年代到60年代合作演出的"打子"，可作为精彩折子戏演出，之后是否还有更精彩的折子戏演出，我就没有见到了。

丁果仙同志一心扑在戏曲艺术上，劳而不怨，诲人不倦，思想觉悟较高，为党的戏曲事业勤奋耕作，于1959年由张玉田等同志介绍，光荣地加入中国共产党，在党的戏曲事业上，迈开了更大的步伐。

为了后来人

山西省晋剧院成立之初，丁果仙任副院长，此时正值本省戏曲大打翻身仗，陆续调集优秀青年演员集中培训，认真排练，拟成立青年晋剧团。老丁把全部精力，投入培育青年演员之中。当时晋剧院租赁南文化宫排练演出，她在此设有办公室，在排练《含嫣》《小宴》《杀宫》《算粮》与《卖画劈门》《打金枝》等戏中，她对口掰字眼，唱腔韵味与手眼身法步等进行全面检阅，具体进行指导，使来自本省四面八方之青年演员，去掉方言土语，念白得到统一。她检查青年演员唱做念打中不够规格之处，青年演员之每次演出，必亲临现场观赏，看后即找本人去讲，认真指点，直至深夜，不便回家，同学们即搀扶她到三楼办公室休息。她教戏极其严肃认真，对唱腔动作，一丝不苟，不惜三番五次进行示范，十次八次让他重来，直至精疲力竭，满头冒汗，经若干示范指点后，仍不能尽如人意，恰有恨铁不成钢而发怒数训之时，青年演员亦恼恨自己愚笨而发火；少顷则互相发笑，继续排练，一次一次重来。从青年演员而论，每晚戏毕，老丁对某同学做指导，大家都围在一起，听其讲解，当转向另一同学时，随之转移，用心听讲，尽心理解记忆，她有相当大的凝聚力，走向哪边，青年亦转向哪边，可谓“丁步亦步，丁趋亦趋”。夜深人静，每晚即在办公室休息。

丁果仙同志，由于缺乏子女，暮年孤独感尤甚，特将任秀峰前妻之幼子任继亮收养过来，以之为精神寄托。其主要方面，对学生之培养教育，亦若对子女之爱，尽心力而为之。1962年青年晋剧团业已成立，组织上任命其为省戏校校长，当时戏校之二班，已分开行当，她除给集体讲授念白字眼、唱腔韵味外，以须生组为重点，传授其拿手好戏《捉放曹》，此为戏曲剧目中之骨头戏，二班学生郭振琪饰演陈宫，她一字一句地教，一招一式地示范，不厌其烦地传授，不惜情面地纠正。郭振琪同学模仿性亦强，惟妙惟肖，在实习演出中，效果相当强烈，广大观众一致认为是丁果仙之真传实教，当然在出神入化方面还有一定距离，该生念兹在兹，真可谓“强将手下无弱兵”，“名师出高徒”。她在戏校亦传授过《卖画劈门》，虽未实习演出，但其高足张清玉，后来亦为戏校八班按丁校长之戏路排出，曾参加全省戏校学生调演，荣获二等奖；要与当时兄弟剧团所演之《卖画劈门》相比，亦为上乘之作。据张清玉言：当时每礼拜日，须生组即去家探望校长，丁校长慈母式之爱护，让孩子们吃点喝点，边拉拉家常，谈谈生活。当告别返校时，她却说：“不能白来，你将某某戏中之某唱段唱唱，你将某戏中之某过场做做。”看后给以指导纠正，才让其返校。由是观之，丁校长之对学生，可谓尽其心矣；二十年后之今天在访问中，每谈到丁校长之为人，弟子等极表怀念之情，崇拜之情，只惜其未能延年益寿，多来赐教。若待粉碎“四人帮”后，将其拿手好戏，全部传授下来，不特本校弟子多受教育，即对晋剧艺术之发展，亦将不无小补。

1962年秋，省领导出面由省文化局承办，隆重地举办过丁果仙舞台生活四十年纪念活动，邀请本省晋剧活动地区之文化当局，丁果仙之亲朋好友，省文艺界之各社会团体之学者名流，省各团校及丁果仙弟子等一千余人，济济一堂，除部分来宾致辞祝贺外，一致对丁果仙之表演艺术成就，赞颂备至。会中除组织丁派弟子致礼拜谢外，又收了数十名学生，尚待继续培育。会期三天，除由丁果仙与其老搭档演出过《走雪山》《详状》《太白醉写》外，还组织其弟子演出过《芦花》《八件衣》《卖画劈门》《捉放曹》等丁氏成功之作。会中一致认为丁果仙表演艺术，在晋剧界已成为丁氏表演体系，在唱腔上除其天赋之嗓音条件外，她习用胸腔共鸣，口腔共鸣，以声传情，以字行腔，独创一派，并在传统程式上与内心戏相结合，使剧中之人物形象逼真，活灵活现。后本省各报均发表了评论文章与新闻报道，《中国戏曲报》上亦载文评介丁果仙之表演艺术。

丁果仙致答词中，说到她的体会：“台下是我，台上非我，我即角色，角色即我，我与角色融为一体，才能装龙像龙，装虎像虎。”此次纪念大会，使戏曲界开阔视野，增长知识，也使文艺界与广大观众，领略到丁氏之表演艺术体系，她是戏曲界学习的榜样，亦为文艺界共同学习之榜样。丁果仙所患之肺气肿病，由来已久，多年来带病工作，悉心授徒，实为余热生辉。1964年秋，本省举办现代戏会演，省晋剧院以《丰收之后》剧目参加会演，院领导仍欲请老丁参演剧中之一角，参加大会演出与广大观众见面。但知其在戏校授徒工作，已力不能胜，剧中扮演主要角色，亦难尽如人意。剧中有一五保户王奶奶，只上一场，唱词亦少，未知其意如何？当即与之商谈，她欣然应允。虽全部唱腔有人设计，但王奶奶之唱腔，由老丁自己按剧情设计。全剧在合成前，请其参加拉过一次，认为她设计之唱腔，起伏婉转，别具韵味，举止动作，酷似民间之五保户老太太，足见其生活基础之深厚。演出后一上场观众即来碰头彩，几句唱腔，即获多次彩声，效果特佳。此为丁果仙之告别演出，也是丁氏唱腔艺术之最后音响资料。

曲折的人生

她愿将老年余热，全部奉献于社会，一生之戏曲艺术心得，全部留给后继人才。每与知音者叙谈，即曰：“自己缺儿乏女，亲生之子未能成活，实为终身憾事；今也，愿将自身之爱，全部奉献与青年一代。”孰意史无前例之“文革”运动，燃遍中华大地，谚云“人怕出名猪怕壮”，一生以演唱帝王将相生活为业者，在“横扫一切牛鬼蛇神”时期，已祸及自身，在校不能工作，只好归家闭门思过，继之日遭数次批斗，愈演愈烈，有若干戴红袖章、戴柳条帽的“造反派”多人，手持铁棍，来家斥责搜翻，一让请罪，二让献宝。最严重的一次前来抄家，人数众多，来者不善，不由分说，将其禁闭至一小屋内，全家任其抄翻，大门上贴出“真人假鬼，假鬼真人”字样之黑对联，大字报与标语：“此次拿走金镯二对，金戒指四十个，金锁三个。”任秀峰俯首而泣曰：“多半生之积蓄，废于一旦。”老丁慨然而对曰：“人在一切皆在，人亡万物皆空，不气不怕，你我都在，无须哭泣。”（后期在落实政策时，拿走之物，每两黄金只以九十三元作价，进行过赔偿）她对宝俊言曰：“现时找不到党，今后我们仍应紧跟党走。”当时之老丁，深知在运动中党的中上层领导同志自身难保，不知党在何方，亦不知自身错在何事何处？罪犯何律？她仍忿而言曰：“有人言丁果仙花万元买来党员，其实我追求党，热爱党，入党后初次交纳党费一万元，抗美援朝捐献人民币五千元，此事不假；未入党而用党费买党者，吾未之闻也。共产党伟大光荣正确，我一找到党，即紧跟党走。”谚云：“车到山前必有路。”丁果仙同志正在困惑失望天昏地暗之时，省戏校须生组弟子数名，启门而告曰：“弟子等深感校长在家极不安全，我等愿将您接回学校，由弟子设法保护，请您迅速穿好衣服，带上行李，把头部包好，马上起身。”并告任秀峰曰：“若有人来找，答以省戏校揪去批斗，可到省戏校找她。”丁果仙苦笑曰：“孰谓丁果仙举目无亲，我弟子等前来搭救，于愿足矣。”弟子等火速扶校长出了大门，门外尚有数名弟子守着一辆小平车，将校长扶上平车，上盖被单等，仍然是前呼后拥，同到戏校，使其与刘芝兰同住一房，弟子等常来清扫并送饭食与用水，丁校长言曰：“你等不用送吃送喝，也不用常来打扫，诚恐他人说短道长。”弟子等言曰：“我等是学生，无所畏惧，谁能不让弟子孝敬老师。”之后较长时期内，丁校长平安无事，当然在住校期间，亦有无可奈何之事。由于丁校长名声太大，实为“文革”中之重点对象，一次省城造反派，要将文化艺术界之名人集中游街，提到丁果仙之名，委实无法抗拒，戏校造反派则曰：“老太太身带重病，难以参与。”各造反派头头难于允准。最后相互议论：一路线不能太远，二车上要有戏校学生保护，三游行完毕再不能批斗。此举动与条件，预与丁校长谈妥，且在游行车上放把椅子，让丁校长来坐，带暖水壶二把，好饼干二斤，为丁校长之饮食休息做好准备，在游行过程中，一直进行暗暗保护，直至游毕返校，搀扶下车回至宿舍。返回宿舍后，她仰卧铺上，目视天花板，微笑而告刘芝兰曰："可以，在游行车上我坐第一把交椅，途中有吃有喝，街上人山人海，都是我的观众。开始未知如何？稍感惊恐，入后则平静自若，尚有悠悠自得之感。"她参与此次游行，市内诸弟子颇为担心，如刘宝俊一听说丁老师参加游行，万分着急，一直尾随车后，生恐老师途中发病，便于抢救。紧跟一段后，气喘吁吁，力不从心，即让其子尾追，嘱曰："你奶奶途中病发，当即找车拉至某街某院，进行抢救。"其子尾追至戏校，见奶奶下车回到宿舍，始步行返家复命。看来即在此十年浩劫中，人的生活亦为多种多样，戏中有戏，假戏真做，其中有想象不到的奇人奇事。直等至局势平静下来，才送丁校长回家居住。

"文革"后期，造反派热衷于派性斗争，相互争执斗殴。而丁果仙之肺气肿症，日益严重，以步云之名，进住山医二院治疗。医生亦知其为丁果仙，安慰她好好养病，并说："咱们处境相同，相互团结，稍好后即回家休养。"一日张焕同志偷偷前去探望，见其正在玻璃窗下晒太阳，气喘吁吁，强打精神而言曰："病要稍好一些，我仍要为人民服务。"其弟子等亦常来探望，送吃送喝，问长问短。于1972年阴历正月初一日在山医二院已奄奄一息，待拉回家中之后，其气已绝。正月初二日刘宝俊、武忠、阎慧贞等弟子，偷去拜年，老师已停尸正庭，无声无息，呼之不应，问之不答，忆老师勤奋艰苦之一生，坎坷之一生，病逝于非常时期，放声大哭，几至失声，俯伏于尸前。有顷，启视其慈祥和善之面容，终身艰苦备尝之身躯，人人皆泪似泉涌。继而细察其已穿好之寿衣，上身谨遵师嘱，穿上1956年毛主席接见时所穿之列宁服，尚感舒适；黑色裤子，亦较庄严肃穆；脚上仍穿一双丝袜，有违俗规，应换线袜；时张焕同志亦来凭吊，提出脚下仍穿一双彩鞋，不若黑鞋为佳。众弟子边用酒精洗涤其面目手足，有的同志当即上街买来线袜布鞋，换下来重新穿好！一齐跪在老师脚下，上香、烧纸、磕头、大哭一场。张焕同志亦行了鞠躬礼，并将众弟子搀扶起来，安慰后告辞而去。此间任秀峰提请张焕同志，可否将丁果仙同志火化后，埋葬于太原高埠之处，使弟子等能到老师坟前凭吊。张焕同志亦将其意向省长请示，因当时仍在"文革"期间，不便进行安排。数日来，众学生纷纷前来哭泣祭奠，火化时大部分弟子前去送行。将其骨灰盒托其夫任秀峰保存，待后进行合理安葬。余在报纸上得知此噩耗后，叹曰：

坎坷终身志更坚，
精研戏曲占奎元。
酸甜苦辣都尝遍，

化作梨园硕果仙。

丁果仙先生业已作古，从艺一生，别无他求，将全部心血。奉献于晋剧艺术。她演唱之好戏，如与乔国瑞老先生合演之《捉放曹》，与牛桂英、郭凤英合演之《训子》，与牛桂英合演之《走雪山》，与郭凤英等合演之《卖画劈门》，与丁巧云等合演之《芦花》，与郭凤英合演之《详状》，与牛桂英等合演之《小女婿》《打金枝》，自己主演的《空城计》《花子拾金》；以及《八件衣》中的杨知县，《九件衣》中之李知州，《法门寺》中之赵廉，《廉颇蔺相如》中之蔺相如，《屈原》中之屈原，《柳荫记》中之祝公远，《醉写》中之李太白，《清风亭》中之张元秀，《丰收之后》中之王奶奶等，均为她一生之佳作。从艺五十余年，深入钻研戏曲艺术，形成丁氏表演艺术体系，应以专著论说。此文简叙几笔，以示其艺术成就。1. 传统表演程式与内心戏融为一体，以戏曲界自己的说法为“带戏上场”，新的论述为“进入角色”，她能使内心戏与传统形式相结合，一招一式，含有深厚的内心情感，实属不易。如《八件衣》《卖画劈门》等，内心情感之挥洒，顺乎理而发于性，深厚自然，别具特色。2. 从生活真实到艺术真实，丁果仙民间生活基础深厚而扎实，如《清风亭》中之张元秀、《丰收之后》中之王奶奶，其生活来自民间，言谈举止，音容笑貌，酷似民间之老翁老妪，屹立于舞台之上，相当逼真。3. 念白唱腔发自肺腑，善于用胸腔共鸣与口腔共鸣，本来唱腔中共鸣之运用，理论来自新音乐工作者，丁果仙在练声中找到共鸣，且运用甚好，是其创造性的发展；戏曲中多用唱腔与念白来塑造人物形象，展示其矛盾冲突，此为民族戏曲艺术特有之手段，伟大创造。而她演之《卖画劈门》，把满腔愤恨，灌注于唱词之字里行间。所演《详状》中姚达，念白中爱憎分明，表明冤案前因后果，数十句之长念白，能使全场观众，屏息而听，默不作声。4. 思想性与艺术性之统一，如丁氏所演《捉放曹》中之陈宫、《芦花》中之闵德仁，其内容之历史观点与戏曲表演艺术来讲，可谓历史上之思想内容与尽可能完美之艺术形式之统一。由是观之，丁果仙先生之戏曲表演艺术，已成为自己独特的思想体系，是晋剧界出类拔萃之表演艺术家，同行称之曰“须生大王”，当之无愧。

1983年落实政策，省有关部门组织领导，召开了丁果仙逝世十周年纪念会，并将其骨灰安放于双塔寺陵园之中，其子任继亮与众弟子以及生前友好，齐集双塔寺进行凭吊，任继亮放声恸哭，众弟子安慰后始止。安息吧！丁果仙先生，愿您在天之灵有感，即在冥冥中哼唱晋剧，乐以忘忧啊！赞曰：

梨园花艳果仙香，
有口皆碑称大王。
驾鹤西游二十载，
“空城”一幕绕庭梁。

1993年10月28日初稿
1994年9月20日改稿

王易风

（原载《艺苑熟人往事》）

忆当年老丁二三事

著名晋剧表演艺术家丁果仙同志，已经离开我们十年之久了。想起她当年在艺术生涯中，以辛勤的劳动和为人民服务的精神，对晋剧事业做出了卓越的贡献，给我们同行留下了宝贵的财富。回忆起当年的几件事，至今还是记忆犹新。在我和她相处中，有几件动人的艺事和她塑造人物的经验之谈，很值得给青年演员同志们推荐学习，让丁果仙同志的艺术成就，在我们戏曲舞台上永放光彩。

实践中不断创新

1955年在长春拍摄电影《打金枝》，这个戏本来在舞台上经常演出，经过1952年全国会演，又做过一些修改，在老丁来说艺术上是较为成熟的老戏了。但是要拍电影片子了，在摄影机面前，又遇到不少新问题。一本胶片不能超过八九分钟，要分镜头，要前期录音，现场录音，后期混合录音，有对口型，有推拉转，半身、全身、全景、特写等表演的镜头。生疏的问题，要在实践中解决，为此也就得改革创新。老丁在这些问题上，持学习态度，愿意改革，敢于创新。如唱："王坐江山非容易"这一句有个拖腔，唱完后乐队要照样把原腔的过门补起来，这样时间拉长了，演员又没更多的戏可作，一来戏松了，二来影片时间不允许。于是导演提出不要过门接唱下句。这事在舞台演出时从来不会遇到，可是电影要求缩短时间改革一下。老丁就非常谦逊，只要电影导演提出的问题，就努力改进。但乐队人员不太乐意，怕同志们笑话。当时丁、牛二同志，反复研究删去过门接口处的伴奏，终于创新了。现在舞台上的唱法，就是从此改来的。以往《打金枝》演出时都带髯口，电影要粘胡须了，原来的整冠理须，甩须吹须，端须等技巧动作都不能用了，这就需破形式，创新路。老丁在实践中以胸前手势，端带式，扇子和水袖上的戏代替了整冠理须的戏，经过反复捉摸使它更加生活化了，显得运用自如，非常舒适。另外在这出戏的唱腔上进行了多处改革，人们听起来较为明显的是三个流板。过去的流板唱法一般，很难反映出具体的情感，对此看来老丁早有察觉。有一天的下午，她找我研究这三个流板，她说这戏的流板须生一个人就有五六处，都用一种唱法，太单调，拍出电影来，人家会笑话我，还风趣地说：“演得不像唐代宗，吹得也不像个丁果仙。”于是就把“……也可算是郭家父子争来的……”“越思越想越生气，上殿去将郭暖……”“孤王我自有主意，休要再提”，还有“叫驸马与孤王一同回宫去（拉手、下殿、回宫）”这三个不同情节的流板，吸取了晋南蒲剧和北路梆子的唱腔，并巧妙地融化在流板之中，听起来别有风味，但又保持中路传统唱法。说起来丁老的念白，是在原来蒲白的基础上，早已进行过一番改革和规范的，把晋剧舞台语言，经过探索与尝试，逐渐形成了颇有特色的晋剧念白。尤其后来拍成电影难免还有蒲白中：“君、臣、人、民、一、条、棍”的念法，地方土音不易听懂。为了使我们的戏在全国放映时，让人们都能听懂，于是就请摄制组的工作人员都试听一次。结果在听录音的时候，曾遇到这样一件事，他们把“劝宫”中“各劝各的”的念白听错了。有一个管照明的同志听后奇怪地说：怎么皇宫里还有“锅圈锅底”？为什么“各劝各的”听成“锅圈锅底”呢？还是念白有问题。老丁立即采纳群众意见，用普通话的音调纠正过来。类似有这样毛病的地方，在这个戏里都做了“易懂”的改进。另如“闹宫”中当昇平公主再次提出：既然江山是先帝留下的，郭暖就不该把父王看不起。家庭是非，硬要扯到社稷和王位的原则问题上去。代宗听了又气愤、又发笑，气愤女儿如此轻率，竟然说出这样挑拨君臣不和的话来，于是老丁把拳头一握，向桌案上一掷，将要大发雷霆，可是又想起，女儿说话没深浅，真乃信口开河，使人发笑，然后才从容地唱出“年轻人一时火性起”，拳头一掷，是老丁在上述思想情感中的即兴创作。类似这些都是老丁在电影《打金枝》实践中不断革新的事例。

言传身教讲经验

太原市戏校是丁果仙和张宝魁创办的。这一班学生的成长，是与他们的辛勤劳动和大力支持分不开的。一开始他们就亲自教功教戏，亲自安锅灶管生活。每个同学由于他们的言传身教，进步很快，至今记忆犹新，传为佳话。有一次老丁在教练功课时，深刻地讲了“冬练三九，夏练三伏”的经验。她说为什么要在三九三伏天加强训练呢，严寒炎热天气变化带来了难题，但需知难而上，可以练得冬穿单不冷，夏穿棉不热，难度大，出功快，这叫功练一百一，使用九十九，就像民间吹鼓手在冰天雪地里，朝着西北风刮来的方向练唢呐是一样的道理，练得不怕大风大雪，顶风捏眼，照样手指灵便，吹得应手。另一层意思是，练三九三伏为了一百一，这是功底，是排练场上的指标，当上台演出，只用九十九，拿老丁的话来说叫功分，就是只用功底的一部分。一百一备而可不全用，九十九已留有后手地来使用。这样练法和用法，就不怕遇上面对西北的张口风戏台，更不怕赶台赶戏，就能够连续作战。她鼓励大家说："只要功底硬，不怕老无用。过去有艺多不养人，养小不养老之说，不对。只要记住，闲时学好忙时用，捡到篮里的就是菜，有志者事竟成。你们还年轻，到年老时就体会得更深刻了。"这些勤学苦练的可贵经验之谈，确有科学的道理，青年们应该学习记取。

几个通宵不眠夜

现在我们团的工作时间一般都是按时上下班，加班排练是偶然的。有时还出现迟到早退的现象，在不得已的情况下才动员大家连夜加班。但回忆当年丁、牛、郭，在太原市新新剧团时期，尤其在五八、五九年，前半夜唱戏，后半夜排戏是经常的事情，大家也都习以为常了。在我记忆中，有几个不眠之夜，是非常动人的，印象很深的。如排提倡勤工俭学的现代戏，领导和教育界很支持，老丁本人也很热心积极，不仅亲自扮演剧中角色，而且参与剧本创作。为了突击排戏，在桃园巷剧团排练场，工作了两个通宵。上演前夕在和平剧院彩排时又是彻夜未眠，到第二天太阳要出山了，老丁为了鼓大家的干劲，请大家到林记饭店吃头脑。再如纪念关汉卿七百周年的活动中，当时剧协号召排练一批关汉卿的剧作，老丁很积极，又改本又念词，为演《赵盼儿》，连续两夜赶排戏。在赶排《谭记儿》的时候，剧团正在北郊和小店演出，白天晚上都有戏，老丁不顾演出疲劳，每晚散戏后继续接着排戏，终于圆满地完成了这次纪念演出，得到了省剧协的表扬，给我们留下了深刻的印象。五五年《打金枝》拍电影，"登殿"一场戏，下午七时进棚，直到第二天早八时半出棚，干了十三四个小时。五八年"大战炼钢"，丁、牛、郭等到太钢跑遍了炼钢现场，整整清唱了一夜。第二天上古交，又步行到十几里以外的几个炼钢的山沟里演唱了一天，晚上太原来电，又要连夜赶回为戏校孩子们排《打金枝》（戏校要演这出戏），连夜回来已经天亮了。她们没合眼没回家，就到戏校边吃干粮边排戏，又干到下午五点，如此紧张，顾不上吃饭、睡觉，也觉得非常愉快。还有许多不眠的夜晚，我们都是陪着她们一块工作，就不赘述了。仅此也可以说明老丁一心为人民的精神，在现时来说，真是我们的典范。

一段有益的交谈

在拍摄《打金枝》的业余时间里，有一天在讨论剧本时，就谈起了“怎样才能唱得动人心弦、使人落泪的情感问题”。当然要让观众落泪，必须是演员进入角色首先落泪，然后角色之间观众之间相互交流，有所感染，才会起到共鸣作用。她说《芦花》这戏最初是向盖天红老师学的，还是照葫芦画瓢，可是人家唱道：“母在一子单，母去三子寒”的时候就有泪，我唱泪就来不了。年长日久，实践多了，也就有泪了。可是泪从何来，说起来，大体上有过三个变化，也叫三个来由。初期青年时代《芦花》唱得有点名气了，那些狠心的地主财东、村长、土豪们，就来点戏，你点一出《芦花》，他也点一出《芦花》，点了戏又不敢不唱。有一次在太谷，一天就点了六个《芦花》。他们互相开心，你有钱能点，我有权更能点，于是一连点了六个。他们在我们身上出气，一天到晚，唱了再唱，真是有苦没处说。在这时我唱到“儿跪倒……”的时候，就想起了狗地主真狠心，你们真是杀人不见血……当了“戏子”哪有我们的亲人……，真痛心，真伤心！咳！泪就从此流出来了，观众也不知是同情我，还是我吸引住他们了，总算获得了共鸣。落泪的第二个来由是：后来在园馆里唱《芦花》，并没有地主村长在眼前追着我，当小生唱道：“……一子单……三子寒”时，我抱着三儿闭着眼睛，坐在台前想道：……庭前大大小小老老少少哪一个是我儿的亲人？哪一个是闵子骞的亲人？就联想到哪一个是我丁果仙的亲人？还在不懂事的时候，就离开了爹娘，就离开了自己的家乡，我究竟姓什么？我是哪里人？我只记得有一天太阳快要落山的时候，有人把我背着，从一株大槐树旁边出了村的，其他什么也记不得了，到现在我是谁家女？我是哪里人？都说不上来（说这话时老丁又落泪了）。就这样心里想着自己，不由得就唱出闵德仁的眼泪来。解放后经过党的教育和戏剧理论的学习，我才慢慢懂得了感情不对头，戏就演不好，光有技巧也不行。还是要设身处地地进入角色，一子单、三子寒是个普遍性的典型事例，闵德仁的遭遇，闵德仁的苦处……“休”就离散，“留”又勉强……在这休留两难之中，闵德仁的眼泪就很自然地来了。再联系到自己，她的痛、恨、苦的心情，当然更是千头万绪交织在一起。老丁认为这三个时期不同的泪水，还以第三种思想感情更为确切。这一番有益的交谈，总结了她三种落泪的来由，告诉我们真诚的感情来源于对生活和人物的深刻体验，只有把从生活中体验到的真情实感融化到角色之中，才能把戏演得真切感人。这是老丁能把人物演活的一个重要原因。

可惜她有很多很好的宝贵经验，事后交谈的太少了，没有全部记下来，太可惜！遗憾的是再一次见面是在“文革”的后期，从牛棚回到家里，我看到她坐在向阳的玻璃窗下，半口半口地喘息，含着眼泪，好像还要和我交谈很多经验似的。可是她气喘不息，只好说，也只能说：“只要他老人家健在，我……我还要……我还能为人民服务。”“……我要，我还要为人民服务。”我以为这话不是对我一人而言的，是对我们戏剧界同行们说的，说出了她的心愿，说出了她未能完成戏剧事业的遗言。

最后一次看到她的时候，是在她家正房里，穿着一身深灰色制服，这还是那年毛主席接见时的制服，闭着眼睛躺在平板上……那是我们向著名表演艺术家丁果仙同志遗体告别了。

丁果仙同志过早地离开了我们，带走了她毕生创造的精湛艺术。我们只能从她所遗留下的言论和资料中来继承她的业绩，使其在建设社会主义精神文明的今天重放异彩。

张　焕

（原载《山西省晋剧院院刊》1982年7月）

文如其人　戏近其性

文如其人，戏近其性，戏曲表演同其他种类的艺术制作一样，也是演员“人格”的表现。

戏曲的传统证明：凡是在艺术上有成就、有修养的好演员，他所喜爱的、常演的拿手戏，不仅在艺术上有独出心裁的精到技巧，同时在角色创造中也总会有其意趣相投、赋性相近之处。就以晋剧《卖画劈门》这出戏来说，它仅是全本《日月图》中的一个场次。白茂林这个角色，往常也仅是由那扮演中军的次要演员兼演罢了。可是，事在人为，戏在人唱。这出戏和这个角色，到丁果仙同志的手里之后，它就焕发了容光，改变了面貌，竟成了出类拔萃、脍炙人口的好戏了。

在这出戏里，有提督公子胡林，佯称买画，强付彩礼，逼娶白女凤鸾的情节；也有甥儿汤威避祸归来，白茂林疑是胡府前来抢亲，他义愤填膺，迫于无奈，持刀劈门，以死相拼等等过程。可是，丁果仙同志在表演上，既没有离题八丈、矫揉造作的“笔墨”；也没有为了讨好观众、大洒狗血的过火表演。而是恰如其分地去刻画“寒儒志高雅，淡泊度生涯”，年过花甲、生性耿介的白茂林，同时还有着山西梆子高亢昂扬的色调，真是难能可贵。

她所塑造的白茂林这个人物形象，是鲜明、完整的。譬如在《卖画》一段戏里，白茂林来到长街卖画，遇到第一个买主，就是提督府的掌家胡正，他知道这种主顾绝不是真正的书画爱好者，所以他做出一种既厌恶又敷衍的表情，支吾躲避这项生意的成交。当白茂林被恶胡正强拽硬拉、连哄带骗地拖到胡府之后，对狗子胡林的恭迎让座，他则表现了一种不卑不亢、矜持自重、穷而有志的儒生风骨；但是，又能使你感觉到白茂林的内心深处，早就有了“马入夹道难回避”的戒备、防范等复杂心情。说起来啰唆，舞台上却很简练，仅仅通过“谢——坐”二字，丁果仙同志的做派、神态、风度、情感确能使你有如此复杂的感受和联想。狡猾的胡林，逼婚不允，就拿出了《日月图》（此画是白茂林赠给甥儿的订婚聘礼）作为汤威临阵捐生的确凿证据，求得进一步要挟娶亲。丁果仙同志在这段戏里的表演，也是相当精彩的。先是震慄的一怔，继而详辨了日月图的真伪，从而急中生智，顿然矜持地冷冷一笑，仅用“其中有诈”一句话，有力地回答了这个居心叵测的毒计。这段表演，从震惊到抑制，由愤慨到诘驳，瞬息万变而层次分明，这是多么精细入微，又是何等的精练纯熟啊。

在《劈门》一段戏里，汤威被提督谗害，从军前逃回，急切叩门。白茂林此时气愤已极，全剧已发展到一个矛盾的顶点：叩门越急，老人家的心情越紧；开门越迟缓，叩起门来也就越发急促，门里门外的心理变化都在急剧上升。丁果仙同志不仅能鲜明准确地表现出这特定的情节、特定的心理矛盾，而且能始终如一地贯串着寒儒有志、生性耿介的人物性格，掌握住白茂林处在这样一种矛盾重重的事件中所应有的发展变化，以及“知其不可而为之”的顽强性。可是她在表演上，并没有用吹胡子、瞪眼睛、颤颤索索地抖起来没个完等手段，而是用简练的动作配合唱腔，以少胜多地表现人物，特点是俗中有雅，平中见奇。

丁果仙同志所以能把这个角色表演得如此精到，是与她自身所具的豪爽耿直的性格和她饱尝风霜的生活经历分不开的。据说，那还是在她的青年时代，曾有这样一件事：她为了借台演出，在艺术上进一步求得深造，搭入了锦艺园这个字号班子。旧日的戏班子，有不少的封建习俗和恶浊的行帮制度。搭班吃饭，步入后台就得先给祖师爷烧香，参驾，对把头、长辈甚至各箱口的司职人员都得要叩头行礼，乞求照应。不然的话，不是给你小鞋穿，就是给你点颜色看。丁果仙同志头天搭班，就要打破这种欺负人的常规，不买他的账。由于脚步走得不到，头天上演《胡迪骂阎》这出戏时，就没人给她充当配角，还受了不少刁难。面临着这种情况，丁果仙并没有畏惧、屈服。相反，将内心的愤恨有机地结合了剧情，到得台上大骂而特骂起来：骂的是阎王小鬼，恨的是市侩的牛鬼蛇神。这种情感真实的表演，博得了观众的欢迎，收到精彩的效果，一下子就来了个挑帘红。

刘元彤

（原载《山西日报》1962年7月21日）

钻得深　摸得准　演得真

——谈丁果仙演《八件衣》中的杨知县

七品县令和五品州官是山西中路梆子著名须生演员丁果仙同志毕生钻研、表演得最为成功的一类角色。中路梆子传统剧目《八件衣》《串龙珠》《蝴蝶杯》等戏中的官场人物，自她四十年来不断在舞台实践中进行精雕细琢的艺术加工，现已成为凝聚着丁派表演艺术光彩和特色的杰作。她在这三出戏中饰演的杨知县、徐达、田云山被晋中广大观众誉为中路梆子官衣纱帽角色的“三绝”。所谓“绝”，不是简单地指她在戏中某几处的表演或演唱有一两手人所难及的绝招，而是说演员塑造这几个角色的整个艺术水平已达到炉火纯青的绝妙境界。

一个戏曲演员，不下苦功钻研角色的精神世界，不能用富于表现力的外在形象把人物复杂的心理面貌具现在观众眼前，他所饰演的角色必然是缺乏艺术感染力的。丁果仙对官衣纱帽戏及她的其他代表作的表演，所以能博得观众拍手叫绝的艺术效果，正是由于她对剧中人物的内心底蕴钻得深，摸得准，演得真。我们认为，她在《八件衣》中对杨知县的成功刻画，便是最足以说明她这方面艺术成就的一个范例。

《八件衣》是晋剧的传统剧目。剧情大体是这样的：县衙捕头白石岗，原系隐迹公门的市井无赖，夜入乡绅马洪家窃盗财物，并杀死院公马成。杨知县破案心切，责成白石岗在三日之内捕获凶犯归案。白石岗潜候当铺中，企图胡乱拿上一个典当不明之人作为替死鬼。适有书生张成玉从舅父窦久成家借得衣衫八件前来典当，以充赶考之资，未料表妹窦秀英在拾取衣衫时，为表深情，在包裹内暗放绣鞋一只，纹银十两。成玉未细察包裹，即递上当柜，开口只索当银五两，因此以典当不明之嫌将白石岗捕获。杨知县见情着实可疑，更因在审讯中白石岗串通马洪冒认赃物，当堂验报，件件相符，便断定成玉为窃财害命之凶犯。成玉负屈衔冤，实难招承，一言不合，恼得杨知县动了刑杖，白石岗行刑时暗下毒手，将成玉打得气绝身僵。杨知县在慌乱之间命将尸身弃置荒郊。张成玉死而复苏，被花儿张义救活，同去开封上告。同时，窦秀英闻知噩耗亦偕老父赶至县衙，当堂出示另一绣鞋，证实成玉无辜被害，然后激于悲情，自刎于堂上。后来，此案经包公重加提审，始将曲直判清，真凶白石岗被处决，失职的杨知县被革职。这出戏的前半部一般地描写了案情发生的过程，后半部的结案又掺杂着迷信、恐怖的成分，因此，丁果仙在后期已不演全本，而只去芜存菁地截演中间的《审案》《开堂》《行路》数场。在这几场戏中，杨知县作为矛盾斗争漩涡里的中心人物出现在舞台之上。

和一般公案戏不同的是，《八件衣》以不落俗套的清新手法塑造了一个出于好心，干了坏事的县官形象。丁果仙塑造杨知县的成功之处，就在于她能以洗练、明确的舞台动作和富于感情的唱念，将这个人物的个性准确地揭示出来，并能随剧情的变化清晰地勾画出人物心理变化的脉络。

从丁果仙的表演中可以明显看出，杨知县的心理变化过程是根据开堂前、闹堂中、闹堂后的特定戏剧冲突而形成三大阶段。

屈打张成玉是闹堂的起因，也是杨知县错断官司，陷入悲剧处境的起点。这场戏的表演，丁果仙着意刻画了杨知县年轻气盛、涵养不深、头脑简单、处事毛躁的性格弱点，从而使人感到他下令责打张成玉的不理智行动，正是这种性格弱点所造成的，而不是如一般酷吏那样动不动就施以严刑峻法屈害无辜。当马洪在白石岗的指使下，冒认了赃物，杨知县虽以为张成玉犯罪证据确凿，但起初仍劝他招供。不料含冤负屈的张成玉不仅不招，而且怒气冲冲地对他的审问提出指责，并说他受了贿赂。这一下可把这位素来以“不食赃、不卖法”为居官操守的大老爷激怒了。这里，丁果仙的表演是：两手向公案一撑，霍然起立，怒睁着两眼，紧绷着面皮，以颤抖的声音问道：“多少？”从这句问话的语调和神色中，可以看出杨知县本想以声色俱厉的责问压回对方的无端指控，但由于过分沉不住气，反而显得心虚胆怯，神态慌张，这便助长了张成玉的斗争勇气，于是他再逼进一步，干脆利索地答道：“一千不多，八百不少。”丁果仙饰演的杨知县一听此言，倒吸一口气，面皮唰地一下变得铁青，双唇抖动着，似欲分辩，但又说不出话来。干急了半晌，才以急促而断续的语调问道：“本县受贿，可是你亲眼所见？”善于辩驳的张成玉，抓住了对方问话的漏洞，来了一个更为有力的反诘“成玉杀人是你亲见来？”这样的反问，对于一个老练的官吏本是不难应对的，他满可以理直气壮地驳道：“你杀人行凶，赃证俱在，何用亲见？你说本县受贿，有何凭证？”可是，当时感情冲动得失去了理智的杨知县，竟被问得目瞪口呆，手足无措。丁果仙在这里的表演就深刻地体现了角色的这种精神状态。他一听张成玉的反诘，就像当头挨了一闷棍，震惊得头晕目眩，身不由己地跌坐下去，支支吾吾地连道“这个，这个……”，一时找不出驳斥的言辞。及至感情稍一平静，抬眼一看，公堂上所有的人似乎都以嘲笑的眼神望着自己，马上察觉出在众目睽睽之下，露出这样一副狼狈相，实在有损自己的尊严。为了摆脱窘境，收拾僵局，只得恼羞成怒地叫道：“人来，拉下去与我打！”在这段戏中，演员以“怒”作为表情动作的贯穿情感，这就极有分寸地显示了杨知县屈打张成玉是激于恼怒，而不是生性凶残。如果对此把握不当，一味以吹胡子瞪眼睛来索取火爆的舞台效果，那就很可能将这一人物歪曲为面目狰狞、令人发指的反面角色，使其对闹堂和闹堂后的悔过和歉疚心情的表演缺乏合理的性格发展根据。

《闹堂》是全剧的高潮。在这场戏的紧张、激烈的戏剧冲突中，置身于矛盾斗争最尖端的杨知县，其心理状态的变化是复杂而又急速的。对绣鞋以前，他感到棘手的是无法交代张成玉的人命，但满以为掌握着张成玉犯罪的铁证，所以还能色厉内荏地和窦久成父女争辩几句；对明绣鞋之后，证实自己把官司断错，大祸临头，惊惧与惶恐交集，心绪纷乱如麻，在无可奈何之际，只有以训斥马洪来为自己开脱罪名，找一线生路；赶到窦秀英自刎一死，眼看一条人命未了又闹出一条，这便完全乱了方寸，除向窦久成好言央告外，再无挣扎之可能。杨知县精神世界内掀起的这场轩然大波，是在极短的舞台时间内以狂飙突进的速度推向顶峰的，演员如果没有极强的捕捉和表现角色内在感情的能力，往往会使人物瞬息即变的微妙心理淹没于火爆紧张的戏剧气氛之中。丁果仙这场戏表演上的难能可贵之处，正在于在急速发展的戏剧旋律中，她仍能细致入微地表现人物的精神状态。而这一艺术成就的获得，就表演方法而言，主要是因为她能从刻画人物的心理出发，活用传统程式，明确程式的目的性，发挥程式的表现力，使角色在舞台上的一言一行，都具有丰富的生活内容和内在感情。如这场戏一开始，窦秀英击了堂鼓后，杨知县手捧纱帽上堂的动作，一般都是见到窦氏父女，用手一指，连忙转身入座，审问官司。而丁果仙在运用这一传统程式时，却给它增添了新的内容。她的表演是：堂鼓一响，杨知县一手捧帽，一手撩袍，神色慌张地应着紧流水的家伙点匆匆上堂。这个出场动作，使观众联想到杨知县屈打张成玉之后，刚回后衙，喘息未定，才将纱帽摘下，忽听堂鼓又响，料想击鼓之人定与张成玉的官司有关，心里一急，纱帽也顾不上戴，就慌忙上堂看个究竟。来到堂口，一见喊冤的是一老汉，而且面带怒容，不由猛吃一惊，骤然刹住脚步，神色之中显出他已有八成看出鸣冤者正是自己最怕见的窦久成。因为心有内疚，不敢对他久视，忙将眼光掉开，无意中接触到手中的纱帽，触景生情地意识到窦久成的出现与自己的前程大有关碍，于是眼光便在纱帽上愣住了，面部在刹那间闪出痴呆的神色。然后右手指向窦久成，转眼看着左手中的纱帽，边指边看，且看且走，如是者二三次，才急转身躯，入座审问。这段无声表演，突出地表现了杨知县的心虚胆怯和怕丢官的心理状态，并在戏的开场，一下便将双方的矛盾关系引向一触即发的紧张状态，为下面的表演渲染了气氛。再如对绣鞋一段表演，当窦秀英将绣鞋扔上公案时，一般的程式动作是：杨知县两手向上一举，抖擞地坐下去（捶头子），接着站起来，拿上两只绣鞋，向左右晃两下，再到中间晃晃（三翻鹞），反复翻上三次（老八锤），再量量鞋的尺寸（三声小锣）。丁果仙认真研究后，对这一系列目的性不够明确、层次不够清楚的程式，做了新的安排和创造性的运用，充实了动作的内容。当绣鞋“啪”的一声扔上公案时，杨知县一见窦秀英小小女子，竟敢在公堂上如此放肆地侮辱自己，气得浑身直打哆嗦，有心大发雷霆，但看对方来势不善，似有绝对把握证实成玉无辜蒙冤，生恐突然发作，再踌成大错，只得强压心头怒火，又羞又恼地坐了下去（捶头子）。继而冷静一想，觉得绣鞋既是断案的关键之物，倒要查对明白才行，于是拿上绣鞋，站起来，先一向窦秀英狠狠一望，露出倘若查对有错再与你算账的神气。然后怒容满面地开始查看绣鞋：三翻鹞的第一翻，右手往前斜展，左手做一辅助动作，两眼凝视右手的鞋；第二翻以相同的动作看左手的鞋；第三翻两手靠拢，在老八锤的锣鼓节奏中，翻来覆去地比较两只绣鞋的颜色与花纹，然后合着三声小锣的节拍量鞋的尺寸。随着这些动作的转换，面部的神色由恼怒转为惊惧，由惊惧转为恐慌，手指的颤动由激动的微颤转为慌张的抖动。等到做完查看绣鞋动作，证明两只绣鞋完全一样之后，演员的表情动作是：两眼向上翻插，应着两个垂头子的锣鼓点，两手一松，鞋“啪”的一声掉下，身子也软瘫似的坐了下来。这段精彩的表演，由于丁果仙对传统程式进行了推陈出新的艺术加工，因而使每个动作都淋漓酣畅地表达了角色的内在感情，化成了人物在特定情境中的合理的行动，给观众留下了难忘的印象。

在《闹堂》这场戏中，丁果仙为了充分刻画人物，不仅改造了许多程式，而且还创造了若干含意深长的新动作。例如戏的末尾，杨知县下场时，一般都是两手向后一撇，灰溜溜地拖着沉重步伐，从舞台的右前方走向后台。丁果仙饰演的杨知县则是，当他垂头丧气地走到窦秀英的尸身前时，突然停下，扭身一看，接着长叹一声，两手无可奈何地向前一摊，无意间触及胸前的玉带，脸上立即露出惊悸痛苦的神色，仿佛碰到身上的伤疤一般。然后连续地看手上端着的玉带，望一望地上躺着的尸身，慢慢踱回后台。这一下场动作，再度强调了杨知县对于未来遭遇的悲观预感，巧妙地与捧帽上场的动作遥相呼应，使角色忧虑前程的绝望心情一线到底贯彻始终，同时又为下一场提调进京时的恐惧心理安下了交接线索。

《行路》是一场以唱功见重的戏。杨知县在提调进京的途中，自怨自艾地检讨着断案的错误，忧心忡忡地估摸着进京的后果，感慨万端地回顾着以往的身世，一念之间，百感交集，五内如焚。这种深沉、复杂的思想情绪都是由他在途中所唱的大段乱弹表达出来的。根据习惯的唱法，这场戏的曲调仍然延续了《闹堂》中急促火爆的旋律和节奏。丁果仙为了使唱腔吻合角色当时的悲哀沉痛的情绪，便大胆突破了传统的框子，采用了紧打慢唱的唱法，之后又进一步吸收了越剧、吕剧的低回婉转、缠绵徘侧的声腔，使唱腔既保持了传统的特色，又更完美地达到抒发角色思想感情的艺术效果。例如她在堂前辞别父老和进到汴京后所唱的几板乱弹，就声情并茂地抒发了杨知县当时的痛悔既往、担心将来的忧伤情怀，听来使潸然泪下。

作为一个成熟的戏曲表演艺术家，丁果仙四十年舞台生活中积累下来的艺术经验，和她创造出来的艺术形象，是极其丰富的。即以《八件衣》的表演而言，除以上拉杂谈的几点最突出的艺术观感外，还有许多精微之处是只可意会而无法言传的。总之，作为她后期演出的一般观众，我们认为，善于从刻画人物性格的需要出发，活用唱做念打等戏曲表演技巧，准确细腻地揭示角色在特定的戏剧冲突中的复杂微妙心理，这是丁果仙塑造杨知县的杰出成功之处，也是她整个表演艺术成就在舞台人物创造方面的重要体现。

原省文化局戏研室　执笔张仁健

（原载《戏剧报》1962年9月）

说不完的“果子红”

小果子自小学艺就非常刻苦、勤奋，她天生聪敏颖悟，泼辣胆大，无拘无束，什么戏都敢上，从来不怯场。龙套、彩女缺啥顶啥，从小就显示了她质朴、天真的艺术才华。

一次在泰山庙演《教子》，她扮小英哥，头顶“家法”时，一时找不到马鞭，灵机一动，随手就拿过看客的扇子不慌不忙顶在头上，演了起来，顽皮，天真，稚气可掬，十分招人喜爱。

她和其姐丁巧云垫演帽儿戏《游花园》，巧云扮姐姐，她扮妹妹，凭着她那清利利、脆生生的嗓子和天然无雕饰的表演，依然能得到观众的好评：“这妮儿嗓子甜美，做戏胆大，很有灵气，日后总是个人才！”

《狐狸缘》里缺个提茶壶的小丑，掌班问她敢不敢上，她二话没说，脸上抹点小白粉儿，梳个冲天小辫，穿起大红背带裤，提把大茶壶就上场了，照样演得活灵活现，使人大笑不止。真有点初生牛犊不怕虎的劲头。

有时戏班角儿们扮戏没扮停当，或因其他原因要她临时垫一出《拾金》，她马上就以破衣烂裳、蓬头垢面的花子形象出现在观众面前，手势、动作、眼神惟妙惟肖，活脱一个乞丐形象。拾到金子以后，花子喜形于色，心花怒放，禁不住嗓子发痒，唱了起来。她一会儿学“天贵娘娘”，一会儿学“三儿生叔叔”，一会儿学“毛毛旦姑姑”，又是说书红，又是盖天红，张口就来，学谁像谁，弯弯调调，丝毫不差。观众在一出独角小戏里，一下听到许多脍炙人口的唱段，自然赏心悦目，击节称快，赞不绝口。同行老师们更是笑得合不拢嘴：“咱梨园行出了这么个娃娃，天不怕地不怕，真是祖师爷的造化！”

三儿生的《琥珀珠》唱得高屋建瓴，独辟蹊径；而盖天红在《土祖庙》中的表演真挚火爆，感情激烈，也为这出戏增色不少，珠联璧合，堪称精品，在观众中早享盛誉。丁果仙住了锦艺园以后，有一次，刚巧盖天红不在，三儿生看着满脸稚气的丁果仙试探地问："果子，你唱李智吧？"丁果仙脑袋一扬，"行，叫我唱我就唱！"三儿生见丁果仙答应得很痛快，心想这娃娃有心劲儿，准砸不了锅，可又一想她毕竟嫩得很，还是得操点心，准备随时关照应变。万没想到一上场，小果子又说又做那么老练，胸有成竹，一招一式和自己配合得那么贴切，尤其那一口略带童子音的甜美唱腔，真叫人听得浑身舒坦！该出戏的地方全出了，该要好的地方全要了，比平时演得还红火。观众还编出了"男的不如女的，盖天红不如果子"的顺口溜，老人听了更是笑在脸上，喜在心头，连夸"是块材料！是块材料！"后来一打听，原来小果子这出戏全是平时在上场门上悄悄向盖天红"偷"来的。三儿生见她如此好学、机灵，从此常常在艺术上给她精心传授，悉心指点，并且常常要小果子陪他演出《琥珀珠》。这就是丁果仙在少年、青年时期的学艺态度和追求。

随着年龄的增长及其视野的开阔，她对艺术更加挚爱，广投名师，博采众长，像一块吸水力极强的海绵，永不满足地吸收着前辈们丰富的艺术营养。她先从盖天红、后拜说书红为师，兼得盖天红唱腔高亢豪放、表演刚劲健美与说书红唱腔委婉深沉、表演细腻逼真之优长。学会了《斩黄袍》《骂阎》《八件衣》《渭水河》《走山》《空城计》《反徐州》《忠保国》《芦花》《取北原》《天水关》《坐楼杀惜》等优秀传统剧目。几经磨炼雕琢，终于塑造了许多有血有肉、鲜明突出的人物形象，初步形成了自己表演落拓细微，逼真传神；唱腔高亢激越，婉转悠扬，情真意切，声情并茂的独特风格。如果说青少年时期她的演唱是处在模仿阶段的话，那么这时她已趋向成熟，由外在的模拟转向理解后的体现和创造，并且认真探索自己的艺术道路了。在此阶段，她广泛实践，勤奋耕耘，辗转晋中、晋北、大同和东西两口，并且多次涉足北京、天津，誉满三晋，名震长城内外。她不仅向本剧种学习，并且向京剧、河北梆子、蒲剧等兄弟剧种学习借鉴。

三四十年代，她与许多京剧名家频繁交往，切磋技艺，提高艺术。在北京，她的精湛艺术不仅倾倒了北京的观众，而且博得梅兰芳、马连良、程砚秋等大师和剧作家翁偶虹的赞赏。马连良亲自设宴为她祝贺捧场，并提出请她传授力作《反徐州》；而她也谦虚地提出要学马先生的代表作《四进士》，二人互教互学，教学相长，传为轰动京、晋艺坛的梨园佳话。从而使这两个戏在京、晋舞台上结出丰硕的友谊之果，促进了京、晋两大剧种间的艺术交流，她亦获得了晋剧"须生大王"的美誉。

全国解放以后，她更以旺盛的精力和热情投入艺术创造。大量地整理改编传统戏，排演出新编历史剧和现代戏，为观众塑造了更多栩栩如生，真实感人，脍炙人口，具有相当艺术生命力的崭新舞台形象：《屈原》中的屈原，《柳荫记》中的祝太公，《双罗衫》中的姚达，《太白醉写》中的李白，《卖画劈门》中的白茂林，《捉放曹》中的陈宫，《打金枝》中的唐王，《四进士》中的宋士杰，《空城计》中的诸葛亮，《走山》中的老曹福，《蝴蝶杯》中的田云山，以及现代戏《丰收之后》中的五保户老人，《红旗下的花朵》中的老校长，《小女婿》中的陈快腿等光彩夺目、具有鲜明艺术个性的人物形象，再一次震撼了千百万观众的心灵，给人们留下了美好的记忆。

这时，她的艺术创造已经进入了一个新的时期，产生了质的飞跃，她的舞台艺术已经达到更加完美、炉火纯青的境界。她对晋剧的唱腔进行了大胆的改革，改掉了拖腔时的“哪咿呀哈”的陈旧唱法，采用“以字行腔”“因情设腔”的方法，使其唱腔更加灵活自如，明快流畅，深沉刚劲，韵味醇浓，刚柔相济，声情并茂，具有强烈的感情色彩。如《蝴蝶杯》“打子”的唱段情出肺腑，亦白亦唱，一波三折，形象地刻画了田云山对儿子气、怒、怜、疼等复杂心情，可谓绝唱。她“尊古”而不“泥古”，运用程式而又不囿于程式，求形似更求神似，将生活真实与艺术真实完美地统一在一起，使其表演更加洒脱豪放，真挚细微，逼真传神，出神入化，亲切感人。特别是独具一格的纱帽戏、软巾戏和衰派老生戏，更是超凡脱俗，已经形成了一套较为完整的现实主义表演风格，使人看不到她在表演中的“表演”痕迹，让观众在自然而然的人物刻画中去尽情进行艺术享受。《空城计》《卖画劈门》《蝴蝶杯》《芦花》中字斟句酌、酣畅淋漓、声情并茂的大段乱弹；《双罗衫》《四进士》中铿锵有力、喷吐刚劲、一气呵成的大段念白；《走山》《八件衣》《太白醉写》中喜怒哀乐、挥洒自如、绘声绘色的身段、表情、动作、神态，以及那些官场小吏、下层人物的善良、正直、刚强、不畏强暴的精神风貌都给我们晋剧艺苑增添了优秀的艺术财富，成为传之不朽的艺术精品。这就是独树一帜的丁派表演艺术，她将晋剧须生艺术大大向前推进了一步。

她的一生不仅勤奋治艺，追求不息，探索不止，而且以极大的热情倾注在培养提携后进的事业上，造就了马玉楼、武忠、阎慧贞、白桂英、刘宝俊、刘汉银、张鸣琴等颇孚众望的丁派弟子，而且在建国初期多方奔求创立了太原市戏剧学校。呕心沥血、言传身教培养出了大批晋剧新生力量。

丁果仙在晋剧近代史上是一位出类拔萃、有过卓绝贡献和影响的人物。她的成就不仅表现在她的精湛表演艺术，而且表现在她的高尚艺德和为人。人们至今流传着她的许多感人事迹：她尊师爱徒，对她的恩师孙竹林始终热情照顾体贴，使老人生有所享，老有所终，尽了一个贤徒的孝心。对后人则呕心沥血，百般提掖，几次慷慨解囊，为艺校师生购买衣物、奖品。她忠心报国，抗美援朝时，一个人捐赠二千万元人民币（旧币），并带头组织太原市各剧团联合义演，完成了一亿万元的捐献数字。她正直无私，为人正派、热情、善良，生活朴素节俭，处处关心同人，以助人为乐……

人们都说，丁果仙演戏还有一个一般女须生怎么也学不到的本领，她演了一辈子男性人物，从来不露女相。以至好些看过她演戏的外地观众根本不相信舞台上那些刚强不屈、雍容大度、叱咤风云的人物竟是一位身材消瘦的女伶所扮。奥妙在哪里呢？这是她平时苦练的结果。为了更好地在舞台上扮演男子形象，她在日常生活中有意磨炼自己的性格。无意脂粉、修饰，专门模仿男人的动作、语音、神态，日久天长，她终于养成了豪爽、坚毅、刚强的个性。年轻时，她曾无视世俗的嘲讽，穿着男子服装，头戴礼帽，走长街过闹市，旁若无人，一副昂然男子神态。为了演好老者的形象，她曾多次尾随在老大爷们身后仔细地观察，揣摩老年人的行、动、坐、卧特征，回家后反复模仿演练。难怪她把老汉们演活了。

然而，这样一位绝才绝艺，正直善良的艺术家却在1972年那动荡的年代里病郁无治，含恨而逝，过早地离开人间，她仅仅活了六十二岁。惜者！痛哉！

果子红去了，然而她给人们留下说不尽道不完的动人的故事。

王永年／述　刘巨才　段树人／文

（原载《晋剧百年史话》）

《打金枝》与丁果仙

晋剧表演艺术家丁果仙曾于1956年赴京演出。出于乡土之情，当她的传统剧目《打金枝》在长安大戏院演出时，我特地邀请了京剧界的老前辈雷喜福、贯大元、陈玉菁诸先生前往观摩。大家对丁果仙精湛的演技，每每赞不绝口。演出一结束，雷喜福老先生就摘下他的老花镜，意味深长地对我讲："梨园界的人，有个经验之谈：有的剧本写得并不好，可演员居然把它唱红了，这叫人保戏；有的演员不怎么样，可剧本写得好，同样也能赢得观众的喝彩，这叫戏保人。你们的晋剧《打金枝》，剧本、演员都是头等的，可说是珠联璧合，相得益彰。"雷先生虽然早已故去了，可是他的这段赞语，多少年来仍然活跃在我的记忆里。

说起《打金枝》，京剧的、评剧的，以及河北梆子的，我差不多都已看过。剧种不同，各有特色。但作为晋剧《打金枝》来说，正是借助于丁果仙的卓越表演才登上银幕，蜚声全国，当年毛主席都曾给予很高的评价。同样，丁果仙不正是由于演出了这样的范本，才博得全国观众的同声赞誉吗？

这篇文章想谈谈剧本的编写及其主题思想，而着重谈谈演员的表演艺术。

编写历史剧，有两个要素：一个是要占有充实的史料，一个是要剧作家独具慧眼，善于撷取。一般情况，有经验的作家，史料愈多，也就愈游刃有余，写来得心应手。中国戏曲的传统剧目，为什么列国戏、三国戏、水浒戏、杨家戏比较多？主要原因是记载这些戏的演义、小说，都是在宋元讲唱文学的基础上发展起来的。内容丰富，情节生动，形象感人，而且段落分明，往往一个章节，只要稍事改动，便是一出好戏。《群英会》里的诸葛亮舌战群儒，蒋干盗书，和原作对照，几乎未易几字，但是放在舞台上，依然活泼、生动，一点也不感到蹩脚。《打金枝》这类戏可就不同了，因为有关它的史料确实太少。最早的记载见于唐人赵璘所写的《因话录》。清人褚人获的《隋唐演义》略有记载，但只寥寥数语，不足以为写作提供什么素材。近代人蔡东藩所写的《隋唐史话》，记载似乎多了一些，但亦未超出《因话录》的范围，并且成于剧作之后，当然也就无须涉及了。现将《因话录》中有关《打金枝》的记载，抄录如下："郭暧尝与昇平公主琴瑟不调，暧骂公主，倚乃父为天子耶？我父嫌天子不作。公主恚啼，奔车奏之。上曰：'汝不知，他父实嫌天子不作。使不嫌，社稷岂汝家有也'。因泣下，但命公主还。尚父拘暧，自诣朝堂待罪。上召而慰之曰：'谚云：不痴不聋，不作阿家翁。小儿女闺帏之言，大臣安用听之'。锡赉以遣之。尚父杖暧数十而已。"

从这段话里，我们知道了一个大概，郭暧和昇平公主确实是琴瑟不调，彼此闹矛盾，有意见。其主要原因是公主高傲，仗势欺人。而欺负的对象，偏偏是三朝元老郭子仪的儿子、她自己的丈夫郭暧，这样矛盾便复杂了。君不见郭暧气势汹汹地说："倚乃父为天子耶？我父嫌天子不作。"在封建社会，一个为臣的，居然敢说出这样轻蔑皇上的言辞，不是郭暧斗胆，而实在是忍无可忍，被迫无奈，正像俗话说的豁出去了。从小娇生惯养的公主，当然受不了这样的委屈，于是一怒之下，进宫告状去了。实指望父皇为女儿出出气，没想到唐代宗是一个深明大义，颇具远见的人。非但没有怪罪女婿，反而安慰亲家带子而归。

戏的主要线索有了，但是缺乏生动的故事情节，缺乏鲜明的人物个性。如何把它敷设开来，铺写成戏，剧作者经过深思熟虑，缜密构思，在原有的基础上，加上了拜寿、闯宫、告状、斩婿、绑子上殿、劝宫诸场，从而便把一出戏组织得矛盾起伏，跌宕有致。

"拜寿"这场戏，安排得是相当成功的。我们知道写戏的一个要诀是千方百计，尽量使人物处于典型环境。剧作者在这方面是深得要领的。昇平公主无疑是这出戏里的一个重要角色，因为一切矛盾都是由她这里发生的。她从小生长在帝王之家，娇惯成性，自以为是桀骜不驯，恃势高傲，目空一切。剧作者正是掌握了这一性格特征，才安排了汾阳王郭子仪过寿的场面。这天七子八婿，成双配对，都去拜寿，唯独郭暧是孤家寡人，原来是昇平公主不肯屈驾枉顾，于是群情哗然，说三道四。试想血气方刚，讲究体面的郭暧如何消受得了。所以盛怒之下，他要闯宫，他要打金枝，矛盾就这样展开了，性格的冲突也随着剧情的发展白热化了。

在细节的安排上，作者也是出色的。我们知道昇平公主的另一个性格特征是娇。娇，主要是环境优异，环境特殊造成的。第五场戏，沈后在劝宫的一段唱词里交代得很清楚："公主自幼长宫里，她从小与我不分离，娇惯成性不明理，我与父皇说重了她还不依……"如何表现这种娇，娇到什么程度？剧作者在这里设计的几个细节，是相当令人信服的。第一个细节是公主被郭暧打了之后，奔回宫里，向父皇哭诉委屈。代宗当然要问个明白。原来是驸马要她一道去为公爹拜寿。代宗、沈后当下回答女儿应当去拜寿。公主一听不合心思，立即把封建法统搬出来了，“盘古至今一个理，君拜臣来使不得”。代宗坚持说拜得，女儿硬说拜不得。不依从她，竟哭个没完。结果还是沈后心疼女儿，敦促代宗，“你看女儿哭哭啼啼，你说上个拜不得哄得女儿她就不哭了”，代宗为了息事宁人，也就只好屈从女儿，“你说拜不得，就算拜不得”。看来这个“算”字用的是相当有分寸的。因为这并不是他的心里话。

第二个细节仍旧是公主问代宗：“我家的江山是先祖爷留下的？还是郭家父子打下的？”代宗唱：“先帝争江山也非容易，保社稷那郭家功劳第一，……皇儿呀！……也可算是他家争来的。”公主一听又不对心思，依旧不依不饶，最后代宗只好又顺从了女儿，“好好好！你说留下的就算留下的”。在现实生活里这样的事儿是屡见不鲜的，理当为娇惯儿女，在特定的情况下，硬把没理当有理，有时甚至不顾别人的尊严与荣辱，以博得子女一时的欢心。

写到这里，不禁想到1888年，恩格斯在给英国女作家哈克奈斯信里的那段名言：“现实主义的意思是，除了细节的真实外，还要真实地再现典型环境中的典型人物。”《打金枝》的写作方法，无疑是现实主义的。第一，是他选择了那样典型的环境，第二，是他所选择的每个细节，都是那样的逼真。可见现实主义创作方法，在中国早为那些成熟的艺术大师们所运用，所掌握了。

关于《打金枝》的主题思想，说法是不尽一致的。有的人认为剧本旨在反映封建社会的等级观念，昇平公主就是这种制度的具体代表。冷若冰霜的封建关系，不仅表现在宫廷烦琐的君臣礼仪上，而且也渗透在日常生活中普通的一个祝寿场面。昇平公主宁与驸马反目，也不肯为公爹拜寿。她的唯一依据就是“盘古至今一个理，君拜臣来使不得”。这就是她的行动纲领。从字面上看，这个君拜臣好像是皇上下拜群臣，如果真是那样，尚且情有可原。现在是皇上的女儿也要以君自居了，这怎么能不惹得年轻少壮、将门之子的郭暖怒发冲冠呢？他为了争回在哥嫂面前的一点自尊心，便不顾一切，打碎红灯，直闯宫禁了。公主遂即问：“你打碎红灯是何意？”多么理直气壮！郭暖回答：“就为你倚势把人欺。”也不示弱。看来是一场夫妻争吵，但却关系着封建君臣之间的高墙壁垒，郭暖一定要铲除这条界线，当然要受到来自各方面的阻力。从这点上理解，它是有反对等级观念的倾向的。怪不得观众看了这出戏都是同情郭暖的，可见封建制度的不得人心。但这并不是剧本的主题所在。

还有人认为，看了戏之后，使人感到唐代宗开明豁达，有远见，有气度，很善于处理君臣之间的关系。是的，不论是剧作者，还是演员，都没有把这个人物简单化，而是根据史实，并以自己的想象和生活经验，合理地丰富了这个角色。譬如他对儿女间的这场纠纷，本来想睁一只眼，闭一只眼，顺水推舟，不了了之的。无奈这个娇纵的女儿，一再拨弄是非，当她在父皇面前汇报郭暧："他打了孩儿算小事，不该把父王也看不起，……他言说父王的江山从何起，都是他郭家父子南征北战，东挡西杀、十大汗马功劳争来的。"这下子可把代宗攻火了，"你夫妻一时吵几句，不该把孤王的江山提。……按大理本该申法纪……"，可是他想了又想，"又恐怕得罪了老臣郭子仪"，结果是"倒不如成全了君臣义，儿女闲言不用提"。这就把唐代宗这个人物刻画得有血有肉，分寸适当，合情合理，精神饱满。他又要维护帝王家世的尊严，又不得不为唐室江山长远着想。他稳健明智，长于思考，妥善地处理了这一纠纷，但这仍然不是剧本的主题所在。

那么究竟什么是它的主题思想呢？

我认为《打金枝》是一出喜剧，喜就喜在，真挚的夫妻之情战胜了封建的等级观念。我们不能苛求昇平公主没有一点儿封建意识，出淤泥而不染是不可能的。在阶级社会，各种思想无不打上阶级的烙印，何况是封建大熔炉里铸造出的皇室女儿呢？问题是她对郭暧究竟有没有感情？是爱他还是不爱他？看来不只有感情，而且感情深厚。既然有感情，为什么一个动手要打，一个去告御状？这一点也不奇怪，郭暧打的是这个不合理的等级观念！为什么好端端的一对夫妻，要受这种封建制度的层层约束呢？公主告状恰恰是为了维护她既得的利益——封建法统，这就是矛盾的症结。不过公主告状，绝没有想到代宗一怒之下，要将驸马斩首。尽管这是假的，但是年幼单纯的公主，不知父皇葫芦里卖的什么药，反而信以为真。这也是富有戏剧性之所在。在这生死攸关的时刻，是要虚伪的封建法规呢？还是要自己的丈夫呢？这对公主来说，不能不说是一个严峻的考验。最后她还是放弃了她所信守的封建法统，以解铃还得系铃人的姿态，向父皇千娇百媚地苦苦哀求：

走上前来扯龙衣，
儿对父王有话提。
你打他骂他全在理，
千万莫要斩首级。

眼看漫天云雾马上要散。这时沈后不由地嗔怪女儿，"谁叫你进宫来搬弄是非"！多么贤惠的母性！公主接唱：

儿本是金枝玉叶女，
从小不曾受人欺，
一时间孩儿心有气，
进宫来对父王诉委屈。
我国母方才相劝你，
儿听了后悔也来不及。
莫说他驸马说儿几句，
他纵然打儿几下那该怎的。
一来是驸马吃酒带醉生了气，
二来是少年夫妻争吵几句我们是玩耍哩。

告了人家，再为人家求情，俗话叫自己打自己嘴巴，这又何苦呢？归根结底，她深深地爱着驸马。唯其如此，所以聪明的唐代宗乘兴将所有的君臣大礼统统免掉时，公主表面上虽然不同意，内心却件件依从。因为她也需要自由，更需要夫妻之爱。这不仅是郭暧和昇平公主的正当要求，也是封建社会广大青年男女的共同愿望，它的主题远远超出了封建皇室的范围。

晋剧《打金枝》所有的舞台形象，塑造得都是很成功的。像唐代宗的开明豁达，沈后的通情达理，昇平公主的骄矜高傲，郭暧的不畏权势，郭子仪的老成持重，都给人留下生动、逼真、基于史实而详于史实的深刻印象。不过这里着重谈谈丁果仙所扮演的唐代宗。

丁果仙扮演的唐代宗，最大的艺术的特色，就是这里有演员自己的立意和创造，她不落前人窠臼，不模拟同辈惯技，而是独出心裁，另辟蹊径，博采众长，熔于一炉，演出了自己的风格和水平。作为封建帝王这个角色，笔者总感到在传统的戏曲舞台上，似乎这个人物已经僵化了、凝固了，千篇一律，千人一面。大凡帝王登场，不管什么场合，总不外蟒袍玉带，旗罗伞扇，有本奏上，无事退朝。乱世是奸臣的傀儡，治世是忠臣的偶像。因而饰演帝王这个角色，根本用不着另立行当，进行什么精深体会，锐意创造，往往是随便什么演员，只要记住台词，学会台步，大体上都可以应付裕如。比较认真的演员，也仅仅是识别其明君、昏君而已，根本谈不上独特的个性。笔者也曾想过，这或许是由于历来的封建帝王，大都是年幼无知，庸庸碌碌，这一历史现象所造成的。但是历史上有所作为的帝王也并不少。像毛主席诗词里所列举的，秦皇汉武，唐宗宋祖，这些人究竟在舞台上给人留下什么样的鲜明印记了呢？他们远不如包拯、关羽那样的光彩夺目，曹操、潘美那样形象逼真。无疑，丁果仙所塑造的唐代宗的艺术形象，正好填补了这项空白。她不像有些演员出于想当然的凭空臆造。她完全忠实于历史，而又不为历史所局限，她充分了解了唐代宗的为人处世，把握了代宗和郭子仪既是君臣，又是儿女亲家这一特定的社会关系，从而才能把戏剧矛盾和人物性格的冲突，处理得惟妙惟肖，恰如其分。

作为《打金枝》这出戏的历史背景，正是安史之乱已经平定，多灾多难的唐室暂时趋于稳定。经过一番战乱的浩劫，唐代宗深深感受到在保卫唐室江山上郭子仪所建立的汗马功劳。在第三场戏里，他和沈后，一前一后，相偕而出，代宗的形象是那样庄重恬淡，潇洒自如，沈后又是那样温柔敦厚、贤淑多情。接着是几组对唱：

代　孤坐江山非容易，
沈　全凭着文武保社稷，
代　升平当思危难日，
沈　回想起安禄山起反意：
　　多亏了李白，保举了郭子仪，
　　才把那安禄山叛乱平息，
　　……

从这几句唱词里，可以看出战乱之后代宗和沈后头脑是那样的清醒。他们知道江山来之不易，他们深深地体会到在平乱当中，文武大臣所起的作用；他们更从安史之乱这一不幸事件中吸取了经验教训，从而认识到居安思危这一朴素的真理。丁果仙这时的唱腔是凝重徐缓，苍劲朴实。沈后呢？则倾向于温柔敦厚、沉思悠扬。给予人的感受是天下虽然太平了，但是战乱给人心灵上遗留的创伤，并没有完全平复，甚至还在隐隐作痛。下面代宗和沈后又接着唱：

代　先帝爷念皇兄功劳无比，
沈　在凌烟阁上把名提；
代　封他为汾阳王人称千岁，
沈　才把咱金枝女许他儿为妻。

代宗和沈后从内心里洋溢着对郭家父子保卫大唐江山的感激之情，并揭示了他们作为儿女亲家的来历。

代　老皇兄今晨寿诞期，
沈　咱赠他寿幛和寿礼。
代　孤本想过府拜寿去，
沈　君拜臣来使不得。
代　君妃稳坐在深宫里，
沈　妃陪你玩一局象牙围棋。

作为传统的中国戏曲，它在表演艺术上有许多特点，即把科白、唱腔、音乐、舞蹈融为一体，形成载歌载舞的一种独特的表演形式，这就要求一个演员，必须唱、念、做、打兼而有之。只攻一端，不能算是真正的表演艺术家。丁果仙在这方面，应该说是全能。听说她过去曾和马连良先生交换过剧目，不难看出在她的做派上，确实保留着马派艺术潇洒俊逸的特点。但她绝不是机械地模拟，她塑造人物总是从形象的整体出发，并善于掌握角色的全部神韵。唐代宗一出场，其飘逸的仪表，潇洒的风度，轻松的步履，立刻令人感到这是一个有道的明君。在唱腔上，她从人物性格出发，从剧情戏理出发，顿挫相间，轻重有致，在渲染唐代宗办事干练，心境悠适上，无疑是非常生动的。她的念白，喷口有劲，咬字有力，清脆洒脱，悦耳动听，这样就把唐代宗的形象表演得活灵活现，生动逼真。

一个优秀的戏曲演员，不仅要善于继承前人的成果，善于和同辈艺人相互学习，而且更应当从现实生活里吸取营养。这是因为我国的戏曲，大部分还是以演历史故事为主，但人们的生活习惯，风俗人情，行容举止，无疑也是有继承性的。戏剧是以人为核心的一种表演艺术，主要通过演员传神的表演，来传达剧本所描绘的故事情节，来表现人物的思想感情。但是剧本不可能为演员提供全部表演素材，这就需要演员在生活的海洋里，要善于吸收，善于提炼，善于积累，一旦剧情所需，便立即信手拈来。丁果仙是有这样的本事的。记得在劝宫的第五场戏里，代宗为了安抚女婿，不仅将郭暧加官晋爵，而且将日常生活里的繁文缛节，君臣礼仪全都免了。公主说免不得，驸马说免得。结果代宗说：

糊里糊涂一齐全都免了，
她与那庶民百姓一样的。
从今后我儿得罪你，
你将她上用拳打，下用脚踢，

拳打脚踢王不怪你。

按理这段唱腔，从代宗的身份，应该是庄重严肃，但是丁果仙敢于打破陈规，她信守现实主义的原则，从剧本所规定的情景出发，从人物性格出发，行腔上幽默活泼，妙趣横生；表演上，当她唱到“拳打脚踢王不怪你”时，用柔和而又带有启示式的目光盈视郭暧，右手收缩，只留食指，做旋转状，指向下方，仿佛是心照不宣，表面上向着女婿，给女儿施加压力，实际上还不许女婿真打，就这么看来是简单的一招一式，却把舞台上原有凝滞状态，立刻引向活泼清新的境界。京剧界的泰斗王瑶卿先生说过：“戏在人演，只要努力研究，戏是限制不住人的。”一点也不假。

十年动乱，使丁果仙这样一位卓越的表演艺术家，备受摧残，过早地离开了我们。然而她留下的艺术财富是不朽的。这就需要当代的戏曲演员，认真地加以继承、发扬。戏曲史工作者，更应当精心研究，总结她的艺术生活与舞台经验，这对戏曲艺术的推陈出新，当是刻不容缓的。

窦　楷

（原载《戏曲论文集》）

丁果仙在长影

1955年的4月，太原已是布满红情绿意的春天，而在吉林长春还是春寒料峭，此时山西省组建的《打金枝》剧组来到长春电影制片厂，正在日夜紧张地依照分镜头剧本进行排练和试镜头。拍电影对饰演唐王的丁果仙和其他演员都是新鲜的事。当置身在摄影棚数十万瓦灯光的照射下，富有舞台经验的丁果仙、牛桂英、郭凤英、梁小云等无不流露出惶惑和几分紧张神态。

导演刘国权提出从舞台走上银幕，必须顺应电影的特点和要求进行变革。丁果仙鼓足勇气，越过了重重难关，步入新的艺术领域。

于是在人物造型上，丁果仙将挂髯口变成黏胡须。戏装穿龙袍、帔，王帽改用软褶子，水袖改短。一切接近古代宫廷生活，更见真实。过去晋剧沿用蒲白，在道白中，丁果仙注意发言吐字趋向晋剧规范化，使剧种特色更加明显。

《打金枝》剧本是由寒声、张焕、张万一、王易风合作整理的，剧词经过修改，丁果仙反复念背剧本，仍难记熟记准，而唱念又必须要与表演动作一致，达到天衣无缝，她往往顾此失彼。前期录音时，那位录音师有意这样说：

“念错一句，就得重录，将要浪费一盘带损失三百元……”

尽管丁果仙谨慎小心，生怕出错，在一次录音中念错三个字，她为此食不甘味、寝不安枕，竟不知念错一句词是可以洗掉重录的。

为了增强音乐的表现力，需要求乐队演奏改变旧的章法，在《劝宫》中的唱词原先是一种“留板”，不能表现人物情绪变化。基于责任感，丁果仙睡在床上，含着香烟在思索着，突然产生灵感，她根据情节变化提出将“留板”改为另外三种方式的设计，兴奋地去告诉张焕同志，得到赞赏，于是招来鼓师白晋山、琴师程汝椿，共同研究，大家一致，同意丁的意见，即采用北路梆子的“留板”法，又借鉴使用豫剧和蒲剧的音乐改革两处、保留一处。

唐王上场后第一句唱词“王坐江山非容易”，过门音乐过长，显得拖沓呆滞，导演要求乐队演奏缩短一两节“过门”，起初琴师不同意，丁果仙和白晋山及剧团领导张焕、寒声一再阐述理由，终于使琴师折服。

《登殿》上场，原先演出只用铰子，单调乏味，拍电影改用《朝天子》曲牌，“吹腔”加打击乐，烘托出隆重肃穆的音乐气氛。以上举例说明丁果仙与音乐工作者合作，参与创作，找到了艺术的契合点，产生了最佳艺术效果。

在长影期间，她爱护扶植青年不遗余力，如对扮演金枝女的冀萍，丁果仙给她说戏，传授水袖功，又领冀萍去投师，向同时在长影拍摄影片的评剧表演艺术家小白玉霜（李再雯）学习，使冀萍至今刻骨铭心。

生活中往往充满着戏剧性，拍片并不尽如人意。当拍片进行到郭子仪绑子上殿，扮唐王的丁果仙唱倒板后转平板，离座上前搀扶子仪，此时，郭暧喊“冤枉”，这是个长镜头，丁果仙的唱一开始总对不准口形，导演要求一再反复重唱，但是她却很耐心很认真，从当晚七时进棚到凌晨四时才完成。扮演郭子仪的王正魁，一连跪倒，起来、再跪倒起来数十次，这都充分说明了晋剧前辈艺人对艺术的执着和热爱。

《打金枝》影片拍成后，很快在全国发行，这是晋剧的第一部戏曲艺术片，引人注目。影片在太原首映，竟达一日九场之多，活唐王丁果仙的大名远播海内外，香港上映时，印制了大量彩色宣传品，轰动南国。

张　焕　杨秋实

（原载《艺术方圆》1992年3期）

丁派艺术　代有传人

晋剧（中路梆子）是山西省的主要剧种之一，是山西人民的重要精神食粮。近年已被列入国家级非物质文化遗产名录。据考证，在晋剧发展史上，曾出现过众多深受群众喜爱的艺术流派及其代表人物，其中在须生行中，成就最高、声誉最广、影响最大、最受观众欢迎者，当首推“晋剧一代宗师”丁果仙以及她所创造的丁派艺术。

丁果仙（1909—1972），字步云，艺名果子红。河北省束鹿县人，出生于一个贫寒家庭，四岁就被卖于太原丁家，七岁投师晋剧艺人孙竹林学艺，在太原泰山庙清唱小戏卖艺三年，是晋剧史上第一位女须生。她十一岁搭班登台，曾在荣梨园、庆梨园、锦艺园等戏班与前辈著名艺人盖天红（王步云）、说书红（高文翰）、毛毛旦（王云山）、三儿生（孟珍卿）、狮子黑（乔国瑞）等在太原、晋中、内蒙古、张家口、北京、天津等地同台演出。十七八岁即誉满三晋，名驰京津，被誉为“山西梆子须生大王”。她聪明好学，刻苦钻研，勤于向各兄弟剧种广泛汲取艺术营养。1936年赴京演出时虚心向京剧名家求教，以晋剧《串龙珠》与马连良交流，移植了京剧《四进士》，并借鉴京剧行腔归韵的长处，摒弃了晋剧拖腔中的“哪咿呀哈”等虚词衬字，大胆革新了晋剧须生的唱腔和念白，巧妙地将盖天红行腔高亢激越、十二红腔韵婉转低沉、说书红唱腔稳健流畅似说似唱等艺术特色集于一身，融会贯通，着力发挥自身的独特优势。经过多年艰辛的舞台磨炼，创立了独树一帜的丁派艺术，提升了晋剧的艺术品位，提高了晋剧在全国的知名度和艺术地位，将晋剧艺术推向一个新的发展阶段，成为晋剧发展史上一座划时代的丰碑。

丁果仙唱、念、做俱佳，唱念尤为突出。早年，她的嗓音清脆明亮，音质纯净，行腔多以中高音区为主。中年以后，嗓音苍劲宽厚，刚柔兼济，尤其不露女相。她发声坚实洪亮，气息饱满耐久，唱腔浑厚舒展，表演朴实大方；注重观察生活，善于将生活体验融化于程式之中，赋予程式以生命，善于将唱、念、做等艺术手段糅为一体，精心刻画各类人物。尤其擅长运用“介板”“流水”“滚白”等散板唱腔，灵巧多变地表达人物的内在感情。《蝴蝶杯》中田云山训子时的“介板”，《卖画劈门》中白茂林怒斥胡林时的紧打慢唱“流水”，《芦花》中闵德仁的花腔“十三咳”，现代戏《丰收之后》中的“二流水”紧打慢唱，《走雪山》中的“叫板”等，声情并茂，传神感人，在群众中广为流传。丁果仙的念白极有功力，如《四进士》中宋士杰公堂诉状的大段念白、《详状》中姚达与徐继祖的对白、《蝴蝶杯》中江夏县令的大段念白等，喷口遒劲，感情真挚，吐字真切，抑扬顿挫，掌控自如，把人物的身份、性格、内心世界刻画得细致入微，绘声绘色，引人入胜。在五十多年的舞台实践中，她上演了近百出剧目，塑造了众多生动鲜活、有血有肉的艺术形象，尤以塑造品行耿直的苍头院公和居官清廉的七品县令一类人物最为成功。其代表剧目有《日月图》（饰白茂林）、《双罗衫》（饰姚达）、《八件衣》（饰杨知县）、《走雪山》（饰曹福）、《蝴蝶杯》（饰田云山）、《捉放曹》（饰陈宫）、《串龙珠》（饰徐达）、《空城计》（饰诸葛亮）、《四进士》（饰宋士杰）、《太白醉写》（饰李白）、《法门寺》（饰赵廉）、《芦花》（饰闵德仁）、《打金枝》（饰唐代宗）、《渭水河》（饰周文王）等。在《血泪仇》《小女婿》《丰收之后》《红旗下的花朵》等现代戏中饰王仁厚、陈快腿、王奶奶、老校长等人物，也很出色。1952年参加第一届全国戏曲观摩演出大会，获演员一等奖。1955年，与牛桂英、郭凤英、王正魁、梁小云、冀萍等合演的《打金枝》拍成电影。1959年加入中国共产党，曾任山西省晋剧院副院长、山西省戏曲学校和太原市戏曲学校校长，多次当选为全国政协委员。她是一位爱党爱国德艺双馨的晋剧艺术大师。

丁果仙一生视戏如命，对晋剧事业执着追求，锲而不舍，对晋剧人才的培养和对晋剧艺术的传承呕心沥血，不遗余力。建国初期，为了培养晋剧接班人，她自己出资购买房舍，并献出一副戏箱。招收了三十多名学生，成立了戏曲培训班。之后，又相继收徒育才，培养出白桂英、马玉楼、刘宝俊、刘汉银、武忠、阎慧贞、张鸣琴、温明轸等一批丁派弟子。并不辞辛苦，口传心授，传授丁派代表剧目。如今，这些丁派门徒早已功成名就，又在培养第二代、第三代传人。丁派艺术薪火相传，成为推动晋剧艺术不断发展的宝贵财富。

流派是一种特殊的文化现象。流派艺术的出现是戏曲繁荣昌盛的标志之一。一个剧种，流派越多，在群众中的影响就越大，在艺术上的提高就越快。愿晋剧丁派艺术代代相传，长盛不衰，更盼晋剧舞台人才辈出，流派纷呈，能有更多新的流派应运而生。

郭士星

“果子红”大度化解《闹宫》

——纪念“晋剧须生大王”丁果仙一百周年诞辰

丁果仙（1909—1972）河北束鹿县人。小名果子，四岁被卖与太原丁家，七岁拜师学中路梆子旦角，九岁街头卖艺。以一出《花子拾金》模仿名角毛毛旦和天贵旦唱腔的逼真，成为中路梆子历史上出现的第一位坤角须生。十五六岁时，在太原和晋中一带就享有盛名。山西俗称戏曲中的胡子生为“红”，故而观众赠她艺名为“果子红”。当时名伶迭出、流派纷呈，和十二红（胜儿红）、十三红（张景云）、说书红（高文翰）等名家相比，丁果仙能虚心求教、博采众长，形成自己圆润清亮又刚劲豪放的演唱风格，新颖周致的唱腔，不露女相的表演，深受广大观众的欢迎，博得“男的不如女的，盖天红不如果子”的赞誉。1936年上海百代唱片公司为她灌制了《芦花》《空城计》《拾金》等唱片，被誉为“晋剧须生大王”，成为晋剧史上丁派表演艺术的创始人。

丁果仙一生演出过百余出戏，扮演了众多人物形象，代表剧目有：《日月图》的白茂林、《八件衣》的杨知县、《空城计》的诸葛亮、《清风亭》的张元秀、《四进士》的宋士杰等。1952年她参加第一届全国戏曲观摩演出《蝴蝶杯》饰田云山，获演员一等奖。1955年参加戏曲影片《打金枝》的拍摄，她饰唐代宗，享誉全国，不但成为晋剧发展史上第一部影片，并享晋剧“丁、牛、郭、冀（丁果仙、牛桂英、郭凤英、冀美莲）”四大名演员魁首之誉。丁果仙以她自己的勤奋实践和大胆创新，使中路梆子须生和老生的表演艺术向前推进一步。她于1954年创办太原市新新剧团训练班，后转为太原市戏曲学校任校长，后又兼任山西省戏曲学校饺长，为学生传授技艺，培养出一大批的戏曲新人：马玉楼、刘汉银、武忠、阎慧贞、张鸣琴、刘宝俊等丁派弟子，都较好地传承了她的表演艺术。她在“文革”中备受摧残，含恨病逝，

《闹宫》，又名《诉宫》，是晋剧优秀传统剧目《打金枝》中的一折。唐朝汾

阳王郭子仪庆寿，驸马郭暧因妻昇平公主恃势未至，而怒打金枝。金枝被打气极，奔入皇宫，向父王、母后哭诉委屈，并夸大驸马拳打脚踢的事实，又搬弄是非，逼求父王降罪于郭暧，唐代宗、沈后问明原委，明察事理，同斥公主无理。金枝仍娇纵纠缠，代宗假意应允杀郭暧与女儿消气。金枝后悟出杀了郭暧她将沦为少年寡居的后果，只得以少年夫妻争吵是玩耍为由，再向父王求情宽恕郭暧。

《打金枝》一剧以幽默诙谐的喜剧手法，描写了一段封建社会贤明君主正确处理内部矛盾的宫廷生活，又将深幽的宫廷生活赋予平民百姓的家庭色彩和人性趣味。因此，二百余年来历演不衰，几经历代艺人的千锤百炼，铸就成晋剧王冠上的一颗明珠，在山西、内蒙古、河北等地广大群众中有着深远的影响。1948年春，毛泽东主席在山西兴县北坡村观看了晋绥边区人民剧社演出的晋剧《打金枝》后曾说，此剧是讲君臣团结，人民之福，教育子女，顾全大局，是教育干部的好戏。此剧又因小生、小旦、青衣、须生、花脸、老旦、文丑等行当齐全，且唱工做工并重，加之服装场面讲究和喜庆气氛，历来为衡量班社演员阵容、行头好坏的必演剧目之一。深受广大观众的喜爱与赞赏。

折子戏《闹宫》是须生、青衣的唱工和小旦的做工戏。唐代宗上场第一句“四股眼”平板唱腔，“孤坐江山非容易”，丁果仙一出场亮相就以舒展大度、平稳的音调，把叙事与抒情、缅怀往事的感情表露出来，唱出了盛唐时期歌舞升平的景象，又抒发了对先祖创业艰难之崇敬心情。与沈后（牛桂英饰）接唱“回想起安禄山起反意”相呼应，可谓夫唱妇随，很自然地以演唱来叙事，描述了当年“安史之乱”，多亏了学士李太白举荐了任“参军”之职的郭子仪，在平息叛乱中建功立业，收复两京后，才稳定了大唐江山，而“先帝爷（指唐玄宗李隆基）念皇兄功劳无比”，不但“在凌烟阁上把名题”，并且“钦封他汾阳王人称千岁”。说明先帝对郭子仪功劳的肯定，然而郭子仪却从不居功自傲，他恪守纲常礼教，而后便有“唐代宗李豫将四女儿昇平公主嫁给郭子仪的六子郭暧，于公元765年成婚”，当时郭暧只有十三岁，公主与他年龄相仿，真可谓“少年夫妻”，而小夫妻争吵是常有的事。这说明“郭暧常与昇平公主琴瑟不调”是有历史根据的。剧中从代宗与沈后的对唱中交代了李唐王朝在危难之中郭子仪曾力挽狂澜、功勋卓著。郭子仪乃唐玄宗、肃宗、代宗、德宗四朝元勋，是平息“安史之乱”、中兴唐室的重臣。历代唐王对郭家也恩宠有加，郭子仪八子七婿皆朝廷重官，郭暧还招为驸马，这样便铺垫出李唐王朝和郭氏家族这种君臣、姻亲的密切关系。丁果仙行腔熨帖、音韵婉转，唱得非常真切动情，为后面处理郭暧“打金枝”犯下灭门之罪而得赦免埋下伏笔。因此代宗与沈后的演唱，提及今日是老亲翁郭子仪花甲寿诞期，代宗已赠送了寿幛和寿礼，本想过府拜寿去，只因“君拜臣来使不得”才没去拜寿，在宫中与沈后下围棋对弈娱乐。丁果仙将唐代宗从容闲适、平和大度的帝王气质演绎得入木三分，一把金黄色的折扇在手，开合摇曳，极富悠然自在的帝王风度。她的唱腔尤富感人魅力，采用“以字行腔”的唱法，灵活自如，明快流畅，善于寄情于声，托声传情，声情并茂，刚柔兼济，具有强烈的感情色彩。

公主李君蕊哭哭啼啼闯入宫内，向父王、母后哭诉受到的委屈，代宗与沈后问明原委，才知公主不去给公爹拜寿是因为“君与臣拜乱规矩”。代宗便开导女儿：“恭贺千秋，无关朝政，论起家规，你是人家的儿媳，孝敬椿萱，乃为正理，实实该拜。”公主理屈词穷，被打的委屈难申，便撒娇泼赖，夸张地诬告受了郭暧的拳打脚踢，打得她浑身是伤。便激起代宗的关切，令沈后验过是否有伤，查验结果却是一点点伤也无有。代宗生气地指责皇家女儿竟然撒起谎来了，不予理睬。公主见挨打没被同情，便又搬弄起是非，说郭暧“竟敢对父王起反意”，代宗一听恼怒郭暧竟敢与皇家争社稷，本应要申法纪，“又恐怕冷淡了老臣郭子仪”。丁果仙的唱，刚劲而不硬峭，华美而不俗艳，婉转而不柔弱。朴实大方中现绮丽，平易自然中出新奇，具有独特的艺术魅力。她通过舒缓幽婉的唱词，将代宗思前想后的心绪表现出来，深知娇生惯养、任性无知的金枝女话语不可信，又想如此下去仍无法平息女儿的委屈。于是代宗佯装盛怒，上殿去斩郭暧，“定为我女消消这口气”。这下幼稚的金枝拍手称快，却急坏了沈后，赶忙劝解代宗，“休听蠢材一面理”。代宗的假意竟然连沈后也信以为真。丁果仙表演得沉着洒脱，面带微笑，她手拿收拢的折扇，侧身指向沈后点了点，暗示她，以“二性”板式唱道：“孤斩郭暧是假意，倒叫皇儿着了急”。丁果仙演绎代宗在处理公主与郭暧的夫妻纠纷时，突出地表现了他的真真假假、虚虚实实、连哄带唬的那种富有喜剧趣味的情态，用一定程度的喜剧化表演手法，表现了唐代宗的豁达大度和睿智贤明，又生动细腻地塑造出代宗通达明理，风趣幽默的性格。

这时，宫人禀报，汾阳王绑子上殿请罪。代宗闻之十分感叹：“好一位老臣郭子仪，年迈功高不自居”，钦佩他忠心耿耿维护皇家的威严，但他表现上仍然假装要上殿去杀郭暧，公主惊恐，急忙拉着父王的袍襟，请求“你骂他打他全在理，千万不要斩首级”。她已醒悟到，杀了郭暧，她岂不是成了少年寡居的严重后果，只得以“少年夫妻争吵几句，我们是玩耍哩！”表示悔过认错，恳请父王不要杀郭暧。沈后对代宗的意愿也心存疑虑，代宗在下去更衣前，含蓄幽默地以“二性”“留板”唱：“这件事孤心中自有主意，梓童啊，你们莫要再提。”安抚了沈后，太监便引代宗下。这段“留板”唱腔经过丁果仙大胆革新，分别吸收融化了蒲剧和北路梆子的唱腔特点，以别具韵味的唱法揭示了代宗疼爱子女的内在感情，又要保持帝王威严的神情风趣，赢得了观众的赞赏。这时沈后才释疑，而公主仍不明事理，催促母后跟着一起去求情，她俩同下。观众都显现出会心的微笑。

观众这时已看个明白，点头会意，由于代宗的旷达大度，爱女心切，化解了金枝女《闹宫》的纠纷，以一场诙谐喜剧的欢乐结尾。

郭　枕

（原载《三晋戏剧》2009年第4期，又载《山西艺术教育》2009年第3期，上海书店出版社2011年4月版《折子赏析》，又载上海远东出版社2013年1月版《名伶名剧赏析》）

忠实的继承者与大胆的革新家

——浅谈丁果仙的唱腔及其演唱技巧

著名的晋剧演员丁果仙，是一位具有卓越成就的表演艺术家，她的精湛的演唱艺术，可以说是已经达到了精深、纯熟的境界。她对于继承与发展中路梆子须生门的演唱艺术，具有突出的贡献，这里仅就她的唱腔和演唱技巧略加阐述。

丁果仙在演唱艺术上的成就，主要表现在对传统唱腔的运用、发挥和对兄弟剧种唱腔的吸收、融化方面。

在运用与发挥中，丁果仙既善于将人物的某一特定情感贯串地表现在各个不同的板腔当中，又善于在同一板腔当中，表现各种不同的人物与情感。她演唱的各种板腔都有其特点并富有创造性，特别是对于介板、流水、滚白以及叫板的运用，其特点和创造性表现得更为突出。据中路梆子的一些行家们说："介板、流水等说好唱也好唱，说难唱也难唱。"这意思就是说："大板乱弹"主要是看演员在出字、过腔、收韵以及气息运用、控制等方面的功夫如何。因为介板、流水等板腔的节奏都是比较自由的，演唱时除了要有较好的功底以外，还要看演员的表现能力和创造才华。所以内行们在衡量一个演员演唱艺术的高低、优劣时，首先便听他的介板、流水唱的如何。而丁果仙具有唱大板乱弹的深厚功底，可以从大板乱弹中一气呵成、环环紧扣地表现人物的性格、情感，尤其在介板、流水等的运用中，使观众可以强烈地感受到某一人物的性格特点和精神面貌。如《蝴蝶杯》"打子"一场中田云山唱的介板，便是丁果仙在演唱艺术上最具有代表性的一段唱腔。在这段唱腔中她刻画了一位满腹经纶、饱经世故、机智善辩、坦然严正的七品县官的鲜明形象。通过声韵与语气的夸张、腔调与神情的结合以及高超的演唱技巧，充分地表现了田云山对其子——田玉川既义愤填膺，又有父子之爱的内在矛盾心情。如她在唱"开言叫骂你……"一句时，

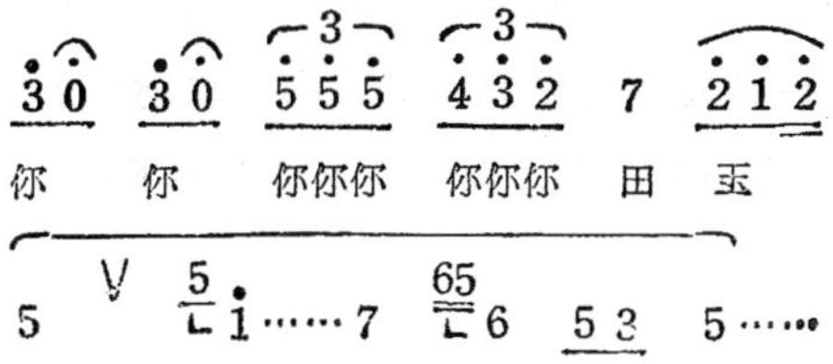

这一句中连续出现了八个“你”字，但并不使人感到生硬、累赘。前两个“你”字所加的休止符，颇有当人极度气愤时，语不成声而逼出来的半口声气的感觉。紧接着两个三连音的出现与开始的音调形成了对比，更突出了矛盾心情的描绘。当唱到

此处“放书”两字上下滑音的巧妙运用，从语调、韵味中介绍了人物之间的关系，使人明显地感觉到这是一种老子训儿的口气。再如“卢公子打死卖鱼汉，与你奴才何相干”，上句中下滑音多。字咬得稳、重，速度较慢，下句中用“连句唱法”，近似朗诵，并加强了字音与速度，使训斥的口吻更加突出，第五句的下句是这段唱腔的高潮，全句加上“你”字的七次重复共二十四个字，这首先在语句安排上及演唱处理上需下很大工夫。由于丁果仙对人物感情体会很深，吃得透，再加上精炼的结构手法、高超的演唱技巧，所以处理得非常奥妙，使人听起来逼真、自然，真是如临其境，如见其人，如：

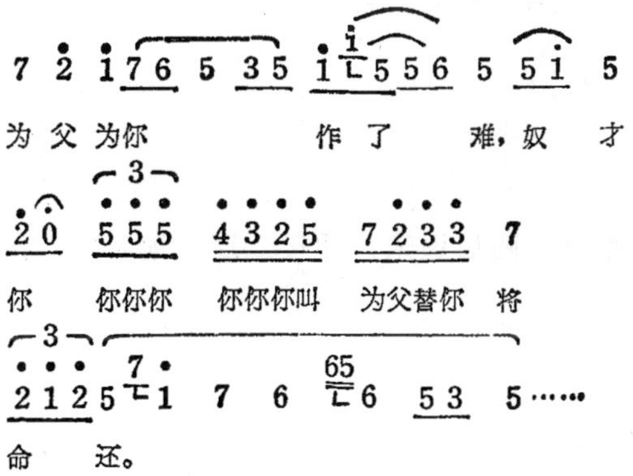

在“奴才”这个地方是在下句终止音上的扩张，按照一般的唱法，到“难”字上就结束了，而她却加进了“奴才”二字的音调，形成了桥梁，接唱下面时，使人感到仍为一句，并不涣散零乱，而是一气呵成。在流水的运用方面，丁果仙也有发

挥与创造，特别是“紧打慢唱”，更别具特色，自有独到之处。这是她运用同一板腔，表现多种情感时灵活、善变、创造性地发挥的结晶，如在《卖画劈门》中，她便施展了这种“紧打慢唱”的绝招儿。当白茂林拉住了女儿白凤鸾时唱的：

清晨起奔大街去卖字画，
蓦地里遇着了胡府管家，
一把手……

在这个情感转折处，稍加停顿，后半句：

将为父拉到他府下，

音调减弱而沉重，咬紧牙关，一字一字往出奔，这便大大加强了音韵、语调的气势，表现了白茂林抑制不住的憎恨心情。当他们父女二人准备星夜逃走时，突然有人叩门（白的外甥汤子彦），白茂林误认为是胡府派人来抢亲，便不顾一切，准备用老命和他们拼，这时唱道（二性转流水）：

事到此我只得与贼拚了（绕弦）

但一个年迈苍苍的老头，赤手空拳，又如何对付得了呢？正在踌躇无策，忽然看见桌案上有一把菜刀（起垂头子，硬三垂流水），唱道：

我这里拿菜刀……（绕弦）

这时，门外边汤子彦也着急得怕有人随后追来，便接二连三地叫门。白答：“来了！少等！”（气恨至极地唱）：

开柴门……我将儿的头首找掉。

手执明晃晃的钢刀，将门一劈，随着两个最大分量的“串儿”，一看却不是胡家贼人，而是自己的外甥，因而神态失常似的，轻轻地顺口而出（流水）：

是我的甥儿来到！

在“来”字后边用了一个小的休止，仅是将信将疑，生怕自己老眼昏花看错了人，一看再看，心想不是在做梦吧！接着生硬地对汤说：“进！”汤也莫名其妙地：“舅父！请！”进门后，白茂林疑心渐消，非常激动地唱（流水）：

甥舅们相逢在今朝，
来得好，来得妙，刚刚凑巧啊！
来迟了舅父我就要远逃……

这几句唱腔，情绪的表现十分到家，特别是第二句，音调简练，字音清晰，“刚刚凑巧啊”一字一拍，一拍一音，沉重而平稳，表现了白茂林正直、善良的性格及甥舅意外相见时深切、激动的心情。

流水的紧打慢唱在传统中虽然也有，但它并未被人重视。真正当作个人演唱风格的独有特色和刻画人物的一种重要手段，还是丁果仙在解放以后，逐步发展、创造而形成的。它的特点是火爆、热烈、舒展、细腻并与语言结合得非常紧密，似唱非唱，字句清晰，感情充沛，平易引人，为广大群众所赞赏。这不仅在很大程度上丰富了流水腔的表现力，同时也为今后继续发展、创造各式各样情调的流水腔积累了可贵的经验，找到了正确的门径，这也应该说是丁果仙对中路梆子发展中的最重大贡献。

在吸收、融化方面，丁果仙在开始学戏的一个阶段里，因为有刻苦模仿的才能，学习了本剧种中很多名老艺人的唱腔，使她积累了非常丰富的唱腔“资源”。但这仅能说明她的唱腔根子扎得深与广，而关键却在于其能否使这些“资源”获得新的生命力，变为发展自己独特风格的有益营养。这便需要经过一点一滴的融化、糅合，然后才能成为自己的东西。在这方面，丁果仙不仅对本剧种中须生门以及其他行当的唱腔进行了吸收，而且还能突破剧种的藩篱，向各个兄弟剧种兼收并蓄。这是一个细致而深刻的创造过程，她在这方面的实践经验，尤为可贵。如《法门寺》里大板乱弹中的“郿邬县在马上心神不定”一句，就是吸收自北路梆子演员十六红的腔调，并且在曲调上做了装饰性的发展而丰富了感情表现力。在转入二性垛板时，又有意识地吸收了北路梆子中富于变化的垛板的旋律与节奏。使人听起来既新又旧。既生又熟，颇为奥妙。如：

孙玉姣卖风流门前站定，
勾引的小傅鹏起了淫心；
假意儿丢玉镯作为凭证，
内有个刘媒婆老无正经。

这段唱腔中的“门前站定”与“作为凭证”便是吸收了北路梆子的曲调，而保持了原来的基本节奏（即木头的“红”“黑”未变）；而第二句中的“起了淫心”四字虽也是吸收了北路梆子的曲调，但在节奏上给予了变化（即木头的“红”“黑”变了），使之接近于中路梆子的特点。这样既不失原有风格，又改变了一些人唱中路梆子垛板时，缺乏变化，单调平板，所谓“上下两点点”的现象，从而大大地丰富了原来中路梆子垛板的表现力。

解放以后，丁果仙对于唱腔的吸收，更多地注意到了从戏剧内容与人物性格的需要出发，在融化、糅合的手法上更趋巧妙，做到了水乳交融的地步。使人听着既是那么自然、舒服，而又是那么独特、新颖。即使是内行人，不给讲明，也很难听出哪里是改革了的及从哪里吸收来的。如：《日月图》中，白茂林解说日月图时唱的结尾一句：

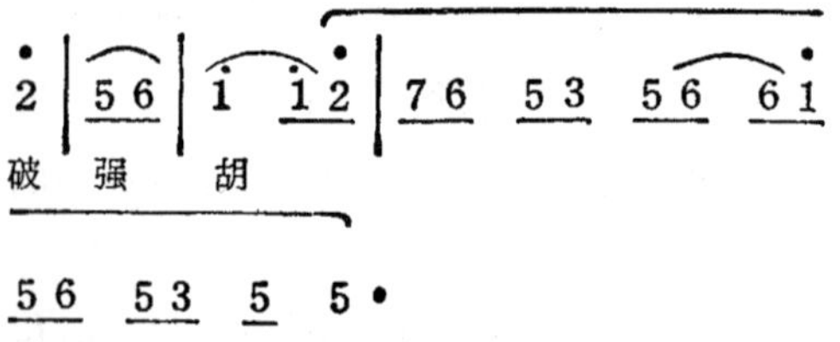

这一句是吸收了山东吕剧的唱腔，吸收后除了在音乐上融化、糅合外，并用中路梆子的演唱“口角”（即发声方法、位置及口型）保持了原有的风格特点。同时，其所以要如此改革，一方面是要有意识地与下一段小生的唱腔结尾形成不同的对此，避免过去在结尾上雷同单调的现象；另一方面又紧紧地结合了人物的特点，表现了白茂林的刚强性格和必胜信念。再如《八件衣》中杨知县唱的流水“白石岗接马歇官店”一句中，“歇官”两个字就吸收了上党梆子的腔调，到“店”字出现后，又很自然地回到了中路梆子上来，丰富了原有的唱腔，表现了杨知县心慌意乱的心情及灰心丧气的情调。

丁果仙在唱腔方面就是这样由须生门的各家到其他各个行当，由本剧种到本省的各个兄弟剧种以及外省的一些剧种，即由近及远、由浅入深地兼收并蓄，把各家之长熔于一炉的。真是千变万化而不离其宗，既没有局限在一门一路的狭小圈子中，又没有变成“大杂烩”“四不像”。虽然如此，但她在唱腔上却从来又是力戒那种单纯追求“新鲜”的猎奇做法的。她对于某一腔调的改革都是有目的的，决不为改而改，既不是奇腔怪调，又不是死腔老调枯燥无味的“一道腔”，它的特点是华美而不飘浮，婉转而不俗气；朴素、舒适、新颖、独特，使人百听不厌。而这些成就并不是信手拈来的，是从多年的艺术实践中，逐步摸索、创造而取得的。她自己的体会是这样：“既不能死学死唱，又不能走了样子；既不能不吸收，又不能一下子都吸收；吸收后要变成自己的东西。既要让人听着好听，又不能让人明显地听出是吸收的什么；改了之后，要台上演员舒服，台下观众喜欢。”这个道理虽很浅显，但却非常准确地阐明了在戏曲唱腔上吸收、融化、改革的基本原则。

唱腔方面创造性地运用及吸收、改革，是丁果仙艺术才华的重要表现，但作为一个表演艺术家，这仅仅解决了问题的一个方面。因为她所吸收、改革、发展的唱腔，必须通过相应的演唱技巧才能表现出来，正如优秀的歌曲必须由具有声乐素养与歌唱技巧的人才能生动地表现出来一样，否则，也绝不会收到完美的效果。而丁果仙正是创造才华与高超的演唱技巧的统一体现者，她的演唱技巧，也是在继承前辈们优秀成就的基础之上，又紧密结合了自己的嗓音条件发展而成的。丁果仙学戏的初期，是晋剧发展较为旺盛的时期，著名演员颇多。其中须生门中与丁果仙演唱艺术关系较多的几家有：盖天红（王步云）——唱、做兼备，又以唱工见长，嗓音高亢而清脆，刚劲有力，张口音多，有喷口，号称“童子音”，为正门头套须生，是当时具有权威性的一派。十二红（胜儿红）——与盖天红恰恰相反，以柔音为主，鼻音重，音韵婉转多变，并以“哼哼”之腔为其独有特点。十三红（张锦云）——嗓音虽然不算好，但演唱技巧却颇为高明，特别是在气息运用、控制及收音、放音方面，更有绝妙之处，如在流水爬擀子的时候，伸缩力非常强，弛、强、刚、柔运用自如。说书红（高文翰）——其特点则是咬字清晰、纯正，做派上讲究，注重唱做结合，唱腔以平和、熨帖取胜。丁果仙在发展过程中，最可贵之处就在于她能够有选择地吸收他人的长处，丰富自己。如在学了盖天红之后，逐渐觉察到了盖的刚音有余而柔音不足的缺点，同时咬字也不够清晰，于是便有意识地注意了对十二红迂回、舒适的柔音唱法，以及十三红收、放音的技巧和说书红清晰、纯正的咬字的学习与吸收，这些对丁果仙独特风格的形成有着极为重要的关系。除此以外，还向有些不大被人重视的演员们学了很多东西。如罗头红的粗细音结合，桂儿红没有嗓音的巧唱、气息运用上的偷气、就气以及演唱上的躲、闪、滑、跳和人称山东直隶梆子的疙瘩红刚口有劲、坚实有力的发音，秋富生高音区音韵的运用，毛毛旦、天贵旦的颤抖音等等。后来又向京剧、蒲剧、北路梆子、河北梆子等不断地进行了学习与吸收。由于她集中了很多适合自己嗓音条件的精华，又经过了熔炼、糅合，终于使她具备了发音坚实、清亮，刚柔兼备，咬字清晰、纯正的特点以及须生——特别是巾子、纱帽戏中的须生所特有的风度与气质。同时在气息的运用、控制方面也打下了极为深厚的功底。演唱时讲究用丹田的力量及三回九转之功，使气息充足、耐久，轻、重、缓、急运用自如。如《八件衣》中杨知县唱的流水嘹子："封府堂会一会包明公"，在"公"字的尾音后，接着出现了一个长时间的无限延长音"6"，之后，又是由二十余个单音组成的迂回曲折的拖腔。在这里即运用的是气息上的蓄气、就气、偷气及三回九转的功夫与技巧，使腔调渐强、渐弱，有起有伏，清利、有力、点点不漏，真有余音绕梁，三日不绝之感。此时杨知县担心性命危险的哀怨、凄凉情调以及内心紧张外表强作镇静的神态，也就反复地展示在观众面前了。

四十年来，丁果仙艺术的发展，使中路梆子中须生门的演唱艺术跨上了一个新的阶段，并对整个剧种发生了重大影响，形成了丁派艺术。她的艺术风格的成长过程，也就是她在戏曲艺术上继承与革新的过程。是忠实的继承者，又是大胆的革新家。她的成就，绝非像有些人认为的那样，是"灰渣堆里拣出来的夜明珠——天生就的"，从她的全部艺术实践来看，优越的天赋条件，仅仅是一个方面，而坚持不懈的勤学苦练精神，却具有极为重要的意义。

丁派演唱艺术的卓越成就，是在广泛地集中了前辈们优秀的传统基础上，又加以创造性的发展而获得的。是在群众欣赏、抚育，名师行家指点，琴师、鼓师等的亲密合作，以及长时期的艺术实践过程中逐步成长起来的。尤其是解放以来，在党的文艺方针的光辉照耀下，加以她的思想觉悟不断提高，才使她在艺术造诣上获得了更为卓越的成就，成为晋剧界具有杰出贡献的表演艺术家。

注：本文系"丁果仙的演唱艺术"一文的一部分，由于篇幅关系，这里只摘取了唱腔及演唱技巧两个问题。

李守祯　段成明　文　进

（原载《山西日报》1962年8月28日）

丁果仙唱腔艺术浅析

民国十七年（1928），山西平遥“锦艺园”开锣。从此，晋剧舞台上诞生了一位戏曲巨匠。她是一名女眷，却有浑厚的嗓音，自髯口挂耳，她的名字就被山西的村村落落所熟知。她被迫学艺，却热爱戏曲，自登上舞台，她那传奇性的戏剧人生便从此开启。这个人视山西梆子为生命，她开创的流派艺术和精湛的艺术技艺也堪称晋剧发展史上的奇迹。她，就是20世纪前半叶最具影响力的山西梆子艺人，晋剧“须生大王”——丁果仙。

广泛吸收、借鉴继承的萌芽时期

丁果仙，本姓钱，小名果子，1909年生于河北省束鹿县。由于生娘家庭贫苦、父亲早亡，四岁的丁果仙被卖给山西太原丁凤章家，取名丁步云。丁氏老两口以收养孙女名义将果子买进门后，并非是为享受天伦之乐，而是要将果子作为赚钱的工具，不进戏院，便进妓院。小果子早在丁家闻听了妓女的各种悲惨生活，她立誓要下功学戏，以摆脱和躲避妓女的可怕命运。而这一学便从此开启了她一发不可收拾的戏曲道路。

丁果仙蒙师孙竹林，曾是蒲籍老艺人红菊花科班中的学员，乳名毛旦。是丁老头为果子廉价请来的。孙竹林并不是舞台上的名流演员，但他戏路宽泛，深得爱财的丁凤章所钟爱。为让果子快速出科，立刻生利，丁老头每天皮鞭伺候着七八岁大的果子，天不亮就让她去海子边（现太原五一广场西北侧）吊嗓、练功，一整个上午在学唱。下午直至晚上，除过伺候丁老头夫妇吃晚饭外，其他时间还在练功和听师傅说戏。即便是深夜睡觉，果子也要扳起一条腿垫在头下，做到睡觉不误练功。

功夫不负有心人。伴着丁老头的鞭子和果子自己的不断努力，学戏初见成效，聪慧的天资也渐渐显现出来。丁果仙在她的文章中回忆道："我小时候嗓子好使，学谁像谁，学什么声音像什么声音。甚至能模拟出呼胡的声音，唢呐和三弦的声音。当我十岁在太原唱票（清唱）的时候，就已能学盖天红、毛毛旦等名演员的唱腔，而且学得毕肖。"对果子较强的模仿能力，师傅孙竹林也很早就发现了。孙竹林最早教唱果子的戏是《花子拾金》。这出戏戏谑滑稽，行当较多，需要模仿不同演员的演唱风格，是初学者难以掌握的。果子为更快、更好地学习，除模仿师傅教唱外，还悄悄去戏院"偷学"。她常常跑到呼胡师傅的凳子下边偷偷地听一些名演员的唱腔，偷偷地学，偷偷地练。长此以往，她竟能将《花子拾金》中"毛毛旦"和"天贵旦"的唱腔模拟得近似本人。也正是因为《花子拾金》这出戏，丁老头意外发现：本学旦角的丁果仙在模仿须生行当时嗓音清亮，气宇轩昂，深受观众喜爱，也更得观众"赏钱"。丁老头开始有意识地"引导"果子以"男子"身份来转换扮演角色。果子虽知此意，但她更是看多了当时社会中女子的卑微地位和悲惨命运，也更为减少"女戏子"的各种烦扰，她逐渐接受并开始尝试丁老头为她安排的新角色——"坤角胡子生"。

民国八年（1919），十一岁的丁果仙进入戏班，和天贵旦、一点红、两点红等搭班演戏。进了戏班，一切都要依靠自己，学戏亦是如此。在戏班里，除了完成自己的戏，她更是常常"听"别人怎么唱。为了免于"碍事"和"挨骂"，果子常常钻到桌子下面听，第二天清早起来就去野地里喊。这个学一句，那个仿一句，时间久了，就听后台有人冒出"盖天红也给顶了！""萝卜红不用活了！"经过戏班里这一通模仿，果子对《花子拾金》更是拿手就来。这出戏也就成了丁果仙早期登台的重头戏之一。丁果仙在总结自己萌芽时期的唱腔是"一种多方面的继承"。当时正逢山西梆子发展的繁荣时期，各路名家活动频繁。丁果仙广泛吸收，听、学、看。她不但学习山西梆子，还汲取了北路梆子、京剧和民间艺术中的精华。用她自己的话说："多听、多看、多学、多方面的继承，不但是本行当的要学，其他各行当都要看、要听、要学，这样才锻炼了自己，丰富了自己，给以后自己对老生唱腔的发展打下了基础。"

博采众长、日见特点的形成时期

民国十二年，也就是1923年，一颗"奇葩异果"在晋剧艺苑中凸显出来。丁果仙，此时已十五岁，经过几年在舞台上的摸爬滚打，人们逐渐发现了这个姑娘不同凡响。丁果仙因早期大量的模仿与吸收，再经几年的咀嚼积累，自己的行腔特色和风格特点也日益显现出来。

少年时的丁果仙不懂发声方法，她只是一味地模仿各种声音，所以在演唱时不懂怎么用嗓。她回忆师傅孙竹林在初期教唱时曾告诉她，要善用“丹田之气”。但她并不明白什么叫“丹田”。一年夏天，在与青蛙一场“声嘶力竭”的比拼后，果子发现青蛙虽小，但声震耳鼓。这一发现，为丁果仙用气发声，特别是用丹田之气发声提供了重大线索。她仔细观察了青蛙的用气方法，是通过鼓鼓的肚子来实现的。肚子越鼓，声音越响。她尝试运用呼吸来调整发声，她用腹腔与胸腔的共鸣使声音具有了响亮而浑厚的特质。

在此几年中，丁果仙各个方面都得到了锻炼。丁果仙说我的“唇、齿、舌、喉、牙的调动和联合操作都是在这一时期锻炼出来的”。

随着年龄的增长与舞台实践的增多，丁果仙学会了自己甄别行腔中的各种方法，并将它们运用到唱腔中来，丰富了她的老生唱腔。

民国十七年（1928），丁果仙嫁给了第一任丈夫冀午斋。冀午斋是平遥人，在当地有权有势有声望。他将老三儿生所承办的锦霓园买来，改称“锦艺园”。锦艺园在当时可谓声名鹊起，说书红、三儿生、丁氏姐妹都齐聚在此。丁果仙也是在此与说书红、盖天红结下了师徒之缘。闻听了师傅们各自的腔型流派，丁果仙开始构思如何在博采众长中形成自己特定的行腔风格。

在与盖天红学习唱腔之前，丁果仙对真假声的发声问题掌握不好，虽唱着卖力，但声音的亮度就是出不来。开始丁果仙也试学盖天红用假声演唱，并配丹田之气，但效果不甚理想。盖天红听了她的唱腔告诉她：“你嗓子够用，可以用本嗓演唱，再配上丹田的气。”这一实践果然取得了不错的效果。

声音的问题解决了，可新问题又来了。在一次演出结束后，丁果仙无意中听到观众评论：“盖天红唱得好是好，听得过瘾，就是不出字，听不出来唱的是啥！”丁果仙对照自己的唱腔，意识到自己也有相同的问题。她开始研究解决的办法。她不再硬学盖天红，不再费劲使用丹田之气，并试用放松口腔的方式来解放唇齿。在此基础上，她更是进一步琢磨“字音”，四处听取意见，摒弃盖天红每腔必带的“哇哇腔”，努力使字音的字尾在行腔中运出，让观众能更好地接受唱词含义，完全理解唱腔内容。至此，新问题迎刃而解了。

丁果仙对唱腔的追求可以说达到了精益求精。为了每个字音、字义能清晰地进入观众的耳朵，她又开始研究起了说书红的唱腔。说书红由于自己嗓音的缘故不能更好地解决音高的问题，便下足功夫对唱腔的吐字咬字进行研究。正是由于他的唱腔像说书一般吐字清晰，因此人送“说书红”。丁果仙认真研究说书红的吐字，并学习字字落实，吐音准确等唱念方法，结合盖天红对气息的运用，形成了一套自成体系的声腔唱法。

独树一帜、流派鲜明的发展时期

民国二十五年（1936），对丁果仙来说是收获颇丰的一年。这一年，她与上海百代公司合作，在北京灌注了自己的第一张唱片。为了这张唱片能求到更广泛的群众，她提前去北京演出多场听取各方意见。回晋后，她对唱腔进行了改革。她将观众比较反感的陈旧性“哪咿呀哈”拖腔改为“哼鸣式拖腔”，即用唱腔的尾字拖腔，并主张依字行腔，使唱片获得了韵味醇厚、字音清晰的良好效果。唱片灌制成功了，丁果仙获得了“山西梆子须生大王”的称号，可谓功成名就。还是这一年，她带着“山西梆子须生大王”的盛名请求说书红为自己的老师，旧戏重演并得到了老师悉心指点。她盛名下公开拜师的举动得到了晋剧界的一致好评。

丁果仙孜孜不倦，好学进取。20世纪三四十年代，丁果仙与北京名家频繁切磋技艺，在京、晋舞台上结出了丰硕的艺术果实，并得到了梅兰芳、马连良、程砚秋等大师的赞赏，由此获得了晋剧“须生大王”的美誉。通过多次交流演出，丁果仙更是看出了晋剧唱腔中的一些不足。她首先对晋剧中出现的粗俗词语与“哪咿呀哈”的扭捏唱腔进行革除，并把太原普通话的韵儿融入传统念白中，形成了至今仍在沿用的晋剧念白唱腔。

统观丁果仙20世纪前半叶以后的唱腔，已经具有了独特、鲜明的风格特色。这些在经过“丁氏处理”之后的唱腔，尤显精致细腻、旋律醇美、韵味浓郁，已经被深深地打上了丁派烙印。细辨其唱腔的与众不同，便可得其真谛，寻其之美。

1. 字腔交融

戏曲唱腔，从其兴起就与唱词语言密不可分。而“字正腔圆”则是演员在演唱中所追求的目标。丁果仙唱腔吐字饱满，收音归韵讲究，声音圆润，富有厚重感是大家有目共睹的。而这些都与她对字音、调值以及腔词关系的良好处理有着密切的关系。

戏曲中的唱词每个字都由字头、字腹、字尾三个部分组成，它与调值共称“四音素”。而从切字的角度讲，反切一个字需要三个字音来构成。比如：“将”，就要用“几、阿、嗯”来完成。因此，整个出字的过程由吐字、归韵、收音三个步骤组合并由字的调值贯穿始终。丁果仙善用音乐的手段表达唱词内涵，且将唱腔中字音的字头、字腹、字尾完整保留并加以演绎。她依据唱词中“字”的发展逻辑“将字入律”后“循律入曲”。除兼顾字意准确，更保持了曲调浓郁的风格特色。

丁果仙唱腔在20世纪30年代中、后已经形成自成一派的行腔体系。她除了主张“依字行腔”，更提出了“因情设腔”的观点。戏有大千世界，情为戏胆灵魂。丁果仙成熟时期的唱腔，体现了其自己的行腔特点与创腔理念。她从“情”出发，因“情”设腔，对唱词和唱腔中不符合情绪的内容都会进行调整和再创作。她喜欢将字、腔和情牢牢地捆绑在一起，这样不仅使唱词与唱腔、唱腔与戏剧更加贴切，还能更好地表现戏剧内容，通过情与腔的交融来烘托戏剧效果，达到了融合统一，相得益彰。

2．润腔细腻

戏曲唱腔，风格多样，流派纷呈。相同的唱腔旋律也可呈现不同的艺术效果。这些差异，除演员不同的演唱习惯和演唱方法外，不同的润腔处理手段也是唱腔特点鲜明、风格迥异的重要原因所在。在戏曲的发展进程中，戏曲声腔已经形成了一套对唱腔进行美化、装饰和润色的独特技法。在唱腔创作中，要保持依字行腔除了要顾及摆字位置、腔词关系等，字音调值与其旋法走向的一致也是保持正音的重要方面。而“润腔”的这一手段就可以改变并实现字音调值的正确走向。

须生唱腔有一定的难度与局限性，它不同于女腔，高挑且炫技性强，更加易于发挥。须生唱腔追求平稳中带有高亢。它的旋律线条平直且大跳，音域相对局限，并不易于演员把握。因此，如何使唱腔圆润，如何突出须生唱腔中浓醇的韵律？这些问题也被一一凸显出来。

丁果仙尤为注重润腔的运用。仔细聆听她的唱腔就会发现，她几乎“字字润腔”。她力求对不同字音的润色来纠偏倒字，以达正声。

如：

这是丁果仙演唱的《蝴蝶杯》中“田云山我怒冲冠”唱段的第一句唱腔。该句唱腔由七字组成。虽字数少，但其中的“云”“山”“我”“怒”“冠”都采用了润腔的手法。在这些字中，除“冠”采用上滑音外，其他四字均为倚音润腔。

晋剧唱腔中的字音调值不同于普通话，它有自己独特的字调体系。普通话的调值分为四种，即阴平、阳平、上声和去声，就是我们常说的一声、二声、三声、四声。晋剧生长在广大晋语片区，其方言与普通话中字音调值有很大区别。晋剧唱腔和念白中的字调与普通话的区别，其规律为：“一二变三”“三变四”“四变一”。即普通话音中的一、二声成为晋剧唱腔中的三声，而三声变为晋剧中的四声，四声的发音是晋剧中的一声。如：“我”在普通话中为三声“↘↗”，变为晋剧唱腔后即读作四声“↘”。因此，在“田云山我怒冲冠”的唱腔中，“云”，由二声变为了三声。为正发音，丁果仙在“云”字的“1”前加一倚音“5”，形成了“降调”的音值走向。

滑音是装饰唱腔的又一润腔手段，主要分为上滑音和下滑音两种，在其他剧种和民间音乐中都常看到。这里采用的是上滑音。“冠”在本句中是唱腔的最后一字，承担拖腔收音的重任。该字在晋剧音调中的读音为“三声”，字尾收音为“升调”。丁果仙用上滑音来结束本句唱腔，既是为突出字音调值倾向，又通过上扬腔调来反映“怒冲冠”的内心表现。

丁果仙的润腔还不仅仅于此，“字字润腔”的特点还体现在她对唱腔中短音符的波音处理，也就是有时在戏曲被称为的“颤音”。

波音，是器乐或声乐演奏中的一种装饰符号，有顺、逆之分。其唱法是对原音做时值范围内的上、下二度波动，效果宛如颤音，因此也称为颤音。

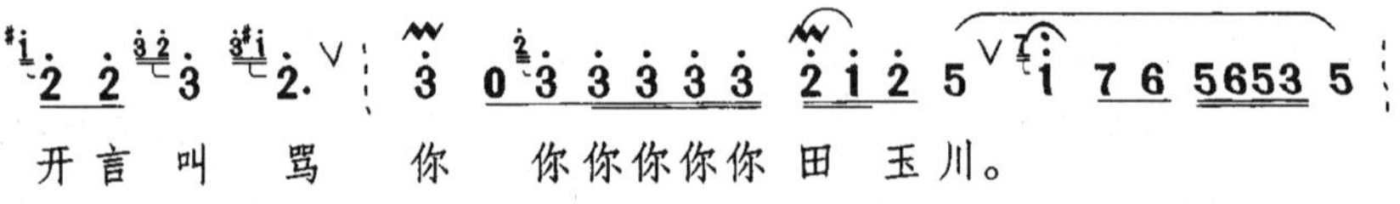

在上例中，第一个“你”和“田”及拖腔中的“5”都有做波音装饰处理。其中，“你”为逆波音。其实际演唱效果为“323·”。这种修饰性润腔使原本单调的四分音符“3”透出了剧中人物愤怒情绪中带出的颤抖与唱腔内在的旋律韵味。另外两处润腔为顺波音，其演唱方法为向上二度波动。由于音符细密外加波音所连带的繁复，唱腔听后给人以韵味浓厚、风格独特的不同感受。这些润腔技巧的运用表露了丁果仙的用心、用情，也从不同侧面反映出她“因情设腔”的创新理念。

3．腔中透稳

丁果仙从打算改为生行的那一天起，就开始了“自我改造”。她放弃女儿心性，泯灭女儿意识，潜心观察男人形象。她梳短发、穿男装、带男帽、学骑车，不顾路人白眼，不惧街坊讥笑，大摇大摆地出现在太原的街头巷尾。这些生活中的特殊磨炼，打磨出了丁果仙的一种特性——“稳”。这点可以从她的唱腔中寻味出来。

《空城计》是丁果仙的一出经典剧目。其中一段“正在堞楼观山景”至今仍脍炙人口，朗朗相传。该段唱腔由“四股眼”“夹板”“二性”“二性垛板”和“二性流板”整散结合而成。整段唱腔无论快慢整散都能透出丁果仙对唱腔的良好掌控力。

“四股眼”是一板三眼的上板板式，因其缓慢、平稳素有“慢板”之称。“正在堞楼观山景”的开篇即由两句“四股眼”板式构成。丁果仙开腔即不紧不慢“坐在堞楼观山景”，大气而沉稳。唱腔七个字音，字字圆满、清晰可辨。“耳听城外乱纷纷”结束在一个下句，归于主音的收音中。“纷”字的落音归韵带出简短拖腔，丁果仙一气呵成，延绵不断，显示了丁派唱腔的深厚唱功功底。“夹板”与“二性”是“四股眼”板式的格式性紧缩，由二拍子和一拍子构成。“二性”板式相较于“四股眼”，它节拍宽大，字多腔少，旋律线条简单，音符单一。丁果仙利用这一特点“成倍”润腔，修饰和调剂唱腔中的单调乏味。她抓住“二性”一字一音的节拍特性，放慢唱腔速度，拉长拖腔，坚定而有力。唱腔中的每个字都在她的掌控之中，特别是字音的节奏。每个字音的喷出，总会为后字留有余地，透出她气息的平和和情绪的稳定。唱腔末尾的“二性流板”，丁果仙也不失风度，她稳重的气度牢牢抓住观众情绪，使观众陷入“空城”之中。

不仅如此，丁果仙更是擅用“介板”“流水”“滚白”等散板来表现剧中人物的灵活多变。散板，其最大特点即是节奏节拍的自由，因此她演唱空间大，更利于演员施展唱腔技巧。丁果仙尤其善用“流水”板的“紧打慢唱”发挥其润腔、用气等演唱技巧。现今听到的“流水”板，是曾经经丁果仙改革后的成果。“流水”唱腔是晋剧唱腔中最多变的一种。它可快可慢，可松可紧。既可上板，也可散板。这些独特且自由的特点，使流水板与唱词更加贴近。丁果仙《八件衣》“行路”一折中的唱腔，其后半部用了大段“流水”。即使在催促的伴奏声中，丁果仙仍能保持“稳定”的状态对唱腔实施各种处理手法，施展她三回九转的演唱功力。更是她这段成功的“流水”唱例，成为晋剧“紧打慢唱”的定型化、程式化唱腔。这也是丁果仙对晋剧唱腔板式和声腔创作的重大贡献。

4．独善入声

古汉语中，声调有平、上、去、入四种。进入元代后，声调细化，重新归类，形成了普通话现今使用中的“阴平、阳平、上声，去声”四个声调。入声字，在当今汉语言中已很少能看到，是因为在元代时期声调重新归类后“入声”被分化进入到阴平、阳平、上声和去声的四个音调中。普通话即是以北方方言，也就是以北京语音为基础而形成，因此以北方话为基础的方言中都没有入声。

晋剧，有一些特殊。在山西梆子的中心地区晋中及太原的广大晋语片区，至今仍可听到老百姓口中有一种读声短促、有力的字音，它就是晋剧唱腔与念白中存有的“入声”字。如普通话中的“不”（bù），在太原方言中读作“伯”（bō），且读音短而爆破。这种字在山西梆子的早期唱腔中大量存在，但由于晋剧的普及推广与受众群对字音的理解，入声字的运用也在逐渐减少中。

辨听丁果仙早期音频并对照其唱腔谱例发现，丁果仙的唱腔中大量使用了入声字。而入声字有力且便于发音的特点也更适用于演员情绪的抒发。如丁果仙在她演唱的《日月图》中就多次运用了入声字。入声字在唱腔中只是一种发音方式，可以用，也可以不用。也就是说，丁果仙对入声字的使用完全是出于对唱腔中字音的不同处理。她通过对入声字的运用来完善唱腔，完美唱腔，使唱腔增光溢彩。

进入中年后，丁果仙仍坚持在唱腔的表现力上不断求精。她不断深挖唱腔精髓，明晰唱腔断句，精准唱腔符号，体现唱腔内涵。她的唱腔带给观众抑扬顿挫、声声回荡的音响以及对唱词、唱腔气息、气口的掌控等等，处处体现她独树一帜的唱腔风格与不断进取的艺术追求。丁果仙是一名女眷，也是最早登上舞台的坤伶之一，她们的出现解决了山西梆子舞台上声腔调门高的难题。且挂着髯口的丁果仙更是女扮男装，这种舞台上的压力、生活中的冷眼，圈子中的混杂对她提出了极大的考验。但是，这些并没有打乱她作为一名演员的工作与生活。她仍专心唱她的山西梆子，专心扮演她的角色，戏痴一般地对待着戏里的人物。“安稳大气的状态、安定沉静的心态”使她不为凡事所扰，践行着自己对山西梆子的执着与热忱。缔造了舞台上一个“稳重平和、气宇轩昂”的丁果仙。现在她虽已离我们远去，但她对山西梆子、对晋剧、对晋剧须生行当、对晋剧音乐唱腔所做出的贡献仍是我们至今源源不断的创作源泉。望这笔宝贵财富能永不枯竭更生根发芽。

荆　晶

（原载《戏友》2016年第1期）

从丁果仙看生行唱腔的继承与革新

已故晋剧表演艺术家丁果仙的唱腔艺术，除行腔圆润、吐字传神、刚柔相济等许多特点外，更为可贵的是她善于运用唱腔来塑造人物形象，及对唱腔音乐语言的性别处理得当。通俗地说，就是唱男像男，无半点女性痕迹。众所周知的京剧界四大名旦，除有他们许多得天独厚的长处外，也与此分不开。而时至今日，我们晋剧界“生”行，虽有一批观众熟悉和喜爱的女性名家新秀，她们各有己长，已逐渐完善和形成了自己的特点，但相比之下，美中不足的是，在唱腔风格上还带有较明显的女性痕迹，在合理运用唱腔来塑造人物形象方面显得略有欠缺。

我在《应注重晋剧唱腔的音域使用》一文（刊载于《戏友》1988年第3期）中，曾提到唱腔音乐语言的性别处理问题。许多演员和设计者置音乐语言的性别和音域以不顾，一味地高声喊叫，或模拟套（学）唱，试图继承他人唱腔，其结果只能形成与己极不相应的局面。而问题多出在“生”行，究其根源，我认为也在此。生存竞争全凭个性，脱离实际的模仿和套搬会适得其反，事倍功半。我们不妨从丁果仙的两个唱腔片段，来分析一下，看看她是如何使用音域及塑造人物形象的。

例一：《蝴蝶杯》“田云山我怒冲冠”片段

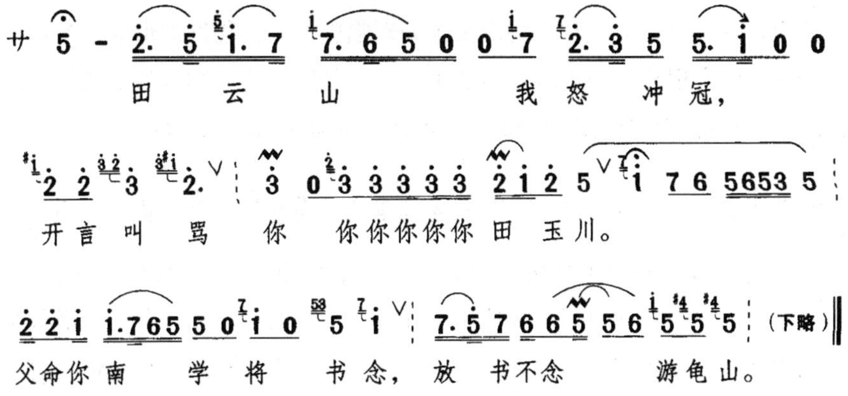

长达十余句的散板唱腔，处理得张弛有方，刚柔合理。全段音域为2—5+度，音区布局巧妙，旋律的进行多在中音区，高音只语气性出现，十分口语化。把此时一个怒发冲冠的田云山表现得恰如其分，无半点丁果仙的女性迹象。

例二：《打金枝》“孤坐江山非容易”片段

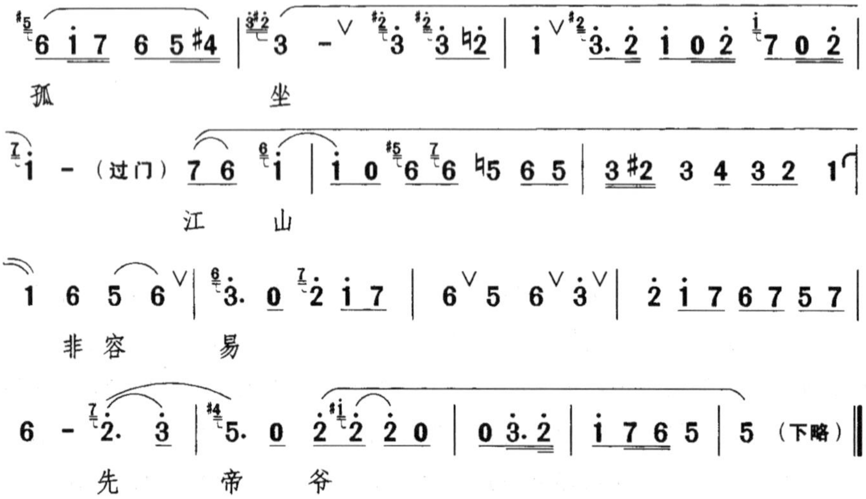

从上可见，丁果仙的唱腔一切从人物出发，注重唱腔的口语化，从不故弄玄虚，或搞纯技术卖弄，干净利落，因而易被人们所接受。为避免女性痕迹，塑造好人物形象，她无论在节奏还是音调上，很少有“华彩性”，偶尔出现的如：

等类型的曲调，使人异常新鲜，且十分讲究音域使用和气息的巧用。性别处理及起承转合得当。而在性别的处理上，音域音区和节奏的处理妥否是个关键。一般来说男声不及女声高尖而华丽，就是这个道理。

反过来，对比一下当今“生”行的唱腔，普遍存在开口就喊，不讲究合理布局及合情使用音域音区，欠缺从人物形象来处理唱腔，不同程度地形成了无对比、缺个性、千人同腔的现象。而出现此情的主要缘由是因脱离人物和特定情景的死搬硬套所致。如前所列的唱腔旋律至今原封不动地到处套用情况比比皆是，如：

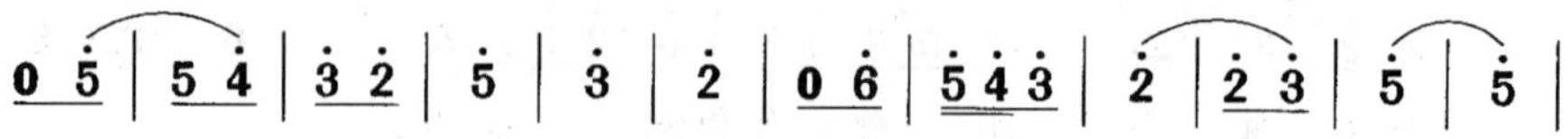

等类型的高音区旋律不分场合地滥用，也是普遍存在的现象。再往近举点，自打张鸣琴《下河东》演出后，各地不少须生演员便纷纷学唱，置人物形象及特定情景以不顾地死搬滥用，这样无疑会落入俗套。“小生”行唱腔至今仍沿用“田玉川”的一套音乐语言，并无新的突破。

然而，我们今日的继承改革，要在如何适应现代观众的欣赏要求下做文章，要在总结前人的基础上，搞清缘由，弄清妙处，取其精华，去其糟粕，从感性到理性去认识，在实践中不断探索出新。虽说实践是检验真理的标准，也不能忽视理论能指导实践，实践又往往联系着理论，二者缺一不可。继承不是完全重复他人，或依赖于传统，而要在其基础上有自己的想法和做法。谁都知道，艺术贵在创新，生存全凭个性，老跟在别人后面行走是没有出息的。

至于怎样才能用唱腔塑造好人物？女性如何能做到唱男像男呢？这是个相当复杂的问题，非本文能予解决，这里面先天固然至关重要，可后天多方的学习也必不可少。当然并非人人能做到，但我们心里要有这个神圣的宗旨，并让这个宗旨指导我们的实践，在实践中不断探索去解决。许多观众常这样说：为何生行现在几乎被女演员全部占领，是出了个丁果仙之因？还是怎样？那么丁果仙有许多弟子，人又常说“青出于蓝而胜于蓝”，为何又没有一个能超越丁果仙，或与她并列的人。这话不就是值得我们深思和究其缘由的吗？！

此外，当今晋剧演员轻视文学、音乐等多方面的学习，也是摆在面前的致命弱点。一些演员只知整天喊嗓练功，不认真总结研究，不善博采广取，不知练为何练，学为何用，且只允人融我，不许我融人，自然也就谈不上有什么个性和创新。荒谬之处甚多，诚请多加批评指导。

康湘平

（原载《戏友》1990年第2期）

丁派唱腔探究

丁果仙先生是我省晋剧表演艺术家。她功底扎实，表演细腻，她所塑造的戏剧人物个个栩栩如生。特别是声腔的创造更为一绝。她的演唱韵味醇厚，委婉动听，耐人寻味，令人陶醉，百听不厌。她的每一段唱，无论从板式结构、声腔韵律、气息运用、声音色彩、句词组成、吐字归韵、行腔甩调等等，都十分考究，而且有严格的技术定位。

我是她1960年在山西省戏剧学校任教时的第一批学生。当时，她任山西省实验晋剧院的副院长，兼任山西省戏剧学校校长。在院党委提出的尖端教学的号召下，她和一批名家走进了课堂。当时学校初建，教学条件很差，没有教室，只能借用老艺人们的宿舍做课堂。她毫无怨言，为我们这一群初学戏的顽童学子授课。现在回想起来，她和蔼可亲的样子，耐心而严厉的教学风格，历历在目，记忆犹新。想我初学戏就遇到山西顶尖的表演艺术家，多么幸运，好有福气。我暗下决心，一定好好学习，继承晋剧传统表演艺术。

丁果仙先生为我们奠定了扎实的唱念基本功，更为我后半生研究须生唱腔奠了基铺了路。她为我树立了一个须生唱腔的科学范式，开辟了一条有规可循的康庄大道。总之一句话，没有先生的教导，就没有我日后在教学中的借鉴与发展。

我从事艺术教育工作五十多年，先后教了四十多班的学生。2014年山西省电视台公共频道为我举办了“杨效璋教学成果展示演唱专场”。演唱者有：孙红丽、李建清、王铁梅、王和爱、李明星、朱建军、董淑华、孙文云、张先荣、李妙莲、刘方正、段丙政、王飞、张立果、闫贺、冯斌等二十多位新秀，他们都曾是我的学生。该专题在全省多次播放，博得广大观众的好评。面对成绩，让我感到欣慰的是：几十年的教育生涯，没有辜负丁先生对我的培养和教育。正如著名歌唱家、戏曲老前辈郭兰英用完全肯定的语气表扬说：“他们的师奶奶丁果仙在九泉之下可以瞑目了，丁派声腔有继承人了！”

一、“浅喉”探究

丁果仙先生当年为我们一群顽童的教学方法是传统的注入式、刻板式的口传身授。

她为我们教授《捉放曹》，排练过程大致可分为三步。

一、介绍剧情讲故事。分析人物，讲曹操性格，吕伯奢的善良，陈宫有眼无珠不识曹孟德本性等。之后在小黑板上，边画位置边念锣鼓经点，调度与家伙点同时展示。

二、高声韵念剧词。唱词与道白都必须高声念出，直到字音准确，声韵归正；有韵有调，朗朗上口，熟练背诵到一字不差。

三、打起调来高声学唱。要求板式清楚，节奏准确，口形固定，唱腔圆润，声音到位。剧中三个人物的唱腔，无论是花脸还是须生，都必须全部唱会。只有在整个剧词全部熟练时，才会进入调度排练。

全剧的传授，唱念训练要占全剧课时的三分之二。

丁果仙先生授课讲道理少，主要靠亲自示范。一字一句，一招一式，不厌其烦地为我们一遍又一遍表演示范。让唱念做舞都得到规范，真正在每个学生身上收到预期应有的效果。

这就是口传身授这种特殊的教育模式，也是一种特殊的艺术传承过程。它特殊就特殊在：老一代艺术家在长期的艺术实践中积累的意、气、神、色等多种境界和韵致，要传递给学生。让学生在熏陶、感悟、入化的过程中，达到从模拟技巧之形向吸收艺术之神的转化。是不仅形似更求神似的传承过程，是戏曲名家赖以传承发展的命脉。中国传统戏曲的历史就是这样沿袭至今的。

多年来，我在教学实践中，一直效仿丁先生的授课方式。实践证明：戏曲教学在初级阶段必须进行模拟示范，以扎功为主，万万不能操之过急。口传身授这一法宝，教学中必须坚持。

当效仿和体悟丁派唱腔并达到一定程度时，就会发现丁派唱腔的无穷优势：自然而然掌握了寻找字头、字腹、字尾的唱法；也自然而然找准了韵调归位的着力点；更神奇的是，咽喉松弛，不疼不痒，声音分外嘹亮，耐久力很强；男女声同腔、同度、同调、同台演出的难题，在不知不觉中解决了。

丁派唱腔的神奇，让我在教学实践中获益匪浅。我的学生中男生高音可以同美声高音相媲美；男生在连台本戏演出中，可以一人分饰多个角色，且能多场次连续演出。做到喷吐有力，嗓子不哑，不少男演员保持了嘹亮的嗓音。可以说这在晋剧舞台上是少见的奇迹。这一切让我对丁派唱腔有了进一步探究的冲动。

我深知京剧十分讲究，其吐字、发声、运气、行腔等，有一套独特的音韵及声腔系统，理论是成熟的。我在徐慕云、黄家衡新编著的《京剧字韵》一书中读到了有关深喉、浅喉的问题。虽然书中对此并没有太多阐述，但它却犹如一星火种猛然间点燃了我心中待发的火势。丁果仙先生虽然对她的唱腔没有很多理论解释，但《打金枝》《卖画劈门》等诸多唱腔的浅喉演唱法体现得太明确了，浅喉演唱法不正是丁派唱腔的至上法宝吗？十分值得探究。

要想知道浅喉、深喉的来源，必须从五音说起。音韵学按照声母的发音部位分为唇音、舌音、齿音、牙音、喉音五类，即五音。与古代五音宫、商、角、徵、羽相对应。“宫”指喉音，“商”指齿音，“角”指牙音，“徵”指舌音，“羽”指唇音。

我们以宫音即喉音中的“温”“翁”二字做比较，深喉浅喉问题就明白了：

“温”的韵母是en。“翁”的韵母是eng。en属浅喉发音，eng属深喉发音。属深喉发音的还有a、ao、ang等为韵母的字。凡深喉发音的字，必会加重喉的负担，演唱者会感觉喉头疼痛，嗓子沙哑。

但丁派唱腔中，为什么即使是深喉发音字唱起来也觉轻松呢？奥妙就在将深喉字靠近浅喉处理，这就是丁派唱腔最宝贵的浅喉发音法。浅喉位置就是我们发g音的位置，用发g字的着力点取代深喉位置，这样使深喉部位的压力大大减轻，喉头不费力，自然增强了耐久性。其实老辈演员中不乏使用浅喉法演唱的名家，如“盖天红”王步云、“小十三红”韩俊山等。所以能高音出彩，名噪一时，盖因使用浅喉法的结果，遗憾的是没有能用理论支持罢了。

当我对这种方法找到理论依据时，便在教学中大胆使用，实践的结果愈发证明：浅喉腔这一论点完全可以成立。论据则是：音韵学宫音深、浅喉的分辨；是丁果仙先生的唱腔范式；是多个教学成功的实例。

丁果仙先生的浅喉发声法，是戏曲声腔的结晶。是须生男演员保护好嗓子的灵丹妙药。更是展示须生唱腔之美的最佳方法。只要虔心品味，反复实践，勤学苦练，此方法是不难掌握的。

二、口形探究

戏曲演员念字的声调很特别，抑扬顿挫，和谐优美，十分别致。为什么？按照汉语拼音的方法是找不到答案的。因为它是经过对口腔的特殊训练获得的。

1. 丁果仙先生用“乒乓”二字训练嘴皮。

“乒乓”二字的练习能使嘴皮绷紧，减少唾沫飞溅，道白出字喷口有力，能增强字头的灵活性，出字爆发力强。同时也能练习阻气能力。双唇紧闭，用气冲击唇位，当气冲破阻力，“乒乓”二字随气喷出。使声音增亮，做到气到即出，增强传送力。如能每日坚持训练，练到嘴皮发困，效果特佳。我曾编打油诗帮助学生熟记。

嘴唇阻气练“乒乓”，
唇肌功夫全靠它。
唇位在前音早发，
喷口有力硬巴巴。

2．丁果仙先生用“咿呀”二字训练口形。“咿呀”二字要求固定口形。将“咿”字拖长音，慢慢碰“a”出“呀”音，“呀”音中“a”位就是浅喉位置。所以练好“咿呀”，固定口形，就能在寻找浅喉位置时，起到快速衔接的作用。另外，两个元音字相碰，声母韵母相互紧扣，使“a”音刚劲有力。

“乒乒”“乓乓”“咿咿”“呀呀”可以混练，每次训练时练到口腔发困，效果最佳，能真正起到固定口形的作用。从理论上讲，这也是清、浊音的训练。清音是不送气的音，浊音是送气的音。从汉语拼音字母分辨清、浊音是这样的：

清音：发生时声带不振动的音k、t、zh、p、f、s、x。

浊音：发声时声带振动的音g、d、ch、b、v、n、m、j、i、r、ng。

3．固定口形，明确四呼。四呼即开口呼、齐齿呼、合口呼、撮口呼。在发音出字时呈四种口形。

五音四呼是戏曲演员在唱念时吐字发音必须规范的内容。戏曲演员只有掌握了正确的发音位置，保证吐字的标准口形，才能达到“出字千斤重，听者自动容”的境界。

汉语字音中，包括声母、韵母、字调。声母无疑是一个字起头的音；韵母则要分韵头、韵腹、韵尾三部分。每个韵母一定有韵腹，但不一定有韵头和韵尾。在韵母中主要元音前面的元音i、u、ü是介音。这三个介音在四呼中起关键作用。

开口呼：通常韵母是a、o、e，i、u、ü不出现。a、o、e出现嘴形较大，所以叫开口呼。如：大、妈等。

齐口呼：指i的韵头，或者作韵腹的字音。i在发音时，上下牙相对，嘴角向两边撕开，露出牙齿，叫作齐齿呼。如：气、去、见等。

合口呼：指u做韵头，u在发音时用腔最小，嘴唇向中间收缩、成圆形叫合口呼。如孤、光、龙等。

撮口呼：指ü字做韵头，或韵腹的字音，发音时嘴唇聚得略扁而接近圆形叫撮口呼。如云、豫、育等。

对于四呼的知识，丁果仙先生虽未讲过，但她本人在演唱时运用得十分准确自如，口形毫无差错，实在是位天才的演唱家。我们以丁果仙先生在《蝴蝶杯·打子》中一段唱做分析：

田云山　怒冲冠，
↓↓↓↓↓↓
齐撮开　合合合

开言叫骂你你你田玉川。
↓↓↓↓↓↓↓↓↓↓
开齐齐开齐齐齐齐撮合

父命你南学将书念，
↓↓↓↓↓↓↓↓
合齐齐开撮齐合齐

你放书不念游龟山（哪啊）。
↓↓↓↓↓↓↓↓　↓↓
齐开合合齐齐合开　开开

你不妨对应开、齐、合、撮口形唱一唱哼一哼，再对照丁果仙先生的唱听一听，就会知道丁派唱腔的可贵了。

丁果仙先生唱字的拖音，都是由介音引发而生，甩腔、归韵皆因介音占时较长而成为拖韵的焦点。她的唱腔基本都是自己设计，自分乱弹，之后实践，不断修改。因此明确、理解介音，运用介音是十分重要的。

三、韵声探究

《京剧字韵》一书中还提到“三才韵”。所谓“三才”，就是指天、地、人。

《周易》最早最明确最系统最深刻地提出了天、地、人三才，这是周易的基本知识，在中国传统文化中可谓源远流长。老子说“三生万物”，其实质就是三才生万物。那么如何理解汉字的拼音与三才的关系呢？这里首先要知道同样来自《易经》的阴阳学说。此学说是中国古典哲学的核心。所谓“太极生两仪”，就是指阴阳，是最朴素的唯物辩证思想。

《易经·说卦》：是以立天之道，曰阴与阳；立地之道，曰柔与刚；立人之道，曰仁与义；兼三才而两之……这里说明，一切事物均由两种相互对立的因素构成，均由阴、阳相配合而成。

这里，我们就很好理解“三才韵”了。声母为阳，它刚亮；韵母为阴，它柔软；声母韵母相磨合而为字。我们要强调的是：戏曲的每个字音虽也是拼出来的，但产生的不是单纯的音，而是复合的韵声。戏曲的每个字要有声母、韵母；复韵母时又要有韵头韵腹韵尾。也就是说：戏曲的每个字是由声、介、韵、尾四个部分组成。字音随着声音而起伏，甩腔时在字的拖音上做文章，所表现出来的是韵声。西洋声乐出字没有这个过程，它称美声。而中国戏曲应该称韵声，因为戏曲的字声是由声、韵磨合而成的三才韵。

我们以丁果仙先生的“江”字出声为例：

“江”字由声母j、齿音介母i音贴紧拖音到韵母ang成“江”，然后调辙收音，成为韵中的“江”字。涉及人的两个发声点：齿音与喉音。将字音拖长，不就是我们所说的声吗？

丁果仙先生训练就是这样，声音、字韵一起磨合，既有字又有韵，尾音调辙换味，成特殊韵味。在演唱时，为了亮、刚，为了传送力强，有意缩短声母，将介音i、u、ü贴紧声母出现，担负发声责任的唇、齿、牙、喉、舌部位，发挥能动性，形成声韵。从而形成曲调、乱弹、板式，我们戏曲的声腔出现了。加之科学的用气，因为气是音的动力，由丹田生出，冲向五音部位，轻送、重送分出清音、浊音，成为完整的曲调和声腔。这是西洋美声先练声后找字，以声美为标准的训练方法无法比拟的。

联合国教科文组织将晋剧列为非物质文化遗产，我们有责任为继承发扬晋剧传统艺术贡献力量，让晋剧艺术绽放出更加艳丽的色彩。

乙未年孟东草成

杨效璋

红花绿叶两相扶　晋腔晋律夺先声

——丁果仙首开晋剧专一琴师傍角先河

1939年，北京前门大栅栏广德楼大戏院特邀晋剧须生大王丁果仙（艺名果子红）进京演出。丁大师为保证在京都再度走红，从配戏演员到文武场面的合作人煞是苦费心机。为提高她大师级角儿身份，她借鉴京剧名伶“专用琴师傍角制”方法，广泛选择晋剧名琴师与她合作。最后经李去蛮先生推荐，这个首开晋剧先河的专一傍角琴师，便是晋胡泰斗刘柱先生。

丁果仙亲自拜访刘柱，双方一拍即合。丁大师允诺，刘柱琴师的固定月薪与承戏班主无关，全部由她个人自负。并言明“一人不陪二主”，凡丁大师登台出演，必须由刘柱操琴伴奏，丁大师息台，刘琴师也自然不再出场。这种专事一人的琴师傍角制，恐怕在晋剧中路梆子的历史上堪称空前绝后。

在京期间，刘柱为丁果仙演出的代表性剧目《八件衣》《九件衣》《捉放曹》《串龙珠》《斩黄袍》《杀院》《芦花》《花子拾金》等大小十余出戏操琴做伴。二人以天衣无缝的配合和完美的晋声晋律，不但征服了热爱乡音的晋剧戏迷，也轰动了京城戏曲界。

1940年，丁果仙由京返并，在太原开化寺新华茶园邀集名伶另组新班，乔国瑞（狮子黑）、梁小云、郭凤英、冀美莲、郭兰英、郭美英、筱金枝、任玉玲等云集该班。文武场面除请了著名鼓师申天福以及杜步信、高瑞林等名家，主奏胡胡仍然是请了刘柱琴师。丁大师出于对刘柱的琴艺和人品的尊重，同时彰显琴师在她心中的地位，请刘柱住在她自己的天地坛的私宅居所，并一日三餐与他同饮共食。可见两位大师在艺术上互促互补、情谊上和谐共处的人格魅力。二人的互助互敬，一扫旧戏班“谁侍候谁”的陈习陋规。

1945年，丁果仙应赵步桥邀请再赴张家口、宣化、北京巡回演出。此次联袂的晋剧名伶有王云山（艺名毛毛旦）、牛桂英、筱金枝等，琴师依然是刘柱先生。

1946年，因解放战争风起云涌，剧团演出每况愈下，刘柱暂别了丁果仙返回老家榆次。

1950年，丁果仙在太原市南仓巷组建了“民众剧团”，丁大师念念不忘琴师刘柱，再次邀请他到团为其操琴做伴，这大概是丁、刘两位大师第四次进行艺术合作。

1959年，山西省晋剧院成立。丁果仙大师兼任副院长。但她艺不离身，继续粉墨登场活跃于晋剧舞台上。此时，刘柱先生也调入剧院，凡有重要演出，丁大师仍然是请刘柱为其操琴，直至1972年丁大师与世长辞，二人在晋剧舞台上珠联璧合、相得益彰的艺术合作才告结束。

侯桂林

（原载《晋韵流芳》）

杰出的晋剧表演艺术家——丁果仙

丁果仙是一位艺术造诣深厚的杰出的晋剧表演艺术家。在五十多年艰难的舞台艺术实践中，她以辛勤的劳动和出众的才华，塑造了许多生动逼真的艺术形象。同时，从表演、唱腔、念白等方面，对晋剧艺术进行了大胆的创造和革新。丁果仙的艺术成就是晋剧发展史上的一个里程碑。

早在解放前，丁果仙的表演艺术就誉满三晋，人民群众称她是“山西梆子大王”“果子红”。在日本帝国主义侵占太原前夕她毅然离开了舞台，隐居到忻县的一个山村。在阎伪统治时期，她不为反动势力歌功颂德，表现了一个艺术家的高尚气节。

解放后，丁果仙在政治上和艺术上都获得了新的生命。她被任命为山西省晋剧院院长，光荣地加入了中国共产党，并当选为全国政协委员。1952年，她在第一届全国戏曲汇演中，荣获演员一等奖。1955年，她参加演出的晋剧《打金枝》搬上了银幕。丁果仙还曾受到毛泽东主席、周恩来总理的亲切接见。然而，这样一位对晋剧事业做出卓著贡献的艺术家，同样遭到林彪、“四人帮”的残酷迫害，1972年，丁果仙逝世时，年仅六十二岁。

丁果仙虽然过早地离开了我们，但她所塑造的那些栩栩如生的艺术形象却不时地浮现在我们眼前，她所演唱的那些独具一格的精彩唱腔，也经常回响在我们耳边。

丁果仙在《空城计》中扮演了精通兵书战策的蜀国军师诸葛亮。当司马懿兵临城下，西城万分危急之时，诸葛亮却稳坐城楼，抚琴饮酒，比古论今。尤其是城楼上那几句“四股眼”成套唱腔，生动地表现了诸葛亮的沉着、潇洒和足智多谋。

“正在堞楼观山景，耳听得城外兵马乱纷纷。”这两句从容不迫的四股眼之后，唱腔转为夹板，在“手搬着堞楼用目瞵”一句的“瞵”字上，丁果仙特意拉长了音调，并沉着果断地加上了一个“咳”字！这一铿锵有力的顿挫，充分表现了诸葛亮以守为攻，咄咄逼人的锋芒。在文武场一阵强烈的渲染之后，丁果仙用十分轻蔑的声调唱出了“原来是老司马统来大兵”和“问一声魏都督你驾可安宁”几句。在以后的二性垛板中，丁果仙在“一个一个犒赏三军”和“就在城外扎下了大营”，以及“里里外外、上上下下、左左右右五个人”等几个地方，通过旋律、力度和节奏上的巧妙变化，使这段长达三十八句的二性垛板，听来韵味无穷。唱腔的最后一句“来，来，来，吃杯酒，司马懿，你听我与你抚抚琴音”，丁果仙演唱这一句二性溜板时非常自如地运用了富于弹性的、装饰性润腔收放音，把诸葛亮诙谐、风趣稳操胜券的风度描绘得淋漓尽致、惟妙惟肖。

丁果仙不仅善于用成套唱腔来表现人物，她更善于运用介板、流水等散板唱腔，表现人物的思想感情。在《蝴蝶杯》“训子”一场戏中，田云山训教儿子时的唱段，就是一段介板。她通过声韵和语气的夸张、腔调和神情的结合，表现出江夏县令田云山对自己的儿子田玉川既气愤又爱怜的矛盾心情。

“田云山我怒冲冠，开言叫骂你田玉川！”丁果仙在这一句中连续唱了八个“你”字，然而并不使人感到生硬、累赘。前面的两个“你”字之后所加的休止符，颇有当人们因极度气愤而语不成声的半口气感觉。紧接着的六个“你”字，使用了两个连续的三连音，与前面的那两个“你”字，形成鲜明的对比，更突出了田云山当时的矛盾心情。

“父命你南学将书念，放书不念你游龟山”，丁果仙在“放书”两个字上，一上一下使用了两个滑音，使人明显地感到这是老子训教儿子的口气。

“卢公子打死卖鱼汉，与你奴才何相干。”上句中用了几个滑音，字咬得很重，速度比较慢，而下句则加快了速度，十分接近于口语，使训斥的口吻更加突出，引起了观众的共鸣，赢得了热烈的掌声。

“你怕打官司在外边转，连累为父我受为难，你叫为父替你将命还！”这是整个唱段的高潮，丁果仙的精彩演唱再一次赢得了观众的掌声。按一般的唱法，这段唱在唱到“连累为父我受为难”的“难”字时，就可以结束了。而丁果仙根据剧情和人物性格的需要在“难”字这个下句的终止音上加以扩张，又添上了“奴才”两个字，形成了一个桥梁，然后再接唱下面的“你叫为父替你将命还”时，使人感到仍然是一句，并不涣散零乱。

丁果仙在演唱技巧方面，多年来一直是十分讲究的。在气息的运用上，就有很深的功底。还是在很年轻的时候，丁果仙就经常起五更睡半夜地在海子边喊嗓子。当她看到湖里的青蛙鼓腹而鸣的时候，便琢磨出了人在演唱时，也需要用丹田的力量，因此使气息充足、饱满、耐久，轻重缓急运用自如。在《八件衣》“行路”一场戏里，丁果仙在杨知县的一个大段唱腔的末尾，便施展了她的三回九转之功。

在晋剧《八件衣》中，“封府堂会一会包明公”的“公”字的拖腔上，先出现一个无限延长的“6”的音符，接着又是由二十几个单音组成的迂回曲折的长拖腔。丁果仙正是掌握了气息运用上的蓄气、就气、偷气等技巧，才使这一拖腔由强到弱由弱到强，有起有伏，点滴不漏。真有余音绕梁三日不绝之感。通过这个三回九转的长拖腔把杨知县前去开封府见包青天时哀怒、凄凉、忧心忡忡的情绪，以及他内心紧张而表面上故作镇静的神态，活灵活现地展现在观众面前。

丁果仙从不墨守成规，而十分善于博采众长，以情设腔。她不仅注意吸收本剧种前辈著名须生盖天红、说书红等人的长处，同时还大胆地向其他兄弟剧种兼收并蓄。比如丁果仙在《法门寺》里的唱腔“郿邬县在马上心神不定”一句，就是吸收了北路梆子名演员十六红的唱腔特色，并在曲调上做了装饰性的发展，从而丰富了表现力。

丁果仙在唱腔方面造诣精深，在念白上同样很见功夫，做到了唱和念的和谐统一。在《双罗衫》的“详状”一折，就是通过姚达大段的念白，把这一淳朴忠厚、善良、有正义感的老仆人的性格和思想感情，刻画得细致入微，使观众感到如临其境，如见其人。

“详状”说的是，八府巡按徐继祖接了道姑郑氏的诉状，被告竟是父亲徐能。原来郑氏随丈夫苏云乘船上任，船主徐能见财起意，伙同陶大杀死苏云，郑氏连夜逃到寺里当道姑，并将生下的婴儿放在路旁。婴儿被徐能抱养，取名继祖。自幼跟随徐能的老仆人姚达，深知内情，急盼冤案昭雪。当徐继祖看诉状时，姚达喃喃自语，经徐继祖追问，姚达便将实情相告。丁果仙对剧情分析得透，对人物理解深，所以念白准确、自然，绘声绘色，成为晋剧舞台上的典范。

解放以后，丁果仙在演晋剧现代戏方面，也做了不少有益的实践。1964年，五十五岁的丁果仙在《丰收之后》里扮演了贫农五保户王奶奶，虽然只上了一次场，唱腔也只有八句，但只要看过这个戏的观众，至今仍然记忆犹新。

丁果仙在这段唱中，把须生、老旦、青衣等几个行当的唱腔有机地结合起来，并运用了她最拿手的流水紧打慢唱，把一个旧社会饱经风霜之苦的王奶奶对党对新社会的无限热爱，表现得十分逼真、感人。一个年过半百享有很高声誉的艺术家，能够在现代戏里，主动热情、严肃认真、一丝不苟地扮演一位普通角色，足以证明她崇高的思想境界和高度事业心及责任感。这种精神是值得我们永远学习的。

丁果仙的晚年，很关心晋剧的艺术教育。早在50年代中期，丁果仙就兼任太原市戏校校长，并将自己的一副戏箱、一架风琴，献给了戏校。在她的培养下，一批优秀的晋剧青年演员茁壮成长起来。1962年7月，丁果仙五十三岁时，省城文艺界组织活动纪念她的舞台生活四十年。丁果仙向晋剧青年演员提出了十分殷切的希望。她说：“在今天的大会上，有许多青年演员，你们的文化程度比我们学戏时高得多，又有党的全面教育。你们应该很好利用这些条件，努力学习。首先要练好基本功。基本功不光是踢腿下腰，还得下功夫喊嗓子，练唱功。冬练三九、夏练三伏，做到装龙像龙，装虎像虎。要严格按规矩练，天天练，活到老练到老！每个人的条件是有差别的，条件差的人只要勤学苦练，同样可以成为名演员！”

衷心希望戏剧界广大青年演员们，重温并永远牢记丁老师的谆谆教导，并付诸实际。希望有更多的“小果子”愈结愈红。

李守祯

（原载《梨园新谱》）

探索晋剧须生丁派唱腔艺术的美学价值

丁果仙先生是晋剧史上一位承上启下、开创晋剧新纪元的杰出艺术家，在晋剧历史上树立起了一座丰碑。丁派艺术极其严谨认真，唱、念、做、表丝丝入扣、样样到位。解放前，观众称她为“果子红”“山西梆子须生泰斗”和“山西梆子须生大王”；新中国成立后，观众称她为“晋剧表演艺术大师”“著名晋剧表演艺术家”和“人民的艺术家”。省内外发表了不少对丁大师的评说文章、同道漫忆、弟子心语以及艺事拾零，但还没有人在美学方面进行过探讨。我个人认为丁大师对晋剧须生一行，不仅在唱腔、唱法和表演诸方面给我们留下了宝贵财富，而且在励志和执教方面都给后人留下了美好的追求，拓出了一条前人从来没有走过的路。所以，丁派艺术是值得我们从美学的角度去探索和研究的。

本文将以晋剧丁派艺术的唱念为切入点，尝试运用新的理念和方法，来赋予晋剧鲜活的时代活力，以为传承和弘扬晋剧做出自己的贡献。

一、丁派唱腔的人物与声腔美

“字正腔圆，声情并茂”，一般来讲，可以认为是一切声乐艺术共同的审美要求。然而，对于中国戏曲声腔的美学原则，却不同于其他声乐艺术，有它自己从情感体验到内部技巧与外部技巧的独特规律及鲜明的个性。它在吐字、行腔、运声、抒情方面所包含的审美原则，绝不是一些泛泛之词所能概括的。千百年来，它以民族的、历史的、社会的、地域的浓郁色彩，强烈地渲染歌声，并使它成为戏曲的歌声、戏曲的声乐美放射着它所特有的光华。

丁大师深刻地认为：“无论道白还是唱腔的吐字，必须使观众听懂，字正了，腔和韵才能顺畅；声以抒情，但在任何情况下，这声必须是完整自如的声腔，是艺术化的、美得带有人物情感的声音。”“动人心者莫先乎情”，所以说，声情并茂，即形象在声音里诞生。情为声之本，声为情之形。情是人的精神美，内在的，主导的；声是它的形象化，是外在的物质基础、条件和手段。情的奔放和声的含蓄，正是在这矛盾的对立统一之中实现了艺术的表现激情，放射出戏曲声情并茂的美的无限魅力。正如陈幼韩先生在《戏曲表演美学探索》中所说：“内在的奔放和外在的含蓄，恰像那激情洪水的闸门打开，让它流入民族性格化、艺术化的渠道，可以有鸣雷溅玉的跌水瀑布，在有限与无限、奔放与约束之间，愈见其情之激荡深远；可以有曲岸垂杨、潺潺溪流、叮咚泉水，在优美回环、有尽无尽之间更加引人入胜。这是美与真的统一。”可见，以上所讲，可属于戏曲唱腔艺术声情并茂的总则。

这里所讲的丁派唱腔的人物与声腔美，包含了人物与吐字、人物与行腔、人物与创造的整体美。

1. 人物与吐字美

字，在声腔里就是诗化的语言。字音不正，则字义不清，唱来使人莫知所云，思想不能交流，听者也就难为所动。固然，单凭唱腔技巧，在舞台上有时也可以给人一定的音乐美感，甚至也有博得彩声的情形，但严格来讲，这属于舍本逐末的演唱方法，是缺乏生命力的。戏曲艺术发展的历史告诉我们，历代戏曲表演艺术家，无不致力于探索和讲求演唱吐字的真；同时又无不致力于讲求演唱吐字的美。它们是：在共同恪守语音美的原则基础上，由元代完成的十九韵部，后来发展合并为“十三辙”的声韵规律；明代、清代以及《闲情偶寄》里总结提出的关于吐字的“五音”和“收声归韵” 规律等等。这样，“四声平仄”、“ 十三辙”、“四呼”（口型的开、齐、撮、合）、“五音”（唇、舌、齿、牙、喉发音部位和着力点）、“收声归韵”，加上从戏曲演员长期实践里提炼出来的对吐字艺术的传统要求，如“尖团”“喷口”（五音发声的冲、弹、迸力，统称爆破音）等，形成了戏曲声腔在吐字艺术上的一系列基本原理和原则。

关于吐字艺术方面的审美要求，这在丁派唱腔的吐字艺术中，有着极其丰富的声情并茂的杰出创造。丁大师深知：如果离开了塑造人物、抒发激情的艺术创造，抛开了这些内在的根据，口唱而心不唱，那么，即使技巧极佳，也只能像一个笨拙的工匠，不去尽心于创造，却满足于把斧、锯、凿、锉，一件一件地擦得锃亮，罗列卖弄，以此炫耀于人和自我欣赏，是毫无意义的。而精湛的吐字技巧，一旦和行当、人物、性格、激情相结合，却能像火镰火石砰然相击， 迸发出灿烂的火花一样，把整个旋律点燃、照亮，发挥出直接交流思想感情，统率行腔，突现形象，缩短审美主体与对象的距离，使听者若亲对其人的感染力，并给人以美的享受。

丁大师的声腔艺术，从念白到唱腔，处处都体现着严密、和谐、流畅、浑然一体的整体美。丁派唱念的吐字，运用北京字，山西韵，快唱慢说，把唱当成说，把说当成唱。特别注重“起承转合、抑扬顿挫”，字字清晰，句句入耳，基声腔美于语音美。完全取决于“喷口”“尖团”“五音”其吐字发声的艺术，其力在声母；“四呼”“平仄”“收声归韵”其力在韵母。并把它们有机地统一结合，环环相谐，达到字真、字清、字准以及美的境界。无论是她那完美的叫板和字韵纯正的念白，还是卓越的演唱艺术和高明的唱腔技巧，完全相随于人物抒情的需要，一切为剧目创造充分的情绪与音乐气氛，已达到“唱情是遵”的原则。

听，《走雪山》中曹福的一句叫板：“姑娘请起，老奴我担待不起啊！”该句叫板，即把说当成唱。丁大师把每个字的头、腹、尾完整地融化在整个拖腔的旋律里，无论这个拖腔短到只是一两拍，即：“姑娘”一拍；“请”一拍；“起”两拍；“老奴”一拍；两个“我”分别为三拍、四拍；“担待”一拍。或者长到几十拍的乐句，即：“起”拖十拍；“啊”拖至将近三十拍。都以清晰有力的喷口出声，以字的介韵母自然流畅地行腔，而在拖腔的结束时，又轻巧而准确地收声归韵。该句中的“奴”字，特别唱成“nou”，是大师为了便于咬字和吐字，且音色明亮、宽厚，更使观众容易听清、易懂。

再听，《详状》中姚达的一段长达十分钟的念白“赶赶赶，赶赶赶，追赶至大柳树下，上有乌鸦暴躁，下有婴儿啼哭——”吐字的干脆，喷口的力度，音色的宏厚，韵律感、节奏感的恰如其分，四呼五音的默契配合，足足把人们带入剧中人物的精神世界，去领略那忠实纯朴、急公好义的享受之中。

再听，《卖画劈门》中白茂林的一句夹板唱腔：“管教他天网恢恢他无处逃”每个字铿锵有力，字声准确，似炮弹出膛，从口内喷射而出。该段唱腔共六句“夹板”，唱出了白茂林疾恶如仇、耿介刚直的舞台形象。

例如：

《空城计》中孔明的唱腔：

（平板—夹板）1=G 极慢 沉着冷静地

该唱腔中的“瞭（liao）”“原（yuan）”，两个字分别由胸腔和鼻腔共鸣开始，由弱到强、循序渐进，拖到一定分寸，再非常圆润地开口放音，然后深沉内涵地收声归韵。显得该唱腔，字斟句酌、抑扬明确、酣畅淋漓。足以体现诸葛亮足智多谋、镇定自若的军师形象。

很显然，字正腔圆、托声传情，是其唱腔灵活自如、明快流畅、深沉刚劲、韵味醇浓、声情并茂，具有强烈感情色彩的原因所在。为了使吐字达到真与美的境界，丁派唱腔艺术在婉转的唱腔中做到字音清晰、内涵饱满、送远达听，她在严格完成字头、字腹、字尾和收声归韵的审美要求的基础上，其快吐和慢吐两种艺术方法，也各抒其长，兼而有之。快吐，达到了声母五音分明，尖团清晰，爆破有力；韵母四呼准确，纯净响亮，其喷口功力无比，干脆利落，鲜明扎实，铿锵叮当，达到“大珠小珠落玉盘”之美。慢吐，在完美声母五音有力、尖团分明、四声正确、介韵母清晰响亮的基础上，做到了字音圆满动听，收声归韵十分讲究。丁派唱腔的吐字，把收声归韵提到了艺术的高度，一切以塑造人物出发，完全遵循戏曲表演体系对唱腔艺术的美学要求。使人在动情之余，又浸沉于珠走玉盘、泉流下滩一般的美感享受。

2. 人物与行腔美

腔，其核心就是“韵味”的美学构成。腔圆，是指行腔的美。但如果仅仅理解为行腔准确、饱满、圆润、自如，还体现不出戏曲声腔的个性。戏曲唱腔特有的强烈的表现力和吸引力，其审美特征还在于它的 “味”。戏曲声腔的“味”，就是它的生命和神采所在，各个剧种有各个剧种的“味”，与此同时，在各个剧种里，生、旦、净、丑各个行当，又各有行当的“味”，而各个行当里有各个艺术流派，又其味迥异。如，京剧的马连良的“马派”，晋剧的丁果仙的“丁派”等等，其所给人的美感又是缤纷多彩、各有千秋的！

丁大师的晋剧声腔艺术之美，不仅体现在 “味美”“腔圆”上，还有其行腔美的内涵和规律，这就是：剧种旋律，戏曲化的发声（行当音色、表现音色）、吐字（喷口力度、字音反切）、乐汇音型语音化（上、下滑音）、音符群（大、小颤音；上、下颤音；装饰音），以及喉阻音（虚阻音与实阻音）、立音等多种多样的用嗓技巧。这就是她塑造音乐形象的戏曲化艺术技巧和手段，并符合民族审美要求在声乐创造里的本质。

丁果仙先生的唱腔艺术之“味”，美在与板式相切相贴，加之戏曲科学化的发声，灵活运用乐汇音型语音化、音符群、喉阻音、立音等技巧，通过腔调与深情的结合，根据词意、性格、思想感情等各种审美评价来设计行腔，进行从内容到形式，从文字到唱腔的再创造，使成乐转化为艺术形象而活了起来，并得以不断地丰富和发展。

第一，丁大师艺术地处理体验与表现的辩证关系，做到了体验得深，表现得真，这是大师成功塑造许多美的舞台艺术形象的基本奥妙。

如：为了捕捉舞台上老生的声腔个性，丁大师有意识地研究、模仿赶马车和做生意吆喝的老者的发音与共鸣位置，再把其他剧种的优美行腔融进晋剧老生唱腔内，还要准确掌握剧中人物的性格、内心情感等，然后设计唱腔。《买画劈门》中白茂林唱的流水：“手指着胡家门我破口大骂”，喷口有力、行腔流畅、穿透力极强，采用了下滑音、立音等技巧。这就是丁派唱腔体验与表现巧妙结合的鲜明例子。白茂林在唱“甥舅们相逢在今朝，来得好来得妙，刚刚凑巧”这句唱腔时，采用了紧打慢唱（流水），音调明快、唱如同说，一字一拍，一拍一音，平稳中显激越，突出地表现了白茂林与外甥意外相逢、绝路逢生的悲喜交加的激动心情。

第二，丁大师毕生遵守她的格言：“唱戏唱戏，唱不出情，就唱不成戏。”所以她设计的唱腔，美在源于生活又高于生活，突出流派又别具一格。

听：在《芦花》中闵德仁的大板“乱弹”，“儿跪倒父施礼善人莫恼，李氏善人哪——”。声声动人心弦，句句感人肺腑。第一句“平板帽子”“儿跪倒”三字，其拖腔突破了原格式，延续了八拍至十二拍，拖腔落尾，节奏顿下来，运用下滑音、上颤音装饰该腔，使整段唱腔，情调委婉、深沉、伤感，把闵德仁悲愤交加、感慨万端的心情表达得淋漓尽致、真切感人。

再听：《走雪山》中曹福的一句“二性垛板”，“好一个聪明的千金体。”该句用喉阻音和鼻共鸣音的技巧结合，加之顿挫适度，使唱腔行腔既有韵味，又唱出了老家院曹福为小姐的言行感动万分，表达出人物忠厚纯朴特定的心理感情。

第三，丁派唱腔不仅具有用一气呵成的大板“乱弹”来刻画人物内心世界的艺术功力，而且擅长运用“介板”“流水”等散板唱腔灵活多变地表现各种人物在特定情境中的各种不同的复杂感情。

听：《空城计》中孔明在城楼上所唱的“介板”“我‘可’（下滑音）笑‘司’（上颤音）马他那‘无’（下滑音）才能”；“‘老’（下滑音）幼军、二‘琴’（先吐字后运用闭口‘嗯’，加鼻腔共鸣行腔）童‘好’（下滑音）比千员将”。该唱腔多处运用滑音、颤音以及微妙的灵活用嗓技巧，即使观众品味到丁派唱腔艺术的独特，又体现了人物强烈的感情色彩。

第四，丁派唱腔在节奏对比方面，令人称道的是善于使用“顿挫、连断”艺术手段来刻画人物，使之达于声情并茂的境界。如：《走雪山》中的“我将这姑娘请哪”，“那梅爷钦点（啊）掌刑厅”，这些唱腔技巧既有明连明断又有音似断而气不断、意不断的明断暗连，以及音似连、意不断而暗中换气的明连暗断的艺术技巧。顿挫、连断出感情，使其唱腔艺术更有闪光点，观众听来出神入化、闪转迭起、悲亢交错。

第五，丁派唱腔艺术在拖腔上练就了三回九转之功，其特点是运用丹田力量，使气息充足、饱满、耐久，轻重缓急运用自如，行腔此起彼伏、跌宕连篇。如：《劈门》中“天网恢恢他无处逃”等唱腔，得当地运用乐汇音型语音化、音符群、蓄气、就气、偷气的技巧基础上，使拖腔由强到弱、由弱到强，有起有伏、点滴不漏，真正体现出丁大师对每个角色的内心底蕴钻得深、摸的准、唱的美，可谓达到了炉火纯青的绝妙境界！

很显然，丁派唱腔艺术，完全遵循于戏曲声乐审美原则，即：情的奔放和声的含蓄，使两者在矛盾的对立统一之中，实现了艺术地表现激情，放射出戏曲声情并茂的无限魅力。

在旋律运声创作上“以意感人”，把生活激情加以音乐化、旋律化、意境化的同时，极其精湛地把刻画人物与激情的行当音色和表现音色全部融化在行腔里，用这特点的行腔艺术来体现声情并茂，实现造型与抒情的统一，这也是丁派唱腔艺术上升至美学的特点之一。

3. 人物与创新美

戏曲舞台艺术属于二度创作，是通过艺术美的形成，才获得认识价值和审美意义的。丁果仙大师在继承传统艺术的基础上，勇于探索不断创新，逐渐形成了自己的艺术流派，使晋剧须生唱腔艺术，无论是不统一的念白，还是不规范的行腔，都得到了规正；无论是极其难唱的散板，还是千篇一类的平板，都在原来的基础上有了飞跃性的突破；无论是平铺直叙的垛板，还是极需功夫的快板，都以成功革新的范例，在戏曲百花园中放射着夺人心魄的异彩，丁大师常讲："对戏曲的继承和革新，可以做这样个比喻，丰富多彩的晋剧，好比一杯香茶，香茶虽然好，放久了，也会被风吹干。所以必须不断地革新。社会不断发展，戏曲也要不断发展。旧茶碗没有把，后来加个把，又过了些年，再加上盖，就更完善了。戏曲的革新，也应该照这个道理做。"丁大师呕心沥血创立的具有独特个性的丁派艺术，闪耀着创作主体所特有的审美观的光辉。

第一，是她把原来晋剧唱腔拖腔中的"哪咿呀哈"以及每行腔必带"哇哇"之声，归正为以字行腔，也就是字尾在行腔中送完。

第二，是她通过与众多的艺术家的交流切磋，取人之长，补己之短，毅然使晋剧唱念的吐字，把普通话的音韵和太原话的声调糅进传统的道白中，形成流传至今的革新化了的现代晋剧念白。

第三，是她那擅长运用"散板"，以其灵活多变来表现各种人物在特定情境中的各种不同的复杂感情，更能充分发挥她所创新的、富于弹性的装饰性润腔、收放音特长。《空城计》孔明所唱的"介板"，《卖画劈门》白茂林所唱的"流水"，《芦花》闵德仁所唱的"滚白"等，都是成功地表现人物的思想感情，足现了丁派唱腔艺术创新美的典型唱段。特别是"流水"唱腔的紧打慢唱，经过丁大师创造性的艺术加工，已成为现代晋剧中最美的、面目一新的一种重要板式。该行腔既热烈火爆，又舒展委婉，并与语言的表达结合得十分紧密，字字清晰，句句入耳，似唱非唱，平易近人，很适于在紧张热烈的戏剧气氛中以内心独白的方式，抒发人物深沉复杂的情怀。

第四，她那《八件衣》中杨知县的唱段，是她在继承前辈艺人唱腔的前提下，结合自身的嗓音条件，并借鉴粤剧和河南梆子的特殊行腔，创出了观众喜闻乐听的、优美的新腔新调。由此丰富了晋剧须生唱腔。

第五，《渭水河》中的唱段，也是丁派唱腔美的创新结晶。周文王的唱腔安排巧妙得当，行腔音色饱满，吐字清晰，抑扬从容，顿挫分明，明气口款式自然、蓄势得力。暗气口连断巧妙、不露痕迹，大段唱流畅响亮，行长腔游刃有余。

第六，《花子拾金》中一段"表刘流"，虽然只是很平铺直叙的二性垛板，但是经过丁大师的精心处理，巧妙的节奏变化，细腻的情感抒发，浓郁的梆子腔声韵，几句唱，生动地把大刘流、二刘流、刘老爷、刘班头交代的明明白白，清清楚楚。再加上丁大师演唱时的幽默、诙谐、潇洒、风趣、自如。如此丝丝入口、情景交融、朗朗上口的美妙唱腔，真使人听来如余音绕梁而三日不绝啊！

第七，丁大师所扮演的《打金枝》中唐王，更是达到一个既新又美的艺术境界。为了表达唐王在权衡国事、家事两者孰轻孰重的那种复杂的思想感情，她对唱腔单调、不易表达人物在不同剧情中的不同感情的几处“流板”，大胆地做了革新。她在“越思越想越生气，上殿去杀郭暖、剐郭暖、活剥了儿的皮，内侍臣与孤更衣”，“孤王我自有主意，你莫要再提”，“叫驸马随孤王一同回宫去”等几处的“流板”唱腔中，分别吸取了蒲剧和北路梆子的唱腔，以别具韵味的美的唱法，揭示了唐王的内在感情，赢得观众的赞赏。

那么，丁大师优美和动人的唱腔，为何传唱至今，广大观众念念不忘，赞叹不已呢？答案就是：她把前辈名家的艺术创作成果以及其他剧种的唱腔精华，更大范围更深程度上“集大成”于一身，又按照自己的特殊条件集中、概括、剪接、创造、发展、提高，所以，她堪称是杰出的革新创造者。她的唱腔之所以美，在于她在创作思想和创作方法上，只属于她自己“我有的，你没有”。她笃信艺术创造的基本价值观念，即个性光辉愈强烈的艺术，愈具有其存在的意义和存在的价值！

二、 丁派唱腔艺术与晋剧传承

晋剧，与中国戏曲艺术一样，在漫长的美的创造的长河里，不断发展着美学理想和戏曲艺术，现已历史地达到了深刻的统一。丁派唱腔艺术，也作为公认的、独特的、完整的创作体系，以它的民族异彩和艺术成就，辉煌地体现在舞台之上。

丁大师宛如梨园长河中乘风破浪的一叶飞舟，似光芒闪耀划破长空的一道流星，为后世留下了一批经得起时间考验的丁派名剧。“恨胡贼”“正在堞楼观山景”“李氏心太偏”等等，至今传唱，方兴未艾。为了给晋剧事业培养后继人才，丁大师举办太原市新新剧团训练班，创办了太原市戏剧学校，亲任校长。不但言传身教，而且请来尚小云、阳友鹤、水上漂等京剧、川剧、晋剧名家传经授艺。还在学生毕业前夕，送几十名学生赴四川、湖南、云南、广西、广东、贵州等西南六省实习巡回演出，使学生们眼界大开。至今弟子们说起来依然热泪盈眶，唏嘘不已。这些弟子们日后果然个个成才。如：马玉楼、刘汉银、武忠、刘宝俊、白桂英、阎慧贞、张鸣琴、温明轸等等，都成为晋剧艺坛上独当一面的风云人物。如今的须生行当又涌现出了新一代 丁派艺术传人，好多后继人才活跃在晋剧舞台上，并荣获了诸多国家以及省级的专业大奖。如：谢涛、孙红丽、朱建军、李明星等。还有更多戏迷跟着丁大师的录音，学会并演唱丁派的各个唱段，成为高级票友。

更令人称道的是，她于1936年春至1937年夏，经她组织策划、陆续在法资百代公司竟为十多位晋剧演员灌了近百个唱段。如：毛毛旦、三儿生、盖天红、狮子黑、刘芝兰等等这些名演员的早期演唱原声，能够得以流传至今，丁老功莫大焉。当时的外资公司要价很高，三四分钟一段的灌制花费高达一百四十个大洋，相当于一个主要演员三个月的工资。是丁老给我们留下了这份厚重的不可再生的非物质文化遗产。丁大师唱腔的录音和唱片有：《空城计》《打金枝》《日月图》《蝴蝶杯》《太白醉写》《芦花》《八件衣》《走雪山》《渭水河》《捉放曹》《四进士》《花子拾金》《屈原》《丰收之后》《教子》《法门寺》《斩子》《杀惜》《杀府》等数十个选段，正因为有这些宝贵资料，使得晋剧舞台上源源不断地传唱着优美的丁派唱腔；正因为有这些字正腔圆、声情并茂、清新优美的丁派唱腔，使得广大观众回味无穷、百听不厌；也正因为丁派唱腔艺术耳熟能详、传神动人，且不落伍于当今戏曲舞台的审美要求，所以使得我们对其进行深刻探索。

今天，当我们面临，对丁派唱腔艺术进行传承这一使命，从民族审美理想的角度，深刻观察，在丁派艺术已有研究成果的基础上，对晋剧须生大王丁果仙的唱腔艺术的美学个性，特别是它的审美价值，求得更多一些的认识。然后把它作为种子，再撒到艺术实践的土壤里去。让伟大的实践，沿着这美的个性加之创造，在新时代的美的大海里去吸取、去扬弃、去焕发、去孕育、去繁衍。从而使晋剧丁派唱腔艺术得以不断地以它的新的生命力，在人们心灵中去传播那无限的美的生机。

阎飞瑜

哦！戏

自 悟

《花子拾金》中的花子，家道中落，流浪街头，哼唱着“那一日大街上我闲游游……”突然一块金子出现在他脚前时，扮演花子的果子没有立即弯腰拾金，果子认为，立即弯腰拾金，不符合“公子”的身份。她撇撇嘴，佯装不屑，踢一脚金子，昂首而过。此时，北风呼啸，冻得花子瑟瑟发抖；肚内空空，饿得花子四肢酥软；再看一眼自己褴褛的穿戴，心头一悸；于是，花子的矜持和高贵全抛到九霄云外了，便立即回转身，捡起金子揣于怀中。欣喜之余，冲台下亮个鬼脸，惬意地念道：“爹亲娘亲，没有金子亲也！”随后，果子随意唱起《捡柴》《折桂斧》，忽而她唱得高亢绵长，回肠荡气，一听就是模仿盖天红的；忽而她搔首弄姿，使用木嗓、假嗓，唱得涕泪恣肆，情真意切，可对毛毛旦乱真了；忽而她身段飘逸，动作轩昂，唱得声满气足，余音不绝，那不是一个活脱脱的三儿生吗？忽而她挤眉抠眼，尖声岔气，两句快板三句唱的煽情逗乐子，犹如夜壶丑再世；忽而她吼声如雷，功架沉稳，透着沧桑老到——这又是学谁啊？不用问，台下已经欢声雷动：“狮子黑！狮子黑！……”

短短的一个独角戏，果子把当时生旦净末丑各行当的知名前辈们的唱腔、做派都惟妙惟肖地展露出来了。全靠丁果仙自悟。

救 场

有一天，演《四郎探母》的“四郎”吃了老乡的几个桃子，吃坏了肚子，腹泻不止，化好妆了，却蹲在茅坑上就是站不起身来。班主慌手毛脚地在茅厕外等了好一会儿，不住地探起头向茅厕里喊："喂，我说，你憋住不拉行吗？哎呀，你倒是给我个准话啊！"

穿着胖袄子，扎着黑纱头的"四郎"蹲在茅坑上痛苦地呻吟着，半天，才哼哼呀呀地道："憋……憋不住呀，哎呀呀，疼死我啦！哎呀呀，痛死我啦……"

戏场子里老乡黑压压地坐了一片，而头通锣已经响过了。改戏，这不等于砸牌子吗？老乡也不让啊。如果换人，也没有人能顶得上啊。

"班主，你别急，我来给你演四郎吧。"

"你……行吗？你没有演过这个戏啊……大段的乱弹，还有……不行，不行，这可不是闹着玩的。"

"我能行，你放心。火烧眉毛，事不宜迟，你快些让人给我扮装吧？"果子说得很爽利。

的确，《四郎探母》这个戏果子没有学过，当然也就没有演过。可话又说回来，跟谁学呀？"宁舍二亩地，不教一出戏"，"教会徒弟，饿死师傅"。学不到，想招嘛，活人还叫尿憋死？她常常悄悄地跟在师傅们后头，听他们怎么吊嗓子，怎么练功，或是跟他们套近乎，给他们端茶倒水，讨他们喜欢，冷不丁从他们嘴里讨个一星半点的。当然，对果子来说，更多的还是"偷"，只要有闲暇，她总是站在下场门后，贪婪地窥视着台上的演出，把他们的一腔一板，一招一式统统装进心里。黑夜，别人呼呼地酣睡了，她却躺在被窝里，把装进心里的戏一遍一遍地过电影。有时，光身子从热被窝里跳下地，随便披件衣服，在黑暗中比比画画地练起来，练来练去的，看见窗户纸白了，听见鸡叫了，再赶紧钻回被窝里。不论多繁难的戏，只要这么过几个来回，果子就了然于心了。

说实在的，班主并不低估果子的能力，但他有两点担心，一是担心这是一出硬弓实箭的戏，回合多，果子还嫩，他怕她吃不消，累着身子；二是担心，果子在台上万一慌了手脚，冷了场子，那将咋办……

他宽慰自己，唱砸了就砸了，大不过我厚着脸皮给乡亲们多作几个揖。就对一个扮好戏的演员，说："秃秃旦，快快快，就让果子演四郎，你们大概对对词。"

不等秃秃旦搭腔，果子就走到他面前，毕恭毕敬地说："师傅，火烧眉毛，咱只拣难的对对吧。"

"难的？"脸上涂着厚厚脂粉的秃秃旦瞅一眼果子，心想难的，好，咱就对最难的，不信你能对上来。说话间，他就扫机枪似的念道：

你那里休要巧言改辩，

你要拜高堂母我不会阻拦。

果子接着也是扫机枪：

既是公主不阻拦，
无有令箭怎能过关？

秃秃旦又扫过来：

有心发你金铋箭，
怕你一日不回还。

果子又扫过去：

公主赐我金铋箭，
见母一面即返还。

秃秃旦又扫过来：

宋营离此路途远，
一夜之间你怎能还？

果子紧跟着又扫过去……

秃秃旦收住口型，两眼圆睁，惊异地瞪着果子：“小闺女，你是个人精啊！”转身对站在一边的班主说：“老板，你都听见了，这还对得个啥？你肚里有的，她都有，她太厉害了，就让她上吧。”

“班主，”扮好戏的果子说：“我演四郎，我要演我的四郎。”

“你的四郎？祖奶奶，你什么意思啊？”班主听到这话，诧异地倒退一步。

“我是说，四郎要见母亲了，不应该演得稀稀松松，慌慌乱乱的，要演出喜悦和激动来。再说啦，师傅的嗓子倒仓后没有保养好，有些唱段轻飘飘的，不响堂，有的只是把字报出来，靠胡琴撑着……反正，我不会全照师傅的套套演。”

果子塑造人物是不拘俗套的，一旦进入角色，她就获得无限空间，她不断地挑战前人，也不断地挑战自我，她的表演看似具有相当的“随意”性，但她的人物形象永远保持鲜活。跟她配戏的无不感到很“吃力”，得紧撵着她；跟她伴奏的无不感到很“吃力”，必须得随机应变。可这么着，角色活了，戏台活了，观众也活了。

果子扮演的四郎出现在台子上了。

个头略低，但神气十足，一个霹雷似的叫板，骚动的戏场子为之一惊，瞬间的愣怔后，顿时归于寂静。

剧情层层递进，台上的演出进入胶着状态。

果子如鱼得水，尽管执着地演下去。

应　变

唰，台上的电灯全亮了，亮如白昼，晃人眼目。鼓板疾疾，丝弦汹涌，一阵热烈的过门铺垫后，帘子一撩，带着梦幻般的光环，果子红赫然出现在上场门口。

不，那不是一个平凡的女子，那是《空城计》中满腹韬略，风趣睿智的诸葛亮；《空城计》守着一座孤城的诸葛亮要用“空城”吓退司马懿。

丁果仙就是诸葛亮。此时，优雅地坐于堞楼上的她，在铮铮的抚琴声中，有一板大段“乱弹”，这是她的经典唱段之一：

……正在堞楼观山景，
耳听得城外喊杀连声，
手扳住城堞往下观，
原来是老司马发来大兵……

人们耳熟能详。

城下的司马懿疑神疑鬼，他听听城上传下来的琴声，唱道：

诸葛亮抚琴声色不动，
城内必定有伏兵，
任你巧计安排定，
本都督心里看得明，
人马倒退四十里，

管叫你计谋一场空。

司马懿甩鞭、打马、转身，正要号令三军退下的当口，脚下一个趔趄，一条腿跪倒在地！天啊，这是怎么了？司马懿怎么不是领兵退下场去，而是跪在台上了？观众席上一片愕然，纷纷离座而起，啊啊之声不绝于耳。

文武场两厢一片死寂。

后台的承事像挨了一闷棍，边搓手边说："糟了，糟了，狮子黑把我的这场戏给砸了！"他又恼怒又惊恐，不知所措地窜来窜去，像娃给狼叼走似的。

扮演司马懿的狮子黑名叫乔国瑞，丁果仙唤他根林老哥。

是啊，根林老哥已是年逾半百的人了，最近几天，果子红老听见他喊他的一条腿不好使，走路也是很吃力的，每走一步把腿抬高，捶捣两下膝关节，走起来才舒服。上次在乡下演出，她还从老乡那里讨了个偏方给他，要他试试。可演《空城计》，根林老哥要戏不要命，硬是要跟她来个"珠联璧合"，甚至还和她开玩笑说："就是死在前台，也比歇死在后台有意思哩。"唉，年龄到底不饶人啊，这不，撑不住了不是？

眼下，根林老哥站不起来了，她心急面不急。本来，司马懿一退兵，她的戏就在城楼下面了，现在，司马懿还在城下跪着，她能下楼吗？她不能下楼了。她不动神色地迅疾给文武场面的师傅们使个眼色，家伙敲打起来了。她于是扳住城堞，煞有介事地往下观瞧起来，但见尘埃滚滚，硬是瞧不清啊。她左瞧一下，右观一下，是在肚里编词儿哩。唔，有了，只听她念道："噢，噢，老司马，你不进西城，为何滚鞍落马？你统领大军，恐遭全军覆没，胆怯何至于此啊？老幼军！"

城门下，扮演老幼军的一老一少看见司马懿不下场，而是跪在台上了，正倒吸着凉气，突然听见堞楼上的军师在唤他们，急忙仰头禀问："小的在，师爷有何吩咐？"

"你二人快快前去，将老司马扶上马鞍，让他放心地逃命去吧。"

老幼军心想，两国交兵，这哪跟哪啊？但军中无戏言，他俩急忙彼此照应着，快走几步，一边一个，把骨架宽大的狮子黑使劲扶着站起来，说："我家师爷说了，让你放心地逃命去吧。"狮子黑正憋足气使劲儿，但就像累倒的辕马跪卧在地上，怎么也站不起来。他有心双手托地，撅着屁股往起爬，可那成何体统，也会给人留下笑柄的。正踌躇间，果子红用"计"把他"救"了。他转危为安，打心眼里感佩果子红啊，可他现编的唱词却是这样的："诸葛亮用兵尽管诡诈，扶本都督上马你休想把俺收买软化，俺不进西城偏要把你气煞。众将士听令，倒退四十里！喔哇哈哈哈哈……”唱完，腿站稳当些，把马鞭子高高地一晃悠，凛然不可一世地从上场门退下去了。

丁果仙看见根林老哥安然无恙地下场了，不禁带着诡秘的笑意，对着台下的观众，一语双关地念道：“啊呀呀，这可真是好——险——哪！”

悬念落地，台上台下一片欢呼雀跃。

新　生

告别沉闷阴暗的过去，沐浴在解放的阳光里，丁果仙精神焕发，浑身有使不完的劲儿。她常常连轴转。三年排出十几出新戏，风雨无阻地奔波在三晋这片热土上。紧跟着，她就以副团长的身份，率山西代表团到北京参加第一次文代会，并受到伟大领袖毛主席的接见。

是啊，一个从旧社会过来的地位卑贱的“戏子”，一个出身凄苦，以仰人鼻息为生的唱戏的，一个自生自灭挣扎在生死线上，国家从未问津和关心过的民间艺人，竟以主人翁的身份，被迎入国家的最高殿堂，这是她做梦都不敢想的啊。当她站在毛主席面前，当她的手被毛主席的手握住的那一瞬间，她这个在戏台上有出色驾驭能力的高手，愣愣地望着毛主席，喉咙哽咽，不知说什么好了。

该说什么呢？别人没有告诉她，自己也没有准备啊！

突然间，她脑子里蹦出一个词，脱口说道：“国父，你好！”

说出这句话后，她自己把自己也吓了一跳，心想，这么称呼对吗？要是不对，可搅下洋戏了，咋办啊？正急着，她看见毛主席宽宽的额头上轻轻地掠过一道皱纹，接着，那充满睿智的眼睛里露出了宽厚的笑意，用特有的湖南口音对她说：“国父，是孙中山先生的专利噢。咱们都是同志，我在这里当国家主席，你在那里给工农兵大众唱戏，只是分工不同，都是为人民服务的。”

多么慈祥的笑容，多么厚实的大手，多么亲切的话语：“咱们都是同志”，“都是为人民服务的”，多么新鲜的字眼和思想啊！

她的心里湿润润的，她感到一种东西在心里躁动着，滋长着。

如果说，早先丁果仙是为了谋生、为了挣钱、为了名气，一句话，是为了自己而唱戏的话，那么现在，她要为工农兵大众唱戏了，她要为人民服务了，她要从小小的自我的圈子里跳出来。如果说，解放了，丁果仙是带着朴素的感情积极地投身于工作的话，那么，毛主席的接见，使她与领袖的距离拉近了，甚至亲密无间了，在对伟大领袖毛主席的无限崇敬之中，还糅合着一种发自心底的感恩情怀。

在纷扰杂乱的人生道路上，她找到了一个引路人。

在缺乏亲情关怀的孤独奋斗中，她找到了一个如父兄般可以信赖的人。

她要对得起毛主席，她要听毛主席的话，跟毛主席走。这是她的誓言，也是她至高无上的行为准则。

这可是她人生的一个质的飞跃。

她要证明自己。

她凡事往头里奔。

她率先组团，积极演出，讴歌新社会；

她率先捐出巨资，支援抗美援朝；

她率先报名参加赴朝慰问团；

她率先翻家底，搞戏改，推陈出新；

她率先配合政治，紧跟形势，大演现代戏；

她率先响应号召，努力学文化，摘掉文盲帽子；

她率先主动降低工资，靠近党组织，入党后一次缴纳党费一万元；

她率先抓传帮带，捐资献物，组建培训班，建立戏剧学校；

她率先编新词，排新戏，歌颂三面红旗……

当艺术的火花与政治的火花相遇时，会迸溅出璀璨奇异、耀人眼目的光焰。解放后的这十年，丁果仙率先从骨子里革命化了、政治化了，同时她的荣誉和头衔也越来越多。这十年，或者再往后延长三五年，她收获了政治，当然也收获了艺术，是她人生的高峰期。

注：《哦！戏》发表在《黄河》2009年第五期的首篇，是一部近八万字的传记文学，献给晋剧坤角须生开山鼻祖、丁派创始人、表演艺术家丁果仙一百周年诞辰。以上四个小片段是从其中摘选的，小标题为编者自拟。

周贵仓

她是一位卓越的表演艺术家

——郭凤英生前谈丁果仙

1979年，我在山西省戏曲学校工作时，结识了郭凤英。由于工作关系，我与她接触很多，除了谈教学工作，更多的是谈一些梨园往事，其中有关丁果仙及其表演艺术就是经常谈到的一个话题。后来我在编写《晋剧名生郭凤英》一书时，又经常向郭凤英老师请教。因为她与丁果仙合作共事近二十年，所以有关丁果仙的点点滴滴又谈了许多。鉴于那本书写的是郭凤英老师的艺术生涯与表演艺术，所以有关丁果仙的材料只是在书中有所涉及，并未深记。值此纪念丁果仙诞辰一百周年之际，本应由郭凤英老师亲自撰文，将她对丁果仙的所知所感写出来以作纪念，但遗憾的是郭老师也已作古。于是作为一个曾经与丁果仙前辈有过交往的人。出于对她的敬重与怀念之情，我斗胆将郭老师生前所谈的有关丁果仙的点点滴滴梳理成文公之于世，以慰丁、郭二位艺术家的在天之灵。

丁果仙较郭凤英整大一轮，都属鸡。丁果仙成名后享艺名果子红。关于果子红的大名，郭凤英在还未涉足梨园的时候就听说了，并在榆次北门外的维新舞台偷偷地看过丁果仙与盖天红合演的新剧《炮打昆山》。这是她第一次看丁果仙演出。1935年，当郭凤英在舞台上崭露头角的时候，她随师万盏灯第一次来到了省城太原，并在开化寺的新化茶园登台亮相，演出剧目是穷生戏《土祖庙》。演员演戏本来是一件很平常的事，但令郭凤英万万没有想到的是，早就令她倾慕的三儿生、丁果仙、丁巧云等晋剧名家居然看了她的首场演出。这是她第一次在丁果仙面前演戏，紧张兴奋之情令她久久难以忘怀。第二天，郭凤英演的是《小别母》，没料到丁果仙等人又来了，并在演出结束后上台看望了演职员。这是郭凤英第一次面对面地见丁果仙。从此掀开了这两位艺术家日后艺术交流合作的序幕。

1937年抗日战争爆发，不久山西沦陷。次年春天，郭凤英为了谋生，应邀到太原中华大戏院搭班演出。郭老师对我说，就在这一年，丁果仙与她的丈夫由忻州返并，组成了“步云剧社”，狮子黑乔瑞国、十三旦任玉珍以及乔金仙、奴子生、梁小云等都曾参加过该社。因为都在太原，所以丁郭之间的接触也渐渐多了起来，偶尔还同台演出几场。由于丁郭相处甚洽往来不断，1940年丁果仙的丈夫任秀峰还为郭凤英介绍了相伴终身的爱人李春（字子茂）。郭老师每提起此事，总是念念不忘任秀峰与丁果仙。

1943年，郭老师因不堪忍受日伪反动派的欺压，愤然与丈夫李春到了归绥（今呼和浩特市），从此与丁果仙的往来也中断了。直到1950年山西解放后郭凤英才重返太原，此时丁果仙在丈夫任秀峰的协助下已组成了民众剧团在太原演出。郭凤英与丁果仙仅匆匆见过几面，便应阳泉新声剧团的邀请到了阳泉。

1952年秋，丁果仙、郭凤英随山西代表团一同参加了第一届全国戏曲观摩演出大会，并与牛桂英、乔国瑞、刘仙玲合作演出了《打金枝》，受到了与会者的普遍好评。接着又以此进中南海，在怀仁堂为毛主席、周总理等党和国家领导人进行了专场演出。时隔不到一年，她又同丁果仙一道参加了中国人民赴朝慰问团晋剧联合演出团，在异国的土地上再次合作演出了《打金枝》等剧目。

新中国成立后的这几次短暂合作，使郭凤英感到，丁果仙对戏曲艺术的理解已超乎了人们的想象。郭凤英说：“老丁的表演，在自然、质朴、夸张中，无处不流露出令观众信服的真实与戏曲艺术的美，真心体现出了一个表演艺术家的大家风范。”而她与丁果仙在舞台上的交流配合，此时也步入了一个无人可以取代的境界。也许是这个原因，1954年郭凤英奉调回到了太原，开始了她与丁果仙、牛桂英长达近二十年的合作。

郭凤英说：“回省城后，最使我难忘的是与丁、牛合拍电影《打金枝》。除了我们三个，王正魁、梁小云、冀萍等名家也参加了这项工作。这个演出阵容是我从未见过的，参演者都尽心尽力拿出了他们的看家本事，但影响最大的还要数扮演唐代宗的老丁。至少我认为老丁塑造的唐代宗，无论唱念还是表演，在我们晋剧界是没有先例的。”事实也正是这样，《打金枝》电影放映后，全国各地反响很大，晋剧名声也随之远播，当时国内有些地方戏剧团甚至来函索要这部戏的剧本。

继《打金枝》以后，丁、牛、郭又合作演出了《屈原》《柳荫记》两部新剧目。至于传统剧目《蝴蝶杯》《日月图》《详状》等更是丁、郭经常合演的戏。郭凤英说：“老丁演戏有股灵气，装甚像甚。演老戏的情况尽人皆知，我不想多说。就是演新剧目，老丁的表演也不同凡响。就拿她早年演过的《炮打昆山》说，虽然戏的内容我记不清了，但果子红的形象却依然历历在目。那时的老丁也就二十出头，她在剧中扮演一个青年男子，头戴帽壳子，身穿长袍马褂，很讨人喜欢。二十多年后，她又在现代戏《小女婿》《红旗下的花朵》《丰收之后》中成功地扮演了陈快腿、老校长、五保户老奶奶。她演的这几个人物没有一个不受观众欢迎。因此，说老丁是一位表演艺术家，我口服心服。”

谈到丁果仙的表演艺术，郭凤英说得最多的是两出与她合作次数最多的戏，即《蝴蝶杯》的《打子》（或作《训子》），《双罗衫》中的《详状》（亦作《夜审姚达》）。她说：“这两出戏我与老丁究竟合作过多少次已记不清了，但每演必能收到很好的剧场效果。至于其中的原因嘛，我看最重要的是演戏投入，配合默契。”《蝴蝶杯》的内容大家很熟悉，这里不多谈。丁果仙在剧中扮演江夏县令田云山，当演至《打子》一场时有这样一段唱：

田云山我怒冲冠，
开言叫骂你……田玉川。
父命你南学将书念，
放书不念你游龟山。
卢公子打死他那卖鱼汉，
与你奴才何相干！
你打伤人命充好汉，
奴才你就该回衙将案完。
你怕打官司在外边转，
为父为你作了难，
奴才你……叫为父替你将命还。
一见奴才心好恼，
气得我心血往上潮。
叫声田明把棍看，
打死奴才将案完！

每唱均是声情饱满，能令观众大饱耳福、眼福，所以观众总会报以热烈掌声。郭凤英说：“这时我扮演的儿子田玉川跪在一旁既无唱也无白，只是听父亲训斥。因为这是传统的演法，所以我从来也没在意过。上世纪50年代，有一次我们剧团在太原并州剧院演出《蝴蝶杯》，当演至《打子》一场时，老丁照例饱含激情地训子，当她唱到‘你打伤人命充好汉，奴才你就该回衙将案完’时，早已进入角色的我，很自然地来了个‘这不回来了嘛’的表情。没料到老丁从我的这一表情动作看到了儿子的不满情绪，于是本来就怒火难按的老丁更加气恨不已，激情陡然大增，以下几句唱几乎是一气呵成。用文化人的话说，犹如飞流直泻痛快淋漓，听了真让人过瘾。”事实也确实如此。直到今天，丁果仙在《蝴蝶杯》中的这段唱，仍被人们视为丁派唱段的经典之一。

另一出戏是以念白做工见长的《详状》，丁郭合演的这出戏，1957年曾参加山西省第二届戏曲观摩演出，二人均获演员奖。《详状》是本戏《双罗衫》中的一出，即有些剧种《白罗衫》中的《夜审姚达》。说的是涿州进士苏云携家眷赴任，途经黄天荡被水贼徐能抛入江中，其妻郑氏被劫入徐府，后侥幸出逃，产子被徐能拾得收养，取名徐继祖。后继祖高中，郑氏鸣冤，得姚达、陶大作证终问明此案。《详状》所叙即徐继祖接案后发现老家人姚达神色异常，从而审出此案实情的经过。

郭老师曾对我说：“原本《详状》的场上人物还有陶大、郑氏、龙套等。后来的改本就把他们都去掉了，上场人物只有徐继祖和姚达两人。上场人物虽少，但人物的内心情感却很复杂，且重在念白。俗话说‘千斤道白四两唱’，缺少功力的老生演员一般是不愿意演这出戏的。再加上演出惯例，姚达在剧中还有一段‘要茶盅’的表演，这就更增加了演好这个人物的难度。不过，老丁演的姚达，人们都看不出其中的‘难度’所在，觉得老丁就是姚达，姚达就应该那样。老丁的确把人物演活了。”

关于这出戏，上世纪50年代我曾有幸看过丁、郭二位艺术家的演出，地点是在太原南肖墙西口的和平剧院。因此我还冒昧想再说几句。

姚达是伺候过徐家两代人的老家人，与水贼徐能同龄。他心地善良忠于主人，对徐家的事无不知晓。戏中，当少主人徐继祖因案情而发愁时，姚达送茶来了。凭着他多年侍奉主人的经验，很快发现了手拿状纸而发愁的少主人的异常神态。于是在好奇心的驱使下他身不由己地悄悄去瞅少主人手中的状纸，但随着徐继祖身影的移动他未看清。接着，他揉揉眼睛再次偷看，发现了状纸上的“苏云”二字，很快想到了随少主人上京时一老妪托他寻访苏云的事。姚达因心不在焉失去常态，忘了手中端的茶盘，致使少主人放在茶盘上的茶盅失去平衡，在茶盘上飞快地旋转起来，险些掉地，深刻地揭示了此时此刻姚达的内心世界。这一段戏，丁、郭二位艺术家配合得严丝无缝不温不火，其表演艺术确实达到了炉火纯青的地步。因此观众报以热烈的掌声。

如果说这段戏是重在表情特技，那么下一段戏则是侧重在念白。当姚达的反常举动被徐继祖发现后，徐继祖顺蔓摸瓜对姚达进行了审问。姚达见真像隐瞒不住不得不讲述实情时，其中有一段长达六七百字的道白。这么长的道白在其他戏中是少见的，而丁果仙念来由情吐字，以字言情，缓急有致，轻重分明，自然而然地将观众带到了当年发生那段惨痛故事的情景中，令观者不得不屏息静听。这不能不说是艺术的魅力，是艺术家丁果仙不同凡响的艺术表现力的体现。

除了以上提到的，郭凤英老师还给我讲过丁果仙前辈的不少动人故事，限于篇幅不多写了。总之，丁果仙在郭凤英的心目中，是一位当之无愧的卓越的晋剧表演艺术家，她的人品艺德及由她创造的丁派表演艺术，值得我们认真地去学习研究。

李文虎

（原载《晋韵流芳》）

丁果仙大师的艺术天才

丁果仙大师是晋剧须生大王。是1952年第一次全国戏剧观摩演出大会表演艺术一等奖获得者，并受到毛主席的亲切接见。她对晋剧事业的继承和发展做出了卓越的贡献，她是晋剧里程碑式的人物。虽然已故多年，但人们总忘不了当年晋剧丁、牛、郭、冀的演出盛况。她是晋剧的领军人物，更是绝无仅有的天才艺术家。

所以说她是天才，首先因为她有一个天赋的好嗓子。唱旦有旦的味道，唱红有唱红的魅力。

丁果仙十岁时，就和姐姐丁巧云在太原市泰山庙卖艺。常和姐姐对唱《游花园》，姐姐扮梁兰英，妹妹扮梁凤英，她那“清淋淋，脆利利”的嗓音，早就引起了戏迷们的注意，好些戏迷说：“这妮儿的嗓音很甜美，日后总是个人才！”后来，跟随师傅孙竹林，搭班唱戏，专演须生。在和一些老名演员的学习、交流演出过程中，又凸显出她“口腔共鸣结合鼻腔共鸣”的声音特色。

人们都知道，晋剧演唱要用“真嗓子”（随着时代的发展，此种说法很偏颇）即：气发丹田，打动声带，撑开口腔，产生共鸣。这样“口腔共鸣”，就成为晋剧演唱的必然产物。一些老一辈艺术家为了突出他们的演唱特色，就在“鼻腔共鸣”上做起了文章，也就是加强用“鼻腔共鸣”。人们把这种音色，称之为“膛音”。在须生行，尤为重要，在当时也确实产生了较好的演出效果。丁果仙没有步老前辈的后尘，而是根据自己的嗓音条件，运用“口腔共鸣”，只是在“出字收声”时，用“鼻腔共鸣”来润色。后来，在实践过程中，她又结合使用了“胸腔共鸣”和“脑后音”，使得她的声音，不仅圆润、丰满，而且深沉厚实，更显示出她的演唱韵味和阳刚之美。

据说，这一声音的发现，源于她在海子边练功喊嗓时，看见青蛙肚子特大，叫得特响，每到收腹运转时，即发出较高声响。当时她突发奇想：哦，师傅讲的“气发丹田”即谓此吧？经过她多次演练、演出实践，最终结合了“胸腔共鸣”形成她特有的演唱发声方法。

她天赋的好嗓子不仅如此，还指她一开始就能唱盖天红高亢豪放的乱弹，亦能唱说书红委婉低沉的调韵。泰山庙上用“清淋淋、脆利利”的嗓音唱小旦，舞台上又能以“满音满调”充满阳刚之声唱须生。什么毛毛旦的真假嗓，三儿生的小生腔，对丁果仙来说，都不在话下，学谁像谁，张口就来，好像她有一部多功能发声器似的。这在她演出《花子拾金》时，得到了充分的显示。看吧，花子在拾到金子以后，高兴得不得了，一会儿学唱“天贵娘娘”，一会儿学唱“三儿生叔叔”，一会儿又来个“毛毛旦姑姑”，把个小戏《花子拾金》，一个人唱了个满台红火，观众们一直鼓掌喝彩，同行们也看得喜笑颜开，盖天红、说书红这些师傅们则微笑点头、互相示意：嗯，是个好料子！

更值得一提的是她不同寻常的“咬字喷口”。程砚秋大师曾讲过：“戏剧道白，就好像猫儿玩老鼠，既要咬住，又不能咬死！”丁果仙正是这样。她平常练功，念“乒乒乓乓”练嘴皮子喷口，以“咿咿呀呀”练牙音功力。用“一二三四五六七，七六五四三二一”练咬字快速。由于她常年下苦功自练，所以她的演出道白，就好像小口径步枪那样“嘣嘣嘣嘣”，既吐字清晰，又显出语音的穿透力，也表现出人物情绪的感染力。而她演唱出来的唱字，又好像钢琴弹奏出来的声音那样“噔噔噔”，既有重音，又有韧性和弹性，字音唱完以后还有一种仍未消失的美妙余音，真给人以“余音绕梁，三日不绝”的享受。

另外，丁果仙还有一种天赋的表演才能。她曾演过不少类型的角色，用戏剧行当来分，有：须生、老生、小旦、青衣（反串），还演过《丰收之后》的王奶奶（老旦）、《小女婿》的陈快腿（彩旦）。有一次，《狐狸缘》缺少个提茶壶的小丑，掌班的问她：敢不敢上？她二话没说，冲着掌班的点头一笑，脸上抹了一团小白粉、头上扎了个冲天辫、穿了件大红背带裤，提着茶壶就上场了。观众一见这种扮相就开始乐了。再听她满口的地方话（她的各地方言都说得好），说得有情有趣，吸引了在场的所有人。从中可以看到她不管演什么角色，都能抓住人物的心，尽情发挥，独辟蹊径，令人拍手叫绝！

当年她在“锦艺园”班社期间，三儿生和说书红演出的《琥珀珠》一剧，珠联璧合，堪称佳品。一天，要演“琥珀珠”，刚巧盖天红不在，三儿生看着丁果仙试探地问：“果子，你唱李智吧？”这突如其来的一问，不由让果子愣了一下，但她很快反应过来说：“行，你让我唱，我就唱！”就在果子化妆时，三儿生仍在想：这娃娃有心计，平时很留心，准不会砸了锅吧？可又一想，毕竟嫩得很，看来我还得随机应变……万没想到，果子一上场，就那么沉着老练。唱、念、做、表一点不差，尤其是那口比盖天红还顺耳的乱弹，台上唱得舒服，台下听得过瘾。整个戏该出彩的地方都出了，该叫好的地方全叫了，和三儿生配合的也点滴不漏，三儿生非常满意。观众更是高兴极了，有的人即兴编了顺口溜：男的不如女的，盖天红不如果子！从此以后果子红的名气就打出去了。

“演谁像谁”是丁果仙的特殊本领。她本工须生、老生。但在现代戏中她扮演老旦、彩旦，她在《小女婿》中扮演的陈快腿，被观众誉为“数十年舞台艺术之一绝！”实属难得。有人说：“丁果仙天生的演戏开窍。”岂不知，人乃学而知之。古人云：世上无难事，只怕有心人。丁果仙就是一个非常有心的人。看见青蛙叫，就能开启她作气发声的窍门。看见猫儿发怒嘶叫，她就能联想到戏剧舞台上，张飞“哇呀呀”时的情景。师傅台上演戏，她就在一边看戏，台上看，台下就练，练得多了她就会出现一些想象……嗯，这样唱更得劲，那样做更合理。这就是她的灵感。常言说：熟则生巧。

作为女人，从不见她涂脂抹粉，精修打扮。倒是有人见她头戴礼帽，身着男装，穿行于大街人流之中，对男性的言谈举止，进行观察。看见老汉要跟着走上几步。可见她为了演戏，对男性阳刚气质的捕捉煞费苦心。

有一年，丁果仙她们在北京演出，地方戏的特点很浓。马连良先生看过以后亲自设宴，为她在京演出祝贺捧场。并提出请她传授《反徐州》一剧。丁果仙很愿意向京剧学习，所以趁机提出要学马先生的代表作《四进士》。通过这次交流学习，不仅移植了全本《四进士》，更重要的是提高了她的表演艺术水平，形成了她表演大方、自然，不拘于形式，并略带一点“京”味的、独特的、潇洒自如的表演艺术风格。再加上她充满阳刚的唱腔，竟有人看了演出，不知丁果仙是女性的笑话。

业精于勤。通过丁果仙多年的勤学苦练和不断的艺术实践，特别是1949年全国解放以后，政治上的翻身和思想上的进步，她以更大的热情投身于戏剧事业之中。1952年全国戏曲观摩演出大会获奖。1953年赴朝慰问演出。个人捐款并带头组织市内各剧团联合义演，数场之后收入可观，尽数一并捐献。1956年参加全国政治协商会议。1959年加入中国共产党，首次交付党费一万元。在刚解放后的数十年间，她不仅协助管理原太原市新新剧团，还协同创办了太原市戏剧学校。拍电影、排新戏，不断演出等这些忙碌的工作，不但没有影响她的艺术进步，反而让她悟出了一个真理，那就是她说的“唱戏是唱情”。一个情字怎生了得，这是她对戏剧艺术的真正领悟。傅山先生曾写过一副戏剧对联：戏岂戏乎戏推物理越戏越真，曲乃曲也曲尽人情愈曲愈折。人情物理就是戏剧的真谛。从此以后，她演唱一直“以声传情”，如遇到制约感情的唱段时，她就“以情设腔”；甚至创造出“声断情不断的演唱方法”，这种方法特别表现在《卖画劈门》中白茂林紧打慢唱的二流水上。通过这种唱法，将白茂林险些误伤甥儿的懊悔心理表现得淋漓尽致。《蝴蝶杯》“打子”一折，更是由丁果仙创意，牛、郭二位艺术家默契配合，收到了“情满舞台”的最佳艺术效果，真令人叹为观止！

丁果仙大师，以其特有的天赋，不仅在晋剧声腔艺术上取得了很大成就，表演上又形成她独特的风格，在舞台上塑造了一大批栩栩如生，鲜活感人的艺术形象。诸如：《打金枝》中的唐王，《四进士》中的宋士杰，《蝴蝶杯》中的田云山，《卖画劈门》中的白茂林，《空城计》中的诸葛亮，《走雪山》中的老曹福，《丰收之后》中的王奶奶，《小女婿》中的陈快腿，以及《屈原》中的屈原等等，艺术形象之多，恕不一一列举，就此已足够值得我们追思、学习、挖掘、研究了。

注：此文系根据王易风先生书稿，又通过和武忠、阎慧贞、杨效璋等艺术家交谈后定稿。

闫　太

（原载《傅山》2010年5月6日）

缅怀我们的校长、老师——丁果仙

1955年我考入太原市晋剧训练班学习器乐，训练班是丁果仙和张宝魁为晋剧后继有人而成立的。丁、张二位老师一有空就来训练班看学生们练功，有时手把手教动作，大家自然就称呼老师了。1957年训练班改名为太原市戏剧学校，丁果仙又担任了名誉校长，所以她既是老师又为校长。当时演员各行当都有专业老师，而乐队没有专职的器乐老师，所以我们只能去太原市晋剧一分团、二分团自己找老师学习。我经常去一分团找王松林老师学习弹四弦，因此就经常能见到丁果仙老师，渐渐地与她熟悉了。回想往事很有趣，第一次见到丁老师，是我刚考入训练班时间不久，丁老师来检查教学，她看到我时就问：你是新来的吧？以前没见过你！我说：是的。她说：你是唱什么的？我说：我是乐队的，她说：你怎么不学唱？回头和老师说：这孩子长得很排场，唱须生小生都行么，嗓子怎么样？我说：不好，她说：哦！语气微微有点遗憾。所以，后来我去和平剧院学习，（那时市一团常在和平剧院演出），她碰到我时常微笑和我说："小鬼你来了？好好跟王师傅学啊！"她对我们这批少年学子和蔼慈祥，十分亲切，我很受感动，心里暖融融的。我学弹四弦一年以后，逐渐掌握了弹琴的技巧，王老师有时想休息一阵，就让我上台替他演奏。于是我有机会每天都能看丁老师演戏。第二年市一团要下乡演出，恰巧王老师病了，经剧团和训练班的领导商量就把我借给剧团临时使用了。那次剧团下乡演出历时近两个月，走了四个县区：忻州、原平、定襄、五台，到处受到广大观众的热烈欢迎。一说果子红来唱戏，看戏的人熙熙攘攘，人山人海。戏迷们说："宁可不要命，不能不看果子红。"老乡们对丁老师崇拜到了极点，有的说是须生大王，有的说是须生霸王，有的说女唱男天下第一难，总之把丁老师说得神乎其神。

在我印象中丁老师是一个演艺高超、和蔼可亲、朴素大方、平易近人的好女性。对我，什么时候都是笑着说话，问我下乡习惯不习惯？饭能不能吃饱？我对她有慈母般的感觉。在我们下乡期间她一点都不特殊，和大家吃一样的饭，一样打地铺睡觉，有时很多老乡们很尊敬她，邀请她去家里住。丁老师实在盛情难却时，就去住了，亲如一家人，这说明她接地气，人气旺呀！丁老师在农村演出和在城市演出一样认真，一丝不苟。从未有过敷衍搪塞的情况，偶尔有和乐队配合不协调的时候，戏完了也要和乐队较个真，从不马虎了事。她对艺术视同神圣，一贯严肃敬业。每句唱腔，每个动作，甚至一个眼神都是要求规范，严丝合缝，如“一棵菜”般的新鲜完整。也容不得配角、龙套有半点马虎。所以大家都敬畏她。近两个月的下乡演出，我一边弹四弦，一边默记丁老师的唱腔，到演出结束时我已把丁老师演出的几个戏的主要唱段基本背会，受益匪浅。这为我后来在市实验晋剧团搞音乐唱腔设计，奠定了基础，起到了很好的作用。

我对丁老师那种对艺术不断研究，不断探索，不断创新升华的精神，佩服得五体投地。特别是向群众向生活吸收精华提升艺术。当时乐队有个弹大三弦的老师叫韵万福，年龄大约在五六十岁，他的走路姿态却是一个典型的老头走法。我经常看到韵老师在前面走，丁老师在后面模仿着走，学得很认真。后来我听说，丁老师就是受韵老师走路的启发，把《走雪山》一戏进行了全面的改造，在雪山跋涉加了摔、滚、爬、滑的动作，一改传统的“跑雪山”，得到了同行及观众的认可和赞扬。

有一次我们在北路某村演出时，正值这村去世了一个老人，女人们的哭丧，很像是在唱念，念念有词还有悲哀而悠扬的韵调。这时我看见丁老师站在一旁闭着眼睛听，听了很长时间。我以为丁老师只是好奇地听一听，后来我才发现她把那个哭丧韵调竟然糅进了悲情人物的唱腔里面，使用得恰如其分，这使我很吃惊。丁老师不会记谱，却能融会贯通达到了艺术创作的效果，真是天才的艺术家。说实在的，这不是一般老艺人能轻易做到的。当市一团1958年排演《红旗下的花朵》的时候，我又被借过去参加演奏，剧中丁老师担任校长的角色，初始排练时，每每看到她在舞台上表演出门时和一个剧中进门的老师，相互肩膀碰了一下，她用右手的中指向鼻子上蹭一下，然后半回头看了一下是谁进屋了。初排时我不明白那是什么意思，到彩排时才恍然大悟，原来是校长戴一副眼镜，和进门人碰了一下，眼镜脱落下来了，所以用右中指向上顶了一下，又半回头看了一眼。丁老师平素并不戴眼镜，导演也没有给过她提示或要求，是她自己加了这个生活小动作。动作虽小，但由此可见一斑，丁老师对生活的观察是很细致的。此处也正好表现了知识分子的习惯性动作而使人物生动起来。后来市一团撤销被纳入省晋剧院，丁果仙担任副院长，兼任省戏校的校长，我们见面的机会少了，但我们的师生感情却永存。“文革”期间我和我爱人白庭芳（也是丁老师的学生，市一团1954年学员）经常去看丁老师。有一次我们路过她家，一进门看到丁老师头上顶了一块折了四层而且很旧的毛巾，手里端了一小碟腌咸菜，在院里学老太太走路，我俩问：丁老师你在干什么？丁老师说：我老走须生台步，连老太太怎么走路都不会了，我在学老太太走路么。我们俩哈哈大笑，丁老师也笑着说：笑什么？孩子们，什么都得学，不学就不像，学了才能像。

我们每年春节都要给丁老师、任老师（丁的爱人）去拜年。“文革”期间也没有断过。1972年的正月初二那天我们两口子和成希才（也是丁老师的学生）又去给丁老师拜年，没想到一进门就看到一个大花圈，当时我的心咯噔下沉，却见任老师急匆匆从西厢房走出来，面容憔悴，满脸悲伤，抓住我们的手悲哀地说：你丁老师昨天晚上已经去世了，谢谢你们来看她，说着眼圈红了，我当时心如同电击，也哽咽着说不出话来。我看到丁老师的遗体在正房停着，身上盖了一块红绸子，我们三人一起走进正房对着丁老师的遗体深深鞠了三躬表示哀悼。询问任老师有什么需要我们做的事吗？任老师说：“现在还没有请示领导，如何办理后事还说不来，需要你们帮忙时，再告诉你们吧！”我们一直心情沉重地等待着任老师的消息，但始终没有来通知。在那个天下大乱的年代里，也不知道是什么样的规格，送别了这位艺术大师。可怜的丁老师就这样默默地辞世去了，给我们给后人留下了无尽的遗憾。

我学生时代也曾多次给丁老师伴奏过，只觉得她和别的演员不太一样，她唱得好，表演逼真，这只是一般简略的认识。后来我在太原市实验团专业从事音乐唱腔创作时，才真正懂得了丁老师，好就好在她每演一个戏，都在认真细心地塑造剧中人物的形象及灵魂。围绕创作规定的时间、地点、剧情内涵、人物的喜怒哀乐而设计唱腔，设计动作，一招一式都离不开人物形象的塑造。比如：她在《蝴蝶杯》一剧中打子的唱腔，把田云山一个小小的县令，上有卢总兵的权势高压，下对自己义勇除霸的儿子，此时要表现尖锐激烈矛盾的思想斗争，而产生复杂的心情，她用“介板”比较自由地把唱、说、骂发挥得淋漓尽致，真实生动，恰如其分。再如：《卖画劈门》一剧中白茂林“天网恢恢无处逃”唱段，唱出了白茂林愤怒、憎恨的情感，所以她用高亢激昂的唱腔，“恨胡贼父子双双多强暴”一句，就能让观众感觉到恨得咬牙切齿的感受。此处，唱完夹板帽子，有一个过门，但丁老师不等待过门，因为等过门会让情绪中断。再如：《打金枝》一剧中：“下殿来将皇兄急忙扶起”唱段，她用导板、平板转夹板二性，唱出了唐王的雍容大度平和的宽广胸怀。这样的例子举不胜举，总之，就丁老师唱腔而论，应该分三个阶段，青年期基本和她师傅盖天红唱腔差不多；中年期对她师傅的唱腔有所突破，并吸收了其他一些好的唱法；真正形成完整的丁派体系是在老年期，无论唱腔、表演、动作都形成一家之风格。更为难能可贵的是丁老师在演出中，总是把表白、演唱的分寸掌握得恰到好处。从不超脱角色本身的内涵而有意卖弄个人技巧，或抛开剧情追求剧场效果以哗众取宠，这就是她从唱腔到表演形成了独特的丁派艺术，也是丁大师的艺术魅力。也是能够让几代人一直传承下来的根本原因所在，她是一位真正的表演艺术大师。

1984年我调到大中剧院当经理。1993年在以副养文的思想指导下，办起了梨园剧场。1994年正值丁老师诞辰八十五周年，我们大中剧院和省京剧院、太原市实验晋剧院一起举办了“纪念丁果仙诞辰八十五周年演出周”，以缅怀丁大师，激励后辈人。我全院职工积极参与筹备工作，参加演出的有李胜素、任岫云、石志红、李月仙、韩林等，清唱者有田桂兰、王爱爱、武忠、郭彩萍、阎慧贞等表演艺术家。参与纪念活动的还有老一辈表演艺术家牛桂英、郭凤英等。省委书记胡富国、省文化厅厅长、副厅长等都应邀观看了演出。胡富国还给梨园剧场题了词：“办好梨园剧场，振兴戏曲事业。”我作为丁老师的学生义不容辞地尽了一点微薄之力，表达了对这位晋剧须生大王崇敬感恩的缅怀之情。

2015年4月

安振英

第三章

赞不尽的果子情

当人们问及情为何物时，总会想起元好问那首《摸鱼儿·雁丘词》中“问世间，情为何物？直教生死相许”的句子。

其实，情并不复杂。想想，人非草木，必然有感，心非顽石，终会生情，爱由慕起，情由缘生，可见人与人之间，亲情友情爱情的产生是再正常不过的了。

丁果仙多舛而辉煌的一生，因戏而生爱，因爱而结缘，她的亲情友情爱情无不与戏有关。这里记录的同道情、师徒情，只能说是丁果仙“情”之九牛一毛，但无可辩驳地见证了“爱人者，人恒爱之；敬人者，人恒敬之。”的古训真谛是地地道道的“爱出者爱返”之道。

遗憾的是：真正记录丁果仙亲情和爱情的文章却少之又少。这是编者的遗憾！也会是读者的遗憾！

只待来日不断挖掘了！

舞台姐妹　患难知己

——为纪念丁果仙诞辰一百周年而作

我与果子姐（丁果仙）的感情既是“舞台姐妹”又是“患难知己”，因此感情笃深，终生难忘。我们之间的感情主要是建立于上世纪20—40年代（1929年至1948年）。那时我十岁，她二十岁。我刚刚开始学艺，她已经是登台演戏的名角。由于丁果仙与我姨妈丁巧云是结拜姐妹，故按辈分我理应称呼她为“二姨妈”。说起这个“二姨妈”，她可是曾经救过我一命的大恩人。

有一次，我随师傅说书红（高文翰）在山西省太谷县演出，有一位风水先生对师傅说：“高师傅，你们常年出门在外，世道又极不太平，贼寇横行，以我之见你身边需带一个全身乌黑的小狗方可避恶怯邪，出入平安。”师傅听了风水先生的话就去集市买回一个浑身黑色的小狗。有一天，天刚下过雨，为赶台口，我与师傅同坐着一辆木轮马车，连夜赶路。师傅对我说：“玉英子，师傅我瞌睡了，你要抱好小狗千万不可把狗滚落到车下。”我说：“师傅，我记住了，你就放心睡吧！”土路凹凸不平，车辙里污水横流。车走得很慢，车轴与车轮发出“咯吱咯吱”摩擦的声音。一开始，我抱着小狗，嘴里学唱着师傅教给的唱段，另一只手还拍着板眼。夜渐渐深了，人也困了。鸡叫头遍，时辰已是凌晨，不知不觉中我也睡着了。酣睡中一声狗的惨叫吓得我心惊胆战。这时，熟睡中的师傅也被惊醒，急忙手提马灯往车下一照，小狗已是腰断两截，横死轮下。师傅怒火冲天一把将我推到了车下，我大声哭喊起来，幸好跟随其后的正好是丁果仙二姨妈的马车。她顿时嘱咐勒马停车，走下车来，一看是我坐在泥水中哭喊，这时的高师傅仍然未解心头之恨，还狠狠地大声训斥。二姨妈急忙上前劝解说：“高师傅，玉英子还是个小孩子，你不能这样对待她，那小狗毕竟是动物，可玉英子是一条人命呀！”凭借着二姨妈的地位，再说我和师傅说书红也是搭着二姨妈家组建的“锦艺园”戏班，这时师傅才慢慢消了气。在我幼小的心灵里从此认识到二姨妈是天下最好最好的好心人，是她救了我一命。往后的日子里，我一有时间就和二姨妈亲近，并主动为她捶背摁腰，端茶递水。这时，她语重心长地说："玉英子你练功去吧，我还年轻用不着耽误你的时间。你只要学好艺，能登台演戏了，自己赚上钱了，就不用挨打受气了，也能吃好的、穿好的了。"这朴实的话语变成了激励我时时刻刻勤学奋进的动力。她的音容笑貌、言谈举止令我至今都记忆犹新。

我作为跟师学艺期的弟子，有时连粗粮糙饭也难以吃饱。遇上过节日二姨妈吃肉时，她就把我叫过去从她的碗里分一半肉给我吃。

随着年龄的增长和学戏的进步，我逐渐能够登台扮演彩女、兵丁及二路须生角色了。有一次，我就对二姨妈说："二姨妈，我不想扮演须生这样的男人角色了，我看见那些小旦、青衣行当扮起妆来貌若天仙，如花似玉，这才是我们女孩子的追求呢，你能不能让我扮演一次女人角色？"这件事在二姨妈心里想了好多天。有一天，承事戏牌上出了戏是《狐狸缘》，有个次于主演的角色叫四姑姑，二姨妈对我说："玉英子，你包头化妆去吧，今天你演四姑姑。"二姨妈的话音刚落，我已喜出望外一溜烟跑去化妆了。这个角色我台词记得牢，动作表演私下里也多次练习，所以上场后我是胸中有数，灵活自如。戏完后师傅夸我演得还行，没有大的漏洞。二姨妈也走过来笑着对我说："这一下让你过了演女角的瘾了吧？"我急忙回答说："多谢二姨妈。"她说："我是早看得出你对这个角色已经烂熟于心才让你演的，不然又少不了惹你师傅生气。"几十年已经过去了，回忆起来我还是非常钦佩她。她不仅是一位表演艺术家，而且还是一个精明的善于管理的卓越人才。小到演出道具坏损，大到官府乡绅邀约，她都能够敏锐洞察，理性辨别，正确决策，做到胸有成竹，遇事镇定，灵活应变。这些方面都是我敬佩和学习之处。

一次，二姨妈来到我师傅说书红面前，笑着对师傅说："高师傅，你愿不愿意收我为徒弟？"师傅风趣地说："你已经是秋天的果子了，常言说三十不学艺，你都四十了，没有必要了。"而二姨妈她还是诚恳地说："我要你教会我十本戏。"高师傅问："哪十本戏？"她说："《牧羊卷》《汾河湾》《天水关》《双罗衫》《武家坡》《清风亭》《空城计》《三疑计》《一捧雪》《李文李广保娘娘出庆阳》。"高师傅又故意地说："行，但你得把戏班里的主要演员、戏曲界的名流人士约在清和元饭店请一顿，我就传授你这十本戏。"二姨妈一言九鼎，过了不长时间，果真按高师傅的要求在清和元饭店摆了两桌饭。宴毕，二姨妈给高师傅磕了拜师头。高师傅此时说道："玉英子，你给二姨妈也磕个头吧。"我听从吩咐给二姨妈下跪磕头，二姨妈当众说道："玉英，从今往后你就称呼我果子姐好了。"从此，我就改口称呼她"果子姐"了。由此，可以看得出"果子姐"丁果仙是一个淡泊名利，戏大如天，在艺术上勤奋好学，不懈追求的艺术家，是我也是现在青年人值得学习的榜样。

“果子姐”虽然是一个名艺人，但她有自己的人格尊严，有坚定的阶级立场。在日本帝国主义侵占太原期间，她曾一度封箱停演，隐居农村。在阎锡山统治山西期间，她曾巧妙拒绝演出，坚决不做日本帝国主义和军阀反动派宣传利用的工具。

新中国成立后，我们姐妹们从社会地位上、生活上、思想上都得到了解放，获得了前所未有的自由和光明。1959年，果子姐光荣地加入了中国共产党。她还多次问我：“玉英子，写了入党申请书了没有？”我说：“写了。”她说：“这就对了，听果子姐的话没错，共产党的领导是伟大正确的，要求人人平等受法律保护，现在你不用挨打受气了吧！”我姐妹俩说着说着都流出了欣喜的热泪。

“文革”期间，果子姐受到了林彪、“四人帮”一伙反革命势力的迫害。1972年，我的果子姐、我亲姐姐一样的大恩人永远地离开了人间。党和政府最后为她平反昭雪，恢复了一切地位和荣誉。果子姐一生中饱尝艰辛，历经坎坷。她没有子嗣骨肉，但她的弟子和我们这些姐妹可以见证，是谁为她修建了陵墓，又是谁对她念念不忘，歌功颂德，纪念百年，是伟大的中国共产党和人民政府。

程玉英／述　张俊海　张云峰／文

（原载《晋韵流芳》）

深切怀念丁果仙

我同丁果仙在戏剧舞台上先后三次合作近二十年的时间。我们俩不仅是戏剧舞台上的伴侣，而且在长期的同甘共苦的舞台生涯中建立起浓厚的友情。虽说在称呼上我俩似乎是同辈，实际上无论从年龄到艺术，她却是我的老师和前辈。

我俩第一次合作是1944年前后在张家口演出。我当时十八九岁，丁果仙同志早以“果子红”的艺名在晋剧舞台上闻名了。那个时期，我俩合演过《清风亭》《八件衣》《九件衣》《四进士》《芦花》等戏，是很受群众欢迎的。第二次合作是1950年在太原，当时我所在的剧团在北京，老丁一再邀我回山西同她演出一个时期。我来到太原和她就在现在的大中剧院合演过《坐楼杀惜》《走雪山》《桑园会》《四郎探母》《女忠孝》《蝴蝶杯》等戏。随后，我又到阳泉待了一段，便返回北京。1951年，丁果仙同志给我写了一封信，并派马守成同志赴京邀我返并。她的信写得十分热情，并且一再叮咛，一定让我回山西和她配戏。我们又开始了第三次合作。这段时间较长，配戏也较多。她没啥文化，但有股子倔劲，在钻研剧情揣摩人物性格上很能吃苦，很下功夫，表现得很刚强，颇有男同志的性格。她戏路很宽，什么戏都能演，演什么人物都行，演啥像啥。这个时期我俩演出过的传统戏那就很多了，如大家熟悉的：《打金枝》《算粮》《明公断》《卖画劈门》《投县》等等，除此之外，还演出了《小女婿》《艺海深仇》《刘胡兰》《丰收之后》等现代戏。我俩还反串演过《二进宫》。

从我俩将近二十年的配戏中感到她有这样几个特点：老丁演戏十分认真，把全部精力都放在塑造人物上。她演的人物有个性、有特点、有创造。在这方面她是非常突出的。她既能演庄重、威严的唐代宗，又能演潇洒、豪迈的李太白，也能演憨厚、善良、耿直的老家人，还能演《小女婿》里的媒婆陈快腿和《丰收之后》里的五保户老大娘，人物性格天渊之别，形象却塑造得惟妙惟肖。她演出时，从不受老腔老调限制，确是个声（声腔）、情（内在感情）、态（外部形态）三者并重的有创造性的优秀演员。

在表演上，敢于突破程式，大胆创新。一般人演戏，未上台两个人总要把戏对一对，你唱什么，我说什么，在哪儿有什么动作都是丝丝紧扣的。老丁就不是这样，她在台下跟你也对戏，可是一上台，激情一来，把很多在生活中观察或体验到的东西，即兴地搬上舞台表演，一激动唱词能加许多虚字眼或者改词儿换韵，有时候弄得和她配戏的人简直无法招架。因为她很多来自生活的即兴表演，在情绪、情感和动作上给对方以很大的刺激，能够促使你挖掘很多内在的东西。在开始时不习惯，后来，互相默契配合都摸透了，就很自如了。在表演上怎么衬她，怎么扶她，“交口”怎么接，都心里有底。比如《蝴蝶杯》中《打子》这场戏，田玉川回到府中，说了句“参见爹爹！”一个家伙点，把田云山、田夫人、田玉川这三个人的情感，一下子扭到帅府查案这个共同关注的问题上。然后，田云山问：“儿是玉川？”玉川答：“是儿。”“你回来了？”田云山见儿子回府，百感交集，怒不可遏下一声“唉”的长叹，骂了一句“奴才！”紧跟着一记耳光，便开始了“田云山我怒冲冠……”这段介板唱段。田云山的这一个耳光，把田玉川打到田夫人的身后，打出了三个人此时此地三种不同的心理状态和表情动作。

在唱腔上，不死守板式，不沿袭老腔老调，始终坚持以人物设腔。老丁本身的条件好，音色、音量都好。但这并不是形成丁派唱腔的主要根据。在唱腔上，博采众长，丰富自己，以己之长，以情设腔才是她的长处。她的唱腔既吸收了前辈名须生盖天红悠扬洪亮的特点，又吸收了前辈名须生说书红的刚劲铿锵的长处，使得她形成了自己唱腔的特色。老丁不仅吸收晋剧前辈艺人的东西，还向其他兄弟剧种的名老演员学习。她演的《四进士》里的宋士杰，就曾受到马连良先生的指点。老丁在唱腔上是很下功夫的。我俩演《走雪山》，她演的老家人，就那一句叫板“姑娘请请请起，老奴我担待不起……”就场场压座、满堂讨彩。

从我1951年回到山西和老丁同台演出，到她逝世，我俩同甘共苦走过二十多年的生活道路。1952年我俩一块参加了第一届全国戏曲会演，伟大领袖毛主席和中央首长看了我们演的晋剧优秀传统戏《打金枝》，敬爱的周总理亲自给我们发了奖。1955年我俩又一块到了长春电影制片厂把《打金枝》搬上银幕。1956年先后去朝鲜慰问亲人志愿军。1959年又同去福建前线进行了慰问演出。没想到这样一位优秀的演员，竟被林彪“四人帮”迫害致死了。

如今，天变了，地变了，人妖搞清了。我知道老丁此刻是欢欣的，因为党没有忘记她，人民没有忘记她。老丁是山西人民衷心爱戴的演员，是晋剧著名的表演艺术家。她留给下一代的艺术珍品，将永远在人民心中闪光。

1982年7月

牛桂英

（原载《晋韵流芳》）

品格高尚　身体力行

杰出的晋剧表演艺术家丁果仙老师，对我的成长和进步，耗费了无数的心血。在她逝世十周年的日子里，我更加怀念我的恩师。新中国成立初期，国家经济困难，她购买公债数千元，并把自己的“解放剧院”献给国家。为了培养晋剧事业的接班人，她自己出资购买房子，并献出一副戏箱，收了三十个学员，成立了戏剧训练班，还拿上自己的布给孩子们做练功服，把自己练声用的风琴送给孩子们。丁老师生活俭朴，不讲排场和吃穿，不计个人名利，宽厚待人，曾两次主动降工资，一次由底分两千分降到七百分；第二次由四百七十元工资降低到三百二十元。1959年入党后一次便交党费一万元。

丁老师早在解放前就已成为三晋驰名的“须生大王”了，如此德高望重的社会名流毫无架子，非常平易近人。更可贵的是丁老师具有高尚的戏剧道德，不霸戏，不计较角色大小，愿为青年演员配戏，主角配角都演得一样认真，一样出色。她曾在《小女婿》中扮演陈快腿，《艺海深仇》中扮卖烟老头，《丰收之后》中扮王奶奶。有一次剧团演出《陈妙常》，一个演员临时病了，丁老师就主动替她，扮演了戏中一个小尼姑。她对青年演员关怀备至，除亲自给戏校学员上课教戏外，还主动为青年演员让出舞台让她们锻炼，曾让徒弟马玉楼演《斩子》中的杨六郎，自己演八贤王，给她配戏，在文艺界传为佳话。

我在1951年就开始不断为她打鼓，1958年后就成了她的专职司鼓。老师对我的关心和帮助使我终生难忘。她对我要求十分严格，但更多的是耐心指教。她曾对我说：“打鼓板的如同一家之主，光有功夫技巧还不行，必须根据剧情，随机应变，灵活伴奏，打出人物的感情来。”尤其使我难忘的是在她逝世前不久，我前去探望，当时她已卧床不起，但仍然十分关心晋剧事业的发展。她对我说：“不要忘记党和人民对你的培养，继续努力，不能让艺术半途而废。”她的话成为激励我终生前进的动力。

1982年7月

陈晋元

（原载《晋韵流芳》）

大师未了情

丁果仙大师出生贫苦农家，遭遇人祸与天灾，讨吃要饭不辱乡里的寡母，不得不把她交付勤劳发迹生财有道的丁凤章收养。从投师学艺，进而粉墨登场，终其一生高台教化，讽劝世人的同时修炼了自我。她敬业演戏，精益求精，开宗立派，薪传不竭；修身重德，善犹尽善，乐善好施，老而弥坚。纯仁之爱，济世之心，感恩之意，未了之情，直到临终念念不忘，耿耿于怀，已至成为深深的遗憾。

丁大师大仁大爱大巧大善的一生，描绘出一个大写的人，留给世间不竭的精神财富，永远值得我们后来人认真学习，努力践行。

一、出了名的“小气”

丁果仙的勤俭几至吝啬的程度，“小气”是出了名的。在河北捡煤渣，来了山西还照样，尤其是成名之后，仍旧习以为常。倒出的炉灰，筛了捡，捡了筛，绝不丢弃一丁半点煤核。日常生活节省到了极致，顿顿吃素，很少动荤。二合面剔尖，白菜炖豆腐，小米和子饭，就着老咸菜。改善伙食须等亲友学生来，请客下馆子，狗不理包子、糖三角、绿豆芽、炒灌肠。到了冬天，则必定是清和元头脑、烧麦、帽盒子。众人吃得高兴，她也跟上解了馋，一举两得。

至于穿戴，她有句从乡间主妇嘴里学来的口头禅：“新三年，旧三年，缝缝补补又三年；笑破不笑补，旧的不去，新的不来。”一年到头，很少见她逛商店买新衣服，她说穿惯了的舒服。

她广结朋友，崇尚往来，礼轻意重，不讲排场。弟子新婚，暖壶配对，做满月、过生日，虎头鞋狮子帽成双。探视病人，则必选在三六九吉利日的上午；二斤鸡蛋，或者两包炼乳与饼干。

她舍不得花钱，绝非经济困难，手头拮据。人们都说她演出挣的钱，别人无法比。解放前，出场一百大洋（银元），如遇阎司令长官点名邀请，则翻一番，少不了袁大头二百块。新中国成立后，工资改革定为文艺一级，月薪五百元人民币。她自己再三请求一降再降，仍在三百元以上。知情人说果子红的现大洋，箱子装了包袱提，拿回家摞在地上数墩子。她自己不数，管账的外甥媳妇也只是大约摸。

兢兢业业办班演戏，勤勤俭俭度日维生，是她一辈子不变的老主意。她不是心疼钱，而是要把好钢用在刀刃上。

二、有口皆碑的大方

收孤救弱，扶危济困，乐善好施，公忠体国，急国家所急，尽匹夫之责。丁大师的佳话美德广为流传。

旧社会大多数老艺人收养义女弟子，多为卖艺赚钱。丁果仙的义女艳香、艳霞、拉弟，不仅届时为其妆奁陪嫁，并且移情隔代，白桂英、桂枝姐妹也得到了奶奶的真传。

平遥李守义，阳曲郑桂萍等。她都收留在家中，视若亲生，管吃管住，授艺传经。

一戏之师刘喜则，教过小果果一出《花子拾金》，后来赌场遭困，被逼无奈，找到剧场后台。早已大名鼎鼎的果子红二话没说，为其还清了赌债，并且百般劝慰。广为戏剧界所颂扬。

太平红孙竹林，一生传艺授徒无数。只有丁果仙将师父全家接到自己天地坛小院南房，一起开小灶，直至养老送终。

北平艺专学员五十余人，来并演出，入不敷出，被困难归。慕名找到晋剧须生泰斗丁果仙名下，本已谢幕息演的她，专门设宴招待，同时赠发每人冬装一套、银元两枚。之后亲自送上火车。同仁感激涕零，不知所以。数十年后，省城纪念丁果仙诞辰八十五周年时，当年的学子请人撰文《名伶与母亲》，在《山西日报》发表，才披露了这一鲜为人知的佳话轶闻。

新中国成立伊始，邻邦朝鲜遭受世界霸权侵略，要求我国出兵共同抗敌。唇亡齿寒。中国人民志愿军，跨过鸭绿江，奔赴战场。全国人民总动员，出钱出力，捐献飞机大炮抗美援朝。身为名角兼团长的丁果仙，带领全体演职员工，不分昼夜，上街宣传。除参加杏花岭义演外，还沿街登门动员商贾捐款捐物。

社会主义改造，公私合营，丁果仙积极响应国家号召，主动捐出自己在解放剧场的全部股份。

过渡时期，省城大办中学，地方财政不足，丁果仙与人合资，在北什坊创办民营长胜中学，帮助解决少年入学困难。

兴办戏剧教育是丁果仙多年的夙愿。太原解放不久，在政府的大力号召与支持下，即与筱吉仙张宝魁合作办起了太原市戏剧学校。她捐出自有的一副戏箱，并用自己积攒的棉布给学员做练功衣裤。为解决学生伙食，她与张宝魁带头捐献登台演出加收的票价。

她既是校长，也当教师，为戏校的发展和学生成长，倾注了全部心血。学员们都把她当成了自己的亲妈妈。

太原市戏剧人才辈出，为繁荣演艺奠定了扎实的基础。推而广之，省城乃至省内外，晋剧事业的传承和发展，与丁果仙的无私奉献是分不开的。

三、不尽未了情

丁果仙大师一生助人为乐，服务社会，众口传扬。应该说完全可以自慰安心了，其实不然。她越是年迈身衰，越是时刻检点自己，总觉得还有许多未尽事宜，萦绕心头，深感内疚。

最后住进医院，面对侍候在她身旁的小爱英，语重心长地说上没完：人们都说久病床前无孝子。姑姑连累了你四年，都二十出头的大姑娘了，早该出嫁成婚，硬是叫姑姑给耽误了！她给选中了弟子刘宝俊家的成儿，身强体壮，勤快老实。只是爱英觉得缘分不合，未能如愿，倒成了她一桩排解不掉的心事。好在祖传有处旧院，一直是刘凤祥一大家占用着。这回她写好房产遗赠文约，交给了爱英，让她转给爷爷，算是对闺女的一点补偿，也是丁刘两姓世代一家的存照。

姐姐丁巧云前来探视，难舍难分，住了一宿，她向老姐叨叨了一个通夜。首先说起“七·七”事变前，第一次去北平演出，欠下山西会馆钱，久拖不还的事，让姐夫郭子泉夹在中间两头为难。全怪任秀峰耍赖动刀子，闹上公堂，落得个不欢而散。结下解不开的疙瘩，其中她自己也有推脱不开的责任。姐夫是个大好人，能忍能让不计较，实在愧对人家。

姐姐说一只手拍不响，她说也是。任秀峰不够义气，小人见识，可人家也受屈。一展手的带东掌柜当不成，反倒跟上我个女人吃软饭。台前幕后随时随地忙上没完，动不动还要受咱的气，挨咱的戳。能写会算的大男人一个，却常常挺不直腰抬不起头来。

再联想起冀午斋，咱一家老小扎踏了人家五六年。把咱捧红了，他自己却跌进了监牢，到头来落得个人财两空。解放后，咱惦记着他的后人想周济一点，老二还因说不明的缘由概不接收。

还有汪家。老的只管他自己走了，撇下小的，交代给了咱。我自己亲口应承下的，管就得管到底。庆喜子成了家，并有了一儿两女。夫妻二人虽说都上班，可当工人薪水低，生活不容易呀！

咱爷爷奶奶走得早，没赶上享福。师傅命长福大，结完得不错。师娘就不行了，赶上破“四旧”，受了牵连，咱自身难保，有心无力呀！

姐姐丁巧云劝她说，人们都沾了她的光不少，自家何必多心。再说事到如今，这阵子还想那些有啥用？

她说人活着怎能不想？她不由自己，想了好多好多。尤其想到冀家和任家的两位前房姐姐。都是女人呀！人家才真叫个苦呀！流不尽的眼泪往肚里咽，还得咬住牙关忍着痛，把亲生儿子送到夺了自己爱的女人身边。人常说：若要公道，打转颠倒。现如今，一切都晚了！等到阴曹地府下辈子，谁知又是个甚？

这就是丁果仙，心强了一辈子，躺在病床上，身子动弹不得，内心仍在不停地检讨着自己。总觉得亏欠了很多，对不起众人与社会。她像一台永不停歇的机器，也印证了孔子为《周易》所写的卦象：天行健，君子以自强不息；地势坤，君子以厚德载物。

她带着深深的遗憾走了，给我们留下了不泯的精神财富。但愿丁派传人能接过大师衣钵，精益求精演艺，善犹更善修德，与大家一道世代传承，发扬光大。

赵威龙

我与丁大师娘娘的不解之缘

日月更迭，斗转星移，岁月如白驹过隙。敬爱的丁果仙先生离开我们已经四十三年了。她老人家沥尽心血，创办的自有晋剧以来第一所国立晋剧艺术中专学校——太原市文化艺术学校，也将迎来六十岁的生日。

余生也晚，无缘得见先生尊容。但从我踏进晋剧艺术大门算起，直到今天，心里一直追随着先生，她的足迹、她的工作、她的艺术、她的人格。可以说，先生一直在深深地影响着我，而且这种影响还将继续下去，贯穿我的一生。

从我拉起自己人生中的第一个“山膀”、第一次下腰和第一次踢腿，就总听母亲（母亲王玉珍系太原戏剧学校第一批学生，主攻刀马旦）讲起丁果仙的故事。她的故事是我们母子俩谈不完的话题。母亲每次提到她，总有一种肃然起敬的神情，总是称作“你娘娘”（音“酿”），这是先生的女弟子对子侄辈提起丁果仙的统一提法，有“外祖母”的意思。后来进入艺校学习、工作，再到太原 市晋剧院担任领导职务，以及后来又回到艺校工作。这一路走来，我深深地感到，可能由于行当的关系，母亲不可能像其他学老生的同学，经常在先生身边侍学，但母亲作为当时练功最吃苦的娃娃，一定还是得到了先生的重视和关爱。所以能感觉到，母亲对先生的深切怀念。这种潜移默化的教育，伴随我成长，使先生真正成为我心中的晋剧艺术泰斗。

母亲讲，先生是苦出身，四岁卖给别人，七岁学艺，初习旦角，后改须生，九岁卖艺，十三岁正式登台。生活的重压和现实的残酷，促使她较早成熟起来，不仅披星戴月练功，而且潜心观察生活，这让她在艺术上有了“顿悟”，开创了晋剧舞台上女扮男装的先例。她唱腔圆润豪放，不带女腔女调，表演洒脱逼真，亦不带女态女相。正是这种在晋剧艺术上的开山之功，让著名的上海百代公司在20世纪30年代中期也专门为她灌制唱片，山西梆子“须生大王”的美誉从此远播四方。

上大学期间，恩师郭士星也经常给我提起先生在长期的艺术实践中，如何善于吸收前辈艺人不同的唱腔，如何博采众长而为己所用。丁果仙注重从其他剧种中学习取经，比如在道白上，一改土音而吸收了京韵，经过艺术再创造，逐渐形成了嗓音高亢洪亮、刚柔相济、朴实深沉、气息运用自如、咬字清晰纯正的演唱风格，达到了刚劲、典雅、朴实、华美的艺术境地，开创了她独具一格的晋剧须生丁派艺术。

在日常的艺术生活和实践中，在排练场、在饭厅，我也总能听到前辈老师们聊起先生，说她如何教他们做人，如何在经济匮乏的年代在生活上关心和爱护他们，如何严厉且严谨地对待艺术，如何在大濮府的席子上翻跟头，也谈他们如何在艰苦的环境下唱念做打，如何带着成功的喜悦和绕梁的晋韵走出娘子关。这些深情回忆和讲述，在我的脑海里逐渐勾勒出了一个丰富而鲜活的大师形象。

伟大的艺术家都是德艺双馨的。抗日战争时期，创立"梅派"的梅兰芳蓄须明志，隐居上海，而创立丁派的丁果仙也在抗日战争时期，中止舞台演出，女扮男装，隐居忻州山村。建国后，丁果仙光荣加入中国共产党，重启艺术表演事业，组织新兴文艺团体，参加赴朝鲜前线的演出，在艺术上不断精进，终成一代宗师。

北京戏校的同仁们称叶春善老前辈为"老校长"。这是广义的。因为叶老于1904年创办富连成科班，开创了北京京剧教育的先河。而丁果仙被称为太原市艺校的老校长，也是实至名归的。1957年，她白手起家，和另几位晋剧艺术大师在太原大濮府16号共同创办太原市戏剧学校。历经几十年的风雨迁徙，几代艺校人谨遵老校长教诲，薪火相传，屡创佳绩。这期间，市艺校的师生们凭借精湛的演出，走进了北京梅兰芳大剧院，走到了欧洲和美国，走上了苏州中国第十四届艺术节的舞台……我想，如果丁果仙老校长还在世的话，这些微不足道的成绩或许能让她老人家略感欣慰吧。

2006年3月我时任艺校副校长，偶遇正在为丁大师整理文化遗产而四处募捐的省晋剧院老干科科长左敬恒。了解情况后我率先捐款一千元钱，以表达我母亲对恩师的怀念，以及我这个晚辈对先生的敬意。

2011年9月，我服从组织安排，调任太原市实验晋剧院院长兼党总支书记，这或许也是一种机缘巧合，我又走进了先生另一个倾尽心血的地方。说心里话，当我站在剧院门口的那一刻，有一股强烈的责任感涌上心头，深深感到肩上担子的沉重。在剧院工作近两年的时间里，我一直兢兢业业，不敢有一丝懈怠。经过全院职工的共同努力，我们在剧本创作、剧场改造、职工待遇、制度建设等方面，都取得了一定的成绩，得到了领导和群众的好评。在晋剧院期间，我曾提出建设一座丁果仙剧场，定期上演丁派剧目，使丁派艺术薪火相传，成为推动晋剧艺术不断发展的宝贵财富。同时铸造丁果仙大师铜像，期望以此与谢涛、惠娟艳两位艺术家所塑造的丁果仙的舞台形象与电视形象形成互补，使丁大师的形象更加深入人心，以此纪念丁大师对晋剧发展做出的伟大贡献。此建议已被列入政府议事日程。

2013年4月，因为工作需要，组织上调我回市艺校工作。当时好多人都以为我会想不通。其实在我心中，已经为我的行为立下准则：革命工作服从组织需要，艺术工作做革命的“硬底包”。党让到哪里，我就到哪里。让干什么，我就坚决干好。我又回到了尊敬的丁大师亲手创办的市艺校工作，更当恪尽职守、兢兢业业，用作品传承希望，用挚爱传递情感，把这座太原艺术教育的独苗、具有历史意义的学校办得更好！

我有一位亦师亦友的忘年交太原学院张爱生老师。一天傍晚，我们路过华灯初上的府东街，记得走过省电业局没几步，张爱生老师突然停下来对我说：“那边曾是丁果仙大师住过的院子。朱门小院、朴实无华。每当大门紧闭，大人们就关照这些住在附近的孩子，不要到门口去吵闹，丁姨姨在休息，黑夜有唱戏。就连送水的、磨刀的，路过这个小院，也是立刻噤声，足见大师在人们心目中的崇高地位。若遇院门偶然打开，必定是大师不演出的时候。”张爱生老师曾进去过，在东西房檐下玩耍，还有时到北房看先生画兰花。他深情地说，先生总是很和蔼。张爱生老师这段儿时的记忆，更让我对先生产生了强烈的崇敬之情。

高山仰止，景行行止。虽不能至，心向往之。

我此生注定会坚守在先生开创的晋剧艺术教育事业中，尽管永远无法达到先生的高度，但我在多年前已经暗下决心，要一直以先生为榜样，敢于担当、积极作为，为晋剧艺术事业发展贡献自己的绵薄之力！

王小东

技艺超群　品格高尚

一、丁果仙和她的师傅们

已故我省著名晋剧表演艺术家丁果仙，在她四十多年的艺术生涯中，为广大戏迷观众，奉献了一台又一台优秀的戏剧节目。年老的观众或是圈儿里人，一谈到丁果仙唱的《打金枝》《空城计》《卖画劈门》《蝴蝶杯》《芦花》《四进士》《花子拾金》《太白醉写》《八件衣》等，无不拍手叫绝！

1

丁果仙的优秀，不仅表现在艺术上获得巨大成就！而且在人品道德上，也是后人学习的楷模。丁果仙学戏，正式拜过刘喜则、孙竹林为师。刘喜则虽是乞丐艺人，但他为丁果仙的出师，起五更熬半夜，费了不少心血。像丁果仙唱的开门戏《花子拾金》，就是刘喜则手把手，一字一句教她唱会的。孙竹林和刘喜则不同，他为人正派，精通各种戏路，当时就是省城太原的一名角。丁果仙从他身上学了不少东西，像“唱、念、做、打、手、眼、身、法、步”这些基本功，都得益于孙竹林名师指导。

丁果仙向孙竹林学戏不超过十年。但就在这短暂的数年中，丁果仙打下坚实的基础。孙竹林那严谨而执着的精神，极大地影响了丁果仙。一日为师，终身为父。丁果仙善解人意，是个知恩必报的人。在她名震并州、誉满三晋、成为全国大名角以后，也没有忘记恩师孙竹林。孙竹林老年体弱多病，家境又不十分富裕，每逢年节，丁果仙都要亲自或托人礼拜恩师，并告知老人：“有什么难处尽管说话，奉养照顾恩师是我一生的重责。”这重情重义的举动，深深地感动着孙竹林老人……

2

丁果仙在太原显露才艺后，迅速南下晋中一带搭班。这期间，她结识了当时名震三晋的盖天红、说书红、毛毛旦、狮子黑、三儿生等名角。在梨园界，丁果仙为人谦虚。不管谁，只要年岁大，她都称其为师。为此，上述几个名角在艺术上，都乐意指点丁果仙。其中，最特出的是说书红高文翰。

高文翰，自幼坐科学艺。他能演文生、武生、老生多种角色，后来他以演须生功架戏为主。他演的《斩黄袍》《哭灵堂》《三疑计》《击鼓骂曹》等戏，深受观众欢迎。说书红的弟子很多，有号称“高门九英”之说。在丁果仙的请求下，半路说书红能收她为“过门”弟子，实属破格。

1929年的一个晚上，说书红和丁果仙分坐两乘轿车，在月色中赶台口。一个叫玉英的小姑娘坐在车辕边，两手紧紧地抱着说书红心爱的一只小狗。夜色渐深时，小姑娘进入梦乡，手一松一个冷战，小狗掉入车辙，随之一声惨叫，小狗被车轮碾死了。此时，小姑娘也掉到车下痛哭起来。说书红目视小狗死去发怒了！跳下车就动手打玉英。丁果仙闻讯赶来，急忙阻止道：“高师傅，你老不必生气。小狗没了再买一只。要紧的是，咱赶快看玉英，她跌伤了没有？”说书红息怒了。事后，说书红当着别人夸丁果仙道：“看人家果子，虽然年纪轻轻初涉江湖，但她为人处世却比咱知理！”1945年日寇投降后，说书红已经衰老，他想退出剧坛返乡。这事让丁果仙知道了。急忙相劝：“高师傅，你就留在剧院吧，能演啥就演个啥？养老问题我负责，短钱花你就吭声，保你饿不着冻不着。”在丁果仙的劝解下，说书红安下心不走了。晚年继续为丁果仙指导排戏，像《回荆州》《取成都》《哭灵堂》《双罗衫》《清风亭》等剧都是说书红晚年施教于她的。

上述是，说书红高文翰和“过门”弟子丁果仙的情谊。丁果仙和启蒙师傅刘喜则的故事也十分感人。

3

有一天，丁果仙正在前台唱《空城计》，突然从旁门闯进后台几个大汉。一个黑胡子大汉喊道：“谁是这里的班主，我们有事找他说话！”后台掌事急答道：“丁老板正在前台唱着，有事先给我说。”那大汉喊道：“给你说管什么用，听说丁老板就是班主，我们找她！”不一会，丁果仙唱完《空城计》回到后台了。她一见乱糟糟的情景，就问：“咋回事？快说！”掌事正要开口，那大汉接过话又喊道：“丁老板，你有个叫刘喜则的师傅吧？”丁果仙点头。大汉又道：“他吸大烟，欠了我们烟馆一笔钱！今天推明天，明天推后天，就是不还欠款。今天我们教训了他一顿，他哭着说，别打了！别打了！钱一定能还，我还不起，还有我弟子丁果仙！”

丁果仙听后急问：“俺师傅刘喜则在哪儿？”那大汉一挥手：“快把烟鬼提来！”说罢，几个大汉往旁门那边去了。不一会儿，刘喜则被提来了！他骨瘦如柴，面色灰暗，身披一张麻袋片，脚穿一双露脚指头的烂布鞋。刘喜则一见丁果仙，就急忙弯腰道：“果子，让他们打死我吧！我这丢人现眼的，师傅真不该麻烦你呀！”后台掌事见此情景，急插话道：“你快滚出去，丁老板哪有你这等师傅！她师傅是大名鼎鼎的孙竹林。”丁果仙冷静的思索了一下，急忙上前扶起刘喜则说：“起来，起来！咋混成这个样？先说欠他们多少钱？”刘喜则低着头没敢开口，那大汉道：“先后总共欠烟款，三十四块白洋！”丁果仙问：“师傅，有这么多吗？”刘喜则吞吞吐吐地说：“有，去了烟馆十几次，就欠下了这么多。”丁果仙对前来要钱的大汉道：“现时身上没带钱，明天晚上开戏之前你来找我，所欠款一律都还清！”

那大汉们咧嘴一笑，像野猫子似的离开后台走了。丁果仙又问刘喜则：“这么多年，一次也没见过你人，尽做些啥来？”刘喜则哭丧着脸，抹了一把眼泪说：“离开丁家头几年还好，唱个曲儿弄几块还能生活。后来有了吸大烟的嗜好，就倒霉了！饿肚子不说，连个睡觉地方也没有了，东跑西窜瞎混吧！”丁果仙又说：“那你咋不找我？”“唉，人倒了霉，我还真没脸来找你！”丁果仙卸完妆，给掌事说：“今晚上给他弄点饭吃。明天上午从我账上支点钱，给他买身衣服，洗个澡换上。”刘喜则一听，感激地点头道：“衣服不用买了。今晚上给顿饭吃就走！以后我再也不给你添麻烦了。”

“走什么走？还上哪去！”丁果仙说：“明天我和乔国瑞老板商量一下，你就留在这儿，打个杂跑个龙套吧。以后把大烟戒了，要活得像个人！”从此，刘喜则就落脚新化剧院，开始步入正常人的生活。那几年，丁果仙替乞丐师傅刘喜则还债的故事，一直在梨园界传为美谈佳话。

4

丁果仙还有一个知交，那就是狮子黑乔国瑞。乔国瑞是梨园界的一位长者。他戏路广、功底扎实。晋剧、昆曲、京戏，他都能拿出几个像样的戏来，像他唱的《忠报国》《沙陀国》《明公断》《捉放曹》《玉虎坠》等戏，更是倍受观众喜爱。1938年乔国瑞由晋中转到太原，和丁果仙等众多名演员搭班唱戏。在长期的合作中，乔国瑞的人品戏德，很受丁果仙赞许。丁果仙常对别人说：“演戏要有戏德。要像乔国瑞老先生一样，本本分分做人，规规矩矩演戏！”

乔国瑞老先生，不但戏唱得好，还是个有正义感的人。他的儿子乔荣华，女儿乔喜云，积极参加地下革命工作。他不但不反对，还出主意掩护他们的活动。为给解放区军民购买布匹、食盐、纸张、火柴等紧急物资，他的几个儿女经常化装出没在城乡之间。儿子乔荣华，后来升为太谷县六区区长，在一次执行任务中英勇牺牲。女儿乔喜云被阎匪活活乱棍打死。之后，这消息传到阎匪特警指挥处，阎匪以“私通共匪”嫌疑犯为由，把乔国瑞抓进监狱，每日严刑拷打，乔国瑞生命在垂危中！这件事，使丁果仙心如刀绞。她四处奔跑，花钱打点从中搭救。后来敌人又使花招，说要店铺连保才可放人。丁果仙这时又为难了。她东家施礼、西家打躬。好话不知说了多少。最后取得福盛隆、德诚号两家店铺连保后，才迫使敌人解禁，释放了乔国瑞老先生。

1952年秋，在一次座谈会上，乔国瑞老先生，含着两眼热泪，感激地说：“解放后党和毛主席救了众多劳苦大众。而我的第二次性命，既是党和毛主席给的，也是丁果仙同志具体帮助得来的。好人，好人！果子是个好人！”

丁果仙是一个极不平凡的女性。她曾经敞开胸怀，把积存多年的钱财献给了国家。抗美援朝捐献飞机大炮时，她带头义演数月，一下就捐出旧币五千万元。她曾经不顾个人安危，率团亲赴朝鲜前线，为最可爱的志愿军战士演出。为了培养晋剧戏曲人者，她筹办太原市第一所戏校，她不但出钱，还无私地捐出一副自己的戏箱，供孩子们排练演出使用。1959年她入党后，第一次就交了一万元的党费。这是多么高尚的情操！她还经常济贫困、办善事，为残疾人和生活困难的演员献爱心！

二、果子红与盖天红的戏缘情结

盖天红王步云，祖籍河北，从小流落晋中，移居徐沟王答村。幼时入徐沟喜盛园娃娃班学艺，从师蔓菁红红菊花。出科不久，即以天赋歌喉及排场的扮相跻身名流，足迹遍及晋中、晋北和京、津、张、包，名噪长城内外。他的代表作有《大报仇》《金沙滩》《下河东》《蝴蝶杯》《鞭打芦花》《哭灵堂》《取成都》等剧。他的表演艺术对后学者影响很大，被誉为山西梆子须生泰斗！

丁果仙十一岁，在太原泰山庙登台首秀《采桑》《杀府》《花子拾金》，赢得好评。以杰出的天赋，超众的模仿震惊省城太原。从此，太原观众就再也不喊她的乳名果果，而是送她一个响亮的艺名“果子红”！此时，养祖父丁凤章乐得双眼迷成一道缝！他和名师孙竹林商定，立马带果果、兰兰奔赴晋中搭班。扬名声，赚大钱，寻求更大的发展。初到太谷、祁县、徐沟、交城时，搭的是大众班。三年多时间，先后搭班众梨园、荣梨园、庆和园、聚梨园。

1921年夏，丁果仙所在的戏班在徐沟镇演出，盖天红、说书红二位老板，亲临戏场观看丁果仙、丁巧云合演的《鞭打芦花》。看后二位老板赞不绝口！当即，邀请丁家姊妹及孙竹林到王答村盖府小聚，以示愿一同携手在锦霓园同台献艺。这是丁家二养女初识盖天红、说书红二位老板。加入锦霓园之后，丁果仙、丁巧云按照养祖父丁凤章的训示：一切“以盖为师，纯正学艺”，孙竹林也道：“机遇难得，以盖为尊。”这十六字令，牢牢地占据着小姊妹心灵的重要位置！

从此，小姊妹步步紧随盖天红。端茶倒水，送往接迎，处处关照盖老板。尤其是丁果仙那张小嘴巴，整天师大爷长、师大爷短地叫个不停，这一切感动得盖天红不知说甚才好。经过一段时期的交往，盖天红这位素不多言的汉子开口了：“兰兰、果果你们俩，以后就多给我配些戏吧，合作一段后，你们就可以单独择牌演出了！”师大爷这么一说，小姊妹顿时眼明耳聪，心里暖融融的。于是不等孙竹林开口，小姊妹就“扑通”一声，双双跪在地上大呼：“师大爷好！小姊妹俩叩拜恩师！”之后，丁果仙就经常给盖天红配戏。剧目有：

《鞭打芦花》盖天红扮演闵德仁，丁果仙扮演闵损；

《哭灵堂》盖天红扮演刘备，丁果仙扮演关兴；

《空城计》盖天红扮演诸葛亮，丁果仙扮演琴童；

《金沙滩》盖天红扮演杨继业，丁果仙扮演杨大郎；

《辕门斩子》盖天红扮演杨六郎，丁果仙扮演赵德芳；

《斩黄袍》盖天红扮演赵匡胤，丁果仙扮演高怀德；

《八件衣》盖天红扮演杨知县，丁果仙扮演窦久成。

据有关资料介绍，在锦霓园的头两年，丁果仙给盖天红配戏二十余出。不仅配唱须生戏，还配唱青衣、花旦、小生戏。配戏，使丁果仙大开眼界，近距离领略了一个须生泰斗的大家风范！有一次三儿生要演《琥珀珠》，快要开戏了，还不见盖天红来。三儿生问丁果仙道：“果果，你师大爷未到，这李智的角色你能顶上去吗？”丁果仙略做思索道：“行！我词儿熟，动作拉一拉就成。”于是她就登台了，结果演得很出彩！事后三儿生大夸丁果仙：“这娃娃真机灵，有股子胆大细心泼辣劲儿。”从这以后三儿生和盖天红就很器重丁果仙，有些须生戏就让她挂牌主演。

丁果仙十四岁时，她已经成为锦霓园的挂头牌名演员。《打金枝》《芦花》《八件衣》《空城计》等几个戏已成为她的常演剧目。要是唱《花子拾金》，学起毛毛旦、天贵旦、三儿生的腔调来，那就更是无人可比！这时候，有人传言："男的不如女的，盖天红不如果子！"这话传到盖天红耳里，盖就有些坐不住了。他平时很自尊，也很顾及脸面，堂堂盖老板哪受过这样的打击！于是，他曾几次找班主三儿生倾吐，想离开锦霓园去别处搭班谋生。三儿生是个知理的人。他开导盖天红说："老伙计，耳听为虚，眼见为实。你我都四十多岁了，别人想说啥就让他们说吧！果果是你一手提携的未过门徒弟，她还能挤掉你这个'师大爷'？"

盖天红这时候，心里憋着一股气，有意无意开始疏远着丁果仙。一天在祁县东观镇唱《辕门斩子》，按理盖天红应扮演杨六郎，而盖则推辞说：身体有点不适，扮八千岁便好。根据演员表现，三儿生说，那就让果子主演杨六郎好了！这一换角色，剧场观众的情绪大起大落！盖天红唱，掌声稀稀落落。丁果仙唱掌声火爆，此时，戏场内站着的一老者大声喝道："男的笨，女的精，盖天红不如果子红！"这一呼叫，盖天红在台上，听得真真切切，他头晕眼眩，几乎倒地！还好，丁果仙紧急救场，扶着盖唱道："千岁不必把气生，本帅后帐论分明……"！

盖和丁同班不同心好一阵，后经班主三儿生，前辈说书红、毛毛旦多位同仁的相劝，才了结了盖天红一段无端的疑虑！到冀午斋买下锦霓园改名锦艺园后，盖和丁的关系又重新和好起来了！一天，丁找盖坦言："师大爷，你是我的恩师，不管别人怎么说道，我心里有底！没有你，我怎能进入锦霓园？没有你，我的演唱技艺怎能步步上升？不管别人怎么看待，你永远是我的恩师！我的师大爷！"一席暖心的话，盖天红醒悟多多。"后浪推前浪"，"青出于蓝胜于蓝"的名言，经常在他心头翻滚……

到1936年，丁果仙二十八岁时，她已是晋剧舞台上的一颗灿烂明星。她的盛望远远超过师大爷盖天红。成为晋剧新一代的须生泰斗！这时候丁果仙以步云剧社的名义，组团到口外及京津多地演出；与百代公司签约灌唱片一事之前，丁果仙还不忘邀请盖天红恩师同行！当时盖天红推辞说："我老了，行动不方便，嗓子也不由人使唤，让年轻人多去为好。"丁果仙直摇头："这次演出灌片，你不走不行！我不请谁也得请上你师大爷，你是我的恩人！"经多次相劝，盖天红还是随着大伙儿走了。一路演出不说，只灌唱片一事，盖天红就给晋剧发展史上留下了一笔丰厚的财富！唱片资料有：《下河东》《哭灵堂》《大报仇》《坐楼》《探母》《未央宫》《斩子》《取成都》《九件衣》《金沙滩》《芦花》等。

王步云前辈盖天红，在抗日战争时，积极参加抗日工作，曾因在祁县南山接待八路军，被日寇押送祁县城严刑拷打，但他一字不吐，表现了一个爱国艺人的崇高民族气节！1943年，因病逝世于平遥女儿家，享年五十九岁。

至于两位须生泰斗，曾有过的一段不愉快经历，那也不能完全责怪盖天红前辈。而要痛恨旧中国，教会徒弟饿死师傅的无情现实……

三、丁果仙清和元拜师设宴

丁果仙一生有两个丈夫，前夫冀午斋平遥人氏，是祁县太谷一带的地方税官。他家中虽有妻室，但不称心。为此，他打着对晋剧挚爱的保护伞，尾随丁果仙的台口，到处向丁献殷勤讨好。折腾数月后，丁果仙这个少女，终被冀午斋擒获做了冀的二太太。冀在尾随丁的过程中，还投巨资买下了晋中一带名戏班锦霓园（后改名为锦艺园），目的是让丁挑班为他赚钱。这个戏班，当时的名演员有毛毛旦、盖天红、说书红、三儿生、奴子生等名角。但好景不长，冀午斋很快就得了不治之症离世。在前夫死去后不久，一个光彩照人、彬彬有礼的中年男士出现在丁果仙面前，他就是《晋阳日报》特聘记者任秀峰。

任秀峰，忻州人氏，对丁果仙早有爱慕之心。只是听说丁早已成婚，则避而远之。前期，只是看戏后给她写过两篇戏评而已。后来听说丁的前夫冀午斋离世，他就急匆匆走进丁果仙的视线。众所周知，丁果仙是苦孩子出身，从小失去父母，卖给太原一户河北籍姓丁的人家。在她童年学戏的时候，念台词、背戏文，深深地感到不识字的烦恼，多想找个文化人在自己的身旁做伴。想啥得啥，任秀峰这时候的出现，正中了丁果仙的下怀。两个人后来相处不到半年，就瓜熟蒂落成婚了。任秀峰早有前妻，因为感情不和，互相冷漠，只是形式上的夫妻。在他俩正式结婚前，丁果仙向任秀峰提出几点要求：一是要求他尽快办妥和前妻的离婚手续；二是结婚后男方要支持女方继续唱戏；三是双方共同努力要把热爱的晋剧事业推进一步。这三点任秀峰答应完全做到。

丁果仙和任秀峰结婚后，任秀峰以行动实现了自己的承诺。第一把丁果仙从晋中一带接回太原。然后和狮子黑（乔国瑞）商谈，成立了新化戏班有了立足之地。第二以丁果仙为核心，聚集了毛毛旦、盖天红、狮子黑、丁巧云、乔金仙、奴子生、任玉珍等一批名家，以步云剧团为名号，率团奔赴京、津和口外连演数月。这期间，丁连续两次赴上海百代公司北平等地，灌制《花子拾金》《打金枝》《芦花》等地方戏十七出三十五个名唱段。这一举动大大张扬了山西梆子晋剧的声望。第三是为丁果仙找个有声望的老艺人抠抠戏，使丁的演技水平再提高一步。前两件事，通过一段时期的努力任秀峰基本办妥。后一件事，那得丁果仙出面配合，因为当时的丁果仙已名震四方，成为晋剧艺坛的一颗耀眼明星。别人不说，就连当时最有声望的须生盖天红也不敢小视丁果仙。要办成此事，任秀峰最担心的就是：怕丁放不下架子、不知礼数不行叩拜大礼！有一天任秀峰见丁果仙没台口，比较清闲。就用试探的口气跟丁果仙说："果子，你不是说找个老前辈抠抠戏，你说找谁最合适？"丁果仙想了半天说："王步云（盖天红）师大爷在祁县、太谷搭班时，已为我费心不少，先后给排了七八出戏，使我受益匪浅。这次我不麻烦他了，找找高老师傅你看如何？"一提高老师傅，任秀峰就知道是指说书红高文翰。任秀峰当时没吭声，只是摸着下巴在思考。丁果仙见任不答话，就提高嗓音问："咋，不行嘛？"任低声细语地说："不是不行，那高老师傅心直口快，脾气大，答应还好，不答应你咋下台？"丁果仙说："哎！这事你不必多虑，我自有办法。"其实，任秀峰不是怕高老师傅不答应，而是怕丁弯不下腰给人家磕头施大礼！

1936年一个初秋的晚上，任秀峰陪着丁果仙急匆匆地往高文翰家走，一进院门，丁果仙就朝说书红屋里高声递话："高老师傅在家吗？我和任秀峰看您来了！"说书红正吃晚饭，急放下碗筷迎上道："嘿！今天刮的什么风，咋把你俩刮来了？"丁果仙说："无事不登三宝殿！主动上门拜师求教来啦！"任秀峰念书不多却像个书生，一旁彬彬有礼道："高老师傅身子板还好吧？我们是给您添麻烦来了！""麻烦怕啥？有事就开口，只要我能做的绝不摇头。"高文翰说完，丁果仙就乐了。坐下道："行！行！这就好办。我要正式拜高老师傅您为师。请收我这个不大不小的女徒儿。"一说拜师收徒弟，高文翰老头就急了。他两眼睁得圆圆的，挥着手笑道："我说果子，你不要拿我开涮了，你是奉承我，还是往我脸上扇巴掌？你是啥人物，你是挂头牌红得发紫的名角儿，你是红遍京津口外府十县的果子红！我呢，我是个名不见经传的说书红。我就是再长个脑袋也不敢收你为徒！"这一连串回话，把丁果仙夫妇弄得一时开不了口。冷场片刻，丁果仙起坐上前又说："高老师傅，我今天绝不是在开玩笑，我是诚心实意地来拜访你，您要是不答应这件事，我和秀峰今天就待着不走……"说书红见丁果仙步步紧逼，最后还是点了点头，吐出了两句真心话："好！可以答应。可我那两下子，比你和你师大爷（盖天红）可差多了。费上半天劲你学不下东西，可别数落我这个可怜的老残头！"丁果仙随上说："您老人家忒谦虚了，好，就这吧！三天之后咱们到南仓巷清和元见，一言为定！"

第四天午时。还不到十二点，清和元大客厅，宾客已经来了数十人。有梨园界的名流长辈，有丁任两家的亲朋益友，也有丁的师妹小弟。在热闹的气氛中，高文翰长辈来了！他穿件浅蓝色丝绸长袍，脚登礼服呢千层底布鞋，显得格外精神。别人见了他，这个喊高老板好，那个叫高师傅早！看来，高文翰真的要实打实地在丁果仙面前当教师爷了！那时候的丁果仙二十多岁，青春年华，一打扮那气质就风光多了。一身紫红软缎紧身旗袍，穿在身上格外靓丽显眼。虽然忙碌，但她那一口流利的京味普通话，还是言个不停："好，好，谢谢大家光临！""请大家往里走，里面有包厢雅座。"一阵迎宾过后，拜师礼仪正式开始！这天，任秀峰分外豪爽，他操着一口忻州乡音，四周扫视了一下说："大家就座吧！丁果仙女士拜师仪式现在开始！先请德高望重的高文翰师傅入座！再请丁果仙女士行大礼叩拜！"丁果仙微笑上前，向高文翰前辈连磕三头！高文翰的年纪虽然比丁果仙大三十多岁，但他一想到现今果子红的艺坛声望，就坐不住了！他急忙站起，上前扶着丁果仙道："还来真的？免了吧！免了吧！"这时，围观的宾客中，爆发出一阵又一阵响亮的掌声！拜师礼毕，大家就餐入席。当然了，进到清和元就餐，总还是以鲜嫩的牛羊肉爆炒为主，然后还得上几盘热腾腾的羊肉蒸饺。这拜师宴极为丰盛，使大家最为满意的还是那道烤全羊大菜，鲜嫩嫩油滋滋撕一块往嘴里一放，那香喷喷的美味简直让人迷恋陶醉……

吃过饭，丁果仙任秀峰站立门口，与众宾客一一道别。高文翰老板则最后一个走出清和元，由丁果仙、任秀峰夫妇坐黄包车亲自送他回家。在车上，一路走一路笑，高文翰和丁果仙夫妇告别时，说道："今天果子的磕头呀！可把我折死了。世上哪有挂头牌的红角儿给配戏的老苍头行大礼一说！"

之后，丁果仙每逢登台，总要买上两张前排的戏票送高老师傅，以便他看戏后具体指导。像丁果仙的看家戏《双罗衫》《九件衣》《渭水河》《清风亭》《牧羊圈》《杀府》等剧目，他都精心指导过。晚年，高文翰登台很少，但他闲不住，毫不保留地教了丁果仙七八出戏，如《汾河湾》《女忠孝》《一捧雪》《天水关》《空城计》《取成都》《回荆州》《黄鹤楼》等。一个教得耐心，一个学得认真！后来梨园界，把丁果仙高文翰师徒这种美德传为佳话！这真是：

梨园奇事震艺坛，
说书红收徒两作难。
秀峰布局引针线，
果子拜师美名传！

四、丁果仙与刘宝俊的师生情

著名晋剧表演艺术家丁果仙，原籍河北省束鹿县（今辛集市）人。因家境贫寒父亲早亡，四岁被卖到（本县商人）太原丁凤章家。初到丁家那两年，丁家不把她当人看。睡土房，吃剩食，加上学戏挨打受气。整天过着以泪洗面的生活。

1932年出生在太原的刘宝俊，因父母染上吸鸦片的嗜好，同样也是家境贫寒。整天是吃了上顿没下顿。食不果腹，衣不遮体，一家老少挣扎在死亡线上。

丁果仙经过几年磨砺，以《打金枝》《蝴蝶杯》《花子拾金》《芦花》等剧目，一时红遍省城太原及晋中府十县。这时候，“男的不如女的，盖天红不如果子”的呼声，以惊人的速度，震撼着广大戏迷的心扉。

而刘宝俊此时，在剧中当个丫鬟侍女的资格都没排上。幸运了，跑个龙套。不幸运，后台打杂。别人不干的她都干，如提水、扫地、倒垃圾……

她们俩同学唱戏，走台口，为生存历尽艰难，境遇惊人的一致，但为什么却有如此大的差异？

梨园界人们常说：唱戏要有天赋，要机灵、要悟性大。“天赋、机灵、悟性”这三个条件，不用别人说，刘宝俊自己也承认差。在她初学戏的那几年，别人很少用正眼瞅她。这个说她“笨”，那个说她“差”。因此，几年下来，一出戏的主演也没碰过。后来，在“河边红”段玉明等老师的耐心指导下，才在开门戏《赐环》《桑园会》《汾河湾》中，凑合捞得上个二流须生角色。

别人说“笨”和“差”，刘宝俊也认可。而“晋剧须生大王”“晋剧泰斗”丁果仙却不这么认为。在一次演出中，她一见到刘宝俊就笑眯眯地问：“宝俊，师傅们给你排了些啥戏？”刘宝俊听到这样的发问，低下头轻轻地搓手指。丁果仙拍拍刘宝俊的头说：“认得我家吧，在府东街天地坛二巷住。你晚上有时间就来，只要我不演出，就教你唱几出戏！”

丁果仙对这孩子产生的好感源自一件小事。那是1946年冬天的一个晚上，新化剧院戏散了，丁果仙因家有事走得急，卸完妆没扎围巾披上大衣出剧院坐车就走了。刘宝俊发现丁老板的围巾丢下，她拿着围巾，跑出剧院紧跑慢赶也没追上。她想，我干脆把围巾送到她家去吧，天这么冷，多需要呀！这件事，使丁果仙很受感动。她常给别人说：“刘宝俊这孩子很诚实、正直，我很喜欢她。”

1947年秋的一个晚上，刘宝俊第一次踏进丁果仙家，打这以后，刘宝俊就是丁果仙家的常客了。人常说，铁棍磨绣针，功到自然成。丁果仙对刘宝俊学戏施行的是六字教学法。即：“启发、从严、关爱”。有一次丁果仙问刘宝俊：“你说学戏怎么就能学得快，学得好？”刘宝俊不假思索地回答说：“师傅怎么教，徒弟就怎么学。”丁果仙哼了一声，摇着头说：“死学是一种方法，更重要的是活学。”刘宝俊问：“啥叫活学？”丁果仙答：“活学就是明学、暗学，两者皆施。具体说，就是老师教明着学，老师不教偷着学。人常说，艺不压人，捡到篮篮里就是菜。”

刘宝俊遵循着丁果仙这一启发式的学戏法则进步很快。在丁果仙的众多弟子中，她成为一个佼佼者。她的唱腔丁派韵味十足，喷口有力，富有激情，动作潇洒大方，是上世纪五六十年代，晋剧舞台上难得的一名有实力的女须生。

从严，是丁果仙教戏的一贯作风。有一次在院子里教刘宝俊唱《打金枝》，唱道：“年轻人一时火性起……”因刘宝俊几次唱，都把握不住“火”字的火候。丁果仙真火了，她提高嗓音喝道：“哎！笨死了！教你几遍都唱不准，你让我该说你啥好？你呀，你呀，真不开窍！”因丁的嗓音高，直接惊动了过路巡警。警察推门问：“出什么事啦？出什么事啦？”她们急忙解释：“没事，没事，我们是在排戏。”

十几年的苦心栽培，十几年的精心指导，一块朽木终于雕成一件精美的工艺品。到1962年，刘宝俊这个笨弟子，终于从丁果仙那里学到几出看家戏——那就是久唱不衰的《空城计》《九件衣》《清风亭》《蝴蝶杯》《捉放曹》《渭水河》《天水关》《取成都》……

丁果仙作为一代宗师，以其独特的艺术魅力感动着三晋父老和广大戏迷。她的思想、品行和艺德同样具有非凡的人格魅力。她的弟子常用“亦师亦父亦姨亦母”来称赞她。

刘宝俊被正式纳为丁门弟子后，丁果仙不仅在晋剧艺术上对刘宝俊倾注了大量心血，使她成为一位著名的晋剧须生演员。在生活上，也最关爱刘宝俊这个弟子。

刘宝俊曾一度离开剧团，下放工厂当工人。爱人老周是个普通工人，工资有限，全家八口人，生活陷入困境。有一年，丁果仙听到刘宝俊拖欠房钱交不起。她对丈夫任秀峰说：“老任，咱紧缩点，省出些钱来给宝俊家把房钱交了吧！”第二天，任秀峰一下就给刘宝俊交了十个月的房钱。

刘宝俊平时缺这缺那，丁果仙也常常伸手帮助，刘宝俊虽说是名角儿，可她家经济收入不多，穿的不是老式旧衣服，就是廉价处理品。丁果仙看在眼里，疼在心上。她常常悄悄地把自己穿过的好衣服，送给刘宝俊穿。

那些年，得到过丁果仙多少帮助，刘宝俊无法说清楚。她丈夫老周说过一句话：“丁老师夫妇是我们的再生父母，咱一辈子也不能忘了他们的恩德……”

1971年夏季，丁果仙这位曾经誉满三晋乃至京、津、冀、陕、沪的须生大王，遇到困境了。她被批斗，被摧残，刘宝俊一家心头像压了块沉石，眼里像涂了层油彩，整天惦记着一件事那就是丁果仙恩师的死活。

一天，有人告知刘宝俊，说丁果仙游街批斗完病了，被送进山大二院。刘宝俊知道后，第一件事，就是给丁果仙包些香香的素饺子送过去。

在一个阴冷的晚上，她和儿子提着一个饭桶，悄悄地走进山大二院一间病房。患难之时，师徒见面，一阵心酸、一阵泪水！相互之间，虽然没有多说什么，但从对方的眼神里，各自都能猜着谁想说什么！临别时，躺在床上的丁果仙，闭上因乏的双眼，摇了摇手！意思是让刘宝俊快离去，以免遭不测。而刘宝俊却再也忍耐不住，她哇的一声扑向丁果仙，眼泪簌簌地流淌下来……

1972年正月初二，一个友人告诉刘宝俊，说丁果仙在医院逝世了！听到这惊人的消息，刘宝俊两眼发黑，一阵头晕，再也支撑不住倒在地上。她躺了一阵儿，又强行站起来。大声对儿子成成说："快去山大二院，看谁在那里处理后事，先帮他们把老人从医院拉回家。"儿子和继亮找了辆平车，同任秀峰、武忠等人，一起把丁老师的尸体运回天地坛。

刘宝俊这时慌了，她真不知该先做些什么，是先去看死去的恩师丁果仙，还是先跑文化部门找领导处理后事？想来想去，她认为还是找领导要紧。这样，她又忙乎起来了，一连跑了省文化局、省晋剧院几个单位，然后才赶到师傅家，和几个师姐师妹，一齐给师傅净身穿衣。

在政府和众多同仁的努力下，一个由几百人参加的隆重的追悼会在省城召开！刘宝俊记得很清，那天省市领导来了不少。还有文艺界的许多老前辈及众多戏迷……

2006年初春，丁果仙的遗体骨灰盒，在双塔寺陵园已经放够年限。刘宝俊又着急了，她又跑东跑西，一会儿找省文化厅，一会儿找晋剧界同仁，一会儿找师姐师妹，在政府的关怀和大伙的帮助下，共筹集数万元，于2006年3月31日，在双塔寺烈士陵园，为著名的晋剧表演艺术家丁果仙的骨灰建墓、安葬、立碑，以示纪念。

至此，刘宝俊和丁果仙一段情缘故事就该了结了。但刘宝俊永远放不下对恩师的思念。她说：师傅对我的爱、对我的情，会像汾河水一样，日夜滚滚流淌在我心中……

张　浩

（本文分别载于《太原日报》2009年1月5日、2006年9月16日和《老太原拾趣》）

名伶与母亲

曾在梨园的周志刚先生日前因病辞世，老人生前曾动情地讲述一个故事。笔者听之泪下，几日后即匆匆整理成文。为保持原味，文中仍用第一人称。

1941年。岁暮天寒。将近一个月，太原的气温都在零下二十度左右，街巷积雪久久未见消融。绝大多数商家关门歇业，往常直到“小年”才停演的各大戏班也早已“封箱”。

大水巷开明戏院后台，来自北平的中华戏曲专科学校的年青艺人们此时陷入了巨大的愁苦之中。年前学校被迫停办之后，“四小名旦”之一的大师哥宋德珠牵头成立“颖光社”，带领李和曾、王金璐、李玉茹等崭露头角的师哥师姐们演出于长江沿岸，据说票房尚好。玉字班贺玉钦（中华戏校共有“德、和、金、玉、永”五科学生，周志刚先生属“永字班”，原名周永刚）也组织了一个“校友社”，带着我们近五十名师弟师妹沿着黄河跑开了码头。初冬到达太原，不久即面临困境。

太平洋战争爆发之后，太原百姓看戏的热情日渐消退，此地京剧观众本就不多，开明戏院已基本无人光顾。五十人中的大多数未带棉衣，只有一件绒衣御寒。每天两顿棒子面粥（此地叫“糊糊”）下肚，饿得连说话的力气也没有了。原来只在戏里听到的“饥寒交迫”“末路穷途”这些台词，眼下是真真切切体会到了。贺玉钦在半个月前就想带领我们返北平，可是“望家乡，去路远”，这迢迢千里归程，五十人的盘缠又在哪里？进退无路又告贷无门的贺玉钦“载不动”这“许多愁”，终于发起了低烧。

这时我突然想起离开北平时。父亲曾告诉我：太原有个张旭初，当年他浪迹平津时和家父过从甚密，听说当上了太原梨园公会的会长。如在太原遇到沟坎，不妨寻他扶助。贺玉钦让张金梁等三位师哥陪我前去求告这位张会长，看来也只能是撞撞大运了。

张旭初好像已经知道我们身在绝境，未等我们说完即站起身来说：“我们走，去小濮府。”乍一听，我当时就想，莫不是张会长要带我们到什么高官贵府上淘些“银两”？其实，小濮府只是一条小街，他在一所很不显眼的门楼前收住脚步，指着门内对我们悄声说道：“丁果仙，丁老板。”原来这里是名满三晋的一代名伶丁果仙的宅第，我此时突然想起一句街头谚语来：“丁果仙演男不像女，梅兰芳扮女不似男。”看来太原的百姓是把这位梆子坤生和梨园巨子梅兰芳等量齐观的。当我们进入极不宽绰的庭院时，屋里传出了“那时节插翅也难逃”的唱腔，那是余叔岩《战樊城》中的一句，看来她还在用功。

张旭初一声“丁老板”算是告进，屋内京剧唱段戛然而止，一位瘦瘦的汉子掀起了厚厚的棉门帘。于是，我们第一次看到卸了妆的丁果仙。可能是屋内不太暖和，她仍着一袭棉袍，脚踏一双棉套鞋，只说了一个字：“请。”张旭初坐在八仙桌的另一侧，我们四个坐在了丁果仙身旁的一条长凳上。张旭初按照她在师门的排序叫了一声“二姐”，就在火炉上水壶的嘶嘶声中开始了叙述。张会长好口才，说起来声情并茂，关节处竟然几次哽咽。然而我们却没有听见丁先生有一声回应，只见她正襟危坐，面如秋水，似女僧入定，但我们知道她在专心倾听。只是在张旭初喝水时，她才向我们投来悲悯的一瞥，目光极为明亮，

在北平时，我们听说梨园全部坤生中只有两位绝少“雌音”，一位是孟小冬，一位就是这位丁果仙。来到太原不久，就听到了“看一次丁果仙，可有半月夸口”的说法，等我们到大众戏院看了她的《太白醉写》和《渭水河》之后，不能不惊叹她的“美妙绝伦”了。明白了这位容貌不算俊美，嗓子不算嘹亮的女艺人赢得万千宠爱的原委。当你置身戏院，耳听着她苍凉而清亮的唱念，眼瞅着她那潇洒而精致的做表，每一个细处都充满着诗情画意，每出戏都能给你制作出一番大气象来，你不痴迷都难。可眼前这位一脸禅意的中年女子，我怎么也不能把此时的她与舞台上的周文王和李白联系起来。这是同一个人么？

张会长已说完，示意我们先行告退。看来他十分了解这位梨园的擎旗者，他已确认丁果仙必然出手救赎。我们站起身来，向丁先生施礼告别。这时，又是那位瘦瘦的汉子快步掀开门帘，我们似乎听到张旭初对他含混的称呼，他姓武姓吴还是排行第五，我们都不知道，反正我们从那时起开始叫他“五叔”。当我们走近院门时，只听门帘响动，丁先生款款而出。此时月挂中天，清晖满院，她披着一身月光走到我们跟前，轻声说了一句：“难为孩子们。”此时我却从她脸上读到了歉意和愧疚，这是从何而起啊？本来是我们不知天高地厚，误撞深池，完全是我们咎由自

取啊！我琢磨，丁果仙或许是悟出了天道，才有了这大悲悯和越位担当。归途中，张金梁师哥说起大众戏院前厅的那块匾额，为上面“皓月清晖”四个字叫绝。也真是，不管这块赞誉丁果仙的牌子出自何人之手，无论艺术舞台还是社会舞台，对于丁果仙来说，以“皓月清晖”四字对她进行描述可谓妙到毫巅。

回到开明戏院，师哥师姐们都在等候消息。时近午夜，张旭初和五叔才带来丁先生的决定：“义演三日。”这是天大的喜讯，但贺玉钦还是担忧：虽然说“德不孤，必有邻”，狮子黑、筱桂桃等大牌名角能否招之即来？国难当头，饥寒中的古城百姓还能有心情看戏么？就这样，近五十号人围着火炉直到天亮。早晨有雾，雾散后，太原的街巷贴出“赈济戏校童伶返平义演”的海报，丁果仙、狮子黑、筱桂桃等名家赫然在目，三天戏码是《吕布与貂蝉》《八件衣》和“折子戏专场”。十点刚过，大水巷和毗邻的小水巷即水泄不通。我们正在打扫戏院门前积雪，只见售票窗口人头攒动，已是一票难求。

早听开明戏院的值更大爷说过，从高官巨贾到贩夫走卒，丁果仙的戏迷队伍可谓浩浩荡荡，但绝大多数深解艺中三昧。三日义演，我们配演戏中家院、兵卒、宫女、丫鬟等，陪丁果仙等一路演下来，才知道此言不虚。就拿掌声来说，与别处就大不相同。这掌声来得急骤，走得迅疾，观众似乎唯恐耽搁了丁果仙那一板一腔、一字一句，甚至一顾一盼、一笑一颦。这位外来的女子不知何时得到天助，令古城观众痴迷若是，也可算得是梨园一件奇事。

第四天是张会长组织太原京剧票友公演《四进士》，我被派演顾读。演毕卸妆时，五叔来告知，义演大获成功，次日中午为我们饯行，后天傍晚返北平的车票已经购妥。站在我身后的贺玉钦竟然失声痛哭，他才二十一岁，这“两重天”般的大悲喜他实在经受不起。

位于南仓巷的“清和元”饭庄，餐厅里整齐而洁净，五张桌子周围坐着我们这些衣着单薄而又褴褛的年轻人。五叔朗声说道：“丁老板在这里为大伙饯行，她太累了，让我（他一直把“我”说成“鹅”）代她陪侍诸位。兵荒马乱，饭菜不甚精致，请慢用。”五叔这个“慢用”肯定是错了，多日饥馑的年轻人已是虎咽狼吞，那吃相实在不堪，好在五叔知根底，他发现饭菜消耗甚快，多次奔到灶间催促。

就在包子上桌时，五叔向贺玉钦低声说了句什么就离席而去，席毕，只见他率领七八条汉子肩扛着扎成捆的衣物鱼贯而入，堆到柜台上咚咚作响。此时我们又听到了五叔第二次简洁的演讲：“丁老板给每人张罗了一身行头。黑斜纹布的帽袄裤靴共四件。时间紧，活不细，分大中小三号，请大家按身量领取。”此时，他不忘幽默一把：“请各位小姐屏风后更衣。”角落里倒是摆放着四扇屏风，但师姐师妹们和我们一样，已是“可怜身上衣正单”，早已无衣可更，眼下只能是“增衣”了，而“增衣何须屏风后”，顷刻之间，餐厅里已是黑压压一片。

次日晚七点，半圆寒月天如水。车站月台上，我们的给养刚刚领取完毕，每人四个夹肉烧饼，还有一只大萝卜。五叔手持钱袋，在每个人包烧饼的油纸上拍下两块大洋。我们很清楚，一块大洋已经是平常百姓人家半个月的生计。

有人发现，先生丁果仙正站在月台廊柱下，安详地看着五叔发放盘缠，我们快步涌了过去。只听贺玉钦发一声喊，近五十名身着黑色衣帽的年轻艺人们向这位崇高的救赎者深深地鞠了一躬。此时，我又发现了她瞬间的局促和不安，许多年后我才知道，那是母亲对儿女永远的抱愧；那是只有尊者才有的伟大谦卑。

列车已经慢慢启动，我们都挤到了临近月台的一侧。五叔他们高扬右手，只有丁先生看着我们袖手轻移，那不是充满威仪的虎步龙骧，怎么看也是母亲慈爱的脚步。

么少颖

（原载《山西日报》2009年3月30日）

德芳馨千古　艺彩昭后人

在举国欢庆新中国六十华诞的大喜日子里，迎来了我的恩师、晋剧泰斗丁果仙诞辰一百周年纪念日。在恩师丁果仙健在的短短六十三年中，我有幸从九岁起就与她相识，之后又同台演出，朝夕相处，并正式拜师，前后共同度过了难忘的三十九个年头。抚今追昔，忆及与恩师相处的点点滴滴，每每心潮起伏，夜不能寐。恩师已去三十七载，音容笑貌犹在眼前，谆谆教诲言犹在耳。戏里戏外，桩桩件件，都是晋剧艺术的宝贵遗产。情深意长，纸笔显短。略记一二，聊表怀念。

童年相识，终身结缘果子红

我的养母兼师傅丁艳霞是丁果仙的第一班徒弟。养母原名袁翠香。出徒以后，丁果仙为她起了艺名丁艳霞。她们师徒关系很好，情同母子。我从八岁随养母学艺起，就常听艳霞妈妈说起她的师傅丁果仙。因此对丁果仙十分仰慕。九岁那年的春节，丁艳霞妈妈带我从榆次到太原去给丁果仙拜年。进门以后，见到丁果仙，艳霞妈妈对我说："这是我师傅，你以后要叫奶奶。"我心想，我已经有了一个会唱戏的妈妈，现在又有了一个更会唱戏的奶奶，真是太好了。我立刻就跪在地上给丁果仙磕头，说："我给奶奶拜年了！"那时候，丁果仙只有三十多岁。一见面就很喜欢我。听到我叫奶奶，乐得眉开眼笑，说："快起来，快起来吧！"从那以后，我就有了丁果仙这个胜似亲人和师傅的奶奶。不管是唱戏还是生活方面，经常往来不断。

我十一岁那年，随丁艳霞妈妈所在的剧团在忻州演戏。丁艳霞妈妈，把丁果仙奶奶专门请到忻州，同台演出。就是在那里，我第一次给丁果仙配戏，演了《清风亭》《九件衣》《八件衣》《芦花》等戏中的娃娃生。能与果子红同台演戏，对于还没有成角儿的演员是一种荣耀。对于我这样一个登台不久的娃娃，更是一次难得的学习机会。我除了演好自己的角色外，每场戏都目不转睛地盯着丁果仙奶奶的一举一动，下决心要把她的须生戏学到手。

丁果仙奶奶没有一点儿大牌明星的架子。配戏之前，演出间歇，总是很和蔼地给我说戏，一招一式耐心地指点我，使我的表演艺术突飞猛进。

抗日战争爆发以后，国家有难，民不聊生。我和丁果仙奶奶、艳霞妈妈有很长一段时间无法继续正常演戏，直到全国解放。

1950年，随着党对文化艺术工作的高度重视，丁果仙奶奶重返晋剧艺术舞台，我也如愿以偿地进了丁果仙奶奶领导的新新剧团。这时，我给自己定了两个目标：一是要把丁果仙奶奶的生活照料好，二是要把丁果仙奶奶的舞台艺术学到手。我主动承担了照料丁果仙奶奶日常生活起居的任务。一日三餐，端茶倒水；登台演出，服装道具；晚上睡觉，铺床叠被；缝补洗涮，跑前垫后，一应琐事都由我亲自准备。空出时间，见缝插针，请丁果仙奶奶给我说戏、排戏。

丁果仙奶奶一直很喜欢我。不管演出多忙多累，尤其是出省和下乡演出，散戏以后已经到了后半夜，丁奶奶还要一丝不苟地给我排戏。即使已经上床睡觉，也要在被子里给我说戏。就这样从1950年到1959年，长达九年的时间里，我和丁果仙奶奶同吃、同住、同排戏、同演出，不仅从丁果仙奶奶那里学到了她的各样拿手戏，更从生活工作的点点滴滴中深刻了解了丁果仙奶奶的思想品德和人格，学到了作为一个真正的艺术家所应该具备的广阔胸怀、德行操守、学艺态度和高风亮节。虽然以后也与丁果仙奶奶频繁联系，但这九年确实是我整个人生和艺术生涯中受益最多、进步最快、成长最全面，也最开心快乐的一段时间。丁果仙奶奶给了我终生受用不尽的宝贵财富。

戏如其人，学戏必先学做人

丁果仙奶奶在旧社会艰难坎坷多半生，受尽人间欺辱和伤害，却始终不改堂堂正正做人、认认真真唱戏的初衷。抗战期间，为了拒绝给日本人演戏，忍痛离开她酷爱的戏剧舞台，罢演退居乡间。全国解放以后，党和政府派人把丁果仙奶奶请回剧团，这使她感慨万千。扬眉吐气地重返晋剧舞台以后，她把自己的整个身心都扑在了晋剧事业上。她总对我和其他弟子们说，过去，从来没有人真正把戏子当人，我们想堂堂正正地做人做不了，想好好唱戏唱不成。是共产党和毛主席给了我们堂堂正正做人、认认真真唱戏的机会，咱们一定不能辜负党和人民的希望，拼了命也要把戏唱好，做个对党对人民对社会有用的人。

她不仅这样想这样说，更是身体力行这样做。她积极要求进步，很早就写了入党申请书。对于党和政府的政策号召，总是不遗余力，坚决带头执行。

全国动员支持抗美援朝的那一年，丁果仙奶奶带领我们在杏花岭连续几天进行募捐义演。每天演完戏，她就带着我、王桂叶、高笑梅（她是丁师奶的义女）、马玉楼等随身弟子到柳巷和钟楼街的商铺挨门挨户进行募捐动员。一进门，她就笑眯眯地对商铺的掌柜说："我是丁果仙，希望掌柜的为抗美援朝出点儿力。没多有少，添不了斤，添个两，多少是个心意！"

丁果仙奶奶在民间名头很大，那些掌柜的一听说是丁果仙，立刻很热心地给予支持。但也有些人说："抗美援朝是国家的事，还要劳动你果子红来干这个？"

丁师奶一点儿也不恼，依旧笑眯眯地说："哎——，国家有难？人人有责嘛？各位掌柜的肯定比我更有心意。我先谢谢各位了！"

她就这样一家一家地进，一遍一遍地说，口干舌燥也顾不上喝口水。我怕她的嗓子受影响，总得不停地提示她喝水。我们几个年轻人都累得走不动了，她还是不肯停下来歇一歇。直到募捐任务完成。

之后，又马不停蹄地进行赴朝慰问演出的各项准备。

1952年，剧团在北京汇演期间，丁果仙奶奶在中南海演出，受到毛主席的亲切接见。这使她受到了极大的鼓舞和鞭策。

民主改革期间，丁果仙奶奶把她苦心经营了大半生的戏箱全部捐献给了国家。我曾问过她："奶奶，你真的一点儿也不留吗？"她坚决地说："不留！"我问："为什么？"她说："奶奶靠个人靠了大半生，靠墙墙倒，靠房房塌。只有解放了，靠国家，才觉得靠住了，踏实了。捐给国家，还是我们唱戏用。比在我这儿用处大，也更保险。这个理儿，俺孩儿会明白的。"我觉得奶奶说得很对，也照着她的做法倾自己所有往出捐献。

丁果仙奶奶是新中国成立后山西文艺界最早入党的中共党员。1959年，她光荣地加入了中国共产党。为表达对党和人民的一片赤诚，第一次交党费，就交了一万元，那是她当时的全部积蓄。1964年，又曾一次交纳党费一万元。国家困难时期，她曾两次主动要求降低了自己的工资，以减轻国家的负担，为国分忧。我以她为榜样，也多次要求降低了自己的工资。

丁果仙奶奶对党对国家大公无私，不留余地。对自己则艰苦朴素，严格要求，从不搞特殊，没有一点儿大牌明星的架子。她吃素。一日三餐，每顿只吃两小碟菜，两块豆腐干。买一根黄瓜，一次只吃半根，余下的泡在水瓮里，下次再吃。到外地演出，她总是和大家一起上大灶，睡通铺，坐大车，从不搞特殊。她对人，不论老幼贫富，总是和颜悦色，平易近人。特别是对我和年轻的弟子们，说话总是俺孩儿长，俺孩儿短，十分亲切。

丁果仙奶奶终生没有子女。对此我曾经非常不解。悄悄地问她："奶奶，你为什么不早点儿生个孩子呢？"奶奶愣愣地呆了好半天，才欲哭无泪地一声长叹："唉——！奶奶曾经生过一个孩子的，还是个男孩儿。可惜被人陷害，一生下来就被掐死了，还掐坏了我的子宫。从那以后，奶奶就无法再生孩子了。那孩子要是活着，也和你差不多大了。"

我很吃惊："是谁那么狠心，做这样丧尽天良的事儿？"

奶奶苦笑："还能有谁？大老婆买通收生婆一起作孽！"

我不敢再往下问了。因为我知道奶奶儿时被卖，第一次嫁人就做小妾的苦难经历。但我从没想过奶奶承受的是这样非人的灾难。

因为知道了这样深层的悲痛，所以我更加把奶奶当成自己的亲人来敬来爱。也正因为这样，奶奶把我和其他同龄的弟子们都当作自己的孩子一样，关心、爱护、培养、教育，一言一行、一举一动，从不忽略。

奶奶跟我说得最多的就是要演好戏，首先要做好人。做人要诚诚恳恳，踏踏实实，不能投机取巧，不能华而不实，更不能做对不起良心，对不起世人，也对不起自己的事情。

戏贵传情，有魂有神才感人

丁果仙奶奶告诉我，人生大戏场，戏场小天地。明事理，知人心，懂好坏，熟悉人的内在神韵，才能真正入戏，演好戏。

上世纪50年代初，记得有一次出省巡回演出，每天散戏以后都很晚了，大家都很累。奶奶是主演，当然更累。但她依然一丝不苟地给我排练《捉放曹》《走山》《四郎探母》《蝴蝶杯》等戏。排完了，躺在床上睡不着，她老人家就一句一句地教我唱腔和做戏要领。她对我说："作为一个演员，眼神很重要。眼睛是心灵的窗户，演员的眼睛里要有神。眼睛有神，演出来的人物才有灵魂。"

我问奶奶："眼睛里怎样才能有神？"

奶奶说："要在黑夜里不点灯，用点燃的香头练。眼睛跟着香头转，日子久了，眼睛就能灵动传神了。"为了盯着香头练眼神，奶奶陪着我经常到夜里两三点才能入睡。奶奶百问不烦、百教不厌的耐心和不辞劳苦的教学精神把我折服得五体投地。有奶奶的教诲和手把手心贴心的教练，我相信自己没有学不会的东西，没有度不过的难关。

奶奶教导我们的精神令人折服。她自己对艺术的追求和学习精神更令人吃惊。奶奶常说，作为一个演员，就要装龙像龙，装虎像虎。演曹福就要有曹福的心态和做派，把自己变成曹福。演《四郎探母》，就要把四郎见到母亲之后的心思情态细小动作都揣摩透，进入人物的内心世界，戏就出来了。夫妻相见又是一种情态。为了这个“像”就必须随时随地观察各样的人和事，包括每一个眼神和动作细节。不管在什么情况下，什么时间，什么地点，只要听到看到遇到好的、对演戏有用的东西，就一定要不失时机地学到手，一点也不能偷懒和含糊。

记得是在1950年的一天，奶奶在演出休息期间，领着我和高笑梅、王桂叶等几个人上街要给我们买衣服。走到柳巷北口大槐树那一段儿，突然发现前边有一个步履蹒跚的老爷爷摇摇晃晃地在走。丁奶奶眼睛一亮，当下就学着老爷爷的步态，跟在后面走了起来。老爷爷驼着背，她也驼着背，老爷爷擤鼻涕，她也擤鼻涕，老爷爷举手投足怎么动，她也怎么动，全然不顾满大街人们怪异的眼光。走了很长很长一段路，一直跟到钟楼街老爷爷不见了，她才停了下来。我看着人们怪异的眼光，悄悄地对她说：“奶奶，你怎么在这地方就跟着学？”奶奶笑道：“学习还管在啥地方？只要对戏有用就得学。过了这会儿，到哪儿去找这么个老爷爷？”

回去以后，丁果仙奶奶就把从老爷爷身上学来的动作，用在了《走山》中老家人曹福的戏中。不仅使曹福这个老家人的形象更加质朴细腻逼真传神，而且有了更加丰富深刻的生活内涵。她以自己的实际行动，再现了戏中的人物来源于生活，更高于生活的艺术准则。

艺贵专精，功底扎实技才纯

丁果仙奶奶常说，作为一个演员，台上一分钟，台下十年工。没有扎实的基本功，成不了大气候。所以唱念做打，手眼身法步必须时时勤练习。曲不离口，艺不离手，神入化境，才能真正成个角儿。她不仅这样要求我们。她自己更是这方面的杰出楷模。她早就是扬名立万的大师。可是她自己几十年如一日，从未间断过练功。不管春夏秋冬，不管夜里睡得多晚，从来都是早上四点钟起来出去喊嗓子。回来小睡一会儿，又起来练腰腿。她的脚是缠过的小脚。放开以后，恢复得也很不好。为了演好须生，塑造好挺拔的男儿形象，她必须在舞台上穿很高的靴子。这对于小脚的丁果仙来说，是极大的挑战。为了练好靴功，她靴不离脚、勤学苦练。成名以后，她依然坚持练功不辍。

早年间，为了学习《清风亭》这出戏，她不顾一切下跪磕头，拜说书红为师，让说书红收为过门徒弟。一招一式勤学苦练，直到演得比说书红还好。

为了塑造好戏中的人物，丁果仙奶奶可以说是无所不用其极。1953年，新新剧团根据文化部门安排排演《屈原》。丁果仙奶奶主演屈原。在旧社会，她没有条件读书，所以识字不多。以往演戏都是师傅口传身授，一句一句记住的。为了演好屈原这个诗人的形象，她请文化部门的同志一段一段把剧本念给她听。全部记住以后，逐字逐句默诵揣摩剧中的含义。不懂就问，直到彻底弄明白为止。其中“橘颂”一场，几乎全是大段的念白和朗诵，这也是最体现屈原诗人特质的一场戏。为了把屈原内在的精神底蕴和特殊气质表现得传神到位，她把剧团人员和文化部门的人员叫到一起，一遍又一遍地听她朗诵，只要有一丝一毫不到位的地方，都要人们不客气地指出来，直到全部满意叫好为止。在《屈原》一剧中，牛桂英饰婵娟、郭凤英饰宋玉，我饰太子子兰公子。常常躺在被子里，她还在不停地吟诵，让我为她挑毛病，寻找戏中诗人的韵味。

此剧公演以后，首场演出就博得了满堂喝彩。但她并不以此为满足。《屈原》一剧进京演出期间，她又领着我们登门拜访著名画家齐白石老先生。并拜齐白石为师学国画，以提高自己的文化素养。一有空隙，她就作画。她特别喜欢画兰花，她的兰花画得很好。

业贵创新，博采众长艺业丰

丁果仙奶奶说：真正的角儿，是要唱出别人唱不出来的戏份儿，演出别人演不到的境地。要超过别人，先要把人家的学过来变成自己的。为了创出晋剧独特的新路子，丁果仙奶奶除了向生活学习，向身边各种各样的人物学习，还学习昆曲、北路梆子、蒲剧、秦腔、河北梆子、京剧等剧种的唱腔戏路，博采众长，丰富自己。她把北路梆子的落音拖腔，河北梆子的高腔，秦腔、蒲剧的柔腔，和京剧念白的优美都吸收容纳贯通在自己的唱、念、做之中，从而形成了全新的丁派艺术唱腔。

为了学习研究京剧艺术，她用晋剧《反徐州》与京剧马连良的《四进士》交换，并在排演晋剧《四进士》时，加进了丁派表演特有的细腻逼真戏份儿，通场进行了符合晋剧表演的改进。如盗书一场，在开门、关门、倒水、拆信、书写等细节上都做了与京剧很不相同的具体表演，从而使这出戏更加接近生活，更加感人和富有魅力。

博采众长，融会贯通，沿古续今，推陈出新，是丁果仙奶奶一贯的艺术追求。《花子拾金》中的《表刘流》一段唱，曾是一位木匠师傅自己哼唱的小调。丁果仙奶奶无意中听到后，觉得很有味道，就缠着木匠师傅教给她。学会以后，为了使这段很有趣味的唱，不单调，不流俗，她革新构思，把三儿生、毛毛旦、天贵旦几位著名老艺人的经典唱腔设计入内，编排成《花子拾金》。通过一个人诙谐风趣的表演三人对唱，把三儿生、毛毛旦、天贵旦几位老艺人的唱腔再现并流传下来。因为这几位老艺人已不在世，后来流传的唱腔都是从《花子拾金》中沿袭而来的。

视戏如命，舍身敬业育后人

丁果仙奶奶一生坎坷，刚正不阿。做人做事一丝不苟，台上台下视戏如命。平时，只要弟子和学生们爱学爱问，戏演得好，就十分的开心快乐，为了戏让她做什么都行。只要剧团演出成功，她就眉开眼笑，再苦再累也高兴。如果出了岔子，丢了戏，不管是自己还是别人就会十分的生气，甚至暴怒。有一次在平遥的城隍庙演《坐楼杀惜》，同台的演员不小心把她的髭口拽了下来、丢了戏。平时待人和蔼慈祥的奶奶，一回后台，气得几乎发狂。这是奶奶最不能容忍的事情。为了学戏她不怕丢人，不怕别人见怪耻笑。但如果丢戏，就是要她的命。

她把自己的全部身心扑在发扬光大晋剧艺术事业上。不仅自己尽心竭力，推陈出新，塑造全新的舞台人物形象，更把培养教育年轻演员作为第一要务。

1961年8月，在党和政府支持下，丁果仙奶奶按老传统为我、刘宝俊、马玉楼、刘汉银、张鸣琴、武忠、阎慧贞等长随在她身边的十二名弟子举行了隆重的正式拜师仪式。当时我正生病住院，丁果仙奶奶派人用车把我接到迎泽宾馆的拜师仪式现场，高兴地对我说："快来快来，奶奶教俺孩儿时间最长，说啥也不能把你落下！"那一刻，一股暖流冲击心底，我激动得不知道该说啥好。

为了培养更多的艺术新秀。1957年，她捐资创建了太原市戏剧学校，并兼任校长。她把太原市晋剧一、二团中一批有培养前途的小学员吸收进戏校，聘请有经验的教师，进行严格的训练。作为这个新型学校的校长，她不仅亲任教学工作，还经常给小学员们排戏，手把手地教，甚至与他们同台演出。在她的悉心培育下，那些当年在戏校学习的孩子，如今大都成了省、市戏剧团体的骨干。

丁果仙奶奶有生之年的全部收入，都被她用在了捐赠抗美援朝、缴纳党费、捐赠艺校、为身边的弟子们买这买那之中。1972年因病辞世的时候，她家中所有的积蓄只有一千多块钱。

恩师倾注她毕生心血和全部生命铸就了全新的灿烂的晋剧艺术之花。她的生命也定将在晋剧艺术的传承中永垂不朽！

白桂英

难以忘却的记忆

2009年是山西省晋剧院建院五十周年，也正值我省晋剧界一代宗师丁果仙大师诞辰一百周年。作为丁果仙大师的一名弟子，多年来总是忘不了师傅一字一板的言传身教，忘不了师傅那炉火纯青美轮美奂的艺术表演。作为晋剧界的一名老演员，谨以此文，用于表达对晋剧事业的支持与热爱，表示对恩师的崇敬和思念。

我与丁果仙大师相识于1945年，1961年正式拜她为师。

回想起与师傅相处的日子，那一幕幕、一串串的记忆，就像是发生在昨日一样，历历在目，清晰可见。当年在新化剧院，只要有师傅上台演戏，必博得满堂的喝彩。尤其是出演《捉放曹》，她和人称狮子黑的乔国瑞搭戏。乔国瑞扮曹操，师傅扮陈宫。当时师傅已全中年，且小时候缠裹过小脚。曹操第一句唱词“八月十五桂花香”，陈宫第二句“行人路上马蹄忙”。这时候，只要师傅唱腔一出，整个身体重心骤然上提，身高仅仅一米五五的她，使舞台上陈宫的亮相似乎比乔国瑞先生扮演的曹操还要高出一截，尤其是她表演的“坐马式”，就像真的坐在马上一样，一招一式，栩栩如生，精彩到位。若再回过身来，一句叫板“老丈……”，那整个戏院中就是满堂的叫好声。还有《串龙珠》中跳城的动作，也是师傅精彩绝伦的艺术表演，当表演到城楼上往下跳的那个动作时，既真实可信又刚健优美，似乎是真的跳了下来，观众看后胆战心惊，又赞叹不已。更叫人难以忘怀的是《串龙珠》中公堂审问。当师傅口念着台词“这一民妇，是何人杀死你父，逼死你母，为何满脸是血，从实讲来”，双眼圆瞪，手指便指向扮演民妇的青衣，那青衣就会被惊得连台词都忘了。因为师傅她太入戏了，眼睛一瞪，吓得青衣唱不出来了。师傅不仅古装戏演得好，现代戏同样演得也很精彩。在现代戏《丰收之后》中，她扮演贫农老大娘，“喜得我两行热泪洒胸前”八句流水，如唱如诉，沁人心脾，观众们听得如痴如醉，好声不绝。

师傅是河北束鹿人，自小被人贩子卖到太原丁家，七岁开始拜师学艺。由于她特别喜爱晋剧艺术，再加上刻苦练功，十三岁便开始登台演出，并在虚心学习盖天红、说书红等晋剧前辈精湛演技的基础上，创出了一套独特的演艺风格。由她主演的《斩黄袍》《空城计》《法门寺》等传统剧目，都博得广大戏迷的追捧和喝彩。戏迷们赠送给她一个艺名为“果子红”，当年在晋剧界留下了“男的不如女的，盖天红不如果子”的美谈。

师傅在艺术表演方面，从不局限于晋剧自身的领域，而能够博采众家之长，吸收兄弟剧种之精华，与梅兰芳、马连良、程砚秋等京剧大师多次交流切磋，潜心琢磨，大胆改革，结合自身特点，将京剧、河北梆子、越剧甚至晋中秧歌等南腔北调都融入晋剧中，创建了刚柔兼济、喷口强劲的丁派唱腔。师傅自小卖艺学戏，没有机会读书认字，尽管识字不多，但她依靠坚韧不拔的毅力，敏锐细心的观察力，塑造了一个个鲜明活脱的艺术形象。不论是扮演精明睿智的帝王将相，还是才华横溢的文坛俊杰，都能演得恢宏大气、文采斐然，而演一些市井小人物，又能表现得那么淳朴善良，惟妙惟肖。师傅真正达到了她自己所说的“演龙要像龙，演虎要像虎”的艺术境界。也正是她日积月累的执着追求，千锤百炼的苦难经历以及敏捷的悟性与过人的天赋，造就了她成为晋剧一代宗师，成为誉满三晋的“须生泰斗”。

师傅作为一代宗师，生活中却平易近人，和蔼可亲。工作之余，她喜欢在家里静静地作画，尤其喜欢画兰花，表现出一种洁身自爱、淳朴高雅的人格品质。她自己一生虽无儿女，但对待弟子和学生，却悉心照料，呵护备至。在太原市戏校当校长时，拿出自己积蓄的金子为学生做“行头”，拿出整匹整匹的布为学生做练功服；学生去外地演出归来，她经常去车站迎接，含着热泪，逐个拥抱亲吻学生“俺娃可回来了，看，都长高了，长胖了”，就像是一位慈祥的母亲迎接远方归来的儿女一样。她经常教导弟子们“不要看人家穿好的，不要看人家吃好的，要看人家舞台上表演的好艺术”，用很朴素的语言道出了育人的大道理。至今想起师傅的谆谆教诲，都会热泪盈眶，唏嘘不已。她对培养教诲过自己的恩师同样也是关怀备至，竭尽孝顺。尤其是对孙竹林师傅，奉养照顾十几年，直至老人逝去安葬。师傅这种尊敬师长，提携后辈的崇高品德，一直感染激励我们几十年。

师傅不仅才艺精湛，思想上也积极要求进步，她是一名共产党员，爱党爱国，正直无私，对党和人民有着深深的眷念之情。抗美援朝之际，她义不容辞捐出五千万元人民币，并亲自奔赴朝鲜，在炮火中为志愿军演出，体现了一位艺人的拳拳报国之心。在北京，她多次受到毛主席、周总理、刘少奇等党和国家领导人的接见。毛主席握着她的手说：“早就听说山西有个丁果仙。”师傅听后，非常激动，以后在舞台上演出时就更加认真细致了。师傅经常告诫我们："时刻要想着为人民服务，为老百姓演戏，淡泊名利，人民群众才是我们的衣食父母。"上世纪五六十年代，剧团经常下乡演出，演出之余，她经常带领我们帮助农民种庄稼、掏大粪、收粮食，脏活累活抢着干。现在回想起来，的确感觉到师傅不愧是一位德艺双馨的艺术家。

就是这样一位热爱党、热爱祖国、德高望重的艺术家，"文革"中却受到不公平的待遇，被扣上"大戏霸"的罪名，受尽了折磨与凌辱。有一天，造反派拉她去游街，脖子上挂着一个大牌子。我担心师傅身体吃不消，就跟在游街汽车的旁边，想找机会能照顾她。那天天特别冷，刺骨的西北风直往脸上扑。师傅穿着一件很单薄的毛裤，又生着病，身体极度的虚弱。当汽车行到开化寺街附近时，我发现她脸色苍白，呼吸困难，眼看着就支持不住了。由于她被打成反动派，没有医院肯收留她住院。情急之下，我请求省委领导帮助，才住进山西医科大学第二附属医院。1972年大年三十，我带女儿去看望她，师傅已经到了弥留之际，医生不忍心这位艺术大师的离去，含泪按着她的脉搏，不停地鼓励她："丁果仙，你要和我们团结合作，要下定决心，不怕牺牲，排除万难，去争取胜利。"令人痛惜的是1972年大年初二凌晨5点，晋剧界一代宗师丁果仙大师还是离开了爱戴她的广大观众，离开了她挚爱一生的晋剧艺术，与世长辞！

恩师丁果仙，作为晋剧界的一代宗师，以她独特的艺术魅力感动了三晋父老和广大戏迷，也为晋剧艺术树起了一座丰碑。不愧被人们奉为"艺苑英杰，梨园楷模"。三十多年过去了，恩师的音容笑貌和谆谆教诲始终停留在我的记忆里。如今，我也是七十多岁的老人了，但为了继续发扬与传播丁派唱腔，我始终没有放弃对晋剧艺术的执着追求，没有放弃传播恩师高尚品格和精湛演艺的责任，向许多晋剧爱好者毫不保留地传授了《空城计》《渭水河》《蝴蝶杯》等许多丁派传统剧目，收集、整理了师傅以前的录音带，并录制为音配像资料，以便留存师傅的艺术成果，为后人留下这难得的艺术瑰宝。巍巍太行赞英杰，滔滔汾水颂楷模。祝愿大师的精神千古永存！

刘宝俊

恩师丁果仙

马玉楼：我的恩师丁果仙是早在20世纪30年代就唱红了三晋大地的“晋剧须生泰斗”，她开启了晋剧历史上女唱男的先河。然而有谁曾想到这位大名鼎鼎、家喻户晓的艺术大师，却也是一个苦出身。据说她幼年时家境贫寒，是从河北束鹿县卖到山西的。她的童年是在沿街卖唱中度过的。在解放后的忆苦思甜大会上，说起她的身世来，也是声泪俱下，痛苦万分。因种种原因她未能生养，无儿女，又在“文化大革命”中受到不应有的冲击……

要说吧，恩师丁果仙的师傅叫孙竹林，其技艺一般，并不出名，然而却成就了恩师成为群众喜爱的大名角。我认为这主要是靠她自身的刻苦努力和聪明好学的精神，以及长期在舞台实践中磨炼而成的。

她的戏路子很宽，须生、彩旦、花脸、三花脸都能演，而且演啥像啥，形神兼备。如在《三对面》中她反串青衣李艳妃，在《拾金》中她演三花脸花儿，在时装剧《小女婿》中她演彩旦陈快腿，在现代戏《刘胡兰》中，她演卖烟卷的老汉，捋着八字胡，说着文水话，简直把这个人物演得活灵活现、入木三分，不仅台下人叫好，就连台上的人也赞不绝口。

让我记忆犹新的是1955年在长春拍电影《打金枝》，她演唐王。当拍到化解家庭矛盾后的回宫一场戏中皇帝怀着轻松喜悦的心情唱出“叫皇儿随孤王一同回宫去”，其音调明快优美，耐人寻味，明显听得有别于以往的唱法，引起在场人的关注。然而当同志们要请她把这句重唱一遍时，她却显得很茫然，怎么也想不起刚才是怎么唱的，逗得在场的人全笑了，后来跟着录音才又唱了出来。在舞台演出中像这样即兴创作出来的腔调，比比皆是。她的戏每唱一回是一个样子，所以总是常演常新，但不管怎么变来变去，却都在人物规定的情境之中，板眼规范，不出圈。

又如她在《蝴蝶杯》一剧中，当田云山看到他儿子回来时，在那种既气又恨又喜内心无法说清的情感交织中，说出了一句“你可回来了”，随手就是一个耳光，仅仅就是这一打，未曾开口唱，台下便响起了观众的掌声。由此，看出大师不同凡响的演技，立刻激起了强烈的剧场效果。

在《捉放曹》一戏中，当曹操错杀了吕伯奢和款待他们的家人后，便急忙出走，正遇打酒归来的吕伯奢，只见陈宫绕过马头，一声充满内疚的叫板“老丈”——一句立刻就把他这个人物，想说又不能说的自责、悔恨等复杂的心理活动表现得淋漓尽致，戏每演到这里，观众不由得便报以热烈的掌声。

又如《空城计》中诸葛亮在城楼听到司马懿退兵四十里时的一声冷笑，准确表现出了人物此时此地既怕又高兴的难以言表的心情，显示了人物料事如神的预见和化险为夷的成功谋略，给观众留下很深的印象。

她说像演《芦花》这样的戏，演员要把内心的痛苦难耐的情感，融化在声情并茂的每一句唱腔的字里行间，在与观众的情感交流中，达到感化和震撼他们心灵的目的，这才是一个演员的成功之处，也就是我们通常所说的以情动人，以理服人。

丁老师由于她每演一个戏，对剧中人物基调把握得准，对人物的心理活动体会得深。所以她塑造的人物形象个个都是血肉丰满，栩栩如生。观众在欣赏到她的视觉、听觉艺术的同时，都会由衷地被她那出神入化的艺术风采所感染。

谁都知道丁果仙嗓音浑厚，声腔优美，气势夺人，独具魅力，但她在舞台上从来不卖弄自己的唱腔。凡与她同台演出或与她配过戏的演员，都有一个共同的感觉——那就是感应快、入戏深，受益匪浅。

她博采众长兼收并蓄，常与同行艺术家在一起互相学习，取长补短。她曾向京剧名家马连良学到一出《四进士》，而她也教给马连良一出《反徐州》，这早已成为戏曲界的一段佳话。

记得1955年冬天，文化局提倡青年演员要学会几出“扎根戏”，订师徒合同，于是丁老师就在她家院子里把她的《伍员杀府》《捉放曹》《卖画劈门》三出拿手戏全教会我。她总是不厌其烦一遍一遍地说，一招一式地做示范，直到我完全学会为止。她还能虚心听别人的建议，我在《伍员杀府》中改了她的一个姿势，她看后，高兴得连说好、好，改得好，痛快地采纳了。

在《辕门斩子》的演出中，她为了倾力培养我，让我演主角杨六郎，她演配角八千岁。曾有一次在和平剧院晚上演出完后，为了给我说戏，她顾不得疲劳，不坐车，一路与我边走边说戏，一直步行走回家。

她还常告诫我们要先学做人。又说做演员不能吃零食、嗑瓜子，那样会嘴皮松。还说要演好“大三门”须生、花脸、青衣，就得吃粗茶淡饭，少吃大鱼大肉，吃饭也不能吃得过饱，还说："当红人就得饿一辈子。"这些看似平常生活常识，并非是简单的经验之谈，其中包含着保护嗓子的深刻道理。

她要求我们平时生活中多观察各种人物的言谈举止，积累舞台上塑造各种人物形象的素材，特别要注意突破女人相。1956年我在北京中山公园演出《斩子》《打金枝》时，由于我怀孕妊娠反应强烈，一闻到食堂饭菜味，就想吐，口里很想吃家乡的"抿尖饭"，心想这只能是一种幻想，谁知当丁老师得知后，为满足我的要求竟带我到和平门一太谷老乡家，真的让我吃到了"抿尖"，使我精神倍增，顺利地完成了演出任务。在她身上真正使我体会到了一日为师终身为父的感觉。

丁老师不仅在传授艺术上是我的师长，在生活中更像我的父母。她是我们结婚的证婚人，在我生孩子"月子"里，她经常提着东西，来看我，使我从内心里非常感激她。我为我能有这样的好师娘而庆幸，更为她那爱徒如子的伟大情怀，由衷地生出无限敬意。

田希文： 我是1950年就跟随丁老师在一起的，当时叫太原市新新晋剧团，她无论是演戏还是对待工作，都是认真负责，一丝不苟。她宽以待人，严于律己，1958年去古交给大炼钢铁的群众演出，路很难走，而她又患有肺气肿、哮喘病，领导上让她坐车，她不坐，看见她走得艰辛，同志们再三劝说，她才骑上毛驴。晚上演出完后，演员的脸被煤油灯的烟熏得黑黑的，她却毫无怨言。她处处以身作则，自从入党后，在她身上更是洋溢着一股热情向上的新文艺工作者的精神风貌。不管是在慰问朝鲜志愿军的演出中，还是深入工矿、农村为广大的工人和农民群众的演出中，她都是百分之百地满足群众的要求，所以每到一地，都受到群众的热情拥戴和欢迎，在群众中享有很高的威望。

丁果仙是山西省人大代表，是第一届全国政协委员，在北京开会时曾受到毛主席的接见，又是享誉三晋的艺术大家。但她却平易近人，没有架子，和同志们以诚相待、和睦相处。她同情弱者，乐于助人，若遇生活穷困的同行艺人，她总是慷慨解囊相助。这样的事不胜枚举。她把毕生的精力都奉献给了晋剧艺术事业。她的出现使晋剧艺术发展到了前所未有的高峰。她为晋剧艺术事业做出了不可磨灭的贡献。她的功绩将永载晋剧发展史册，她是我们戏曲工作者永远值得怀念和敬仰的一代宗师。

今天，我们隆重纪念丁果仙诞辰一百周年，就是要学习、继承她对戏曲艺术精益求精的敬业精神和不断探索、创新的可贵品质，使这朵灿烂的晋剧艺术之花，在我国戏曲艺术的百花园中，绽放出更加姹紫嫣红、绚丽夺目的光彩。让我们在党的

“双百”文艺方针指引下，多出精品，快出人才，为晋剧艺术美好的明天，谱写出我们更加壮丽的篇章。

马玉楼　田希文／述　马仲生／文

悠悠情愫　亦师亦母

人生一世有些事情是可以随着时间的远去渐渐淡忘，而有些事情则是随着年岁的增长不时地激起怀念的波澜。我对我的恩师丁果仙便是如此。

恩师丁果仙1909年出生，长我二十八岁。她祖籍河北省束鹿县，四岁被卖到山西太原丁家。七岁学艺，十一岁即登台演出。她历经磨难，饱尝艰辛，新中国成立后在共产党的领导下获得了新生，使她卓越的演唱才华和活灵活现的表演艺术从此得到了空前的发展，被党和人民称誉为“人民艺术家”。多次进北京中南海演出，受到了党和国家领导人的亲切接见。因此，她常常讲着一句肺腑之言：“没有共产党就没有新中国，就没有丁果仙。”她留给我最深刻的印象就是：认真演戏，诚实做人，感恩共产党，全心全意地服务于人民大众。恩师对弟子们在生活上是无微不至，悉心关怀；在艺术上是严格要求，精益求精，谆谆教诲，精心栽培。我们永远怀念她！

以戏为缘幸遇伯乐

我1937年12月出生于山西省盂县南小坪村。祖祖辈辈以务农为生，家境贫寒。儿时，曾经常跟随爷爷和父亲到周边十里八村赶集看戏，一来二去渐渐地喜欢上了戏曲这个行当，不时还能无师自通地唱上两嗓子自娱自乐。年仅十一岁的我白天上小学，晚上参加村里的宣传队。当时我根本不懂什么节拍板眼，可长者们还是夸我嗓音清脆，唱得有板有眼。1950年，新中国刚成立，欢庆解放歌唱建国的鼓乐声此起彼伏，我们村也请来了一个懂戏的长者为宣传队教戏。老师首先对宣传队里的学员进行了摸底考试，他夸我嗓音不错，前途无量。他教我们的第一个戏是现代戏《血泪仇》，我在剧中扮演了一个贫穷农户家的小孙子。这也是我生平第一次在剧中扮演角色。以后，又排演了《黄鹤楼》，我饰演周瑜，随宣传队除在本村演出外还去邻村交流演出。我白天帮着家里赶着牛车田头送粪，牛车走得慢，我就边走边吆喝边唱，时间长了人们就为我起名叫“牛毛生”。1954年，我考入了盂县晋剧团，主攻须生行当。1958年，晋中地区举办现代戏调演（盂县当时归晋中地区管辖），剧团根据全国热火朝天大炼钢铁的形势，取材于盂县人民为运输煤炭而修建了窄轨火车道这一真实事件，自编自演了晋剧现代戏《小火车开得快》参加调演。我在剧中扮演团支部书记，一共演唱了八句唱词。谁料想这八句唱腔得到了时任观摩团副团长、大名鼎鼎的晋剧表演艺术家丁果仙的赏识，幸遇“伯乐”。从此我的人生命运翻开了崭新的一页。

群芳荟萃香飘千里

其实，丁老师要选拔一个嗓音清脆、扮相大方的男须生演员的想法由来已久，她早就设想着对晋剧中多年来形成的女演员演男角色进行革新，来一次真正的“男演男”。这一想法使当时的领导和音乐家由衷钦佩，我倒成了一个幸运儿，得到了老师的恩宠。1959年，我正式调入了山西实验剧院（山西省晋剧院的前身）。丁老师时任剧院副院长。不久，她就带我去北京参加了全国戏曲改革调演。当时，恰逢山西籍中央领导彭真和戏剧家田汉来看望丁老师，为我师徒二人留下了珍贵的合影留念。记得当时田汉对彭真说：当前，我最欣赏的中国戏曲演员只有两人，一个是“梅派”梅兰芳先生；另一个就是晋剧“丁派”丁果仙女士。丁老师当时谦虚地说：“我怎么敢与梅先生相媲美？”田汉接着说：梅先生男扮女装，在舞台上演绎了中国东方女性的美。你（指丁果仙）女扮男装同样在舞台上塑造了华夏男性的阳刚。在场的人纷纷点头称赞。彭真同志兴致勃勃地说道：我提议山西要成立一个晋剧青年团，这个建议我已和山西省委王谦书记进行了沟通。我们师徒回到太原后，省委、省文化局正式下发文件，决定成立“山西省中路梆子青年团”。人才选拔工作迅速展开，在全省地、市、县各剧团中遴选，以丁果仙、牛桂英、郭凤英、冀美莲等知名艺术家为主考官严格把关，省里下文件直接调动，重视程度空前无有。经过选拔，王爱爱、田桂兰、刘惠生、金世耀、姬荣生、温明轸、王宝钗等一批优秀的青年演员成为青年团的主力军，我也有幸成为其中一员。接着，老师们按行当划分，开始了几乎是“一对一”的培养教学、排戏，并决定先为每一个学员根据自身条件选择剧目，排练一个适合自己唱、做、念、打方面的“扎根戏”，以夯实基础。丁老师给我排的第一个戏是《卖画劈门》。现在想起来这出戏不仅是我的“扎根戏”，也是我终身受益的成名作、代表作，也倾注了恩师的极大心血。我自知是半路出家，基础差，底子薄，但更要命的是盂县地方口音在念白和唱腔咬字中成了难以根除的顽疾。“乡音无改鬓毛衰”，乡音着实难改。为此，丁老师真是千方百计，用心良苦，一字一字地教，一句一句带着我练，特别的耐心、认真，和她平日里刚烈的个性大相径庭，很少对我使用过“打戏打戏，不打不记”的梨园古训。很快，青年团就排出一批能够代表山西水平的演出剧目，如：《打金枝》《小宴》《算粮》《杀宫》《卖画劈门》《含嫣》《明公断》等。1961年8月，山西省文化局在迎泽宾馆为我的恩师、晋剧表演艺术大师丁果仙举办了隆重的收徒典礼。我（刘汉银）和马玉楼、刘宝俊及市团的白桂英、武忠、阎慧贞等十二人正式签立字据，拜丁果仙为师。不久，我们在丁老师带领下首次赴北京、天津、内蒙古巡回演出。在京期间，我们青年团九次进中南海演出，我主演的《卖画劈门》演了三场，《小宴》《杀宫》《算粮》和《打金枝》都一炮打响，备受青睐。周恩来总理两次接见并与演员们亲切合影留念。青年团被誉为全国“两朵花”之一（另一朵为天津小百花团），一时间山西中路梆子青年团的演出轰动了京城。最具权威的《人民日报》《光明日报》《中国青年报》《北京日报》《天津晚报》等多家媒体竞相报道。晋剧艺术走出山西，誉满京城，老师和学员们无不兴奋、自豪。然而乐极生悲，就是这一次，平日里疼我爱我的丁老师却当着全团人的面重重地打了我一记耳光。

戏比天大　精益求精

我的父母在我孩童时打了我多少次已无法记起，可我的恩师打我还是第一次。这一耳光我现在觉得胜过黄金百两，使我终身受益。它告诫我们后人：“唱戏（细）唱戏（细），来不得半点粗心大意。”

众所周知，《卖画劈门》是丁派名剧之一。多少年来，老师在剧中饰演的白茂林形象给戏曲观众留下了深刻的印象。恩师寄予厚望地把此剧传授给我，可那一次我却捅了个“大娄子”。

那是1961年8月，我随团进京去中南海向中央领导汇报演出。在演《卖画劈门》时，剧场不大，舞台和观众距离很近，又明知台下坐着的均是中央首长。戏开演了，台下没有一点嘈杂的声音。我心中突然紧张起来，原本烂熟于心的动作出了差错，可当时我根本不知觉。演出完毕，领导们报以热烈的掌声。转到后台，当我和其他演员一样沉浸在成功的喜悦中时，突然，丁老师走了过来，一记响亮的耳光打在我脸上，我莫名其妙，顿时愣在一旁。只听丁老师说道：“你仔细想想哪里错了。”原来，我在台上饰演的白茂林听到敲门声上前开门，心中以为是来抢女儿的恶霸开门后挥刀劈人，忽见进来的是自己的外甥，这时需有一个“藏刀”动作。“藏刀”这一情节是该戏中为表现“爱憎分明”而特意设定的，也可谓是丁派特色的点睛之笔。丁老师在教我时不止一次强调“藏刀”必须到位，而这一次我却把这一动作忘了。因此，出现了丁果仙恩师怒甩耳光的一幕。

我作为丁老师的亲传徒弟，几十年来在舞台上认真演戏，一丝不苟，扮演的白茂林形象从眼神、台步、唱念和表演身段都较好地继承了丁派的余韵，在观众中渐渐有了一点影响，这都多亏了恩师当年的那一巴掌。

我心目中的恩师丁果仙的确是一位难得的晋剧表演艺术家，一位空前绝后的艺术奇才。

第一，她塑造舞台人物悟性高，演唱中注重创新，并善于归纳总结，结合自身实际灵活运用，表演中注重从生活中汲取营养，从而形成了自己的丁派演唱风格。

第二，她勤于思考，博采众长，兼收并蓄，为我所用。她不仅从小学唱中路梆子（晋剧），还通过自学唱北路梆子、蒲州梆子（蒲剧）、河南梆子（豫剧）和京剧中的经典唱段。如：她在《打金枝》一剧中饰唐代宗演唱的“叫皇儿随孤王回宫去”一句的唱腔音乐就融入了北路梆子的音乐元素；《走雪山》中饰曹福，演唱“她情愿披麻戴孝，一步一头，一头一步，一步一步送我坟茔”这句唱腔的音乐，又融入了河北梆子的音乐元素。除此之外，恩师在念白、表演方面大胆创新灵活运用的案例也比比皆是，在此不再赘述。

我心中的恩师丁果仙还是一位培育后代的教学高手。

前面，我提及恩师在为我排演“扎根戏”《卖画劈门》时下了很大工夫。确实如此，具体表现在念白方面：她指出我盂县方言的毛病是：“牙齿音”“鼻前音”太重，为我每句道白中每个念不准的字一个一个纠正，并用画圆圈方法提示我特别注意。在唱腔方面恩师多采用说书红和盖天红老艺人的唱法，“恨胡贼父子双双都强暴”这段唱，恩师为我付出了极大的心血。她常常告诫我们：“在主要唱段中要找主要唱句，在主要唱句中突出主要字眼。”如，《算粮》中薛平贵唱段“为只为三姑娘离了西凉，算粮时本丈夫自有主张”为主要唱句；“凉”“张”为主要字眼。在表演方面恩师总结归纳为：“中年须生手指要展，中老年须生手指要弯，老生手指要颤或颠。”我认为这些方面都需要年轻人认真学习和研究，都是需要一代一代从事戏曲艺术的同志不断传承和弘扬的瑰宝。

恩师为我改名字

我原名叫刘汉赢。在旧社会，戏班子里风气不好经常赌博，我跟恩师后她经常告诫我只许好好练功学艺，绝不可染上抽烟赌博的坏习气。一天，师傅把我叫到跟前，对我说："汉赢，我想把你的名字改一下，人生短暂，娃你赢得起，输不起，可是'输赢'本身就是兄弟俩，我看把'赢'改成金银的'银'为好，让俺娃挣来金子更好，挣不来金子有银子也好。"语重心长的一席话说得我热泪盈眶。从此，我的名字就改为刘汉银。在恩师丁果仙举办收徒典礼仪式之前，恩师与我商量：汉银，我想把桂英也收为徒弟。我一时不知如何作答。恩师接着说，原本桂英的妈妈丁艳霞已是我干姑娘也是弟子，桂英理应叫我姥姥，可考虑到桂英日后在戏曲圈里，她若打着我的名义，发展起来路子会更宽一些。我顿时明白了恩师对每一个弟子的情义，这是根对绿叶的情义，这是大地对生命的包容，这更是阳光照耀下的温暖，这是母亲博大的胸怀！谨以此文，纪念我日夜思念的恩师！

刘汉银／述　张俊海／文

虚怀若谷　革故鼎新

——我心中的丁果仙

在晋剧艺术不断向前发展的历程中，有一个人的名字格外醒目，熠熠生辉，这个人就是表演艺术家丁果仙。20世纪50年代。我所在的晋中晋剧团要求我们刚刚步入艺坛的小学员们写决心书，我当时写道："我最崇拜的老师是丁果仙，我将用毕生的勤奋去赶超她，为晋剧艺术树起新的里程碑。"后来，丁果仙老师正式收我为弟子，在艺术方面我受到了她潜移默化的熏陶。我没有上过学，她就是我最好的启蒙良师；我对戏曲艺术如饥似渴，她为此奉献出了甘甜的乳汁；严师出高徒，精益求精的她却又是那样的和蔼亲切。每每回忆起往事，我热泪不禁；每每怀念老师，我举头望日，她是我心中的太阳。身居高位但持贵不傲，无私地把自己用勤奋和心血、泪水、汗水积蓄下来的光和热抛洒向伸出双臂的人们。

她为我排的第一个戏——《打金枝》

1958年，新中国成立的第九个年头，我国正处在一个百废待兴、"鼓足干劲、力争上游、多快好省地建设社会主义"的热潮中。文艺宣传也在"双百"方针，"二为"方向的指引下蓬勃发展。全国各地省、市、区、县都组建了剧团，我当时在孝义县晋剧团。有一天，我们进行了一场特别的演出，说是咱们山西人在解放战争期间随部队去了成都的南下干部回乡看戏，于是我们每个演职人员在演出中格外卖力，决不能让战功赫赫的回乡的干部们失望，演出一举成功。几天后，根据上级安排，剧团领导把我们带到太原并州剧院驻扎下来，请名师排戏，排好后去往成都演出。邀请的这些名师正是我们连做梦都想见到的丁果仙、牛桂英、郭凤英和冀美莲四位表演艺术家。丁果仙老师主要负责辅导我在《打金枝》一剧中扮演的唐代宗。我认为她与其他老师说戏中最大的区别就是要求演员进入角色、进入剧情、进入感情。并且上场前必须提前二十分钟候场，开始酝酿角色，使这个演员一出场就进入戏里。丁老师为我在唱腔上进行示范，动作上一招一式严格把关。牛桂英老师负责辅导该戏中皇后扮演者；郭凤英老师负责辅导郭暧的扮演者；冀美莲老师负责辅导金枝女的扮演者。这个戏从整体上说是出自名人之手，与我们过去演出的《打金枝》相比上了一个新台阶。因此，我们团以这个戏为主，在成都演出近两年之久，这个戏始终场场爆满，倍受欢迎。这也为我们山西戏曲出省演出扩大影响迈出了崭新的步伐。

冒昧登门学艺

我们团从成都回到山西后，恰逢晋中地区成立晋剧青年团，就把我们归入了晋中。有一次，我在收音机里听到了丁果仙老师年轻时的演唱录音，那嗓音比辅导《打金枝》时调还要高，但韵味甘醇，仿佛是妙不可言的天籁之音，又宛如大自然森林里飞动的百灵。我当时觉得我的嗓音条件完全可以达到丁老师的高度。常言讲：唱戏凭嗓子。前一次丁老师辅导《打金枝》是政府安排的，我若能登门求教，再一次得到丁老师的指教，必然会事半功倍。于是，我冒昧地来到太原，叩响了丁果仙老师家的朱色大门，或许是忐忑不安的心使得我敲门力度弱声音小，里面的人听不见，于是我清了清嗓子，咽了咽口水，放大了胆子又用劲敲了三下，忽然门开了，开门人带我见到了丁老师，她正忙着为弟子们说戏，她让我先坐一旁观看。我边看边听，原来丁老师是给弟子白桂英传授《空城计》一折，而她教弟子唱腔都是用打起调来的嗓门，声音高很费劲，区别于其他师傅很少用或仅示范一半句而已的方法。丁老师真诚的传授，和蔼的语气，高超的技艺，简明的表述，耐心的解惑，这一举一动深深地感动着我。过了一会儿，丁老师停下来，走到我面前说：“你们从成都都回来了？”我说：“刚回不久，丁老师，我想跟您学艺。”未料想丁老师爽快地说：“好啊，那我就收你为弟子吧！”我当即下跪给丁老师磕了三个响头，心里想着哪有这样的美事，真是遇上活菩萨了！之后，丁老师还留我在她家吃了饭，让我唱了几句，最后选定为我传授《卖画劈门》一折。

1966年，我所在的晋中晋剧团排练演出了大型古装戏《下河东》，我在剧中扮演赵匡胤。该剧在太原长风剧场演出时，我邀请时任山西省晋剧院的业务副院长丁果仙老师来看戏的，她从百忙中抽出时间认真地观看了我的演出，在鼓励我的同时，也为我进行了指导。如，当赵匡胤身为大宋朝开国皇帝，但由于用人不当，使奸相欧阳方乘虚而入，杀害了忠良，赵匡胤被困在河东时有一大段唱。丁老师指出这是该戏的主要核心唱段，先要掌握重点唱句，然后，每一唱句都要找出重点“字”，对这些重点“字”，要咬字清楚，吐字有力。如“封丞相，官非小，还想通敌谋龙朝，提起贼不由我钢牙咬”，“钢牙咬”这三个字非常关键，表达了对自己用人不当的懊悔，对奸臣的痛恨，演唱时要唱得铮铮作响，仿佛牙齿真的就要被咬碎似的。还有一句流水板唱道：“罢罢罢休休休，万里江山一旦亡”时，丁老师在我“拔嘹子”唱法上给予了纠正。丁老师辅导的几处都体现出了无论是唱腔，还是身段表演都必须紧紧围绕“情真意浓”。我现在回忆起来也深感是“画龙点睛”“点石成金”之妙笔。通过丁果仙老师的指教，使我的演唱艺术更加丰富，得到了很大提高和发展。

虚怀若谷　革故鼎新

回忆起丁果仙老师，我常常思考一个问题：丁果仙老师是从旧社会过来的艺人，而她却和旧社会的艺人大相径庭；她尝尽了穷苦人生活的“苦”，也领教了小女子学艺的“难”，但为什么她对任何一个向她求教的人都毫不保留，自愿收我为弟子呢？旧社会的艺人们常说：“宁予十两银，不教一出戏”，“教会徒弟，饿死师傅”。丁果仙老师和郭凤英前辈她们拜师学艺时都按规矩订立了一份契约，契约的内容大致通为：×××自愿拜×××为师，学徒七年（常规）。前五年跟师学艺，由师傅管吃饭，父母管穿衣；后两年谢师傅，徒弟的演出收入与师傅三七分成。契约还得写明：学艺期间徒弟若“投河跳井”“自死伤亡”，师傅概不承担责任。而丁老师收我为徒弟却丝毫找不到这样的痕迹，就连下跪磕头也是我自愿而已。这些都是为什么呢？真正的答案在丁果仙老师心中。我们只能做出如下推断：

第一，新中国成立了，贫苦人民成了国家的主人，所有的旧社会收徒规矩可以废弃。但是，在艺人中间只献艺不传艺，只传皮毛不传精华的人大有人在。但丁果仙老师并非如此。

第二，地位显，名气大，门槛高，面难见，普通人只能在收音机里听声音，戏场子里见容颜。丁果仙老师却不是这样的人。

第三，新中国成立后，她毅然决定把在解放前自己用重金购置的一副全套戏箱无偿捐献给太原市政府，办起了太原市戏剧学校，自己又出任校长为新中国培育戏曲人才，这一举动是多么的伟大，多么的高尚！党和政府也没有忘记她，吸收她为中国共产党党员，先后任命为山西实验剧院副院长、山西省戏曲学校校长等职。并兼任中国戏剧家协会山西分会副主席，山西省文联副主席，第二、第三届全国政协委员、山西省第一、第二、第三届政协常委，山西省第一、第二届人大代表。给了她崇高的地位和荣誉。

综观之，我对丁果仙老师冒昧做出如下评价：

她不仅是一位卓越的晋剧表演艺术家，无愧于“晋剧须生大王”“一代宗师”的美称，而且是一位热爱新中国、热爱共产党的新时代文艺工作者。她热爱晋剧艺术，用毕生的心血和精力致力于晋剧艺术的创新和发展，并为此做出了突出的贡献。她身怀对党和人民的一片感恩之心，在文艺界里德艺双馨、高风亮节，待学习戏曲艺术的青年人如同亲人。她能够用自己的智慧和行动做一名思想解放，与时俱进的先驱。

她是我永远的老师，永远学习的榜样！

张鸣琴／述　张俊海／文

丁老师永远活在我的心中

记得有这么一句话："有的人死了，他却活着，有的人活着，他却死了。"蓦然想来，丁果仙老师离开人间与我们分别已经三十七个春秋了，但在我看来她并没有离开我们，她似乎就在我们的中间，她似乎还在舞台上面。我那可尊可敬的丁果仙老师将永远活在我的心中，当然她也活在广大的戏剧工作者与观众的心中。

我是看着丁果仙的戏长大的，也可以说丁派艺术深入到了我的灵魂之中。然而特别让我今生幸运的是，我竟然成了丁果仙大师的拜门徒弟。那是1961年月8月，省里领导希望丁派艺术后继有人，在省、市晋剧演员中选了马玉楼、刘汉银、刘宝俊、武忠、阎慧贞和我等十二人收为丁果仙老师的徒弟。拜师仪式是在迎泽宾馆举行的，当天省、市的有关领导都出席了仪式。仪式既庄严又简单，既隆重又随意。那天丁果仙老师很高兴，她真诚地给我们每个徒弟说："做我的徒弟，跟我学戏，不要一招一式照搬我舞台上的玩意儿，各自根据自身的条件学我的艺术主张，学我的艺术风格就行了。"特别让我难忘的是，丁老师那天意味深长地再三嘱咐我们几位徒弟说："要想台上出好戏，先要在台下做好人。其实台上演戏与台下做人有时是一个道理，你们不但要当个优秀的演员，更要有好的人品。"拜师仪式结束之后，丁老师说咱们合影留个纪念吧，于是便留下了那张极其珍贵的照片——丁果仙与徒弟们。

拜师不久，丁果仙老师要去北京参加全国人民代表大会，我到她家送行，她从衣柜里拿出一条"灯笼"型的练功裤送给我，一再对我说："我没有什么东西送给你，送你一条练功裤吧。穿上它好好练功，你现在正年轻，现在不把功夫扎实在，等年龄大了后悔也来不及了。"丁老师的这番话激励了我的艺术人生，也给了我探索舞台艺术的力量。

我对我的恩师及丁派艺术感受印象最深的有这样几个方面：

其一，丁果仙善于塑造人物，丁派艺术具有现实主义与浪漫主义相融通的表现方法。最具有代表性的是丁果仙、牛桂英、郭凤英、冀美莲演出的《蝴蝶杯》，在该剧中丁果仙扮演田云山，牛桂英扮演田夫人，郭凤英扮演田玉川，冀美莲扮演芦凤英，真可谓珠联璧合，逼真细腻，把各自的人物都演到了最佳境界。尤其是丁果仙老师所扮演的田云山，每个表演，每句念唱，既是程式的又是生活的，活脱出一个七品县令对儿子主持正义打死恶少引来纠纷，是又恨、又爱、又赞、又斥的多种心态。同时她又把生活与程式融合得天衣无缝，惟妙惟肖，使观众既产生了对戏曲艺术的欣赏性，又感受到故事与人物的可信性。所以说《蝴蝶杯》当是晋剧优秀的传统剧目，也是丁派艺术的代表剧目。

其二，丁老师具有天才的艺术创造性。丁果仙虽然在晋剧的发展史上，是一位具有里程碑式的代表性人物，也形成了她自己的独特艺术风格的艺术家，但是在艺术上她从来不保守，她常常在吸收、借鉴、学习一切有益于自己的艺术。而且她的学习不是生搬硬套，不是为学而学，她对有益的东西，总是巧妙地学习过来，吸纳进去，化入自己的舞台表演艺术之中。比如她在《打金枝》扮演唐代宗时唱的一句，演唱中为了更加逼真细腻塑造人物此时此境的心情，并增加舞台表演中的戏趣戏味，她唱到“老皇兄与孤王并肩齐，亲公啊……”，这其中的“亲公啊”三字拖腔，就是从祁太秧歌中吸收进来的，而观众听起来不露不过，达到了和谐融洽的艺术境界。再如丁果仙老师在演出《走山》时，其中有一句（叫板）：“姑娘请起，老奴我可担待不起！”“这担待不起”的运腔，是从豫剧中借鉴过来的，听起来仍是我们的晋剧，但好听多了，也有情趣多了。她每次演出，唱完这句“叫板”总是满堂叫好。再比如人所共知的《四进士》，广大戏剧工作者与广大观众都称赞这是丁派艺术的代表作，是丁果仙舞台艺术的经典之作，但是她的这部代表作却是从京剧马连良的舞台艺术中借鉴过来的。然而丁果仙对这部戏借鉴过程，早已不是一般意义上的“移植”，而是经过了丁果仙苦心创造进入化境之后的晋剧《四进士》了。

其三，丁果仙老师善于观察生活，把生活升华到舞台表演艺术之中。记得在1964年的时候，丁老师在现代戏《丰收之后》扮演“五保户”老大娘，这对于她来说是个十分陌生的舞台实践。一来过去很少演出现代戏，二来她自幼生长在城市并无农村与农民的生活经验，最重要的是她原本是主攻须生、老生，也很少演现代生活中的女性人物。但是在排练与演出中她都十分顺利，当时人们问她为何如此的得心应手，丁老师回答说，我虽然生活在城市，但我都常年演出在农村，我到任何地方都要仔细地观察生活，观察人物，已把各类人物的生活情景都记在心里并进行体验、思考，不知什么时候就用上了。她还说：其实我过去女扮男装的历史剧，也是对生活观察、体验的结果。在《丰收之后》这出现代戏中，丁果仙扮演的“五保户”老大娘虽然只有一场戏八句“乱弹”，但每当在剧场演出时总是一句一个掌声，观众迄今仍然记忆犹新。丁老师这种善于观察生活并善于升华生活的艺术风范，确是我们后人应当学习与继承的。丁老师虽然离开我们已经几十年了，但是我总感觉她没有走，她就在我们的身边。我们虽然不能亲眼看她老人家演戏了，但她的唱腔却永远流传在广大观众之中。丁派艺术得到了传承，并且继续在发扬光大。你看她的第一代、第二代、第三代、第四代……徒弟已经把丁派艺术继承了下来，在观众中产生着极大的影响。

丁果仙永存人间，丁派艺术永远传唱世间，我们可敬可爱的丁果仙老师永远活在人们的心中！

温明轸

寄往天堂的一封信

丁妈妈：您好！

这是一封必将被阴阳阻隔的信，难以送达您安息的天堂！但我还是想写出来，就像半个世纪前，我们娘儿俩常常的书传花信！

从您撇下我们走的这些年，我就不断重复做着一个梦。那是在抹了夕阳的照壁下，一个真诚、善良、带着深深负罪感的可怜的老人，低眉敛眼对我和武忠——她最爱的学生说，我对不起你们，我是革命的罪人，我不该教坏你们，我给你们传播的是牛鬼蛇神……丁妈妈，我知道您是带着这块心结离去的，您的心里有多少不服啊！许多年过去了，但那一刻我们师徒流血的心和落泪的脸，到现在我还看得真真切切，听得明明白白，心都在痛啊！

拨乱反正，改革开放，您平反了！接下来“著名晋剧表演艺术家”“须生大王”“一代宗师”……数不清的桂冠又重为您戴上，那铺天盖地的宣传造势啊，一波波冲击着我们，更让人心里难过。这本属于您的鲜花和荣誉，您却只能在天堂远望，而无法亲自领受了！好在，政府给了您一个说法，国家还您一身清白，您心头的结应该开解了，而那窒息我多年的梦魇也从此远离了我！

丁妈妈，还记得吗？从我去云南演出开始，咱娘儿俩就保持着信件来往的习惯，小小的信笺，写满了女儿的思念和妈妈的关爱，同时捎去捎回的还有成绩汇报和鼓励的话语！我喜欢这种神交的方式，许多见面说不出的话，却可以在信中尽情表达。也就是从那时起，我们在信里有了不为他人所知的母女关系，您成了我的丁妈妈……

您最了解我，像您一样，我从小酷爱唱戏。但作为家里的独生女儿，家庭经济条件又好，父母是坚决反对的。我当时就跟他们说，丁果仙也是女的，她是多红的角儿啊！我将来成了丁果仙你们不高兴？经过我的软磨硬泡，终于，我进入您任团长的太原市晋剧一分团学戏。那是我第一次见到您本人，一眼望去，就知您是个极和善的老人，更像个慈祥的妈妈。您问我多大了，唱啥行当？十七岁初中毕业才来学戏的我，面对您这了不起的大名人，因为紧张，回答得近乎结巴。但看得出，您对我印象非常好，因为您说您喜欢我是个女秀才。本来在学员们面前我是有些自卑的，他们比我早来，已练就一身过硬的基本功，而我……您却笑着说，孩子，你有你的优势啊！嗓子亮，文化高，个儿大，人缘好。真没想到，这些优点您都看在眼里啊。

那一年开展反右斗争，我的第一任师傅白晋山被打成右派，组织上要求我必须与他脱离关系，那以后，我在剧团带文化课。您跟我说，姑娘，你师傅是白晋山，虽然他现在不能教你，但别人教你也不合适。我想，在我学戏初，丁妈妈您就是我心里一直向往的，您就是我学戏的动力和目标。但现在，我的师傅住了监，没法儿教我，别人又不能教，那我该怎么办呢？想着想着，眼泪就止不住了，后来索性哇哇大哭……记得当时是剧团在西安演出，就在您居住的小花园里，您看见了哭着的我。您把我叫进来，非常亲切地问我，来剧团这么长时间了，学了些什么戏，心里有什么想法，你师傅对你还好吧。您的这些话，让我哭得更厉害了。一是少小离家这么远，二是想到自己无望的前途。您拉着我的手劝我说，有什么不高兴就跟师娘说，以后呀，你想来就来，要是怕你师傅知道，就悄悄地来。从此，我走进了您的家，叫着师娘的我，真也如您的女儿样和您朝夕相伴……

那个年代，只讲政治，不说唱戏。我就在剧团写戏，编短剧。要排新戏了，您不识字，领导就分配我给您念剧本，想起那时的我，真是走着都在跳，高兴啊。我这可是服从组织安排啊，以后就能天天跟着您。有时天晚了，您还会让我住下。每次念剧本，休息的时候，您也会跟我唠家常，我知道了您的身世，觉得您真是可怜，没有享受过正常的家庭父母之爱，没有自己的儿女。您也给我说戏、教戏，时间久了，我和您更亲了，真的超过师徒之谊，甚至都不在乎是否能有拜师这些仪式。

后来，您到了省团，我则到戏校回炉接受正规训练。一直以来，我走的基本都是您的路子。像唱功戏《四进士》《蝴蝶杯》《空城计》等，我早已记下了所有的唱腔和戏词。因为，我想有朝一日也能像您一样，把大幅的剧照海报挂在剧院门前，这就是我的目标。

戏校毕业，我参演的《打金枝》要参加山西戏剧学校汇报演出。演出前，您专门上后台安慰我，不要怕，咱只是个学生，放开演，我安心了。上台第一句就博得个满堂彩，当时我看到坐在最前排的您笑了，我更有信心了。第二天《山西日报》大幅照片报道，夸我是小丁果仙，我从此学戏更有信心了。

1961年，政府组织拜师仪式，我是您收的十二个徒弟中的一员。您待人好，尤其对我就像亲姑娘，但有时非常严厉，就因为我的家乡口音，所以发音时带着女声，曾挨您狠狠的一顿训斥。您说："有句话说'男人嘴大吃四方，女人嘴大囊粗糠'，你这么轻声说话，是怕将来'囊粗糠'？我嘴这么大，我也'囊粗糠'了？你这个家乡话必须改掉，否则就别唱戏了！"从此，您的训斥一直在耳边，无论唱或道白我都特别注意咬字。喜欢听我唱腔的观众都说，听阎慧贞的唱腔不用看字幕，闭上眼也能听清她唱的是啥！这都是您严格要求的结果啊！

一直以来，我最佩服丁妈妈您，您悟性特别好，演戏非常真。您不识字没文化，可竟然能把屈原、诸葛亮演得那么好。难以想象啊，一个目不识丁的老太太，居然就演活了几千年前的士大夫、三国时代的诸葛亮。要真是让您说说屈原、诸葛亮，您可能说不来，但为什么一演起戏来，您就成了屈原、诸葛亮？您是演谁像谁，并且演谁是谁。那时，只要是您演戏，我们是每次必看，大家都爱看，因为觉得特别神奇，觉得您就是为戏而生的。演《走山》，铺了台毯的舞台上本没有石子，但您演的却让我们分明是感到有石子绊倒了您，而不是在做戏，您能将程式与生活结合得天衣无缝。我们学戏这么多年，力求结合，但是往往比不上您，总有不足，我们还在模仿，模仿您，虽然很像了，但真的达不到您的那个出神入化的境界！

再说您的唱腔，是一种真正的听觉艺术，远远儿的，从您的唱里能听出人物的情绪，是从唱中发出的，能听出戏文戏情。现代戏《丰收之后》，您总共八句唱，但您的表演，您的唱还有您那解放脚走的圆场，都博得全场最持久热烈的掌声，两个多小时的戏却将焦点集中在您的八句唱上，真的是盛况空前。

"文革"中，您受迫害。我因出身不好，自身难保，只能偷偷去看您。您总是带着忏悔说您错了，不该教我们牛鬼蛇神，您有罪……我们不能多说，但我们知道，您教给我们的是真正的民族的传统的文化，您没有错，是历史的错。最终，您多病的身体终于在郁郁寡欢中倒下了。我痛哭，不公道啊，难道让我的丁妈妈，在去天堂的路上也要背负着这样沉重的包袱，而不能释怀吗？

您去世后，我也曾和牛桂英老师演过《打金枝》，但我却无法面对您多年的搭档，看着她我就想哭。您是那么好的一个艺术家，今天的舞台这样宽广，这样解放，以您的能力会把多少好的东西再拿出来给观众，可您却就这样走了……我常常演不下去，常常在上场前还得擦干眼泪……

您的百年诞辰，人们都在感怀舞台沧桑，记述晋剧春秋。我则重拾纸笔，想对您写下我对您的感恩、爱戴与怀念，但千言万语，也写不尽您的真情、艺术和人生啊！

丁妈妈，您没有走，您活在我心中，活在所有观众心中……

阎慧贞

印象·老师

我十四岁学戏，在太原市人民剧团训练班学习，三个月后要汇报演出，是留是去，就看演出结束后领导、老师们的评判了！

《走山》作为我的首场汇报演出剧目，赢得了所有领导和老师的认同，掌声和赞扬声让我激动不已，但更重要的，是在那天，我见到了仰慕已久的丁果仙老师！后来，她成为我的恩师，引导我走上戏剧道路，我成为今天观众喜爱的表演艺术家、国家非物质文化遗产晋剧传承人、国务院特殊津贴获得者，以及国家和人民给予的许多荣誉和爱戴，都与恩师昔日的教导分不开。老师诞辰一百年，作为学生，我想从自己印象中的几个方面说说我心中的老师，与大家共同缅怀一代晋剧宗师！

初识印象——人穷有傲骨

过去艺人都被人看不起，还被叫作“戏子”。我一是家穷，二是母亲身体不好，来剧团后，一心只是学戏唱戏。丁老师看出我的心理，她对我说，武忠你好好学戏，不要再说你的家穷，这个不是主要的。你把戏学好，你的父母跟着你也高兴，路是人走出来的，我也是苦出身，我连父母都不知是何人。这时我才知，丁老师是从河北卖到山西来的，比我的家还穷，甚至不知自己是谁？但她说，咱人穷志不短，不能有傲气但要有傲骨！

这就是丁老师给我上的第一堂课——学戏先做人，人穷志不穷！从那时起直到现在，我再没在意过我的贫家出身，再没因经济的困顿而失意不振，因为我深深地记住和印证着丁老师的一句话，人不能有傲气但要有傲骨。

我的丁老师，一个旧社会的艺人能成为一代晋剧宗师、须生大王，正是因为她从没有想过她卑微的出身，没有在意这些身外的东西，而是穷其一生致力于自己钟爱的事业，这是我终身受用不尽的从老师那里继承来的一笔丰厚的精神财富！所以后来我和老伴阎慧贞在饮马河义务活动六年，人们不理解，说现在是市场经济，人家都是想法挣钱，你们咋还这样？我受恩师教诲多年，我也像她一样，是一个要把自己的余生也完全交给晋剧事业的戏剧人，这是一种真正的人生自觉，当然它追求的不是经济价值，而是承自恩师的一种纯粹的精神价值。

教戏印象——开启艺术之门

我成为太原市戏剧学校的正式学员后，丁果仙是我们的校长，她对戏校的教育非常重视。尽管此时的她已是很了不起的文化官员、艺术大师，但从不见丁老师有一点架子，吃饭普通乃家常便饭，穿衣整洁但不求奢华。每天演出任务繁重，但一有空就来学校教戏带课。所以在我们这些学员眼中，她这大师这校长，却比普通的教员还容易接近。

我最幸运。在戏校期间学的几个戏，几乎都是老师手把手，一字一句，一招一式地抠出来的。我珍藏着一幅很珍贵的老照片，就是丁老师教我《劈门》时照的。丁老师演戏非常认真，每演一部戏都要把剧中人的家庭、个性、职业、矛盾等全部搞清楚。她问我：白茂林为什么要劈门？他慈祥朴实又很有见地，卖画是他的生活也是他的职业，卖出画能生活得好些，但不卖也不会困难到哪儿去。但就是这么一个慈善的老人，最后要劈门？这就是那句话，兔子急了还咬人。胡林抢男霸女，胡作非为，白知道胡是这样人，所以宁肯不卖画也不去你家里。但白中了胡的诡计。白茂林不是杀人的人，他从不作恶不害人，甚至生气了都不知该拿什么来对付眼前的坏人，六神无主时，看见一把菜刀，也许是棍子，总之我不能将女儿送入火炕，宁肯杀你……这就是当时白的思想情绪。剧本讲清了，戏也给你说了，但你自己还要再悟，看你怎么运用戏曲程式和平时观察到的生活细节了……

丁老师给我最大的帮助，我感觉不是教会我多少戏，而是帮我打开表演艺术的戏剧之门，让我开窍给我开路。至此，我也才有了悟性，那种突然间的顿悟和豁然开朗，才让我真正领略到传统戏剧的博大精深！

可以这样说，没有丁老师，就没有我们这一批承前启后的晋剧中坚力量，没有丁老师为首的这一批老前辈，就没有今天的我们。现在国家和观众对我们评价很高，博采众长呀融会贯通的，但我们清楚，这是因为前辈给打下的扎实的基础。我们是循着前辈的足迹，一步一个脚印走到今天的。

生活印象——凡人不平凡

老话儿说，艺人心短。丁老师却从没这个心，谁来都是有求必应。

她能毫无保留地把她所知道的全部教给你。她说琢磨，实际就是拳不离手曲不离口，就是台上那一分钟得有台下的十年功。她教你让你去悟但绝不约束你，有时她没说出来但却会启发你的思路，并允许你有自己的东西加进去，给你的舞台表演留下许多可以再发挥想象的空间，籍以充分挖掘演员无限的艺术潜能。从这方面说，我感觉老师不仅是位艺术家，还是位很有远见的教育家，她素质很高，造诣很深，懂得教育，适时留白。

我和慧贞结婚，丁老师亲自来参加，这是对我们青年一辈的关爱和扶持，虽说她是以校长的身份来的，在婚礼上说得最多的也还是戏，但我们感觉，她就像是我们的一位亲人长者！

“文革”期间，丁老师受迫害。我们经常偷偷去看她，她总是非常虔诚地说，我是革命的罪人，我不该教坏你们，我给你们传授的是牛鬼蛇神……其实我们什么都知道，但不敢多说。她又说。武忠你学的是周信芳和阎逢春的戏，你又不是我的徒弟，你不用怕。我懂老师的心，她说这些话，是尽力撇清我们和她的关系，不想让我们受牵连。因为那时我们夫妻也因为家庭出身和历史问题过得胆战心惊。我们没有能力帮她什么，但我们知道，她没有罪，她永远是我们最好的老师！丁老师去世后，我手捧遗像为老师迁坟安葬。她去世多少年了，人们只要一说晋剧、说须生还是丁果仙。虽说有那么多继承丁老师的后来人，包括我们这些徒弟，都学了她的不少东西，但超越的很少，甚至可以说没有，真的是无法超越！

我有时就想，丁老师真是个奇人，她没文化，不识字，但她对人物的理解却非常的到位，是那种一般人难以达到的深层境界。她没文化，演戏却又处处透着文化，并且都造诣很深，演什么像什么！她是个普通人，但很不普通；她是个凡人但又很不平凡。

传承印象——移步不移形

记得那时老师家里养只猫，她会一动不动看猫好久，看猫的眼睛、爪子、动作等等……走在街上看老头、老太太走路，她会跟着走，然后学来用在戏里。人们都说我观察生活的能力很强，这就是来自丁老师。以前的我只会模仿，不会充实，不会积累沉淀后拿来为我所用。

学戏前，我在村里就听人说起过丁果仙和张美琴老师。也许是地域性的特点吧，文水人喜欢铿锵刚劲、爆发力强的唱法。所以，在我们这边拿丁和张作比，“张才是舍得发力的好演员！”这就是我在没有见到丁老师前，脑海里仅有的对丁老师的一点模糊概念。但学戏后才感觉，丁老师的唱腔真是好听。是她将韵味、节奏、咬字、人物、情绪等等巧妙融合后，又自成一派的可以品味的韵律，是晋剧唱腔的精髓。乡下人说的“不发力”，用现在的说法，却是我们没文化、不懂科学的丁老师自己琢磨出的科学发声。现在那么多人学唱她的唱腔，可真正她的味儿还是没出来，她的精髓还是没人真正学到。

《走雪山》两句叫板，她唱的那个语气，真是催人泪下，真是无人匹敌。《蝴蝶杯》打子唱段，过去现在有很多人在唱，但都唱不出丁老师这个味儿来，她在戏中用的就是日常家庭中老子训儿的那种神态，她的唱念做表是源于生活，但又高于生活，是提炼后的生活，所以好听好看，被观众接受。

梅兰芳说：学我者生，像我者死。我由于嗓音条件有限，学了丁老师的唱，但戏路和她不一样，条件没老师好，就走了自己的一条路，但我是移步不移形，有继承才能创新的，我始终是在继承丁老师和张美琴老师的基础上再发展创新的。

时过境迁，演员、观众、语言、音乐、舞台都已大变，但丁老师的光辉却还永照在晋剧舞台上。我明了了一行诗句：“有的人死了，他还活着！”老师就是这样还活在我们心中；她的才艺也永留在我们心中，永远唱响在晋剧舞台上。虽然她经历了人生中的悲剧结局，让人泪下。但她一生执着追求的精神却感天动地，人间永存！

武　忠

师奶是伯乐

我的母亲丁艳霞，原名袁翠香，小时候和丁果仙住在一个院。因为我母亲乖巧、聪明、漂亮，丁师奶又没有自己的孩子，所以特别喜欢她。便主动提出收养她为干闺女。我的姥爷、姥娘也欣然同意。于是母亲改名丁艳霞。母亲大约九岁便跟师奶学戏。吃、穿都由师奶供养。有时还搂着我母亲在一个被窝里过夜。据母亲说，每天踢腿、下腰、跑圆场，就在院里练功。两腿夹着笤帚疙瘩，掉了就挨打，老艺人信奉“打戏打戏，不打不记”。练了两年多才给她定行当，从此母亲学唱小生，后来在晋中也独挡一门，小有名气。

在家乡解放的硝烟中，我出生了。所以从记事起，每过新年，母亲总带我到太原“天地坛”给师奶拜年。师奶家很整洁，很有秩序。尤其是师奶那有雕刻花纹的古色古香的床，我印象中师奶不是一般老人。师奶除给我五元压岁钱，有一次还让我唱两句。我是跟着母亲在那“嘣、登、呛”的环境中长大，张口就唱《红楼梦》中宝钗的唱句：

宝钗我无缘和你配，
明知你爱的是林妹妹；
怎奈是父母之命难违背，
更何况金玉良缘天意难违。
你不该洞房对我如此拜，
你让我一世终身该靠谁。

当时我并不懂词意，只是“口脱脱”学的，可丁师奶却发现我有一定天赋，应该学戏。但不是小旦的料，于是她便教我学唱《花子拾金》唱段：大刘流赶着一群牛，二刘流担着两篓香油……

不等她唱完，我就说我不喜欢，喊着“不学，不学……”丁师奶哈哈笑起来。

1959年我十二虚岁，就进了太原市戏校，平时住校，星期天师奶就接我回家，给我做好吃的，让保姆给我洗衣服。她说的全是练功呀，演戏呀，只是自己年龄小，似懂非懂。因为自己是家里最小的，娇生惯养，为了我，父亲竟辞掉榆次的工作，在太原找了个炊事员差事，经常给我送点心、小包子……母亲见我练功，她哭、我也哭……就向师奶提出，还是回榆次上学吧！师奶没好气地说：“回吧！回吧！回你那蜜罐里养着吧！”

轻松的日子没过几天，1960年11月，我母亲因病去世。妈妈的同事李玉环、马月琴、程伶仙、宋茂林等都希望我学戏，我父亲又领着我去看丁师奶，征求老人的意见：是否该住艺校？学什么行当？师奶帮助分析说，应该学戏，继承母亲的晋剧事业，说我脸庞大，不宜学旦角，说我的嗓音比母亲宽，建议我学须生。父亲像吃了定心丸，决意送我住进晋中戏校，成为李玉环的学生。在分行当前，演《二进宫》时，我一场扮演李艳妃，一场扮演杨波，领导和老师们都认为我学须生更合适。他们哪里知道，师奶早有先见之明了。我除在学校演出《困雪山》《芦花》《二进宫》《打金枝》《明公断》《红色娘子军》等，参加工作后，演出的《港口驿》《吴王剑》《双灵牌》等戏，都为广大晋剧爱好者所熟悉，并成为晋中晋剧团的艺术骨干。1987年，我被评聘为国家二级演员。在晋剧舞台上活跃几十年，师奶是伯乐，是师奶为我把关，为我选择了行当，让我体现了自己的人生价值，才没虚度此生。

“文化大革命”初期，我已是晋中青年晋剧团的演员。听说造反派让师奶穿上唐王服装上街游斗，我和大姐白桂英去看师奶。偌大的院子，冷冷清清，就师奶一个人，失去了往日的灿烂笑容，师奶胳膊骨折，人也瘦了许多。我和大姐都哭了。但师奶反而安慰我们，不要哭，对群众运动要理解。大有“脱胎换骨，重新做人”的决心。她的心像大海一样宽。

后来虽然我再没见过丁师奶，也没有福气聆听她的施教和指点，但对她那份亲情仍铭记心里。她在艺术上的成就一直激励着我。传统戏恢复后，在自己的唱腔中有意融化进师奶的韵味。我的女儿谢青比我有心，凡是师奶的录音她都买。丁派韵味更浓了。

告慰九泉下的师奶，我们没有忘记你！你是晋剧艺术的功臣，也是我们家的恩人，我的好师奶，安息吧！

白桂枝／述　李春芳／文

德艺双馨　和蔼可亲

20世纪60年代，晋剧艺术大师丁果仙曾任省晋剧院的副院长，也是省戏校的校长。她老人家不仅常年在晋剧舞台上以精湛的艺术为工农兵服务，还为戏校教育培养晋剧艺术人才呕心沥血。当时晋剧院青年团的很多演员都受过她的指导、培养，并且还收马玉楼等多位省市知名演员为徒以便传艺。

当时为庆祝丁果仙舞台生涯四十周年，省戏校决定由丁果仙老师排演她与乔国瑞（艺名狮子黑）的代表剧目《捉放曹》。因省戏校当时有丁果仙的关门弟子郭振琪，所以《捉放曹》的“陈宫”一角由他来扮演，我是一名花脸演员扮演曹操，也有幸参加到这一剧组，看到师傅为最小的徒弟排戏，我受益匪浅。另外还有两名学须生的演员杨效璋和侯正中也一同学“陈宫”这一角色，参加排戏的学生有五六人。

丁果仙老人家排戏非常认真，当时我们只有十四五岁，接受能力有限，一招一式，举手投足，乃至每个亮相、台步、动作、表情、眼神都要她反复示范才能有所领悟。在排戏的过程中所有角色的台词、唱腔、动作，包括锣鼓点都要由她老人家示范、说明，直至教会我们。当时虽也有协助排练的老师，但丁果仙老师却总要亲自说戏亲临排练现场，那份辛苦可想而知。但尽管如此她老人家却不急躁更不发火，对我们在排练过程中不明白、表现不到位的地方都以平和的方式来说教，告诉我们要深刻领会剧中人物性格特点，揣摩人物内心世界，把握艺术程式，从内到外都要融入剧中人物中才能让观众真正感受艺术，享受艺术。她说：山西梆子要有所提高发展就必须从戏校教学开始，就要使学生知道程式和内容的关系。程式是为表现内容的，是服从内容需要的，有了不同的内容才有不同的上下马的程式、不同上下场的程式等，没有内容的艺术程式是为程式而程式，就是没有灵魂。这样的演员是没有前途的。在整个排戏过程中，她就是根据剧情发展的不同要求把所有角色的艺术程式、动作按剧情需要表现出来示范给大家的。特别是她老人家把剧中陈宫的两个叫板，老丈——明公——一个拖腔儿——恕着他——以及和曹操完美配合的艺术表演程式，反复示范，要求我们各自揣摩人物内在的思想情感并尽可能地表现出来。丁老师的这次排练让我至今难忘，使我在后来的演戏过程中大有提高。丁果仙老师告诉我们，晋剧艺术是无数前辈艺术家不懈努力与不断同兄弟剧种交流学习才得以发展提高的，它是综合艺术，最讲究配合，舞台上没有配合就没有“戏”。所以配合是很重要的。在排戏的间隙，丁老师还关心我们在戏校的学习情况，在听到我们除武功、身段、把子、圆场等基本功外还安排有文化课，她高兴地说：“国家给你们创造的学习条件真是太好了，学艺术又能学文化，旧社会的艺人想都不敢想。在过去艺人被称为戏子、下九流，没有社会地位，解放后，共产党毛主席提高了唱戏人的地位，又创造了这么好的学习条件，你们一定要努力学习。我们是文艺工作者，是人类灵魂的工程师，是和工农兵一样平等的，我们永远不能忘记共产党毛主席的恩情，要更加勤奋地学习。有了文化就能看懂剧本、理解剧情，就能有效地把握人物特点，因此一定要好好学习文化知识、学好艺术，发展晋剧，为国家服务！”

丁老师在排练过程中还多次提到，练功一定要会练，更要巧练。有目标地练，带着表情练。如：台步、身段、圆场、眼神都可以带着表情练，这样练会达到事半功倍的效果。另外，练功时要根据行当的程式来练，武生要“绷”，花脸要“撑”，行当是传统戏历史发展形成的，不同的行当有不同的形式表现，否则戏曲舞台上的表演就不够丰富。花脸是一个比较夸张的行当，由于面部彩妆的夸张，所以表演起来就要有所夸大，身体和面部的协调配合促成了这一行当的特殊性。老艺人“狮子黑”乔国瑞老师就是一名花脸演员，他扮戏后雄壮威猛，一个亮相犹如“金刚”，和他配戏很是精彩。他练功非常刻苦且用心，为练好喷口经常到井边喊嗓子，在有回音的地方练可以感受声音是否洪亮，就这样他达到了在台上“一声定太平”的功效。他不仅艺术好，还是爱国的艺术家，他的儿子为革命献出了宝贵的生命。乔老师更是一位乐善好施的好人，在旧社会的戏班，每到年关总有生活困难的人，他知道后就组织大家演戏，把演出收入全部分给大家自己分文不要。丁果仙老师对比她大的前辈艺术家的崇敬之情溢于言表，对比自己小十几岁的牛桂英的艺术成就更是称赞有加。她说：“牛桂英对山西梆子青衣唱腔的提高发展贡献很大。旧社会，戏班里没有女人更没有女人唱戏，所有角色都由男人饰演，也因此出现了毛毛旦、十三旦、天贵旦等一批唱女角的著名男老艺人。当时，他们由于受男性的生理局限，唱腔生硬并不优美，是男腔并不是女声，后来虽有女人参加戏班，但由于师傅是男人而一时很难改变。牛桂英在通过不断学习和实践中改变了男腔，创立了稳重、优美、圆润的牛派青衣唱腔，为山西梆子‘三大门’唱功戏的提高发展奠定了一定的基础，为学习青衣唱腔的学生引领了航向。”丁果仙她老人家自己是一代宗师，对别人的艺术成就不仅充分了解、肯定，由衷的高兴，而且能站在剧种的全局高度来认识，说明她老人家关心山西晋剧事业是无私的，真不愧是一位德艺双馨的艺术家！

1961年冬天，我们与丁老师约好在东缉虎营排戏，当时的天气很差，刺骨的寒风中夹杂着雪花，打在脸上都是疼的，我们早早来到排练场，大家不停地跺着脚，搓着手。“估计丁老师不会过来了，这么冷的天气！”大家七嘴八舌地议论起来，过了一会儿，透过窗帘，我们看到一个熟悉的身影，丁老师！她正急急忙忙地向我们走来，嘴里还念叨着：“冷坏了吧，对不起，孩子们，我来晚了。”我们望着这个熟悉的身影，都没有说话，丁老师的行为早已融化了冰雪，让我们觉得心里暖洋洋的。时隔几十年，每次提起这件事，我都为丁老师的守信和她对艺术的认真而感动。

丁果仙老师特别喜欢孩子，记得在排练时，身上常带有牛奶糖，有时每人一块儿，还常说：“娃娃们一定要好好学，长大好为人民服务。”有时单个给，也曾给过我。这种高级奶糖是国家当时给她的特供，由于当时物资不够丰富，市场上要特供号才能买到，我家很穷，这种高级奶糖我从没有吃过，拿着糖我的心情无法用语言形容。将近五十年过去了，心里的丝丝甜意至今仍存。这是她老人家对我们这些小学生的关爱、鼓励和希望！

时间长了，仅凭回忆，不妥之处敬请指教。

杨致淮

愿为继承和发扬丁派艺术奋斗终生

1967年4月，我出生在阳曲县北留乡西庄村一个普通农民的家里，父母亲都是“文革”初期毛泽东思想宣传队的业余文艺骨干，在他们的影响下，我九岁就用晋剧二性板式唱“我们是毛主席的红小兵”得到乡亲们的称赞。1979年县里办艺校，我有幸成为一名戏曲学员。

1980年，我的启蒙老师贾恒志为我排了上艺校后的第一出戏《杨八姐游春》，我扮演宋王。这一年5月13日是县里传统商贸交易会，学校邀请太原市实验晋剧团的郭彩萍、白桂英、范翠萍等前辈到校看我们排的《杨八姐游春》。几天后，白桂英老师决定为我排《芦花》。因为自己年龄小，对闵德仁因为妻子虐待前房之子闹得不可开交，闵子骞跪求父亲为后母开脱，“宁愿母在一子寒，不愿母走三子单”的情节朦朦胧胧，似懂非懂。在“儿跪倒”的大板唱段中不仅唱不出应有的层次和感情，连老师教的也记不住，把白老师气得够呛！我知道自己笨，一遍一遍学，在白老师精心施教下，终于在年终为县领导汇报演出时，台下掌声不断。我都不知道观众那是干什么呢！下场后，老师和领导都祝贺我的演出成功，我才第一次知道掌声是对演员的肯定。

后来我才知道，白老师叫丁果仙师奶，她的妈妈丁艳霞是丁果仙前辈的义女，白老师就是随师奶走进梨园，最终成为丁果仙的弟子的。从白老师身上不仅能学到她的艺术，还能更多地学到丁大师的艺术，我暗暗庆幸自己遇到了好老师，真是傻人有傻福。几年来，白老师又为我排了《详状》《斩子》《打金枝》《四进士》《捉放曹》等，都是丁派代表作。

另一位任课教师杨效璋，他主张唱和表演一样，从模仿学起。他为我排的第一出戏是《空城计》。学校专门买了录音机，无数次地播放丁果仙前辈的《空城计》录音，我唱，他也唱，哪一句不像就停下来，分析丁老师的发声部位，杨老师硬是要求我学出丁老师成年时的淳厚和苍劲。功夫没有白下，一出《空城计》下来，我的吐字、发声、行腔真的有了丁派艺术的韵味，自己也逐步懂得用声腔刻画角色，渐渐有所提高。慢慢地我知道杨老师毕业于山西省戏曲学校，据杨老师讲：丁果仙时任省戏校校长，由于身体原因不能天天去戏校给学生们上课，他就常到丁校长家里求教，他真的受过丁校长的真传实教。后来杨老师还为我排了《走山》《蝴蝶杯》《太白醉写》《渭水河》等戏，都是丁派代表剧目，为我学习和钻研丁派艺术奠定了扎实的基础。

丁果仙给白桂英老师和杨效璋老师的教学、排戏几乎是穿插进行，他们都是丁果仙前辈的亲传弟子，所以我也百戏不离丁派。我应该是"一脉相承的丁派"徒孙了。

后来阳曲县艺校还请丁派弟子马玉楼老师为我排了《卖画劈门》，演出效果非常好。还特邀和丁果仙合作多年的三花脸前辈宋胜科加工辅导了《蝴蝶杯》，我扮演了田云山。

白桂英老师认为我的唱腔丁派风格基本定型，但表演上她自愧不如"马派"（马兆麟）弟子李月仙老师，于是白桂英老师领我求教于李月仙老师，《辕门斩子》《芦花河》《齐王拉马》《卧虎令》等，都是李月仙老师排的，但唱腔的加工细抠，仍是白老师，唱腔到我嘴里，"马派"自然变成了"丁派"。

1983年李月仙老师为我排了《芦花河》。为了学好丁派唱腔我吃住在白老师家，这个戏在全省第二届教学剧目汇演中获一等奖。

也是1983年冬天，我住在白老师家学《捉放曹》，妈妈给我带了五十元钱，让买过年的衣服，可衣服没买成，在钟楼街，钱被小偷偷了，回到白老师家，我不住抹眼泪，白老师知道情况后，二话没说，拉我上街，花几百元为我买了羽绒服、牛仔裤、枣红皮鞋。我还是第一次穿皮鞋，第一次穿如此时尚的衣服。我不但艺术上得到丁派弟子的真传，生活也得到老师的关爱，让我刻骨铭心。

1985年，我以《斩子》唱段获全省晋剧"杏花奖"广播赛第二名；1986年以《卧虎令》获太原市"希望杯"调演一等奖；1989年以《诸葛亮吊孝》获太原市"龙城杯"调演一等奖，1992年在全省首届晋剧卡拉OK大奖赛中以《空城计》获专业组特等奖，捧回了大彩电。之后，我登门拜访丁派弟子刘宝俊，这么多年，虽然刘老师没有为我排过完整戏，但她常给我讲丁老师对角色的应变，并一起讨论丁老师的唱腔艺术处理，不同程度地传承着丁派艺术，我又多了一位丁派恩师。

2009年4月末，在太原市实验晋剧院为"六大员"举办舞台生涯庆典活动中，我正式给白桂英老师磕头补办了拜师手续，完成了整整二十年想办而未办成的心愿。

我之所以能在戏曲表演艺术上小有成就，在广大晋剧爱好者中有较好口碑，是大家认可我的丁派风韵，正是众多丁派弟子开发了我，塑造了我，是他们精心传授以及生活上无微不至的关爱，我才有现在的成绩。虽然我没有见过一代宗师丁果仙前辈，但我无数次地听她的演唱录音，是她的徒弟们下辛苦培养了我，我能成为丁派再传弟子是我的造化，我愿为继承和发扬丁派艺术奋斗终生。

孙红丽

转益多师是吾师

—— 一个私淑弟子的心声

吾生也晚，未能亲聆丁果仙大师教诲。然而，我从小即对大师的唱腔非常熟悉。这一方面是因为我出生在一个艺术家庭，家中不乏丁大师的录音资料。另一方面，由于丁大师深受太原群众喜爱，所以，我在上学放学的路上，常于街头巷尾听见扩音器里播放着的丁大师的唱段。那时候我还是一个梳着羊角辫辫的小孩，但常常一下子就被她那特殊的声音吸引。那声音一听就是丁大师的，但又分明是诸葛亮的、是李太白的、是唐代宗的……是她所扮演的剧中须生本来就有的那种声音。我被这种功夫深深地折服。

真正有意识地向丁大师学习，还经历了一个探索的过程。我十一岁考入太原市戏曲艺术学校，先跟著名晋剧表演艺术家花艳君老师学习青衣，1983年毕业之后，分配到太原市实验晋剧团工作，拜著名晋剧演员李月仙为师改学须生。李老师的唱腔高亢激昂，表演富有激情，使我获益匪浅。但我时常隐约有一种感觉，觉得我的女中音嗓音与丁大师更接近一些。后来排演折子戏《卖画劈门》，我想学习丁派唱腔，但又怕李老师有什么想法。当我提出这个问题之后，李月仙老师爽快地答应了，并没有我预先想象的门户之见。丁派传人武忠老师悉心教授，让我领会到以声音刻画人物性格的微妙之处，使今后唱腔的角色感更强了。

1994年初，排练现代戏《丁果仙》，是我深入领会丁大师表演艺术的重大契机，也是从那时起，丁大师热爱晋剧的执着精神及广泛吸收的勇气更加深深地打动了我，换言之，我有了自觉继承这种精神的意识。因为，我要演好丁果仙，就要深入研究丁大师的人生经历、艺术道路，深入体会她的思想、情感，并且要用丁派的艺术风格和艺术手段来表现她。当时我只有二十四五岁，演好这样一个角色并不容易。她不同于屈原等历史人物，也不同于范进等艺术形象，她生活于新旧社会之际，故交亲朋尚在，演得像不像、好不好，他们最有发言权。凭着对丁大师的热爱、对其艺术精神的服膺，以及初生牛犊不怕虎的勇气，我执意要把她搬上戏剧舞台。我融汇各家之长为我所用，又加入了现代戏曲的很多元素，终于排完了这部现代戏。在太原演出后，引起较大反响。当然，赞誉者有之，诋毁者亦有之。但我想，这正是我想要达到的效果。鲁迅先生说："得了赞和，是促其前进的，得了反对，是促其奋斗的，独有叫喊于生人中，而生人并无反应，既非赞同，也无反对，如置身毫无边际的荒原，无可措手的了……"这些褒贬不一的评价，促使我反思自己的道路，对我都是一种帮助。记得当时有媒体采访我，我曾表达过这样一种看法：所谓流派是前辈大师们在长期实践中形成的艺术风格，这种风格的形成，是互取其长的结果，不论"丁派"还是"马派"，都是在相互的借鉴中不断丰富和发展自己的。1996年，《丁果仙》在北京演出，引起轰动，获得了文化部第七届"文华奖"和第十四届"中国戏剧梅花奖"。著名戏剧家郭汉城先生看过演出后，亲切地对我说："我想，今后观众可能会叫你小果子红吧。"——果子红是丁果仙大师的艺名，郭老如此评价，显然是出于对我的厚爱与鼓励，但我私下里也认为这是对我与丁大师艺术文脉传承关系的一种认可。

此后，离我第二次获得"梅花奖"有十余年的时间。在这十多年里，我排练的几出主要的戏如《芦花》《范进中举》《烂柯山下》《傅山进京》等都深受丁大师的影响。《芦花》是每个须生都要拿下的一出戏，也是丁果仙大师的代表剧目之一，在山西一直有很深的影响。我排练这出戏，一方面是因为喜爱丁大师以富有激情和变化的行腔塑造人物的功力，另一方面也是因为认可其中蕴含的超越时代的伦理情感以及民间哲理。事实上这出戏确实受到广大观众的热烈欢迎。记得2003年在黄河边演出，时值深秋，细雨绵绵，观众打着雨伞、顶着油毡观看。虽然我已被冷雨打湿了衣服，但仍然坚持把戏演完。回到后台，体力不支，即刻挂起了吊瓶。有老乡端来热腾腾的米汤，眼含热泪说："好，好哇，果子红当年就是这样唱戏的，俺们今儿又看见果子红了！"俗话说，金杯银杯不如百姓的口碑，得到老乡这样的评价，我的心里热乎乎的，全然感受不到深秋的凉意了。

后来排练《范进中举》，我着力寻求新的艺术突破。虽说整体上范进还是个老戏扮相，但胡子是我自己改的，比传统戏中的胡子要短些、薄些，而且，为了表现范进的窘迫与寒酸，我还加入了小生与丑角的表演技巧，唱腔上在保留晋剧高亢激越的传统声腔的同时，尝试在人物独自倾诉时用大段"干板"……如此等等，不一而足。尽管如此，我们的剧团参加2005年上海国际艺术节时，人们却很自然地想到了丁果仙。《上海戏剧》同年第12期谓之"六十九年又圆上海梦"，报道说："1936年，晋剧大师丁果仙曾率团赴上海、天津、北京等地巡回展演，给观众留下了深刻的印象。一晃就是六十九年，当太原市实验晋剧院青年剧团带着《范进中举》重在上海这片久违的土地亮相时，又掀起了一阵晋剧热潮……”这种报道方式也引起我的诸多感慨。当年丁大师率团到北京演出时，从上百个剧种中脱颖而出，让毛主席、周总理深深赞叹，也让全国观众知道了晋剧的存在。对山西以外的人来说，提起晋剧就是丁大师。一个著名演员对一个剧种的巨大宣传作用，由此可见一斑。这对我们是一种鞭策。而当我们剧团来到上海时，他们自然而然地把我们看成是丁大师艺术生命的传承者。

《傅山进京》是我艺术道路的又一个亮点。它荣获“中国戏曲学会奖”、第十届中国戏剧节“优秀剧目奖”、第一届中国少数民族会演金奖和组织奖。因它，我在第十届中国戏剧节上荣获优秀表演奖第一名，在第十届上海白玉兰戏剧表演艺术节上荣获表演艺术主角奖，在第一届中国少数民族戏剧会演中获得优秀表演奖，在第二届中国戏剧奖、梅花表演奖评奖活动中，又以“二度梅”榜首的优异成绩，夺得“二度梅花表演奖”。这是社会对我的认可与鼓励。而“圈内”的人对此剧的评价更为简单明了。晋剧表演艺术家牛桂英、花艳君等老师看过我的表演后，都说：“我们看到你演的傅山，就想到‘老太太’演的屈原！”“老太太”是她们对丁大师的昵称，这种评价对我的鼓舞并不亚于获得诸项奖励。事实上，在排演《傅山进京》的过程中，我常常在想：如果丁大师来演傅山，她会怎么演。日有所思，夜有所梦。我在那些排练的日子里确实梦到了丁大师。当然，这也不是第一次梦到，在排练《丁果仙》的时候，也曾有这样的经历。甚至更早，当我二十岁左右在忻州演出时也曾梦到。说来难以置信，当时的情景至今历历在目。丁大师对我说：“孩子，你演得不错，但还是嫩了些。今天晚上我在邻村演出，你去看看吧！”当我把这个梦说与丁大师的弟子白桂英老师听时，她惊异万分，说：“咱们演出的村就是她的婆家，孩子，你去给丁大师上炷香吧。”我当然没有去上香。因为尊重丁大师的演技、继承她的精神，对她来说，会是更好的一种告慰！

丁大师一生坎坷，半世艰辛。但她对艺术的追求是执着的。她对生活的汲取是广泛的。她认真研究秧歌、蒲剧、河北梆子等的长处，为我所用。她注重生活中的点点滴滴，甚至曾经追着卖烧土的模仿其吆喝。正是这种兼收并蓄，成就了她的艺术风格。她的这种精神，值得我们后学继承。如果说我在艺术探索道路上取得了一些微不足道的成绩，那也是众多方家指导的结果，而沾溉于丁大师者尤多。今逢大师冥寿百岁，请允许我这个私淑弟子以此拙文奉上心香一瓣、寄托悲情几缕！

谢　涛

（原载《晋韵流芳》）

果子陨落时

——著名晋剧表演艺术家丁果仙之最后一曲

一

天黑下来了，但是她——丁果仙不急着拉着灯。近来，她的心境有些灰冷，这是她过去从来没有感受过的。她的病显然很不对头，胸憋、气紧、咳嗽、哮喘，就像卧在她身边的四条恶狗，虎视眈眈地盯着她，只要嗅到她有稍许的轻快，它们就以加倍的疯狂向她扑来，病也同人世间的事一样，是扶胜不扶败的。于是，她乐观的天性和刚强不屈的精神支柱，几乎是毫无抵御地被病狗们轮番撕叼着，她终于力不能支了。沮丧的阴影就这样悄悄地、恶毒地爬上她的心头。因此，与其说她不需要拉着灯，倒不如说她似乎需要黑色的静谧——这使她容易躲藏起来。有时，别人进来要给她拉着灯，她都笑着阻止了——她下意识地惧怕外来的任何东西干扰她。她，经历着离开光亮到走进黑暗的路程；她，经历着离开喧闹、走进宁静的路程。她疲惫不堪，她似乎在渴望着一个永久性的休息之所。

天更黑下来了。上房那面，她看见儿子任继亮、媳妇和娃娃们的进出走动；南房，是外甥住的，她看见他们时不时地朝她这边厢张望着；东房，已经塌掉好几年了，七长八短的椽檩顺墙立在污土上，显得黑影幢幢，倒像是在戏园子里坐在后座上的观众向她举起的喝彩的手臂。她住在西房，1959年翻修房子时，这个房子比地面垫高五个台阶，那时是为了防潮，可就没有想到防老，这五个台阶对于她几乎是变得有些高不可攀了。外间屋，靠北墙放着一张床，那是供老头子用的；她占据在小里间里，这是个十平方米左右的小里间。

这几天，她已经难得下地站立起来。当抿紧的嘴唇终于抑制不住紧促的哮喘，当抑制不住的哮喘终于变为裂帛般的咳嗽时，她只能用双手拼死力地抓住床栏杆稳住重心，竭力减少肺部震动引起的浑身颤动。她常像一条搭上沙滩上的鱼似的可怜巴巴地喘息着；有时，她又蜷缩成一个圆球，一个呼吱呼吱地发出巨响的、即将爆炸的圆球。今天，她不记得吃东西没有——她怪好笑自己的，竟连这么点记性也没有了。不过，记得吃东西没吃东西倒是寡淡事，要紧的是，若把肚子里的戏文给忘干了，那可是造罪呵！每当这种恐惧袭上心头的刹那，她的脑子里总会条件反射地闪过一段唱词、闪过两段唱词、闪过滔滔滚滚的唱词。这时，她的焦灼的脸上也会闪过一个惬意的微笑。但转瞬间，开机关枪式的咳嗽声和拉风箱式的哮喘声又会把她无情地投掷到痛苦的泥潭之中……

“吧嗒！”有人拉着了灯。

是二英子姑娘。

这姑娘二十岁左右，红红的脸膛，矮胖的身个，她是丁果仙的养祖父丁凤章老人当年在南郊郑村居住时邻居的孩子。去年，她的父母为报答往年丁果仙对他们家的扶助之恩，硬是要让闺女前来尽孝敬之意。这孩子能吃苦，有眼色，心地纯朴，丁果仙很是喜欢她。

“老姑，你吃药吧。”二英子默默地挨到丁果仙身边，轻轻地嘱咐道。

一阵粗重的喘息过后，丁果仙艰难地对她说。“不，不到时候，一会再……再吃。把灯……灯拉熄吧。”

老姑的脸色近些日子来更难看了，灰黄而浮肿的脸，眼角下长出的一些米粒大的颗颗凑热闹似的又猛增出好些个，两腮的肉松松垮垮地垂挂着，鬓边的白发明显地占了上风。老姑是三月的生日，元旦后就快交六十三岁了，但看上去她比实际年龄还要大一些。

“老姑，我把灯罩住些，行吧？要不，黑灯瞎火的，我怕老姑碰着。”二英子说着，拢了块纸叠成一个三角帽，套在桌上的台灯的小灯泡上。丁果仙瞧瞧灯罩，深深地叹息一声，又默默地转过头去。

灯，跟她有过不解之缘。

1928年，她跟姐姐丁巧云在太谷县唱《芦花》，她饰闵德仁，姐姐饰李氏。当闵德仁发觉长子闵损身寒哆嗦是因为衣絮芦花时，他愧悔交加，一怒之下，要以“休妻”惩戒李氏。但闵损则跪在父亲面前为继母苦苦求情，这使闵德仁深为震动，正待他要威严地唤一声李氏训斥她时，台下拥挤的人群突然大幅度地骚动起来。原来，是一位离县城十五里地方的纸扎老艺人和他的儿子，一人提着一盏花灯笼，风尘仆仆赶来，为“果子红”唱戏献灯来了。这是两盏大红果灯笼，工艺极为精湛高超，灯内燃点五支蜡烛，异彩纷呈，灿烂夺目。经过一阵忙乱，人们把灯笼高悬在台口的两边厢，汽灯、花灯交相辉映，台上亮如白昼。事后，丁果仙向老人施礼致谢，并把自己珍爱的一条全狐围领送给老人。

老人的灯当然不会一直用下去，后来，在省城太原的戏园里，每当丁果仙出现在台子上时，灯光都是要重新配制和增加的：老人的灯，从此永久地照耀在她的艺涯之路上。

其实，她的人生，不也是因为有了光明才有了意义的吗？她七岁学戏，十一岁登台，十五六岁“红”于乡里，十八九岁誉传三晋，二十岁左右蜚声京津；什么“须生大王”“晋剧第一人”之类的桂冠纷纷飞来；什么“唱腔圆润清晰，刚柔相济”啦，什么“做工洗练，表演细腻”啦，什么“听客如饮醇醪，如醉如痴”啦，赞美之词不绝于耳。但在旧中国，“戏子”只能是供人玩赏的木偶，坤伶就更是低一等的“货色”了！她的不幸遭际和备受屈辱的生活是难以言状的。只有在新中国，艺人才有了地位和尊严。对于她，这更是一次人生的质的飞跃了。

当解放太原的隆隆炮声变成了零星寥落的枪声的时候，同家人从地窑子里钻出地面来的丁果仙，是一个瘦削而娇弱的女人，体重不会超过八十斤！膨胀的艺术声誉和苦闷渺茫的精神世界，使她染上了可怕的吸食鸦片的嗜好，有时，她不得不把大烟枪“请到后台来！”那时，人们的担心不是没有根据的。“丁老板活四十岁也怕难呵！”恰恰在这一年，红旗插上了古老的晋阳城头。显然，作为第一步，她必须有决心丢开嗜好。这能办到吗？鸦片已经整个地控制了她的中枢神经，丢开鸦片，无异于在痉挛中抽搐而死呀？这时，人们的担心同样也不是没有根据的：“果子红，能熬得过去吗？”正是她，率先奇迹般地撞过了这一关！在那些日子里，烟瘾常使她浑身颤抖，大汗如注，水米不沾，虚软似泥。好心人已经给她点着烟灯了：抽一口救救急总是可以的吧？但是，丁果仙把这当成是对她人格的莫大的侮辱，她愤怒地抓起烟灯就摔到院子里……结果，她成功了！她的身体见天地复苏了！而且，很快地，她的两腮满起来了！脸上有了红润了！身上的线条成了圆的了！这以后，她就像一个沐浴在阳光下的运动健将似的，她把全部身心扑在工作上、事业上、进取上。她连轴转地排演现代戏，在《小女婿》里，她扭捏作态、活灵活现地扮演媒婆子陈快腿，又凝重深沉、精雕细镂地塑造着《血泪仇》中的贫农王仁厚；她临阵顶缺，惟妙惟肖地饰演《陈妙常》中的小尼姑；又妙趣横生，在如潮的笑声中反串《二进宫》里的李艳妃；在长春电影制片厂的摄影棚里，她硬是适应了拍摄镜头前的拘谨的要求，三个月掉了三斤肉，却终于破天荒地把晋剧搬上银幕。又在省城太原排练场里、剧院里，为培养艺苑新苗，同“猴鬼”们通宵达旦地滚缠在一起，她咧着合不拢的大嘴，从周恩来总理的手中接过戏曲会演的奖状，又喜泪横流地握住毛主席的手忘了放开；她忽而在朝鲜前线的战壕里，戴着志愿军战士递给她的绿色钢盔，向他们表达祖国亲人的问候，忽而又站在台湾海峡的嶙峋陡峭的岩壁上，伴着海涛的咆哮声，给边防战士们清唱《日月图》……她身兼数职，却从无倦意，为了表彰她的艺术成就和卓著的功绩，1962年夏，山西省城文艺界为她举行了盛况空前的舞台生活四十周年纪念活动。

光明的灯塔，就是这样一路照耀在她的新的人生的航程上。她，真是一代骄子呵！

然而，眼下，她的路在哪里呢？她走过来的路还有吗？这条路向何处延伸呢？她看不见了——路在黑暗中消失了。她伤感地对二英子说：“把灯罩再拉下来些吧，它再亮，又能做甚呢！”

二

终于又熬过了一个黑夜！

早晨，儿子任继亮、儿媳、外甥、外甥媳妇轻轻地走到她的床前来看她，他们照例是嘟囔着那句话：“最好是到医院去看看。”

丁果仙围着被子坐在床上，她的背后，垫着高高的一摞枕头。她有时是自己，有时是让别人，从背后取掉一个枕头，或是加上一个枕头，她觉得气松气紧跟枕头的数量有关系。家里的人让她去医院，当然是好主意。但世态炎凉，她宁可使用“枕头调整疗法”，也不愿出门子。因此，她对他们的话只是笑，只是摇头。

街门发出沉重的吱呀声，接着，两个男人匆匆地走入门洞，踏进院子里。走在前面的，苗条的身材，潇洒的步履，穿着一身黑棉制服，长方脸阴沉沉地嘟噜着，一双浓黑的、装饰性的眉毛紧锁在一起，眼神忧戚而焦虑。他，就是丁果仙的丈夫任秀峰。他比妻子大三岁，但在他的身上始终透露着一种英俊少年的气息和活力，只是妻子病重的这几个月，他才猝然显老起来。走在后头的是一位面孔白皙、个子高挑、手脚麻利的老头。他是他们的好友，任秀峰一大早去请的刘大夫。他们俩像冲刺似的，一齐抢上西屋的台阶，还是客人先掀起了门帘。

丁果仙欠起身，示意大夫坐到火炉边暖暖身子再说。

“我不冷。”刘大夫和悦地笑笑，心里却“咯噔”一家伙——他看见老丁的气色不正。他假装无辜的样子，随随便便地在床边坐下来，也不多说，从一边拉过一个枕头立住，把丁果仙的手腕搭在上面，就闷头闷脑地号起脉来。

任秀峰不知所措地、时不时地给妻子掖掖被窝，扶扶枕头，丁果仙斜睨他一眼，说：

“依山，你就不能老老实实地坐一坐吗？我说，请你不要老鼠鼓捣猫屁眼啦。”

但是，任秀峰能坐得住吗？在半个世纪的风云际会里，他与她形影不离，相濡以沫，她不能没有他，他更不能失去她；他与她的关系，就像月亮跟太阳的关系一样；不可设想，当太阳陨落以后，月亮还能存在下去？但在精神上，她又视他为她的根本支柱。因此也不能设想，当支柱倾倒时，那大厦还能巍然屹立？因此，他对妻子刚才顾惜他的话，原来就放不在耳朵里。他犹豫了一下，又把一条薄毛毯卷起来，垫在她的后脑勺下面。

“嗨！你呀……”她无可奈何地又说了一句。

刘大夫摸着脉，脑海里陡地跳出《黄帝内经》里一句话：“如物之浮，如风吹毛，曰肺死。”他的心不禁又“咯噔”地一家伙；但他面如平镜，竭力掩饰着内心的不安。号完脉，他又扳扳她的手指头，翻翻她的眼睛，就开始戴眼镜写药方了。他这人就这样，不喝茶，不吸烟，不吃人家的饭，清心寡欲，言少话短，但待人以诚，都是罕见的。他原本是一家大医院的主任医师，因“历史”问题做手术“切除”了公职，同一个独生儿子相依为命地生活在一起。他医道甚高，但看病不取分文——这似乎是在“赎罪”吧。但一般狂飙突进的“革命家”们定是宁死也不会拉他看病的；只是一些被社会歧视的人，才偷偷摸摸地到他的府上求医问药。而他，也就成了这个社会层中的不可或缺的一员。丁果仙一朝之间变为“不齿于人类的狗屎堆”，有的人避之唯恐不及，他却不在乎！他们深交已经好些个年头了。其实，老丁的病要是照他的方案一手调治，是完全有把握见好的。但，事到如今，他只好望而却步了。近来，他结合老丁的病情翻阅了手头隐藏的全部医学典籍；他对自己开设的药方，进行了全面的反省回顾，不由得连连叫苦道：“天灭丁也！”

本来，老丁吃他的药已经明显好转，但是，冷不丁地又撞来一伙戴着大口罩的“革命造反派”，他们用矛子枪把她及其家里人逼到墙角，于是，打玻璃，捅隔扇，翻箱倒柜，脚踢手撕；有一个小青年还翻起跟头来！然后，裹挟大宗财物呼啸而去。结果，她的病又加重起来。

“兵来将挡嘛！”刘大夫想得很乐观。于是，他又给老丁专心配制了一种稀世丸丹，老丁服用后，真还不负人愿，病又逐日见轻了。

不想，“革命造反派”们又杀上门来！那是1967年秋天的事。那天，刘大夫兴冲冲地走来看望老丁，还离着老远的，他就看见一堆人围在老丁家门前嚷嚷着。他加快脚步走过来。只见几个戴红袖章的青年男女在往墙上刷着大字报，总标题是：“打倒大戏霸丁果仙！”小标题是什么“贼心不死的地主婆”啦，什么“三朝红与一肚黑”啦，什么“利用戏曲反党反社会主义的急先锋”啦，等等。旁边，另外几个戴红袖章的正在推搡着任秀峰，他却毫不畏怯地跟他们争辩着。他对着一个光头的青年人说：“你丁老师亏过你吗？你初入戏校没衣服穿，你丁老师领你到裁缝铺给你缝了一身衣服……”那光头硬是不认账，一跳三尺高，叫嚷着：“你少放毒！老子光不溜冻死也不会穿你的臭衣裳！你再诬蔑革命派，小心砸烂你的狗头！”任秀峰不理他了，又对着一个腰扎皮带的剪发头女青年说：“咋？你丁老师教了你们一夜戏，第二天请你们到清和园喝头脑，也有罪啦？也一肚黑啦……”那剪发头像挨了一刀子，她蹦起来指着老任的鼻梁骨汪汪叫着。“她那是拉拢我们，毒害我们，给我们灌迷魂汤……”她只管咆哮着，老任又不理她了。他转身对着一个大块头的后生说：“我知道你，那一次，一句唱词你丁老师教了你一礼拜都没学会，她批评了你几句，你就记仇啦，你能起山吗？”这个大块头听罢此言，气冲斗牛，他飞起一脚，把老任踢到一边去。刘大夫看到此情此景，急忙举起拳头高声喊道：“要文斗，不要武斗！”那大块头瞅了他一眼，一个箭步奔到刘大夫跟前，诈诈唬唬地说：“你他妈的活得不耐烦啦？还是咋的？老子一拳送你到阎王殿去。”说着，他真的朝他的肩膀上戳了一拳……经过这一次“较量”，老丁的病又加重了几分，而刘大夫也整整躺了半个月。

但刘大夫不想认输。他们“革命造反派”们，欲把老丁置于死地而后快，他不信他不能把老丁从死神手中夺过来。难道科学将败在愚昧脚下？那他这个大夫的脸将放于何处？

隔了个把月，刘大夫又提着药包前来探望丁果仙。院子里静静的，只有冷飕飕的风。老丁的儿子任继亮从正房出来哭丧着脸告诉他，他的爸爸一大早就出门去了，他的妈妈已经住了“学习班”。

“好吧，我到那里去找她。”刘大夫顾不上多说，转身就走。

偌大的一座砖砌的楼房从远处看去就像一堆瓦砾。这是一个半拉子工程，没有竣工，人们就抢占一空了。在三楼的东北拐角上，辟出两间背阳的房间，这就是“学习班”。丁果仙和一个女“反革命分子”被关禁于此。

刘大夫在楼下徘徊着。他不知道怎么走？他询问他碰到的每一个人。一提“丁果仙”三个字，有的人怕惹病似的疾步走开了；有的人傻乎乎地光摇脑袋，倒像个灵巧的拨浪鼓，但不发声儿；有的人不怀好意地白他一眼，那好像在说：你该我二百钱为啥不给呵？刘大夫正在揣摩之际，一个三十六七的中年汉子从楼上走下来，刘大夫立即上前躬身施礼，阐明来意。那汉子眨巴眨巴眼睛，用唱小生的嗓门尖声细气地对他说，他就是负责这个工作的，药包可以留下，见本人却不行。无奈，刘大夫只好把药包交给他。他转身大约走了二三十步，听到身后有窸窸窣窣的声音，他回头看去，只见接他药包的那个人站在二楼的窗子里，身子探在外面，一边把那药包撕碎，药物像雪花般纷纷扬扬地飘落下来，一边冲着他嚷嚷着："你这是毒药，把我们的宝贝毒死，我们可革谁的命呀？喂！老家伙，让你的阴谋和药片片统统见鬼去吧！哈哈哈哈……"

刘大夫拯救丁果仙的计划像那药包似的被彻底粉碎了！至此，他不得不承认；他毕竟不是那帮子"好汉们"的对手哟。后来，他也身染重病，一卧半年有余。

这会儿，刘大夫开好药方，只管拿在手里发愣，半晌不吭声。任秀峰挨近他担心地问道；"咋，药不好抓？"

刘大夫猛地惊醒过来，忙说："唵？噢！好抓，好抓。"实际上他是想说。那些家伙们把人害到这步田地，恐怕任何药力也无济于事了。他没有这样说，他把老任拉出里间。外间屋里，二英子正在用铝饭盒煮着针，他低低地吩咐她，针不能间断，要按时打，推针要慢一些。说完，他又把老任拉到正房，这才对他说："情况相当不妙呵！设法住医院吧。"

任秀峰不觉涌出两行浑浊的泪水。他急忙扭过头去抹眼泪——他怕老朋友笑话他。刘大夫默默地站着，也把头歪到一边去，甚至药方失落到地板上他也没有觉得。

三

还是摇头：不到医院去。

"步云，咱们家的条件不如医院呵！你听我的话，唵？咱们隐姓埋名，这总行吧。"任秀峰几乎在用哄娃娃的口气对丁果仙说。

近三五天以来，丁果仙对外界的事物表现了令人痛苦的冷漠态度，她平时那种对周围事物特有的敏感和炽烈的关注，只留下一些断片残痕：她似乎在整饬内部，因而她把她的豁亮的心灵之窗关闭起来了。任秀峰明白，这种呆滞的心理变态绝不是好兆头呵！

她自己坚持吃药，按时按量，这种生活的戏曲似的程式化，使任秀峰感到欣慰，但这并不能给他带来满足，他要的是她过去曾经有过的那种充分的自信和力量。

当"造反派"第一次把勒令贴在家门上时，丁果仙没有发火，她豪放地哈哈一笑说："让丁果仙的名字拿大顶——头朝下练功啦？对呵，唱戏的不练功，可就要变成菜窝窝了。"她压根儿就没有把他们往眼里搁。

后来，诬蔑和攻击她的大字报铺天盖地而来，她也并不怕。她逢人就说："我没有反党，我没有反毛主席，我没有反对革命派。我有缺点，我检查三天三夜都行，可没边没沿地胡说八道，我丁某人是不会买账的。”

斗争在升级。凌辱性的批判、游斗，每月只给十五元的生活费，非人的待遇、叵测的心术和不可容忍的恶作剧。总之，应接不暇的打击，使她感到疲惫不堪。她变了，她变得沉默多于言语了，但党费却是从来没有停交的。她变成“牛鬼蛇神”，还有人收她的党费吗？没有了。你不收，她照例要交。每月一日，她从枕头下摸索出一个存款折来，她又总是歉疚而感激地微笑着，让人替她“代劳”到银行把党费存在存款折上。然后，她又把存折小心翼翼地掖在枕头底下。每逢这一天，她的感情表现十分微妙、紊乱；有时，她会抽抽噎噎地哭起来，哭着，她又会自言自语地骂自己，骂完，她又会表现出少有的矜持和微笑。这时，任秀峰就会笑着指着她说：“你呀，倒像个没娘的娃儿，哭一阵，笑一阵，自个哄自个。”

但是这个月，她就忘了“缴党费”！

任秀峰灵机一动，决定从这里燃起她的热情之火。他匆匆忙忙地走进屋里，推搡着丁果仙的肩膀，故作惊讶地说：“呵呀，步云，今天都十一号啦，你缴党费没有？还要不要我‘代劳’啦？”

回答他的是一阵延续十几分钟的窒息式的咳喘的暴风雨和接着出现的同样令人窒息的什么也不在乎的死寂，他卡壳了。

可他不死心，他不能接受眼下的这个严酷的现实，他还想试一试。

他钻到正房西里间的床下，拖出一只紫红油漆的小木箱子，箱子里放着好些个纸捆捆。他拿出两个纸捆捆，解开绳子，翻弄起来；这都是丁果仙积攒下的展开的烟盒纸，有大前门的，有哈德门的，有枫叶的，有大中华的。烟盒纸的里面，密密麻麻地写满了水笔字，有最简单的字，也有复杂一点的字。有人名，有戏文，但写得最多的是“毛主席万岁”和“共产党万岁”这些字眼儿。这是20世纪50年代初期，丁果仙学文化的记录。那时，她学文化的劲头真是大极了！她几乎把全部余暇都用在练字上，新奇的文化世界，常使她兴奋的夜不成眠。

任秀峰从箱子里又拿出一个大些的纸捆捆，这是丁果仙写的仿，是她学文化的后一阶段的记录。她的毛笔字进步很快。模仿期是短暂的。行家认为，她后期写的毛笔字已经很像样子了。这些仿在大楷之间，又补满了工正、端丽的蝇头小楷，而这些小楷中，写得最多的仍然是“毛主席万岁”和“共产党万岁”这样的字眼儿。这些仿，曾经是她的骄傲呵！

任秀峰从箱子里又拿出一个捆捆，这是丁果仙画的兰草习作。兰草没有绚丽娇艳的花朵，但那柔韧挺拔的叶片扶摇向上，蓬蓬勃勃，构成一幅幅淡雅、朴实、端庄的画面，这却是丁果仙十分喜爱的。有一个时期，她几乎“撇兰”成癖了。现在，把她的这些“杰作”拿给她看，她会不会动心呢？

任秀峰掂量着这些东西的分量，犹豫着。

突然，房后有人在唱“山西梆子”，他侧耳静听，是《空城计》。

……
我差去令人去打听，
他言说司马懿你领兵西征。

嗓子嘶哑，运气不足，但完全是丁派的“垛板”唱法。下面的唱词更真切地传过来：

在宝帐我忙传下头遭令，
我差去王平马谡他们镇守街亭。

板眼准确，声韵传神，十足的“果子红”味啊！任秀峰暗暗称奇叫绝了。

一来是王平马谡他们腹中无才用，
二来是将帅不和失落了街亭……

声音远去了，模糊了。任秀峰这才猛地站起来，飞步跑出院门，绕到房后。房后临街，他看见一个拉着平车的衣衫褴褛的老头正从巷子里走过来，他一手捉着车辕条，一手还在学着诸葛亮忙不迭地“摇扇理须”哩！他的“二性”唱得煞有分寸：

……就在那城外扎了大营唵……

任秀峰点头笑着，上前说道：“老哥哥，你唱得好像呵！不过，帝王将相的戏不让唱了，你可要小心呵！”

老头对他不屑一顾，只管唱下去。

你今天不将西城进，
你的那意儿我也能明……

老百姓没有忘记她！任秀峰望着老头的伛偻的一颠一颠的远去的背影，扑簌簌滚下了两行热泪。

对，把这件事讲给她听，难道也不会挑亮她的心头之火吗？

四

陡地，一股寒流扫过任秀峰的脊梁骨。只有在这时，他才清醒地意识到了问题的严重性。

刘大夫整个下午都守在丁果仙的床边，现在，他只得说这样的话了。

“老任呵，不敢再耽误了，你拿主意吧。”

任秀峰又俯下身给丁果仙从思想上开导起来，这一次，她没有摇头，她同意到医院去了。

这是1972年2月3日晚上7点25分的事。

一旦决定采取行动，那就不允许有毫厘的延误。

好在人手是充裕的，几个常在左右的后生都在：儿子继亮、干儿庆喜、外甥三狗，徒弟刘宝俊之子成儿。

一刻钟以后，客运三轮汽车已从火车站叫来了。

任秀峰给丁果仙套了很多衣服。她闭着眼睛，有时也睁开，眼神诙谐而自嘲地看着人们为她张罗着。三狗身个大，他张开双臂，一用劲，铁箍般撸着丁果仙离开了床铺。众人帮扶着。引起了一阵杂沓的脚步声和人们相互照应的急促的低语声。他们簇拥着丁果仙出了院子，穿过门洞，迈上街门台阶，把丁果仙安置在马路边突突突地震颤着的三轮汽车上。

寒气料峭，路灯昏黄，街道萧索。不知道是谁的主意，三轮汽车朝西、朝南，进入柳巷南路，在南城区医院门前停下来。

是不是暴露身份？直报其名，利弊如何？一派认为，报出真名来，也许会引起大夫们的重视，因而对治病或许是有益的；但另一派坚决反对这种论调。他们说，医卫和文化系统是穿鼻孔通气的，曾经联合造过丁果仙的反。若要碰上一个“造反派”大夫，不把你轰出来才怪哩。争论未见端倪，有人已经掀起了“急诊室”的棉门帘。

人们发现，当年事已高的那位大夫，给丁果仙检查时，他确实显得疑虑不安。而且，大约有十分钟光景，是在尴尬踌躇中度过的。终于，他很抱歉地对人们说；

“我们这里条件简陋，这病治不了，请到大医院去吧。”

——没有轰走他们，而是很有礼貌地“请”走他们。无疑，暴露身份派胜利了。

到哪个大医院去呢？分歧又出现了。最后，根据少数人的意见可以保留的原则，三轮汽车朝“山医二院”开去。

“没有床位。”——“急诊室”大夫仅此一句话而已。

暴露身份派正在灰心丧气之际，突然，一个“支左”解放军出现了，他是丁果仙的近邻，他认识她。他说：“这老太太待人满不错的。”经他一句话，丁果仙被接受了，安排在内科病房203号。这时，已是晚上11点15分。

暴露身份派转危为安，又胜利了。

丁果仙的病情检查如下：病程约十余年，近两三年时轻时重，咳嗽、哮喘，有黏痰。颜面浮肿，食欲不振，神情迟滞。体温36.5度，心率125次／分，血压100／60。印象慢性呼吸道感染，肺气肿（已见心力衰竭之状）。

山西省晋剧院一位负责人孔庆华同志获悉情况后，即到医院探视病人和协助办理一些住院手续。他平易、热诚，做事周密。他的身体也不大好，有时，他不得不放下饭碗子到医院去。丁果仙的“问题”尚未“解冻”。但人们从他的步履中，不是已经很清晰地听到了冰河嘎巴作响的破裂声吗？

然而，由于肺弹力纤维网状结构严重变形和破坏，肺组织失去支撑；气管萎陷，气流阻力增加；供氧不足，血运困难，丁果仙的病情雪崩似的恶化着。

在丁果仙生命的危难时期，领导、同行和她的学生们，怀着沉重复杂的心情，纷纷前来看望她。不言而喻，在“以阶级斗争、路线斗争为纲，深入开展革命大批判”的年代，在刘少奇同志和周扬同志尚被诬之为“一类骗子”的年代，人们悄没声儿地来到丁果仙的病榻前，站一站，看一看，说几句体己的话，抑或偷偷地揉揉红红的眼睛，这是没有侠肝义胆的人所不敢为的。

她呢，微微翕动的嘴唇，总是有声无声地说着那句口头禅。“我相信群众，相信党。”而对依依离去的人们又总是谆谆地嘱咐着一句话：“你们要好好学习，好好工作，好好为人民服务！”

尽管住院部的医护人员从控制肺部感染、改善呼吸功能入手，充分地使用庆大霉素、卡那霉素和红霉素等药物消除炎症，并辅之以一些其他的治疗措施，但这并未能使丁果仙的病情向好的方面发展，终因肺心病的加重，而趋于不可救药的深渊。住院后的第六天头上，她的血压已经降到生命难以为继的程度：高压60毫米水银柱，低压40毫米水银柱！

“得病乱求医”的窘迫情况出现了。一位热心的朋友硬要通过关系把某赫赫大名的主治医生请来了。但令人惊异不止的是：该赫赫大名的“主治医生”只在丁果仙的病房里待了不足半分钟！而在他旋风式地转身出去的时候，竟恶狠狠地断言如下：“她再活不过三天去！”

人们不禁要问：身为“救死扶伤”的医生怎么这么说话？这不是在诅咒阎罗王早点到“山医二院”来收人的吗？多么狠毒！

这可让暴露身份派遭到第一次致命的打击了。

任秀峰在病房的走廊里像关在笼子里的狼似的来回走动着。他的脑袋瓜轰隆轰隆地直叫唤，他的大脑皮层处于僵硬的麻痹状态，他不会思考问题了，他不知道该怎么办了，他发傻了。

“她活不过三天去！”——二十四小时过去了。

“她活不过三天去！”——四十八小时过去了。

“她活不过三天去！”——七十二小时也过去了。

“她活不过三天去！”这很像赌注，遗憾的是，当时没有人跟他具约，如果活过三天去，怎么办？你大夫倒着走吗？

事实是：丁果仙走过的生命里程超过了“预言家”规定的那个狠毒的叫人寒心的数字。总之，“她活不过三天去”的神话破产了！她足足地又走过六天四小时的路程！1972年2月16日凌晨4点正，即春节初二的那一天，她静静地躺着睡去以后，就再没有醒过来。

生于贫寒，卒于动乱，丁果仙，字步云，艺名“果子红”，享年六十三岁。

带着未寒的肌骨，人们把她的遗体用铁车车匆匆地推入“太平房”。

任秀峰认为，他的妻子当初不到医院来似乎是对的。他懊丧透了！他认为，事到如今，他没有理由不把她送回家里去；要走，应该从家里走——这是他唯一能做到的事。

天刚放亮，凛冽的北风呼呼地吹刮着路边的纸屑杂物，一辆医院使用的足有两米长的条形平面车从“山医二院”的后门推出来了。车上，鼓鼓地蒙着一条红缎面被子。任秀峰走在前面，他的右手推着车子；后面，继亮和三狗用双手恭谨地推着车子。他们走得很慢，脚步轻轻。他们生怕晃着她。

五

1972年2月19日，早晨，街上的行人还是稀稀拉拉的时候，有一对老人从校尉营出来，用他们最快的速度在柳巷街上走着。那女的约六十五六岁，身魁，臀大，头小，黑黑的头发绾织一个小髻，上面掼着一个黑色塑料发卡，这发卡随着她的脚步一闪一闪的，她的神色呆板、哀伤，一双不大的单眼皮的眼睛里噙着满盈盈的泪花儿。旁边一个瘦小伶仃的像猴子似的老头，紧紧地撵着她的步子疾走着。他们，就是丁果仙的姐姐丁巧云和丈夫郭子权夫妻俩。

丁巧云和丁果仙不是同胞骨肉，但苦难的命运使她们成为至亲骨肉了。因此，妹妹的死对于丁巧云是沉痛的。在戏台上，她演的老旦总是颤颤巍巍的。这几天，她突然感到自己真的颤颤巍巍的了！她老了，为妹妹而老了。妹妹从医院推回家里，她坚决主张花棺彩衣，入土为安。可任秀峰那个灰小子却要假“积极”，倔着个牛脖筋硬是跟她唱反调，要把妹子往火葬场打发！为这，她跟任秀峰大吵大闹起来。

是呵，妹妹辛苦了一辈子，咋地非要让她落个火烧的下场呢？吵了几天，吵翻了。她赌气不再登任家的门。昨天，任秀峰又主动来找她做解释，开口姐姐，闭口姐姐，还一把鼻涕一把泪的。看着他的敞心露肺的样子，她没招了，她软了！唉，唱戏人的心都是豆腐做成的呵——她也为他哭了。要说，他的理儿也说得下去，妹妹是在“组织”的，又是有影响的人模模，临终，她还念叨着要跟共产党走、跟毛主席走哩，丧事照新式的办，姐姐也不会反对吧。任秀峰起身告辞的时候，她放话了，她抽抽搭搭地对他说：“那……那是你女人，我……我不狗……狗拿耗子啦……”

今天是妹妹的出殡之日，他俩各冲一颗鸡蛋喝了，就急往天地坛而来。

校尉营到天地坛这条路，她跟老头相跟着走过无数回了。姐妹的情谊和童年的辛酸遭际，使她们的每次聚会都是一次充满温馨氛围的精神享受。叙旧使她俩咽泣，话新使她俩欢笑。有时，姐妹俩又对唱起来，一个唱张元秀，一个唱贺氏老婆婆；一个唱薛平贵，一个唱王宝钏，一个声如洪钟，一个声如细流。有一次，丁巧云趁空子来了个独唱表演，唱的是“大寨有个虎头山……”有时，姐妹俩会淘气地以模仿他人为快事，或张三说话，或李四担水，或王五怕老婆……而她们的那两口子，郭子权总是略显拘谨地端坐着不动窝儿，傻傻地听着、看着、微笑着；只有那个任秀峰不大安静，他时不时地在她们的话茬中“跌”一句凉话，惹得她俩对他采取联合的攻击行动。有时，他也情不自禁地唱起来，撕开薄薄的嘴片子，眦圆长长的眼睛，蛮像个拼命三郎的架势，其声则如同赶马车的磨肩车轱辘下陡坡——每逢这时，为了免得起一身鸡皮疙瘩闹饥荒，凡有腿的都夺门逃跑了！而连襟郭子权却十分赏脸，他一回也没跑过……

“你看，花圈那么多！”郭子权在她的耳朵根子底下叫起来。

“唵？”丁巧云如梦初醒。原来，他们已经拐出府东街来了。东面，马路对过，在妹妹家的门口，挨墙立着一长溜白花花的花圈。她鼻子一酸，不禁号啕大哭起来。郭子权全力地架着她的沉重的身子，一边挪动着脚步，一边嘟嘟囔囔地劝慰着，可他自己的嘴也是一瘪一瘪的，瘦削的肩头难以抑制地耸动着。

他们被人们搀扶着进了上房，妹子的灵位就设在这里。

妹妹穿着一身皱巴巴的深灰色的制服。穿这套衣服也是任秀峰的鬼点子。这套衣服已经陈旧了，她主张做一身好料子的，可任秀峰的“政治”又来了，什么这是1956年毛主席接见你妹子时穿的衣服啦，什么你妹子只有穿着这身衣服才能安息瞑目啦……丁巧云抹着眼泪走到妹妹跟前，又把这身衣服拉拉平，把妹妹的头摆摆正，就同老伴坐到一边低低地啜泣起来。

十点钟就要举行向遗体告别仪式。山西省晋剧院的孔庆华同志和马杰同志，以及一些其他的同志，都在很紧张地操持张罗着。

丁果仙的死讯传到省里后，当时主持文教部门工作的同志很快做出反应，他们在省里主要负责同志的支持下，大胆地、实事求是地认为：丁果仙同志尽管有这样那样的缺点，甚至问题，但她对戏剧事业的功绩是无可否认的，因此，对她的逝世应该表示哀悼之情。后来在《山西日报》第四版左下角登出讣告如下。

讣　告

中国共产党党员、全国政协委员、山西省政协常委、山西省晋剧院原副院长、原山西省戏曲学校校长丁果仙同志，因病治疗无效，于一九七二年二月十六日晨四时逝世。终年六十三岁。兹定于一九七二年二月二十四日上午十时在山西省晋剧院举行追悼大会。生前友好有送花圈、挽联者，请于追悼大会前送往山西省晋剧院。

丁果仙同志治丧委员会

一九七二年二月二十一日

时针指在十点上，一个令人心碎的时刻开始了。

没有借到音乐磁带，但悲悼的旋律仍然回荡在空气中。

胸前佩戴着白色小花的人们低着头，迈着沉重的脚步，徐徐地走过丁果仙的身旁。一些负责同志们庄严肃穆地走着；同丁果仙配合默契、相映生辉的老搭档牛桂英同志唏嘘着，揉着红红的眼睛走着，后面，是郭凤英、冀美莲、梁小云、马秋仙等同志，这些与老丁在艺海中沉浮与共的姐妹们沉痛地饮泣着走着，再后面，是丁果仙的得意门徒们，他们有成为晋剧艺坛须生中坚的白桂英、武忠、阎慧贞、刘宝俊、马玉楼、刘汉银等同志，他们心潮回转、意重情长地走着，那一个脸圆圆的、泪眼惺忪的后生是陈晋元同志，他是丁果仙寄予重望的司鼓文秀……哭声喃喃，脚步轻轻，人们不断地绕着丁果仙的遗体走过，这里有山西省晋剧院的同志们，太原市晋剧团的同志们，还有邻近县晋剧团的同志们，还有远道赶来的同行们……这些经受了“文化大革命”六个年头的巨大磨难的人们，望着这位才华卓著的晋剧表演艺术家双目紧闭的面容，心绪是苦涩的和怅惘的，但他们迈着一致的步伐走着，这种一致性使他们感到晋剧队伍的团结和潜在力量；他们的步履是艰难的，但却是执着的和自信的。

当儿子任继亮和孙子们被人们搀架着垂首引行、灵位启动的时候，悲恸的哭声乍然而起，这使这座小小的四合院可怕地颤动着。门外，围观的人群滚雪球似的膨胀起来，不计其数的上了年纪的人们也在呜咽泣诉：“果子红”，那是并州人民近半个世纪以来最为津津乐道的重大话题之一呵！那是同山西的醋、晋中人民的热炕头、黄土高原的风一样，以其浓重的乡土气息而使并州人民情意绵绵的呵！由此可想而知，当四合院内无拘束的哭声和四合院外的犹如从地心中发出的嗡嗡嗡的哭声汇聚在一起的时候，其组成的乐章将会是多么悲壮和深沉的。

柩车迎着刺骨的寒风向西、向南飞驰。柩车的驾驶室上直直地竖立着镶嵌着腼腆地微笑着的丁果仙照片的巨大相框。这个相框是由一双与它极不相称的纤细的手紧紧地报着的，寒冷、颠簸或拐弯时的离心力都未能使这双手有丝毫的晃动。报相框的人似乎深知，她的手稍有不慎，就将是对她心中偶像的亵渎。她被一种神圣的和崇高的感情驱使着，被一种象征性的力量鼓舞着。她昂首挺立，气宇不凡，双臂伸开，岿然不动，跟铜塑铁铸的一般。她，就是白桂英同志。

六

“四人帮”被打倒后，1979年冬，在山西省文化局副局长张焕等同志的努力和党的关怀下，丁果仙的骨灰盒从任秀峰（老任于1976年已去世）的故乡——忻县令归村移放到双塔寺烈士陵园，至此，人民深为爱戴的艺术家可以含笑九泉了。

援引山西省政协秘书长刘秀峰七绝一首，以终此文：

宛转悠扬吐词真，
唱做精工倍感人。
一世风华留不住，
遗音常响晋阳春。

写于1985年7月10日

周贵仓

（原载《城市文学》1985年11月）

第四章

听不腻的果子戏

丁果仙的好多唱段，在民间广为传唱。

最早以唱片流传，只是难以普及；之后的盒式磁带，再到CD、VCD、DVD、MP3等，以至如今的网络，真可谓便捷得惊人啊！于是丁果仙的唱段如风驰电掣般传播开来。用“听不腻”来描述戏迷们对丁果仙难解的迷恋情怀，一点也不过分。

在此精选了二十二个唱段，并配有光碟和二维码（扫描二维码即可听唱），只为了戏迷们学唱时的准确和方便。

本该对每个唱段的演唱时间以及录制时间有所考究，以时间编排顺序，让听者从中窥视晋剧须生唱腔的发展、演变，进而探究丁派艺术从发展到成熟的轨辙，但限于搜集自民间的这些唱段，实在无从考究，自感乏术，更觉歉疚。

好在这些唱段，从声音的清亮度或声音的苍劲度，还有唱词的雅俗分野，以及唱法的变化等蛛丝马迹中，会推测到大约的演唱时间。

二十二个唱段各不同，韵味情趣自生成。

你休说三国那周郎年少

《交印》丁果仙饰赵德芳

你休说那三国周郎年少，
杨元帅比古人你见识不高。
北国里萧银宗打来战表，
他要夺我叔王龙凤王朝。
我叔王当殿上将旨传下，
他命你杨家将前去征剿。
潘仁美当殿上心含怨恨，
才命你那杨家将前把路行。
兵行在两国界安营下寨，
与胡儿打一战败回营帐。
你的父出征前护保国粮，
命七郎杨延嗣打探分晓。
路过了高关上仁美知晓，
将将军诓下马绑在芭蕉。
射一百单三箭屈死年少，
可怜把少将军命赴阴曹。
有陈林和柴干禀你知晓，
杨元帅为大将临阵脱逃。

在大街我遇见两个刘流

《花子拾金》丁果仙饰花子

那一天大街上那闲游游，
在大街我遇见两个刘流。
大刘流赶的一群牛，
二刘流他担的两篓香油。

大刘流他的牛惊了，
撞倒了二刘流两篓香油。
二刘流破口将他骂，
只骂得大刘流满脸害羞。
大刘流用皮鞭将他打，
只打的二刘流满面血流。
二刘流上堂去告状，
遇见了老爷也姓刘。
刘老爷差的刘班头，
去到那大街市上捉拿刘流。
将刘流绑在公堂上，
看一看刘老爷审问刘流。
将刘流重打六百六十六，
只打得刘流顺腿血流。
正行那走来用目看，
又不知什么东西绊了我个跟头。

猛想起在深山修真养性

《空城计》丁果仙饰诸葛亮

猛想起在山间修真养性，
学天文和地理定立乾坤。
有一日在山前去观山景，
有一时在洞后常听鸟音。
心不悦我不观失雅之景，
我凭的一本兵书一张琴。
琴音儿响亮声人人可敬，
一落逍遥二落安宁。
姜子牙保周朝忠心耿正，
孙武子他也能擂炮兴兵。
这本是前朝的一辈古人，

诸葛亮怎敢比那前朝有为的古人。
二琴童满杯酒待师爷用，
在堞楼吃杯酒我抚抚琴音。

正在堞楼观山景

《空城计》丁果仙饰诸葛亮

正在堞楼我观山景，
耳听得城外边乱纷纷。
手扳着堞楼我往下瞭，
原来是那老司马统来大兵。
在堞楼司马懿我将你一声动问，
问一声魏都督你家可安宁。
咱二人在临安会过一阵，
杀得你败回营我才收兵。
我也曾差人去打听，
他言说司马懿你领兵西征。
在宝帐我忙传下头道令，
我差去王平马谡他们镇守街亭。
一来是王平马谡他们腹中无才用，
二来是将帅不和失落了街亭。
你取了街亭真有幸，
谁叫你贪而无厌又取我的西城。
清早间探马三次禀，
他言说司马懿你来取西城。
在宝帐我忙传下二道令，
我差去守留人打开西城。
清水洒街洒得净，
黄土垫道垫得平。
我差去那老幼残军人两个，
打扫街道迎你来进城。

你到来我无有别的可敬，
我有的羔羊美酒美酒羔羊
　　一个一个一个一个犒赏三军。
你到来就该把城进，
咱二人玩棋我散散你的心。
我将这城里城外打扫净，
就等你司马懿你来扎大营。
既到来就该将城进，
你为何稳坐马鞍马不前行
　　就在那城外扎了大营。
你今天不将西城进，
你的那意儿我也内明。
咱二人从前会过阵，
你怕我城内有埋伏兵。
马岱西川去报信，
魏延姜维不在城中，
赵老将他镇守柳林镇，
里无有埋伏外无有救兵。
上有的琴童人两个，
打扫街道的老幼军。
我说这话你不信，
你看我里里外外、上上下下
　　左左右右是五个人（哪）。
你不必三心二意心不定，
来来来吃杯酒司马懿你听
　　我与你抚抚琴。

孤坐江山非容易

　　《打金枝》丁果仙饰唐代宗　牛桂英饰沈后

唐　孤坐江山非容易，

沈　回想起安禄山起反意

　　　夺万岁锦社稷。

　　多亏了李太白搬来郭子仪

　　才斩来安禄山贼的首级，

　　扫平了安史乱保住唐基，

　　老皇兄保立社稷。

唐　先帝爷念皇兄功劳无比，

沈　在凌烟阁上把名题。

唐　封他为汾阳王人称千岁，

沈　才把咱金枝女许他儿做妻。

唐　汾阳王今辰寿诞期，

沈　咱赠他寿幛和寿礼。

唐　孤有心过府拜寿去，

沈　君拜臣来使不得。

唐　君妃们稳坐深宫内，

沈　妃陪你玩一局象牙围棋。

年轻人一时火性起

《打金枝》丁果仙饰唐代宗

年轻人一时火性起，

不懂得轻重惹是非。

你夫妻一时吵几句，

不该将孤王的江山提。

虽然年幼不明理，

也不该任性把君欺。

按大理本该申法纪，

又恐怕冷淡了老臣郭子仪。

倒不如成全君臣义，

儿女的闲言不用提。

先帝爷争江山也非容易，

保社稷那郭家功劳第一
　　（皇儿）也可算是争来的。

田云山我怒冲冠

《蝴蝶杯》丁果仙饰田云山

田云山我怒冲冠，
开言叫骂你你你你你你田玉川。
父命你南学将书念，
放书不念你游龟山。
卢公子打死他那卖鱼汉，
与你奴才何相干？
你打伤人命充好汉，
奴才你就该回衙将案完。
你怕打官司你在外边转，
为父为你我作了难，奴才你
　　你你你你你你你你将为父性命还。
一见奴才心好恼，
气得我心血往上潮，
叫声田明把棍看，
打死奴才将案完。

江夏县站在公堂上

《蝴蝶杯》丁果仙饰田云山

江夏县站在公堂上，
众位大人听端详。
卑职官点江夏县，
随带家眷到任前。
所生奴才独生子，

起名就叫田玉川。
送他南学将书念，
这多的日子他未回衙前。
卢大人得功回来转，
他这奴才今天清晨转回衙前。
我将他前后原因问一遍，
才晓得这奴才龟山肇下的事一端。
卢公子打死卖鱼汉，
与他个奴才何相干。
我将他身缠索绑来投案，
我要与死后的公子将命还。
任你杀　任你斩，
俺田门不要他不肖男。

此图名为日月图

《日月图》丁果仙饰白茂林

此图名为日月图，
塞外地名纸上录。
哪是山哪是水哪是通路，
一处一处都清楚。
这悬崖陡壁天险如堵，
这水流湍急鹅毛难浮。
这茂林密树阴森森可把奇兵布，
这断涧绝路诱敌人能切断归途。
这里是羊肠道崎岖难举步，
这里是五里长一段峡谷能进不能出。
这里是关隘犹如金汤固，
这里是小丘不惹人注目最宜设埋伏。
每一处都用小字加了注，
强似那战策与兵书。

这张图进攻防守都有助，
何愁不能破强胡！

事到头来悔不及

《日月图》丁果仙饰白茂林 田桂兰饰白凤鸾

白　马入夹道难回避，
　　事到头来悔不及。
　　手指着胡家门我破口大骂，
　　狗贼子全不讲天理国法。
　　哪知晓买墨画全然是假，
　　起歹意要强霸我凤鸾娇娃。
　　你也有姐和妹在尔府下，
　　为何不拜花堂骨肉结发。
　　白茂林我不能将尔杀剐，
　　但愿得眨眼间地陷天塌。
　　气冲冲我将财礼满街抛洒，
　　纵然间拼一死也不能从他。
　　我这里急忙忙且回家下，
　　见了我凤鸾女再想良法。
　　开门，开门哪
鸾　耳听得门环连声打，
　　原来是老爹爹转回家。
白　儿呀
鸾　见爹爹面带气令人惊讶，
　　问爹爹你生气所为什么？
白　清晨起到大街去卖墨画，
　　不料想我遇见胡府管家。
　　他言说胡林贼要买墨画，
　　诓为父我去见胡林冤家，
　　哪知晓买墨画全然是假，

他他要将我儿你前去嫁他。
鸾　爹爹，你是怎样的答应于他？
白　儿呀
我怎能听贼的禽兽之话，
那贼子翻了脸亚赛凶煞。
将金银和财礼逼父收下，
不从亲（儿啊）他他要抢在他家。
鸾　听一言气得我破口大骂，
胡林贼呀！
胡林贼做此事实实该杀，
老爹爹！
上公堂将贼告下。
白　告不下！
鸾　难道说官宦家不懂王法。
白　他的父是高官谁人不怕，
在汴京动不动就把人杀。
哪一个州县官管他得下，
纵然间去告状也是白搭。

恨胡贼父子双双多强暴

《卖画劈门》丁果仙饰白茂林

恨胡贼父子双双多强暴，
似这等误国害民罪难容。
我甥儿胆识过人武艺好，
准备着今晚入贼巢。
但愿得此去杀贼将仇报，
总叫他天网恢恢无处逃。

访　贤

《渭水河》丁果仙饰周文王　刘致和饰姜尚

周　先生好大的口气！
　　方才间姬发儿对王明，
姜　他来的意我也内明。
周　周姬昌打坐在金车凤辇，
姜　老姜尚打坐在太湖石前。
周　有孤君忙下了金车凤辇，
　　回头来叫声散宜生。
　　你吩咐九卿四相八大朝臣，
　　　　文武两班十二伶官，
　　　　宫廷彩女一个一个
　　　　一个一个往后退退退下，
　　为王河湾观分明。
　　周姬昌站立在立站在渭水河边
　　　　二目睁睛望，
　　又只见从东来向西去
　　　　来来往往俱都
　　　　俱都是打鱼的小舟。
　　为王河湾二次观，
　　又只见太湖石稳坐下
　　　　白眉白发头戴的草帽圈
　　　　身穿的粗布衫手拿的钓鱼竿
　　　　巍巍不动一位老翁。
　　为王上前我打一躬，
姜　又只见金丝鲤鱼吞钩带线
　　　　摇头摆尾顺水儿
　　　　顺水儿直往东游。
周　这一位先生好大胆，

他把我一国王爷不挂心间。
王这里开言将你问，
问先生家住在哪州哪县速快对王明。
姜　你莫要河湾把我问，
我家住熬里州熬里县
　　姓姜名尚字子牙
　　字子牙道号叫飞熊。
知晓假装不知晓，
佯装不知问根苗。
姜尚河湾把你问，
哪一国王爷离了皇城。
周　你不必开言将我问，
为王与你表家门。
殷纣王家住朝歌地，
有孤君家住西岐城。
妲己害死我儿夷考儿命，
永不朝商不尽忠。
若问孤的名和姓，
西伯侯姬昌文王是我卿的主公。
姜　问主公不在皇城内，
你来在渭水河边为何情？
周　为只为鼓打三更梦了一个梦，
姜　梦中之事对臣明。
周　我梦见飞熊来闯帐，
姜　那飞熊闯帐怎样行？
周　临起身左膀打三掌，
姜　你就该请一个圆梦先生。
周　散宜生与王曾圆梦，
他命王渭水河边来找先生。
姜　既叫为臣把国保除非一件……
周　哪一件？
姜　除非是臣坐车辇主来用功，

走一步拉一步一拉一扯
　　拉进皇城保你绣城
　　主公你从也不从？
周　盘古初封自今迄，
　　哪个臣坐车辇主来用功
　　走一步拉一步一拉一扯拉进皇城
　　保我绣城大礼不通
　　唉先生王我便不从。
姜　主公不从这件事，
　　不如打鱼来享荣。
　　一不担惊二不受怕，
　　三逍遥自在我才落安宁。
周　我不搬先生我回去吧，
姜　不搬我姜子牙你周家江山亦不太平。
周　不搬先生还犹可，
　　孤的江山不得太平。
　　先生你有什么话，
　　快快说来对王听。
姜　主公从下这件事，
　　还有一事未说明。
周　先生还有什么事，
　　十件八件王依从。
姜　朝歌逃走先有罪，
　　怕只怕殷纣统来兵。
　　假若殷纣统兵到，
周　全凭爱卿将令行。
姜　臣无有上方令箭虎牌宣，
　　臣是文职官能说会道不能用兵。
周　好一个伶俐姜先生，
　　明明往上要讨封，散宜生，
　　看过王的上方令箭虎牌宣，
　　开言再叫姜先生，

别的官儿不封你，
护国军师在朝中。
姜　叩一头　谢龙恩，
周　轻轻搀起老爱卿。
姜　假若殷纣统兵到，
与他对面扎下营。
他一来　臣一往，
杀个凤凰夺窝定要把他赢。
周　不管你杀不杀来战不战，
输不输赢不赢，
先生请把车辇上，
为王肩膀拉太公，
走一步拉一步一拉一扯拉到皇城，
众卿！
来来来与先生忙把衣更忙把衣更。

走雪山

《南天门》丁果仙饰曹福　牛桂英饰曹玉莲

莲　　　曹玉莲逃出了天罗地网，
（白）老哥哥！
福（白）姑娘
莲（白）你我主仆逃出门来，东南西北不知，这……这该投奔哪里？
福（白）姑娘莫要忙，待等老奴我看过，
姑娘啊！
莲（白）老哥哥
福（白）前边不远黑压压雾沉沉，不是村庄便是寺院，前边有盏红灯，你我照着红灯逃去！
莲（白）真该请。
打开玉龙飞彩凤，
福　　　扭断金锁走蛟龙。

莲　　不该死的总有救，
福　　不该死的有救星。
莲　　糊里糊涂往前闯，
福　　——摔在地溜平。
莲（白）老哥哥，你在哪边？
福（白）姑娘，你在哪边？
莲（白）姑娘我在这边，主仆望影而来。
福（白）噢，望影而来。
莲（白）你是老哥哥？
福（白）你是姑娘？
莲（白）老哥哥！
福（白）姑娘！
莲　　主仆双双逃外乡，
福　　有老奴我为你受了惊忙。
莲　　枪刀林里往外闯，
福　　走不尽山高那路又长。
莲　　我好比鲤鱼闯破千层网，
福　　虎口里逃出我这两两两只羊。
莲　　曹玉莲打坐在路途上，
福　　老曹福歇一歇缓一缓我养养神。
莲　　梦儿里一梦在官庄西
　　　望不见爹娘在哪里。
　　　我强抖精神用目觑，
　　　老爹爹呀！
福　　太老爷，
莲　　高堂母，
福　　太夫人，
莲　　二老爹娘，
福　　太老爷，太夫人，
莲　　原来是老哥哥面前立。
　　　咱主仆起身太着急，
　　　未带上几件好穿衣。

看姑娘我与那花儿比，
歪坏了鞋帮磨破鞋底。
福（白）姑娘！
眼看看追兵他屡屡追，
你不顾性命顾甚衣。
莲　扭回头来望官庄地西，
望不见二老爹娘在哪里。
福（白）姑娘！
太老爷太夫人再休提起，
他二老也是屈死的。
莲　心儿里可恨朱天启，
他无故将我父的性命逼。
福　他不念一臣扶二主，
又不念他年迈苍苍白了须。
莲　魏忠贤奸贼寿诞期，
我的父可曾拜寿去？
福　太老爷也曾将礼备，
酒席前贼讲下倒卖社稷。
莲　满朝的文武有多少，
问哥哥他们一个一个依不依。
福　满朝文武虽大半，
只有我那太老爷他一人不依。
莲　自古道人在事中迷，
老哥哥你就该当面提。
福　太老爷在大我为奴婢，
为奴的讲话主人不依。
莲　那时我举家遭祸事，
埋怨哥哥也无益。
福　自古道树大招风起，
出头的人儿准无益。
莲　咱主仆逃出狼虎地，
该去到哪里诉冤屈？

福　　去奔山西大同地，
　　　李老爷那里咱诉诉冤屈。
莲　　山又高来路又远，
　　　但不知何日何时到山西。
福　　一日走罢一日行，
　　　叫姑娘不必心性急。
莲　　假若还前面有人问到你，
　　　老哥哥何言去应答。
福　　中途路上有人问，
　　　有老奴我有个大主意。
莲　　忙忙儿　日落西，
　　　找一个好店房咱好投宿。
福　　眼看贼兵屡屡追哪，
　　　你不顾性命投甚的宿。
莲　　老哥哥快些走来快些走，
福　　老曹福保姑娘我我要要到山西。
（白）姑娘你等着，老奴我来了。

好一个聪明的千金体

《走山》丁果仙饰曹福

姑娘，请起老奴我担待不起！
好一个聪明的千金体，
她讲出话来人待听。
曹福保她到大同，
她那纵死不忘我曹福的恩。
曹福一日身得病，
她也能煎汤熬药将我侍奉。
倘若还曹福死过了，
她也能披麻戴孝一步一头
　　一头一步一步一步送我坟茔。

凄凄惨惨烧张纸，
她哀哀怜怜她哭我几声。
她有的好言好语将我哄，
我有辈前朝古人对她明。
姑娘！
回头来我将这姑娘请，
听老奴我与你表古人。
昔日里高正梅仲拜弟兄，
他二人如同那一母生。
原郡家乡读孔孟，
学就了满腹的奇经文。
皇王爷家开科中，
他弟兄双双去求名。
高正得了左粮道，
那梅爷亲点梅刑庭。
六部以内文批准，
他去到高府里去辞行。
那时间高爷他未在，
杜子达奴才打下躬。
杜子达讲话多不逊，
他不该殴暴梅刑庭。
梅爷听言冲冲怒，
将这话晓与他高年兄。
高爷听言心发狠，
一怒将他赶出门。
只说此事丢开手，
谁料他怀恨起歹心。
他与绺儿将计定，
盗去那红书宝剑逃出门。
嫦娥殿他将人杀死，
将大祸推在梅仲身。
海世荣舍了他的亲生子，

才搭救主人出火坑。
到后来梅爷身得中，
才将他那恩父恩母当作亲生。
这本是前朝一辈古，
老奴我怎比前朝海世荣——
姑娘！
我保你搬兵报冤恨。

自幼儿在学校曾读黄卷

《反徐州》丁果仙饰徐达

自幼儿在学校曾读黄卷，
那老师他命我苦读圣贤。
甲子年开了科乙丑会典，
圣上爷恩赐我七品县官。
六部里众大人将我怜念，
他命我徐州堂来做州官。
昨夜晚间偶一梦，
我梦见一盘龙两只虎大堂申冤。
梦醒来吓得我浑身是汗，
怕只怕这徐州堂上人命牵连。
有本州在大堂理清大典，
叫李进举告牌黎民喊冤。

老鸨儿在酒楼把我请

《杀惜》丁果仙饰宋江

老鸨儿在酒楼把我请，
她请我北楼把酒饮。
临起身先带上招文袋，

迈步儿辞了酒楼门。
咱二人来在大街上，
七言八语乱纷纷。
我不走大街小巷进，
乌龙院不远面前存。
迈步儿走进乌龙院，
望见那北楼我面皮红。
我不上北楼回去吧，
老鸨儿一旁来说情。
无奈何上得北楼上，
我再叫鸨儿近前听。

唐王爷有了道忠良才显

《太白醉写》丁果仙饰李白

唐王爷有了道忠良才显，
李太白抖丝缰策马朝前。
家住在四川省荆州地面，
人称我青莲士声名得显。
幸喜得唐王爷开科选，
众窗友命我前去求官。
上京来入考场作文三篇，
杨国忠高力士最爱金钱。
他二人在科场无情驳卷，
无奈何我在贺府才将身安。
唐王爷有甚事将咱召选，
杨国忠高力士可在驾前。
听一言不由人喜容满面，
唐王爷前世里与咱有缘。
眼望见金銮殿离此不远，
李太白今日里才将主参。

橘树本是好榜样

《屈原》丁果仙饰屈原

橘树本是好榜样，
枝叶茂盛发绿光。
春天开花人观赏，
秋后结果人人尝。
披风戴雪不颓丧，
满身尖刺防人伤。
大公无私真豪爽，
独立耐寒气轩昂。

叫三娘莫恼你机房坐

《教子》丁果仙饰薛宝

叫三娘莫恼你机房坐，
三娘啊！
回头来埋怨声薛英哥。
你的亲娘是哪个，
你胡言乱语说什么。
你的娘不嫁为哪个，
为只为你小我老我老你小
　　你娘孤儿寡居无有下梢。
真金子不打不成货，
那钢刀虽快也要磨。
只要你那五经四书全读过，
你的娘保你去登科。
皇榜以上考中了，
府门外鼓咚鼓咚咚得隆咚咚三声炮响

还有鼓乐。
亲戚朋友同来贺，
有老奴前前后后左左右右
端茶捧水（东人哪）我也是快乐。
从今向后你要改过，
再不必胡言乱语对着你娘说。
劝罢一个劝一个，
回头再叫三主母。
我家东人下学早年纪小小小一点错，
还得那三娘担待一二忍耐着。
叫三娘解去心头的火，三娘！
慢慢地教训我东人英哥。

郿邬县在马上心神不定

《法门寺》丁果仙饰赵廉

郿邬县在马上心神不定，
这几日为人犯死里逃生。
劝世人休出首耕读为本，
你看我七品官不如黎民。
可幸那开了科上京会典，
圣上爷才赐我七品县台。
上任来断清了无头人命，
大堂口我断清民正官清。
我实想做清官官升一品，
谁承想孙家庄起了祸根。
孙玉姣卖风流门前站定，
勾引得小傅鹏起了淫心。
假意儿掉玉镯作为凭证，
内有个刘媒婆老不正经。
婚姻事自有这三媒六证，

你不该拿绣鞋暗里调停。
做此事你将这良心丧尽，
全不怕败坏了两家的门风。
只骂得刘媒婆无言答应，
回头来骂刘彪大胆的畜生。
每日间你在大街杀生害命，
大秤买小秤卖你天理可容？
孙家庄黑夜间连伤二命，
你不该拿人头移祸他人。
五命亡你一人怎抵二命，
按律条我将你剥皮抽筋
　　点了长灯才称爷的心。
只骂得那小刘彪无言答对，
回头来骂公道不是娘生。
刘公道当乡约常走衙内，
见人头你不报反打雇工。
宋兴儿他年纪幼替你害命，
宋先生他年迈苍苍依靠何人？呸！
你不该写纸状将他告定，
你言说宋兴儿盗物逃生。
那一时本县我糊涂问成，
大堂上我判你十两纹银。
我只说十两银大家安稳，
谁晓的宋国士他的女是个才能。
写一纸申冤状将爷告定，
刘千岁法门寺要见犯人。
清早间白牌到前来叩阍，
刘千岁法门寺要带犯人。
爷要你将凶犯好好押定，
有老爷设酒宴同谢你们。
你带了榔头、板子、夹棍、拶子、被子、褥子
　　一个一个一个一个将他们带将他们带，

到那时见千岁我千万小心。

上写田伦顿首拜

《四进士》丁果饰宋士杰

上写田伦顿首拜，
拜上了信阳顾年兄。
双塔寺弟兄们分别后，
好有几载未相逢。
姚家庄有一个杨氏女，
她本是搅家不贤人。
用药酒害死亲夫主，
连累大伯姚廷椿。
三百两纹银压书信，
应念起同僚同年兄。
上峰官司归故里，
登门叩拜顾年兄。

夫人她钢剑下自作了断

《杀府》丁果仙饰伍子胥

伍　　夫人她钢剑下自作了断，
　夫人哪！
　　妻呀妻我的妻难见的妻哪！
　　血淋淋将尸首搂抱胸膛。
　　纵然死你莫要将我埋怨，
　难见的夫人哪！
　　你也知本丈夫无有主张。
　　老昏王登了基朝事大乱，
　　他宠了费无忌大乱朝纲。

　　贼无忌与昏王巧计定过，
　　费无忌殷勤他进谗。
　　金殿下改为了另行见驾，
　　骂少爷无贤愚大祸降临。
　　夫人死我没有棺木盛殓，
　　倒叫我殡夫人我无有计巧。
夫人哪！
　　转面来把苍头一声呼唤，
　　伍老爷有言语细对你言。
　　夫人尸你将她用芦席打卷，
儿啊！
　　不由人一阵阵疼烂心肝。
　　怀抱上无娘儿泪流满面，
　　又好似吞钢剑你将我的心剜。
　　把我那无娘儿　妻呀！
　　实不料我夫人她难以回转，
　　她盼得我伍门得道还乡。
　　叫渔婆你转上伍老爷我将你拜，
　　伍老爷有言语细对你言。
　　儿冷了你与他做些衣衫
　　　　儿饥与他粗茶饭，
　　说错话你千万莫当闲言过耳边。
　　伍老爷若不死将你的恩念，
　　假若还忘你义渔婆！我这头上有天。
渔婆　伍老爷你莫要嘱托千万，
　　听渔婆把话儿细对你言。
　　我家中有的那粗米茶饭，
　　我家中也有那粗布衣衫。
　　抱东人又诚恐被人瞧见，
　　将东人我放在罗裙内边。
　　丫鬟姐你随我莫迟慢，
　　来来来到我家多住上几年。

伍　　见渔婆抱我儿望影不见，

父的儿啊！儿啊！

　　眼巴巴骨肉情这这这活活分离两边。

苍头！

转面来将苍头一声呼唤，

伍老爷有言语细说心间。

爷走后你需要四下打探　，

你打探伍老爷逃向哪边。

叫苍头这附近四下瞭望，

他言道这四下绝无人烟。

跟老爷去后院忙把衣换——

　　我这里将衣衫换，

老苍头将战马你与爷

　　带带带你带到府门外边。

后记

当《春秋》《影行》两卷相继完稿时，一种缺憾感弥漫在“草根”们的心上，有《春秋》《影行》两卷，固然把这位晋剧坤伶须生开宗泰斗丁果仙的身世、背景、环境、艺事等都梳理清楚了，但要真正认识一个艺术家是远远不够的。更何况她是“丁派”艺术的创始人。

戏曲流派是戏曲艺术发展到一定阶段的产物，也是戏曲表演艺术趋于成熟的重要标志。晋剧艺术发展的历史培育了丁派艺术，反之，丁派艺术又丰富和充实了晋剧艺术宝库。认识、研究丁派艺术，无疑对继承晋剧传统艺术经验，总结表演艺术体系，进而探索戏曲美学，并使之发扬光大，不无裨益。这便是编辑《品评》卷的初衷，更是草根们的心心念念。

《品评》卷的编辑犹如打响又一场战役。是的，回顾《春秋》《影行》两卷的成稿过程，不就是一场场战役吗？草根们犹如集结在丁大师麾下的兵马，有目标有方向，更像棋盘上将相士马炮车卒，在不同的战役中各显其能，各司其职，从不怠慢，如今又要为《品评》卷出战了。草根们全员出动，进图书馆、找档案库，访专家、会故友，搜集文存，约写新稿，很是忙活了一阵，然也难免常常被心长力短所困扰。

始料未及的是搜集资料之顺畅，约稿之痛快，来稿之迅速，令人振奋。再一次证明丁果仙魅力之深入人心，更证明丁派艺术为人尊崇之亘久。

感谢，深深感谢每一位关心、帮助品评卷成稿的专家、学者、戏迷朋友。特别要感谢丁果仙百年诞辰纪念文集《晋韵流芳》所提供的重要资源。

近五十万字的《品评》卷，以“评不完”“品不够”“赞不尽”“听不腻”四个“无尽”来品评丁果仙及她所创立的丁派艺术，但因编选者精力有限，能力不足，故仍不尽如人意。唯愿后来者续研续究续写更为深刻更为全面的丁派艺术“无尽”之美妙。为晋剧这一古老艺术，能永远屹立于东方戏曲艺术的丛林之中而尽心尽力！

成书的全过程更离不开出版社领导、编辑、设计者的支持和努力，他们参与策划，关心书稿进展，对书稿反复磋商，细修细改，尽心竭力。一部书的最终呈现是由他们完成的，让草根们感佩交并。

赘语

《晋剧坤伶须生开宗泰斗丁果仙》之《春秋》《影行》《品评》三卷本终于要付梓了。

2012年9月，张公桂根（81岁）提出为丁果仙立传的大胆想法，杨公秋实（89岁）马上响应并搭手，共同组建编创班子。有赵威龙（74岁）、华敏（73岁）、阎玉庭（67岁）、刘惠兰（65岁）、段兴旺（56岁）应声而来，并州七老草根编创组诞生了。

五个年头过去了，我们平均年龄已登耄耋。庆幸的是七个老者健健康康、平平安安，盖因丁果仙大师精神的护佑和眷顾。我们感恩！我们谢忱！

五年来，我们不忘初心，正如当初编创组协议书上所言：精诚团结，协同作战，在书稿完成前决不打退堂鼓。我们做到了：有志有恒，同甘同苦，不离不弃，善始善终。

五年来，有杨、张二位组长胸怀博大坐镇操持，他俩不仅掌握书稿进度，更关心组员们身体、精神等方方面面。常有电话嘘寒问暖，更有提着礼品探病关怀，那是一种难以表述的关爱和温暖。这便是无穷的力量！

难忘七个人一起围坐在杨公心润斋小客厅大茶几旁的无数个日子，我们一起搭框架、通提纲；一起挑眼拔刺，字斟句酌；还有一起缄默，一起争论；偶尔也天南地北闲谈杂论，引来一阵爽朗笑声……多么好的那些个日子啊！为了丁果仙一书成稿，七个老者同思同议，同喜同忧。此生再难求矣！

动笔的赵、华、阎三位自然辛劳些。然，乐在笔头的享受又有谁人能获得?

年纪较小的刘，热情无私不怕苦。五年来时时处处关心和体贴着五位长者。她自知身为梨园名门之后，就该尽力发挥其优长。在前期工作中，她亲自设计对梨园老前辈们的采访线路，安排先后顺序，购置见面礼品，甚至连叩门礼数、见面称谓等细节都一一谋划清楚。可以说，三卷本中无一不饱含着她的尽心竭力和奉献精神。

热衷收藏的段，爱戏如命。凡有空一定在路上，呼市、包头、张家口，汾、平、介、孝晋中地，乃至束鹿故地、宝岛台湾都遍布了他的足迹。他的所有努力都在书中展现，丁大师的身世之谜，还有那些从未见过的丁大师的形象，会使读者惊奇、惬意；更会爱不释手。须知，那是段君辛劳的结晶。

这套为丁果仙立传的三卷本所以能成书付梓，更要感谢三位顾问：曲润海先生、郭士星先生、张仁健先生。他们都已是古稀之年的老者。首先感谢三位带病对书稿逐字逐句的审阅修改；更感谢三位对书稿每一步进展的及时指导，就连全套书名都是张仁健先生的智圆之奉赠。因有三位专家学者自始至终的关心、帮助，才让草根编创组诸君心中有底、行之有轨，才使五年的编创工作顺利始终。感激之怀，匪可言宣!

编辑陈洋在最初发现这部书稿后，力谏将丁果仙三卷本留在山西本土出版，并主动参与全套书的编辑策划工作，提供了不少建设性意见，同时直接介入了《影行》卷和《品评》卷的编辑工作。

成稿时间虽说长了些，但却赶上了好时候。大家被党中央“坚定文化自信，讲好中国故事”的声音鼓舞着，践行着。所以，尽管丁果仙三卷本仅仅是草根们的自主行为，但也得到政府和出版社的全力扶持。幸矣！运矣!

心遂事成，谢天谢地。揖也！叩也!

并州七老感言于 2018 年尾